UTB 2703

W0395824

Eine Arbeitsgemeinschaft der Verlage

Beltz Verlag Weinheim · Basel
Böhlau Verlag Köln · Weimar · Wien
Wilhelm Fink Verlag München
A. Francke Verlag Tübingen und Basel
Haupt Verlag Bern · Stuttgart · Wien
Lucius & Lucius Verlagsgesellschaft Stuttgart
Mohr Siebeck Tübingen
C. F. Müller Verlag Heidelberg
Ernst Reinhardt Verlag München und Basel
Ferdinand Schöningh Verlag Paderborn · München · Wien · Zürich
Eugen Ulmer Verlag Stuttgart
UVK Verlagsgesellschaft Konstanz
Vandenhoeck & Ruprecht Göttingen
Verlag Recht und Wirtschaft Frankfurt am Main
VS Verlag für Sozialwissenschaften Wiesbaden
WUV Facultas Wien

Nina Degele / Christian Dries

Modernisierungstheorie

Eine Einführung

Wilhelm Fink Verlag · München

Nina Degele ist Professorin für Soziologie und Geschlechterforschung an der Albert-Ludwigs-Universität Freiburg. Im Fink-Verlag (UTB) ist bereits ihre Einführung in die Techniksoziologie (2002) erschienen.

Christian Dries ist Chefredakteur von www.sciencegarden.de und promoviert an der Universität Freiburg über philosophische Konzepte der Moderne bei Hannah Arendt, Günther Anders und Hans Jonas.

Bibliografische Information Der Deutschen Bibliothek

Die Deutsche Bibliothek verzeichnet diese Publikation in der Deutschen Nationalbibliografie; detaillierte bibliografische Daten sind im Internet über http://dnb.ddb.de abrufbar.

ISBN 3-7705-4096-4

Internet: www.fink.de

Printed in Germany.
Einbandgestaltung: Atelier Reichert, Stuttgart
Herstellung: Ferdinand Schöningh, Paderborn

UTB-Bestellnummer: ISBN 3-8252-2703-0

Inhalt

Vorwort

„Nichts ist schwieriger, als ein Lehrbuch zu verfassen. In der Regel geschieht dies deshalb arbeitsteilig." (Münch 2002: 7) Auch das vorliegende Buch hält sich an die bewährte Praxis. Eher ungewöhnlich, wenn nicht gar einmalig, ist im vorliegenden Fall jedoch die Form der Zusammenarbeit: Unser Buch ist das Produkt eng aufeinander abgestimmter Kooperation zwischen einer Hochschulprofessorin und einem gerade examinierten Magisterabsolventen. Es ist auf der Grundlage der Freiburger Modernisierungsvorlesung von Nina Degele und den Erfahrungen von Christian Dries in den theoriebasierten Tutorien zur Vorlesung entstanden. Die Einleitung (Kapitel 1) ist ein Gemeinschaftsprodukt. Nina Degele hat die Kapitel 2, 4, 8 und 9, Christian Dries Kapitel 3, 5, 6 und 7 verfasst. Im Anwendungsteil des Buches stammen Kapitel 11 und 13 aus der Feder von Nina Degele, für den Rest ist Christian Dries verantwortlich. Der gesamte Text hat während seiner Entstehung von Oktober 2004 bis Ende Juli 2005 immer wieder den Schreibtisch gewechselt und manche wechselseitige Überarbeitung erfahren.

Die Qualität des Resultates wird von unseren Leserinnen und Lesern beurteilt. Selbstbewusst sind wir jedoch schon jetzt der Meinung, dass sich unsere Arbeitsform gelohnt hat. Wir hoffen sogar, dass sie ansteckend wirkt. Denn es profitieren alle Seiten von ihr: Wir, d. h. Professorin und akademischer ‚Frischling', ebenso wie unsere Leserschaft: die Studierenden der Soziologie, Geschichtswissenschaft und Philosophie sowie alle, die wissen wollen, in welcher Gesellschaft wir eigentlich leben.

Doch dieses Buch verdankt seine Existenz nicht nur einem innovativen Kooperationsmodell. Ohne die finanzielle Unterstützung mehrerer privater Geldgeber hätte es gar nicht geschrieben werden können. Der Arbeitsanteil von Christian Dries wurde durch die *Private Stiftung Ewald Marquardt für Wissenschaft und Technik, Kunst und Kultur* sowie den *Verein der Freunde des Rotary Clubs Donaueschingen e.V.* großzügig unterstützt. Dafür bedanken wir uns herzlich! Wir finden, dass auch dieses Modell der privaten

Förderung wissenschaftlicher Arbeit reichlich Nachahmung erfahren sollte. Wissenschaft und privates Stifterkapital sind in Deutschland immer noch viel zu selten miteinander in Kontakt.

Zahlreiche Kolleginnen und Kollegen, Freundinnen und Freunde haben den Entstehungsprozess des Buches mit kritischen Anmerkungen, Ergänzungen und Ermunterungen begleitet. Dafür danken wir ebenfalls sehr herzlich: Ursula Baumgardt, Bettina Bretzinger (†), Sylvia Buchen, Cosima Dorsemagen, Andrea Echtermann, Wolfgang Eßbach, Bülent Hodapp, Moritz Isenmann, Doris Katheder, Petra Klotz, Friedemann Maurer, Hartmut Rosa, Dominique Schirmer, Martin Schöb (besonders für sein qualifiziertes Lektorat), Moritz Trebeljahr – und natürlich den Studierenden, Tutorinnen und Tutoren der Freiburger Modernisierungsvorlesung.

Zu guter Letzt seien Raimar Zons, Diethard Sawicki und dem Fink-Verlag für ihr Vertrauen, hilfreiche Tipps und die zupackende Umsetzung gedankt.

Nina Degele Christian Dries

Freiburg i. Br., im Juli 2005

1 Einleitung: Modernisierung im Kontext

1.1 Annäherung an Modernisierung

„Tut Modernisierung weh?“ Diese Frage stellten sich zwei Redakteure der ZEIT im Jahr 1998 und besichtigten die VW-Stadt Wolfsburg. Dort waren nach einer Rationalisierungswelle 30.000 Arbeitsplätze überflüssig geworden, die jedoch durch die Einführung einer 4-Tage-Woche und flexibilisierter Arbeitszeiten gerettet werden konnten. Auf diese Weise hatte in einer der prominentesten Ur- und Keimzellen des deutschen Wirtschaftswunders das damalige VW-Vorstandsmitglied Peter Hartz die ersten Versuche in Richtung Umbau des Sozialgefüges unternommen. Heute finden sie in der nicht mehr linken oder rechten, sondern – so der damals amtierende Bundeskanzler Gerhard Schröder – ‚modernen‘ Politik des Rückbaus des Sozialstaats und der geforderten Eigenverantwortung in größerem Maßstab ihre Fortsetzung. Ergebnis: Modernisierung tut weh! Denn das soziale Leben in Wolfsburg verödete, flexible Arbeitszeiten ließen keine kollektiven Planungen mehr zu (was sich z.B. negativ auf das Vereinsleben auswirkte), das Geld wurde knapper (obwohl der Wolfsburger Lohnstandard den Bundesdurchschnitt stets übertroffen hatte) und langjährige Ehen zerbrachen. Kurzum: Die Menschen und ihre sozialen Routinen in Wolfsburg hielten mit dem verordneten Wandel nicht Schritt (vgl. Jürgens/Reinecke 1998; Willcke/Kleine-Brockhoff 2000). Ein solcher Typ sozialen Wandels ist eng mit dem Fortschrittsbegriff verknüpft: mehr, schneller, besser. Das Gegenwärtige und Zukünftige ist dem Vergangenen vorzuziehen, grenzt sich von der Vergangenheit ab, die Eigendynamik von Modernisierungsprozessen wächst den Einzelnen über den Kopf, das Neue greift aus und auf andere Bereiche über: von der Welt der Organisation der Arbeit bis hinein in die tiefsten Schichten des Alltagslebens.

Verunsicherung bei den soziologischen Klassikern. Die Soziologie – die Wissenschaft von der Gesellschaft – bemüht sich seit ihrem Entstehen vor über hundert Jahren um die Beschreibung und Analyse dieses zum Teil verstörenden sozialen Wandels. Die am meisten verunsichernde Entdeckung der Soziologie liegt dabei darin, vermeintlich Individuelles, Natürliches oder auch Gottgegebenes als Soziales zu entlarven. Das taten die soziologischen Klassiker[1], als sie Erfahrungen der Entfremdung und des Sinnverlusts als gesellschaftlich produzierte Befindlichkeiten diagnostizierten, die sie mit einer bestimmten Wirtschaftsweise, religiösen Ethik oder auch Form des Zusammenlebens assoziierten. In einem solchen Krisenbewusstsein ließen sie die Soziologie als wissenschaftliche Disziplin entstehen, genauer: als Antwort auf die großen Transformationen des 19. Jahrhunderts, nämlich den Übergang von einer traditionalen, agrarischen, hierarchisch organisierten Ständeordnung zu einem modernen, bürokratischen, industriellen, klassenbasierten, formal aber demokratischen System (vgl. Polanyi 1997).

Soziologie als Modernisierungsprodukt. Die Soziologie ist ein Produkt und eine Wissenschaft gesellschaftlicher Modernisierungsschübe, eine Krisenwissenschaft, die sich mit der Moderne als Form ihrer Selbstbeschreibung herausgebildet hat (vgl. Schimank 2000a: 8-25; Nassehi 2001: 209f.; Sterbling 1991). Während Karl Marx die Spaltung zwischen Arbeiterklasse und Kapitalisten als notwendige Folge gesellschaftlich entfremdeter Produktionsverhältnisse begriff (vgl. Marx/Engels 1990a), rekonstruierte Emile Durkheim (1988) den Verlust an mechanischer, d.h. auf Zusammengehörigkeit basierender Solidarität als Ausfluss einer fortschreitenden Teilung der sozialen Arbeit. Beschrieb Max Weber (1980) gesellschaftliche Modernisierung als Auseinanderfallen von Wertsphären und als Entzauberung der Welt im Zuge von Rationalisierung und Bürokratisierung, diagnostizierte Georg Simmel (1992c) die größer werdende Lücke zwischen der Entwicklung einer „objektiven" Gesamtkultur und der „subjektiven" Kultur des Einzelmenschen als „Tragödie der Kultur". Entfremdung, Gemeinschafts- und Sinnverlust, das waren die Diagnosen der Klassiker.

---

[1] Als Klassiker bezeichnen wir die Vorläufer und Gründungsväter (es handelt sich hier tatsächlich nur um Männer) der Soziologie.

Indem sie dies nicht individuell, den Naturgewalten oder einem Gott zurechneten, sahen sie die Wurzel in der Organisation menschlichen Zusammenlebens – im Sozialen.[2]

Soziologie als Modernisierungskritik. Kein Wunder also, dass die Soziologie vor einem Jahrhundert als Wissenschaft sozialer Entfremdung und Verunsicherung entstanden ist. Karl Marx, Emile Durkheim, Max Weber und Georg Simmel, sie alle bauten ihre soziologischen Entwürfe auf solche Erfahrungen und damit verbundene Krisen auf. Analysierten sie Gesellschaft, analysierten sie Modernisierung und ihre Folgen. Formulierten sie Kulturkritik, dann war es immer auch Modernisierungskritik. Wenn es also einen gemeinsamen Nenner soziologischer Gesellschaftstheorie gibt, dann besteht er darin, Soziologie als eine Wissenschaft sozialer Modernisierung bzw. als eine Antwort auf sozialen Wandel und Verunsicherungen im Zuge von Modernisierungsprozessen zu begreifen. Die Soziologie reagiert(e) freilich nicht nur auf gesellschaftliche Verunsicherungen, sondern erzeugt selbst welche: Wissenschaftlich verbrieft ist schließlich, dass Arbeitnehmerinnen zu Unternehmerinnen ihrer eigenen Arbeitskraft mutieren – aber nicht, was eine Normalbiografie heute sein kann; dass der globale Terrorismus ‚ordentliche' Kriege abzulösen begonnen hat – aber nicht, welche Herausforderungen damit für die nationalen Sicherheiten einhergehen; dass nicht nur Männer Pornografie konsumieren – aber nicht, was das für die gesellschaftliche Ordnung von Geschlecht bedeutet; und dass eigentlich mehr als unklar ist, was Männer und Frauen denn heute noch ‚wirklich' sind. Was einmal unhinterfragt galt, ist nicht mehr selbstverständlich, sondern Gegenstand politischer, zwischenmenschlicher und wissenschaftlicher Auseinandersetzungen.

Soziologie als Verunsicherungswissenschaft. Die Soziologie trägt dazu ihren Teil bei, indem sie vermeintlich Selbstverständli-

---

2 Diese Sichtweise ist natürlich bei Marx (1988a: 385) angelegt: „Radikal sein ist die Sache an der Wurzel fassen. Die Wurzel für den Menschen ist aber der Mensch selbst."

ches seiner Selbstverständlichkeit beraubt und als sozial konstruiert ausweist. Die Soziologie ist nicht nur als Reaktion auf Modernisierungsprozesse entstanden. Vielmehr ist sie als wissenschaftliche Form der Selbstbeschreibung von Gesellschaft ohne Modernisierung gar nicht denkbar. Die Soziologie ist nicht nur aus dem Geist der Verunsicherung entstanden, sondern selbst zu einer paradigmatischen *Verunsicherungswissenschaft* geworden. Zwar ist sie wie alle Wissenschaften angetreten, Unwissen durch Wissen und damit Unsicherheit durch Sicherheit zu ersetzen. Statt aber Sicherheit zu stiften, setzt sie Verunsicherung mit wissenschaftlichen Mitteln fort. Wenn heute Wissenschaft noch behauptet, sicheres Wissen zu produzieren, wird sie entweder mit Gegengutachten konfrontiert oder schlicht nicht mehr ernst genommen.[3]

Unsicherheit als Strukturbedingung von Handlung. Auf der einen Seite ist Unsicherheit das Selbstverständlichste der Welt, nämlich eine Strukturbedingung von Handlung. Unsicherheiten in der zeitlichen Dimension bestehen etwa im Hinblick darauf, ob Erwartungen eintreffen oder nicht (Werde ich bald einen Job finden?). Die sachliche und soziale Dimension beschreibt die Ambi-

---

[3] Natürlich hat die Soziologie nicht nur gesellschaftliche Verunsicherungen identifiziert, sondern auch Mechanismen ihrer Bewältigung. Beispiele dafür sind institutionalisierte Sicherheitskomplexe wie die Etablierung des Sozialversicherungswesens, Entstehung des Normalarbeitsverhältnisses, Durchsetzung der Schulpflicht, gemeinschaftsbezogene Sicherheitsgaranten wie Familie und dauerhafte Beschäftigung etc. (vgl. Evers/Nowotny 1987: 61). Gesellschaftliche Unsicherheitsbewältigung greift damit vor allem auf die unterschiedlichsten Formen der Strukturierung und Normierung von Erwartungen zurück, also auf Institutionalisierung. Das betrifft nicht nur technische und wissenschaftliche Ursachenbündel, wie sie die Risikoforschung thematisiert (vgl. Krücken 1994). Während sich Risiken nämlich vor allem auf die Erwartung eines möglichen Schadens beziehen (und daher mit einer negativen Konnotation verbunden sind), lassen Unsicherheiten darüber hinaus unhinterfragte Sicherheitskonstrukte als Fiktionen sichtbar werden. Das kann durchaus befreiend sein (muss es aber natürlich nicht).

guität der Ausgangssituation, die eine eindeutige Erwartungsbildung nicht erlaubt (Wie reagiere ich, wenn mich die Brötchenverkäuferin hinter der Theke in ein Fachgespräch über Judith Butlers postkonstruktivistischen Dekonstruktivismus verwickeln will?). Vor diesem Hintergrund sind sowohl in der Risikodebatte um wissenschaftliche bzw. technische Entwicklungen und damit verbundene Gefahren und Chancen (vgl. Beck 1986; Evers/Nowotny 1987; Krücken 1994), in der sozialpolitischen Auseinandersetzung um die Krise traditionell Sicherheit gewährender Institutionen und Regulative (vgl. Kaufmann 1973; Evers/Nowotny 1987) wie auch in der Diskussion um biografische Unsicherheiten und postmoderne Identitäten (vgl. Wohlrab-Sahr 1993; Keupp 1994; Straus/Höfer 1997) Sicherheit und Unsicherheit, Risiko und Gefahr, Verunsicherung und Bewältigungsstrategien zentrale Themen. Auf der anderen Seite konstruieren Alltagsmenschen wie auch Wissenschaftler und Forscherinnen ständig Sicherheitsfiktionen, die – gemessen am Maßstab eindeutiger sozialer Verortung, weitgehender moralischer Regulierung und der Vorhersehbarkeit von Abläufen – Unsicherheit schon geradezu pathologisch erscheinen lassen (vgl. Wohlrab-Sahr 1993: 10). Damit steigert jede Wissenschaft, die sich mit Unsicherheit und ihrer Bewältigung auseinander setzt, erst einmal Unsicherheit. Denn sie macht die Kontingenz von Entwicklungen und Ereignissen bewusst (vgl. Giddens 1995: 156). Und tatsächlich sind die Verhältnisse kontingent und werden es mit steigenden Wahlmöglichkeiten und Wahlzwängen immer mehr (vgl. dazu auch Kapitel 3.3f. bzw. 6.4). Nicht zuletzt das macht aus unserer Perspektive auch das Moderne moderner Gesellschaften aus: Die Verhältnisse sind, wie sie sind, aber sie könnten auch ganz anders sein. Von diesen Möglichkeiten verschiedener Konstruktionen und Beobachtungen machen die Gesellschaft, ihre Mitglieder und auch die Wissenschaften zunehmend Gebrauch.[4]

---

[4] Dies schlägt sich etwa in der Vielzahl von Gesellschaftsbeschreibungen wie Informations-, Risiko-, Klassen-, Freizeitgesellschaft, multikulturelle, technisierte und funktional differenzierte Gesellschaft nieder.

Ambivalenz von Modernisierung. Die Individuen vor einem Jahrhundert, ja bis in die 1960er-Jahre hinein, waren mit Anforderungen konfrontiert, die vormals Familie, Verwandtschaft oder traditionelle Arbeitsverhältnisse bearbeitet und handhabbar gemacht hatten. Seit einigen Jahrzehnten werden sie jedoch „aus den *scheinbar naturgegebenen* Lebensformen und Selbstverständlichkeiten der Industriegesellschaft *freigesetzt*; und dieses Ende des ‚Post-Historie' fällt zusammen mit dem *Verlust* des historischen Bewußtseins ihrer Denk-, Lebens- und Arbeitsformen." (Beck 1986: 251; Hervorh. i. Orig.) Novum ist dabei die Quantität: Was früher nur wenigen zugemutet wurde (ein eigenes Leben zu führen), betrifft nun fast alle. So müssen sie sich heute im Alltag zunehmend mit Problemen auseinandersetzen, die die Gesellschaft nicht mehr lösen kann oder lösen will: Dass die Öffnungszeiten von Ämtern und die Arbeitszeiten nur ungenügend aufeinander abgestimmt und Kindergärten nicht mit öffentlichen Verkehrsmitteln erreichbar sind; dass nicht nur Freiberufler, sondern auch Angestellte in zunehmendem Maß als Unternehmerinnen ihrer eigenen Arbeitskraft auftreten; dass im Zuge medizinischer Spezialisierung, gesundheitspolitischer Prävention und Aufklärung die Einzelnen für ihre Krankheiten, Krankheitsvorsorge und Gesunderhaltung selbst verantwortlich gemacht werden – mit solchen Modernisierungsfolgen sind nun nahezu alle Individuen konfrontiert und sehen sich damit Integrationszumutungen ausgesetzt, Unterschiedliches funktional zu verbinden. Das verunsichert und überfordert rasch.

Entzauberung der Welt als Programm. Solche alltäglichen Zumutungen fallen freilich nicht vom Himmel. Sie sind auch Symptom eines zunehmenden Sich-selbst-in-die-Verantwortung-Setzens: Die moderne Gesellschaft muss die Begründung ihrer Werte und Organisationsformen aus sich selbst schöpfen, sie ist auf ihre eigene Rationalität verwiesen (vgl. Habermas 1985a: 16).

Sie konstruieren Gesellschaft aus einer je anderen Perspektive, vervielfältigen sie und machen sie damit zu einer „polykontexturalen Gesellschaft" (Luhmann 1997: 36f., 743-776; vgl. auch Kneer/Nassehi/Schroer (Hrsg.) 1997).

Nicht mehr kosmische Vorhersehung, ein göttlicher Plan oder eine natürlich Ordnung sind verantwortlich für die Welt wie sie ist, sondern menschliches, genauer: soziales Handeln. Und dieses Handeln muss sich selbst rechtfertigen.[5] Nimmt man diese Diagnose der Gegenwartsgesellschaft und auch der Soziologie ernst, sind alle unilinearen oder allzu optimistischen Annahmen der klassischen Gesellschafts- und Modernisierungstheorie nicht mehr zu halten. Vielmehr geht es heute darum, das Moment der gesellschaftlichen und wissenschaftlichen Unsicherheit theoretisch zu integrieren (vgl. dazu insbesondere Kapitel 8). Zuerst aber: Was heißt eigentlich Modernisierung?

‚Moderne'. Modernisierung ist von ‚der Moderne' nicht zu lösen. Der vor allem in den Kunst- und Literaturwissenschaften gebräuchliche Begriff der Moderne bezeichnet einen (‚westlichen') Kulturkreis, der durch eine Entfesselung und kumulative Entfaltung der Fähigkeiten des Menschen zum rationalen Denken und Handeln bestimmt ist. Die Übereinstimmungen mit den Prinzipien und dem Fortschrittsdenken der Aufklärung sind unübersehbar: Die Moderne muss sich aus sich selbst heraus begründen und legitimieren, der Mensch wird für sein eigenes Schicksal selbst verantwortlich (gemacht) und entwickelt sich hin zu mehr Autonomie und Individualität. In diesem Prozess kristallisierte sich ein für die Moderne konstitutives gesellschaftliches Wertsystem heraus, das durch die Betonung von individueller Freiheit, Rationalität, Solidarität, aktiver Weltgestaltung und Universalismus gekennzeichnet ist (vgl. dazu auch die begriffsgeschichtliche Analyse von Gumbrecht 1978).

---

[5] Das Programm der Soziologie war und ist damit die „Entzauberung" (Weber) der Welt: Gesellschaftliche Ungleichheiten jeglicher Couleur sind menschengemacht und keine urwüchsige Entwicklung. Und was Menschen gemacht haben, ist auch veränderbar. Die Soziologie der Jahrhundertwende gab den Menschen damit ein Stück Handlungsfreiheit wieder, ihre Geschichte selbst zu machen, freilich – wie Marx es einschränkte – unter vorgefundenen Bedingungen.

Modernisierung klassisch. Vor diesem Hintergrund geht der in der Soziologie immer noch übliche Begriff der Modernisierung von einer radikalen Zäsur mit der Vergangenheit aus: „Modernisierung ist die Entwicklung von einfachen und armen Agrargesellschaften zu komplexen, differenzierten und reichen Industriegesellschaften, die nach innen und außen ein bestimmtes Maß an Selbststeuerungsfähigkeit besitzen." (Zapf 2000: 238) Diese Entwicklung von der Agrargesellschaft zur hoch entwickelten, demokratisch-pluralistischen Industriegesellschaft wird planmäßig beschleunigt (vgl. dazu auch Kapitel 6). Reinhard Bendix (1969: 506, 510) formulierte das vor drei Jahrzehnten noch deutlicher: „Unter Modernisierung verstehe ich einen Typus des sozialen Wandels, der seinen Ursprung in der englischen industriellen Revolution von 1760-1830 und in der politischen Französischen Revolution von 1789-1794 hat [...] Modernisierung [...] besteht im wirtschaftlichen und politischen Fortschritt einiger Pioniergesellschaften und den darauf folgenden Wandlungsprozessen der Nachzügler."[6] Zapf (2000) fächert die dabei zu beobachtenden Prozesse im Kontext von Wirtschaft, Politik und Kultur folgendermaßen auf:

- *Stadien der wirtschaftlichen Entwicklung*: Erst mit der Industrialisierung wird Wachstum möglich. Wohlfahrtsentwicklung und Massenkonsum sind die tragenden wirtschaftlichen Säulen von Modernisierungsprozessen. Symbolisiert wird das Stadium des Massenkonsums durch die Ausbreitung des privaten Automobils. Erst in den 1970ern beginnt mit den sich abzeichnenden Grenzen des Wachstums wie auch mit Sättigungserscheinungen die Suche nach neuen Maßstäben und einer neuen Qualität des Wachstums (‚human development', ‚nachhaltiges Wachstum').

---

[6] Marx (1998: 12) spricht von „mit eherner Notwendigkeit wirkenden und sich durchsetzenden Tendenzen." Weiter heißt es, ganz auf der Linie der ‚klassischen' Modernisierungstheorie: „Das industriell entwickeltere Land zeigt dem minder entwickelten nur das Bild der eignen Zukunft." Zur ‚klassischen' Variante der Modernisierungstheorie vgl. auch Lerner/Coleman/Dore 1968.

- *Stadien der politischen Entwicklung*: Auf der politischen Ebene sind Staaten- und Nationenbildung die erste Stufe einsetzender Modernisierung, was durch die Herausbildung nationaler Identitäten, Wahlrecht und parlamentarische Demokratie, soziale Sicherung und Wohlfahrtsstaat begleitet und abgefedert wurde. Thomas H. Marshall (1992) spricht diesbezüglich von einer Abfolge von bürgerlichen, politischen und sozialen Grundrechten als Entwicklung eines Rechtsstaats, der zuerst die innere Sicherheit garantiert und dann die individuellen Freiheits- und Beteiligungsrechte anerkennt. Inklusion (der Bevölkerung) und Konkurrenzdemokratie sind damit die maßgeblichen politischen Charakteristika einsetzender Modernisierungsschübe.
- *Soziokulturelle Bedingungen*: Politische und ökonomische Wandlungsprozesse sind eng mit Veränderungen von Individuen, Sozialstruktur und Kultur verknüpft. Denn eine sich modernisierende Gesellschaft ist auf gut ausgebildetes, mobiles, flexibles und leistungsbewusstes Personal angewiesen. Voraussetzung wie auch Folgen waren und sind also Persönlichkeiten, die Modernisierungsanforderungen standhalten und diese verstärken (vgl. Kapitel 3.3f.). Umgekehrt muss die Kultur auf Säkularisierung, Rationalismus und gleichzeitig auch auf Wertepluralismus im Rahmen eines verbindlichen Rechtssystems gegründet sein. Erst durch ein solches Zusammenwirken verschiedener Ebenen konnten sich Trends wie die langfristige Differenzierung gesellschaftlicher Teilsysteme (vgl. Kapitel 2) herausbilden und stabilisieren.

Zusammenfassung Modernisierung klassisch. Als der zentrale Typus sozialen Wandels in westlichen Gesellschaften bestimmt Modernisierung nach wie vor die Richtung gesellschaftlicher Entwicklungen mit Merkmalen wie *Industrialisierung*, *Rationalisierung* und *Säkularisierung*, *Demokratisierung* und *Emanzipation*, *Pluralisierung der Lebensstile*, *Massenkonsum*, *Urbanisierung* und *Steigerung der sozialen Mobilität*. Modernisierung als eine ambivalente „Ausbreitung des Westens“ (Berger 1996: 45) umfasst in seinem klassischen, auf Autoren wie Talcott Parsons, David Lerner, Seymor Martin Lipset und Wolfgang Zapf basierenden Verständnis vier Annahmen: *Erstens* gilt Modernisierung als endogene Leistung der in diesem Prozess begriffenen Gesellschaften, *zweitens* unterstützen sich die einzelnen Züge der Modernisierung wechselseitig, *drittens* behindern Modernisierungsvorläufer nicht die Nachzügler und *viertens* konvergieren Modernisierungsprozesse in der Steigerung gesamtgesellschaftlicher Anpassungsfähigkeit. Modernisierung gilt damit formal als *progressiver* (auf eine neue Stufe des Fortschritts führender), *systemischer* (Es sind immer auch mehrere, wechselwirkende Dimensionen betroffen: Wirtschaftlicher Wandel lässt die Kultur nicht unberührt etc.), *globaler* (Nach Parsons' Lehre der evolutionären Universalien (vgl. Kapitel 2.3) sind bürokratische Verwaltung, Märkte, das Rechtswesen und die Demokratie als Grundprinzip der politischen Organisation Kennzeichen des Übergangs zur Moderne) und *irreversibler* Prozess, d.h., die erreichten Fortschritte sind aller Wahrscheinlichkeit nach nicht mehr rückgängig zu machen (vgl. auch Lerner/Coleman/Dore 1968).[7]

Kritik an der klassischen Modernisierungstheorie. Gegen alle diese Charakteristika sind zahlreiche Argumente vorgebracht, verworfen und in modifizierter Form wieder ins Feld geführt worden (als Überblick vgl. Alexander/Colomy 1990; Knöbl 2001: 11-24). Zentrale Kritikpunkte waren (und sind) der Ethnozentrismus der frühen Modernisierungstheoretiker, „weil sie implizit oder explizit annahmen, daß die soziopolitische Struktur des Westens eine Art Endpunkt der Geschichte darstellt." (Knöbl 2001: 11); ebenso die endogene Perspektive, die imperialistische Strukturen und Prozesse wie auch enorme Ungleichheiten der Weltwirtschaft ausblendete, sowie starke Interdependenzannahmen, wonach Änderungen in der Ökonomie automatisch auch zu Veränderungen in

---

[7] Vgl. dazu auch das „Dichotomie-Alphabet" von Wehler (1975: 14f.), der gemeinsame Elemente zahlreicher ‚klassischer' Modernisierungstheorien anhand der beiden Kontrastbegriffe ‚modern' und ‚traditional' auflistet.

der Politik oder Kultur führen sollten (was sich empirisch nicht halten ließ). Daneben, und diesen Aspekt wollen wir herausgreifen, ist auch die Annahme der Unvereinbarkeit von Tradition und Moderne immer weniger haltbar – wenn sie es jemals war (vgl. Knöbl 2001: 11-24; Giddens 1996; Latour 1998).

Tradition in der Moderne. Tradition bezieht sich zunächst einmal auf das, was überliefert wurde und weiter bewahrt wird oder werden soll. Traditionalismus bezeichnet eine geistige Haltung, die bewusst an der Tradition festhält, sich ihr verbunden fühlt. In der klassischen, in den 1950er-Jahren in den USA entwickelten Modernisierungstheorie spielte der Gedanke einer unilinearen und irreversiblen Entwicklung eine zentrale Rolle, der auf einer Antithese zwischen Moderne und Tradition beruhte: Parsons zufolge dominierten in traditionalen Gesellschaften persönliche Einstellungen, Werte und Rollenstrukturen, während moderne Gesellschaften durch funktional orientierte, säkulare, individualistische, universalistische Werte gekennzeichnet seien. Die Tradition blieb dabei allerdings immer eine Residualkategorie, die *nicht* war, was moderne Gesellschaft auszeichnete. Ebenso blieben die Gründe des Übergangs von der Tradition zur Moderne wie auch die dabei beteiligten Akteure und Interessen weitgehend unklar (vgl. dazu auch Kapitel 2.4). Dass die Moderne dagegen von traditionalen Elementen in nicht nur marginaler Weise durchsetzt ist, gerät erst in den letzten Jahren in den Blick: Die moderne romantische Liebe etwa ist eigentlich gar nicht kompatibel mit den modernen Attributen „emotional, universalistisch, funktional spezifisch" (Knöbl 2001: 170; vgl. auch Hondrich 1996; Illouz 2003); die in der öffentlichen Rhetorik als diskriminierend zurückgewiesene Polarisierung von Geschlechtscharakteren ist eine durch und durch moderne Erfindung (vgl. Kapitel 8.3). Und Zwangshandlungen, Süchte und Neurosen sind moderne und (bislang wenig erfolgreiche) Versuche, sich von Vergangenheit und Tradition zu lösen: „Als guter Mediziner wollte Freud Neurosen lösen; was er aber tatsächlich entdeckte, war die emotionale Unterströmung beim Prozeß der Auflösung traditionaler Kultur." (Giddens 1996: 131) Modernisierung als Enttraditionalisierung bedeutet im Hinblick auf das letztgenannte Beispiel, dass sich Traditionen in Zwangshandlungen verwandeln, weil die Last des Entscheidens erdrückt (vgl. Kapitel 3.3f. bzw. 6.4). Zwangshandlungen, Abhängigkeiten und damit verbundene Pathologien bilden also eine Kehrseite der kognitiven, auf Verwissenschaftlichung und Wissensbasierung zielenden Revolution der Moderne, die vielleicht zeitweilig verdrängt, aber nicht eliminiert werden kann (vgl. dazu insbesondere auch Kapitel 5.4).

1.2 Kritik und Weiterentwicklung

Kritik am Fortschrittsmodell. Die klassische Modernisierungstheorie impliziert, dass eine synchrone Entwicklung der genannten Dimensionen die gesamtgesellschaftliche Anpassungsfähigkeit steigere. Der Fortschrittsgedanke schlägt hier voll durch. Aber genau dieser Gedanke wie auch die Annahme von *Demokratie*, *Wachstum* und *Wohlstand* als inhärente *Modernisierungsziele* und schließlich die unterstellte *Synchronizität* der aus westlicher Perspektive beschriebenen Modernisierungsprozesse sind in den letzten Jahren unter Ideologieverdacht geraten. Denn regressive *Entmodernisierungen*, *ökologische Kosten* sowie *nicht-westliche* Modernisierungspfade tauchen bei diesen klassischen Modellen kaum auf (vgl. Kapitel 2, 5 und 7). Entsprechend korrigiert die jüngere Diskussion die bisher vorwiegend makrosoziologisch ausgerichtete evolutionäre *Fortschrittsperspektive* und Fokussierung auf strukturelle Faktoren der *(funktionalen) Differenzierung* und *Subsystembildung* (vgl. Kapitel 2) um fortschrittsskeptische und mikrosoziologische Aspekte. So überwinden Konzepte der *reflexiven Modernisierung* (vgl. Kapitel 3.3 bzw. 5.3), der Modernisierung von (*Geschlechter-)Beziehungen* (vgl. Kapitel 8), *nichtlinearer* Modernisierungsdynamiken sowie *postmoderner Entdifferenzierungen* (vgl. Kapitel 5.3) das klassische Paradigma „weitergehender Modernisierung" (Zapf) als Fortführung bisheriger Entwicklungsdynamik. Vor allem Zapf (1990; 2000) hält jedoch am Programm der Modernisierungsfähigkeit im Sinne der *Gestaltbarkeit* und *Anpassungsfähigkeit* von Gegenwartsgesellschaften fest, argumentiert aber weitgehend defensiv: Zwar hätten Konkurrenzdemokratie,

Marktwirtschaft und Wohlfahrtsgesellschaft mit Wohlfahrtsstaat und Massenkonsum als evolutionäre Universalien keine ewige Bestandsgarantie, es seien aber keine leistungsfähigen Alternativen absehbar.[8]

Paradoxa der Modernisierung. Einen wichtigen Schritt zu einer differenzierten und für Ambivalenzen sensiblen Perspektive auf Modernisierung machen Hans van der Loo und Willem van Reijen (1997) in ihrer systematischen Darlegung von vier Grundmechanismen des Modernisierungsprozesses. Sie verorten Modernisierung in einem vierteiligen Schema mit den Perspektiven der Struktur (Prozess der *Differenzierung*), Kultur (Prozess der *Rationalisierung*), Person (Prozess der *Individualisierung*) und Natur (Prozess der *Domestizierung*) (vgl. Abbildung 1).

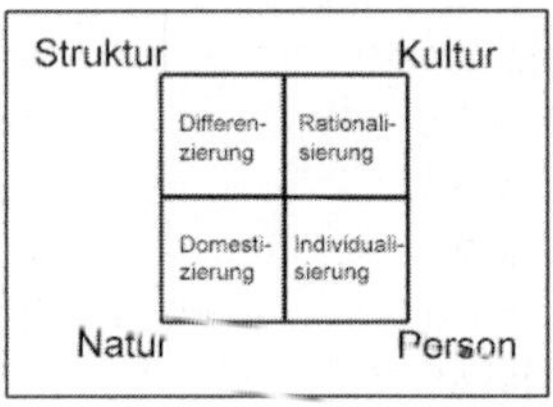

Abbildung 1: Modernisierung nach van der Loo/van Reijen.

Als Modernisierung bezeichnen sie „einen Komplex miteinander zusammenhängender struktureller, kultureller, psychischer und physischer Veränderungen, der sich in den vergangenen Jahrhunderten herauskristallisiert und damit die Welt, in der wir augenblicklich leben, geformt hat und noch immer in eine bestimmte Richtung lenkt." (van der Loo/van Reijen 1997: 11) Um einen ebenmäßigen Prozess handelt es sich nach Meinung der beiden

---

[8] Zu einer metatheoretischen Kritik des ‚klassischen' Modernisierungsparadigmas sowie „reflexiver" Modernisierungstheorien vgl. Wehling 1992. Nicht mehr auf dem neuesten Stand der Diskussion, in zentralen Punkten aber immer noch lesenswert ist diesbezüglich auch Wehler 1975.

Autoren dabei keineswegs. Van der Loo/van Reijen wenden sich gegen ethnozentrische Evolutionsgedanken, die Modernisierungstheorien häufig zugrunde liegen und Modernisierung als unilineare Entwicklung konzipieren (vgl. dazu auch Wehler 1975: 11ff., 18). Stattdessen – darauf kommt es hier an – betonen sie vielmehr den *paradoxen* Charakter der keineswegs harmonisch ablaufenden Modernisierungsprozesse (vgl. van der Loo/van Reijen 1997: 30-44).

Die vier Modernisierungsparadoxa. Diese Prozesse sind nicht harmonisch, weil die einzelnen Komponenten zum einen nicht unbedingt in sich befördernder Weise aufeinander einwirken, und weil sie zum anderen auch ‚kippen' können (vgl. ebd.: 36-44). Mit ‚Paradox' oder ‚Paradoxie' ist ein Widerstreit zweier „an sich gleichbegründeter" Sinngehalte gemeint. Im vorliegenden Kontext müsste man eher von vermeintlichen Widersprüchen sprechen, da „es sich weniger um zwei entgegengesetzte Prozesse handelt als vielmehr um zwei Seiten derselben Modernisierungsmedaille" (ebd.: 37). Paradox ist bei van der Loo/van Reijen also das, was lediglich auf den ersten Blick widersprüchlich erscheint, bei eingehender Betrachtung jedoch einen spezifischen internen Zusammenhang offenbart. Das *Differenzierungsparadox* etwa besagt, dass Differenzierung (auf der strukturellen Ebene) zwar zu funktionalen Spezialisierungen führt, damit aber gleichzeitig ein erhöhter Koordinationsbedarf und eine Steigerung von Wechselwirkungen einhergehen. Eine funktional differenzierte Gesellschaft operiert nach Niklas Luhmann (1997: 803) „ohne Spitze und ohne Zentrum", und „die Einheit der Gesellschaft ist dann nichts anderes als diese Differenz der Funktionssysteme; sie ist nichts anderes als deren wechselseitige Autonomie und Unsubstituierbarkeit." (Luhmann 1986: 216) So löst die Religion nicht die Probleme der Politik und die Wissenschaft nicht die Fragen des guten Lebens. Es gibt keine überwölbende, integrierende Einheit mehr, vielmehr muss jeder selbst den „Dämon" finden, „der seines Lebens Fäden hält" (Weber 1988d: 613). Das *Rationalisierungsparadox* beschreibt – auf der Ebene der Kultur – gleichzeitig ablaufende Prozesse der Pluralisierung und Generalisierung. Damit ist gemeint, dass die durch Differenzierung entstandenen sozialen Einheiten einerseits rationaler, zweckorientierter, effizienter operieren, andererseits damit aber auch eine Art ‚Betriebsblindheit' einhergeht. Vor allem in der wissenschaftlichen Spezialisierung wird das offenkundig: Kaum jemand überschaut noch sein/ihr Arbeitsgebiet, der Spezialisierungsausschnitt wird immer kleiner, wobei das Spezialistenwissen anwächst. Dem *Individualisierungsparadox* zufolge ist auf der Personebene die Freiheit und Autonomie der Individuen mit wachsenden Schwierigkeiten der Identitätsfindung verbunden – die Einzelnen sind zur Freiheit und Selbstverantwortung gezwungen. Dass eine solche Modernisierung dann oft weh tut, erfährt man spätestens im Hinblick auf Hartz IV oder die prekäre Lage von Ich-AGs. Das *Domestizierungsparadox* schließlich besagt, dass die menschliche Befreiung von und Beherrschung der Natur mit dem Preis neuer Abhängigkeiten erkauft wird, wie etwa der von Wissenschaft und Technik.

1.3 Die ambivaloxe Dialektik der Modernisierung

Das Acht-Faktoren-Modell der Modernisierung. Vor diesem Hintergrund definieren wir Modernisierung als einen Komplex miteinander zusammenhängender *struktureller*, *kultureller* und *individueller* Veränderungen sowie Veränderungen hinsichtlich des menschlichen *Naturverhältnisses*, der sich in der Neuzeit ausbildet und seit dem 20. Jahrhundert beschleunigt weiterentwickelt. Zur Konkretisierung und Erweiterung dieser Definition schlagen wir ein Schema mit acht Modernisierungsdimensionen oder -faktoren vor. Diese sind – wie bei van der Loo/van Reijen – Rationalisierung, Individualisierung, Differenzierung und Domestizierung, darüber hinaus aber auch *Beschleunigung*, *Globalisierung*, *Vergeschlechtlichung* und *Integration* (vgl. Kapitel 2-9 bzw. Abbildung 2: 27). Alle acht Faktoren bzw. Teilprozesse zeichnen sich dadurch aus, dass sie stets ‚in Begleitung' auftreten, d.h. immer auch gegenläufige Tendenzen mit sich führen (so wie beispielsweise Differenzierungsprozesse immer von Entdifferenzierungsprozessen begleitet werden):

- *Differenzierung* (Kapitel 2) als ein zentraler, vielleicht *der* zentrale Modernisierungsfaktor meint die Entstehung neuer Einheiten durch Aufspaltung eines ursprünglich Ganzen. Differenzierung beruht auf der Einführung neuartiger Unterscheidungen, genauer: sinnhafter Spezialisierungen im Sinne einer Verengung, Intensivierung und Abkopplung von Zusatzgesichtspunkten. In der dabei dominierenden systemtheoretischen Perspektive differenziert sich Gesellschaft funktional in Teilsysteme, die Kommunikation bzw. Anschlusshandlungen unter beschränkenden Bedingungen produzieren, ihre Leistungsfähigkeit steigern, aber auch einschneidende Folgeprobleme für andere gesellschaftliche Teilsysteme nach sich ziehen.

- *Individualisierung* (Kapitel 3) bezeichnet den gesamtgesellschaftlichen Prozess der Freisetzung des Menschen aus gesellschaftlichen Traditionen und Abhängigkeiten. An die Stelle von nahen, verwandtschaftlichen Bindungen oder nur sehr begrenzt frei wählbaren Gruppenbeziehungen treten anonymere, dafür jedoch in Eigenregie geknüpfte soziale Netze. Als unmittelbare Folge von Individualisierungsprozessen lässt sich besonders in der Spätmoderne eine zunehmende Pluralisierung von Lebensstilen beobachten – es entstehen aber auch neue Formen der Re-Traditionalisierung, „Rückbindung“ (Hondrich) und Entindividualisierung. An die Stelle alter Sicherheiten und Normen treten nicht nur neue Freiheiten, sondern zugleich mit diesen auch neue (alte) externe und interne Zwänge.

- *Rationalisierung* (Kapitel 4) bedeutet eine Systematisierung zum Zweck der Prognostizier- und Beherrschbarkeit und damit den schrittweisen Prozess der Ablösung von zufälligen, planlosen und traditionsgebundenen zugunsten arbeitsteiliger, normierter, standardisierter, organisierter und bürokratisch verwalteter Lebensformen. Nicht nur Organisationen, auch Lebensformen, Kultur und Geist werden ‚verrechenbar‘ gemacht – zum Zweck der Leistungssteigerung. Im Mittelpunkt der modernisierungstheoretischen Diskussion steht dabei, ob und in welcher Weise Prozesse der Rationalisierung zu einer Entlastung und Freisetzung von gesellschaftlichen Ressourcen führen oder zwangsläufig mit Nivellierung und Vereinheitlichung verbunden sind.

- *Domestizierung* (Kapitel 5) meint einerseits den Prozess der zunehmenden Unterwerfung der Natur durch die Menschen bei gleichzeitig wachsender Abhängigkeit von artifiziellen, technischen Umwelten, andererseits aber auch die im Verlaufe des Modernisierungsprozesses – vermeintlich – fortschreitende menschliche Selbstkontrolle (Disziplinierung und Normalisierung). Deutlich wie kaum ein zweiter Modernisierungsfaktor zeigt Domestizierung ein Janusgesicht: Gerade der immense Erfolg von Wissenschaft und Technik wird im Verbund mit dem industriellen Produktionssystem heute immer mehr zum Problemfall und Risiko für Mensch und Natur.

- *Beschleunigung* (Kapitel 6) charakterisiert die Moderne als Gesellschaftsform, in der das Tempo technologischer Innovationen, des sozialen Wandels und das Lebenstempo der Menschen kontinuierlich steigen, angetrieben von drei zentralen ‚Beschleunigungsmotoren': der kapitalistischen Ökonomie, die auf die permanente Steigerung (von Profiten) bedacht ist, einer Kultur der (Auto-)Rationalisierung, die die Schnellsten für die Erfolgreichsten hält, und dem Prinzip der funktionalen Differenzierung, das den sozialstrukturellen Rahmen für die Entwicklung der beschleunigten Gesellschaft aufspannt. Diese ist geprägt durch ein fundamentales Zeitparadox: Wir sparen durch technische Innovationen immer mehr Zeit ein und haben doch immer weniger davon zu unserer freien Verfügung.

- *Globalisierung* (Kapitel 7) bezeichnet den realgeschichtlichen, multidimensionalen – ökonomischen, technischen, politischen und kulturellen – Transformationsprozess, in dessen Verlauf die Welt nach Roland Robertson (nicht nur in der Wahrnehmung ihrer Bewohnerinnen und Bewohner) zu einem „single place" zusammenschrumpft, sich Staaten, Ökonomien, Kulturen und Individuen stärker miteinander verflechten, in wechselseitige Abhängigkeit geraten können, sich aber ebenso verstärkt auch ihrer jeweiligen Differenzen bewusst werden. Homogenisierungstendenzen kreuzen sich dabei mit neuen Konfliktlinien und De-Globalisierungsprozessen.

- *Vergeschlechtlichung* (Kapitel 8): Mit der Einführung dieses Faktors behaupten wir, dass Modernisierung in grundlegender Weise mit einer Geschlechterdifferenzierung verbunden ist, die genau (und ausschließlich) zwei Geschlechter als *natürliche* Tatsache konstruiert. Entscheidend ist dabei, dass gesellschaftliche Teilsysteme, Organisationen, Interessengruppen und Interaktionsformen den Mechanismus der Vergeschlechtlichung mit der Überführung von (Geschlechter-)Differenz in Hierarchie für weitere Modernisierungsprozesse nutzen. Dabei sind Macht und Hierarchie keine abstrakten und geschlechtsfreien Größen, sondern treten vergeschlechtlicht in Erscheinung, d.h. in Form sozial ungleich verteilter Ressourcen, Strukturen und Institutionen.

- *Integration* (Kapitel 9) ist ein vor allem über systemische Zusammenhänge definierter Begriff, der den Zusammenhang und die Koordination von verschiedenen Teilbereichen bzw. -logiken als funktionales Erfordernis in den Vordergrund stellt. Dieser Bedarf nach einer übergeordneten oder aus der Interaktion der Teile erwachsenden Steuerung oder Kontrolle entsteht aus der Modernisierungsdynamik selbst: Differenzierung und Rationalisierung sind ausgreifende, nach Abkopplung und Verselbständigung drängende Prozesse, die das Problem von Gesellschaft und Soziologie schlechthin auf den Punkt bringen: Wie ist gesellschaftliche Ordnung möglich? Was hält eine Gesellschaft zusammen? Was verhindert das Auseinanderreißen einer Gesellschaft?

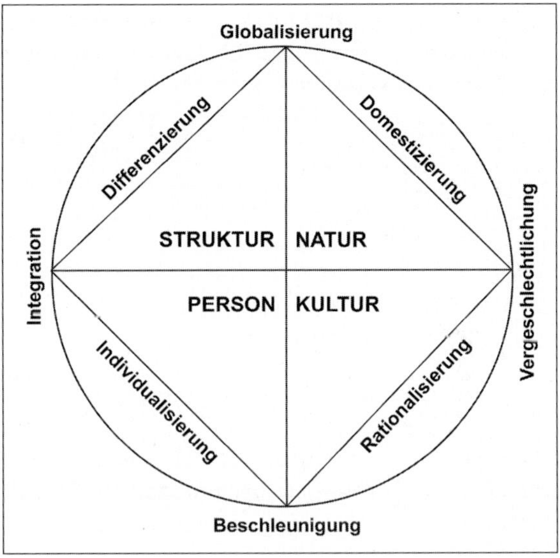

Abbildung 2: Das Acht-Faktoren-Modell der Modernisierung.

Begründung. Die Prozesse der Differenzierung, Rationalisierung, Individualisierung und Domestizierung repräsentieren in unserem Modell – wie bei van der Loo/van Reijen, aber auch anderen (vgl. Parsons 1976) – die Entwicklungen auf den vier grundlegenden Analyse-Ebenen Struktur, Kultur, Person und Natur. Beschleunigung (Zeit) und Globalisierung (Raum) haben beide starke Bezüge zu allen diesen Ebenen, werden allerdings meist nicht ausreichend als eigenständige Modernisierungsfaktoren thematisiert. Der Faktor Geschlecht gehört zu den blinden Flecken der Soziologie seit ihrer Begründung durch die Klassiker. Ähnlich verhält es sich mit dem Mechanismus der Integration. Er steht in unserem Modell für die Meta-Perspektive auf Modernisierung und ist für die kritische Reflexion von Nebenfolgen auf der gesellschaftlichen Makroebene zuständig. Er bildet gewissermaßen die übergreifende Klammer, die das (in der Logik der anderen Faktoren) nicht Thematisierte aufdeckt, eine Art ‚Blinde-Flecken-Mittel' der Modernisierung. Beschleunigung, Globalisierung, Vergeschlechtlichung und Integration liegen ‚quer' zu den vier klassischen Mechanismen des Modells, üben aber dennoch auf allen Ebenen des Modernisierungsquadrats – implizit oder explizit – so starke Einflüsse aus, dass sie eine separate Betrachtung als eigenständige Modernisierungsfaktoren rechtfertigen. Sie sind für Modernisierung genau so konstitutiv wie die ersten vier Faktoren des herkömmlichen Modernisierungsquadrats. Anders ausgedrückt: Die Geschichte der Modernisierung lässt sich aus dem Blickwinkel jedes einzelnen der acht Faktoren oder Dimensionen erzählen. Zusammengenommen, zu einem gemeinsamen Bündel verknüpft, ergeben die acht Faktoren ein umfassendes, vollständigeres Bild von Modernisierungsprozessen, die wir im Folgenden nur aus analytischen Gründen und zum Zweck der Übersichtlichkeit in (acht) Teilprozesse zergliedern.[9]

Reformulierung. In Anlehnung an van der Loo/van Reijen (1997: 36-44) und vor dem Hintergrund unseres Modells der acht Faktoren begreifen wir Modernisierung als einen *multidimensionalen, ambivalenten* und *paradoxen Entwicklungsprozess*, in dessen Verlauf sich ‚positive' wie ‚negative' Entwicklungslinien ein und desselben Modernisierungsfaktors gemäß der immanenten Steigerungslogik von Modernisierungsprozessen (‚mehr, schneller, besser') *ko-evolutiv*, d.h. parallel zueinander, dabei aber nicht notwendig im gleichen Tempo, entfalten und auf vielfältige Weise

---

[9] Ähnlich wie ‚Geschichte' handelt es sich bei ‚Modernisierung' um einen so genannten Kollektivsingular. Er suggeriert begrifflich Eindimensionalität und Unilinearität, wo in Wirklichkeit Vielfalt und wechselseitige Abhängigkeit dominieren. Die Geschichte ‚der Moderne' ist im Grunde eine Geschichte unterschiedlichster Modern*en*, inklusive aller unberücksichtigten oder ausgeblendeten Alternativentwicklungen und ‚Konkurrenzerzählungen'. Aus diesem Grund sprechen wir im Folgenden vor allem von ‚Modernisierungsprozessen' im Plural. Wenn wir mitunter dennoch von ‚der Modernisierung' sprechen, so ist dies vor allem stilistischen Gründen geschuldet. Vgl. dazu auch Wehling (1992: 10), der „die Totalisierung von heterogenen und vielschichtigen gesellschaftlichen Prozessen und Phänomenen zu ‚singulären Großobjekten' wie *die* Moderne" vehement kritisiert.

miteinander kreuzen.[10] Während zunächst oft die ‚positive' Prozesslinie dominiert und dem wissenschaftlichen Betrachter ins Auge sticht, werden die ‚negativen' dessen ungeachtet vom Beginn einer Entwicklung an als Komplemente mitgeführt. Die – prinzipiell ergebnisoffene – Gesamtentwicklung ist durch permanente Wechselwirkungen gekennzeichnet. Wer ‚Modernisierung' sagt, muss ‚Interdependenz' mitdenken, auch wenn deshalb noch lange nicht alles mit allem zusammenhängt (vgl. Wehler 1975: 26, 42). Damit ist sowohl die *interne* Wechselwirkung der unterschiedlichen ‚Strömungen' eines einzelnen Modernisierungsfaktors gemeint – die anderen Seiten von Differenzierung, Rationalisierung, Domestizierung etc. – als auch die Wechselwirkungen zwischen unterschiedlichen Faktoren, beispielsweise zwischen Differenzierungs- und Individualisierungsprozessen (vgl. dazu Kapitel 3.2).

Anschlussfragen. Modernisierungstheoretisch schließen sich an dieser Stelle zwei zentrale Fragen an: *erstens* nach der Art und Weise der Wechselwirkungen, auf die wir in den Kapiteln zu den einzelnen Modernisierungsfaktoren näher eingehen, und *zweitens* nach der Art und Weise möglicher oder wahrscheinlicher Umschlagpunkte, von denen ausgehend verschiedenste Folgeeffekte beobachtbar oder denkbar sind. So können dominante Prozesslinien zeitweise abgelöst und verdrängt werden oder in ihr Gegenteil umschlagen (z.B. dann, wenn Differenzierung durch Entdifferenzierung eingeholt wird). Hier zeigt sich Modernisierung von ihrer paradoxen Seite: Am – vorläufigen, d.h. fiktiv gewählten – Endpunkt einer Entwicklung steht das Gegenteil dessen, was man ursprünglich erwartet hätte (In einer sich individualisierenden und pluralisierenden Gesellschaft kommt es zur Ausbildung eines glo-

---

[10] Mit den Prozesslinien oder Strömungen eines Modernisierungsfaktors sind keine normativen Wertungen verbunden. Wenn wir etwa Differenzierung als ‚positive' Linie oder Strömung bezeichnen, so ist Entdifferenzierung ‚negativ' nur im Hinblick auf ihr Komplement und umgekehrt. Im Verhältnis zu ‚Globalisierung' sind etwa ‚De-Globalisierung', ‚Lokalisierung' und ‚Fragmentierung' denkbare Gegenströmungen (vgl. dazu auch Kapitel 7).

balen ‚Einheitsbreis' der Moden, Stile und Verhaltensweisen). Vermeintliche Vorteile scheinen sich in ihr Gegenteil zu verkehren. Aus Fortschritten resultieren Rückschritte (vgl. dazu exemplarisch Kapitel 10). Umschläge in Richtung des scharfen, gewissermaßen kontradiktorischen Gegensatzes sind in der Praxis jedoch eher unwahrscheinlich. Vielmehr ist mit abgeschwächten oder ambivalenten Entwicklungspfaden zu rechen (etwa mit ‚gezähmter', nachhaltiger Domestizierung statt einem absoluten Zurück-zur-Natur); mit *Ko-Evolutionsprozessen*, die sich innerhalb eines gewissen *Korridors* prinzipiell möglicher Entwicklungsläufe bei relativ stabilen strukturellen (ökonomischen, politischen etc.) Rahmenbedingungen entfalten. Doch die Entwicklungseinheit der Gegensätze kann durch ehemals unterdrückte Prozesslinien und Nebenfolgen durchaus mit einschneidenden Konsequenzen aufgebrochen werden.[11] Immer wieder können sich dabei auch neue, nicht vorhersehbare Problemkonstellationen, Konfliktlinien und Entwicklungspfade ergeben.

Die ambivaloxe Dialektik der Modernisierung. Im Zentrum unseres Modells von Modernisierung steht deshalb der Begriff der *ambivaloxen Dialektik*: *Ambivalenz* ist *das* Strukturmerkmal von Modernisierung schlechthin und steht für die Zwei-, ja Mehrdeutigkeit von Modernisierungsprozessen und die daraus resultierende Notwendigkeit, Modernisierungsphänomene wie z.B. wachsende individuelle Mobilität aus unterschiedlichen Perspektiven zu betrachten. *Paradox* ist die immanente Widersprüchlichkeit einzelner Modernisierungsprozesse und Entwicklungspfade. So führt die Steigerung individueller Mobilität zugleich zu mehr Immobilität (Zunahme degenerativer Erkrankungen des Bewegungsapparats)

---

[11] Das lässt sich auch freudianisch interpretieren: Je stärker etwas verdrängt wird, desto stärker schlägt es zurück. Nichts anderes meint etwa Bruno Latour (1998), wenn er davon spricht, dass die moderne Trennung bzw. Reinigung von Menschlichem und Nicht-Menschlichem nur dazu geführt habe, dass die Hybriden, die Mischwesen dieser beiden Extremtypen, zum Normalfall geworden seien (vgl. dazu ausführlich Kapitel 5.3).

und Stillstand (Stau auf Autobahnen). Auf historischer Ebene lässt sich Modernisierung in all ihren Facetten am besten als *dialektischer Prozess* beschreiben: ‚Positive' Strömungen schlagen um in ‚negative' und vice versa, durchdringen, stimulieren und hemmen sich gegenseitig. So kippt Differenzierung etwa in Entdifferenzierung um und kreiert dabei zugleich einen neuen gesellschaftlichen Ausgangszustand, an dem wiederum neue Entwicklungsschritte ansetzen, gemäß dem (vereinfachten) dialektischen Dreischritt von These, Antithese und Synthese. Das Alte ist dabei im neu Entstandenen – im Hegel'schen Sinne – dreifach ‚aufgehoben': Es wird als solches grundsätzlich negiert, bleibt dennoch in verwandelter Form erhalten (aufbewahrt) und findet sich zugleich auf einer neuen (historischen) Stufe wieder. Das heißt aber nicht, dass wir es dann gleich mit Modernisierung zweiter und dritter Ordnung (z.B. mit „reflexiver" Modernisierung à la Beck) oder gar einer höherwertigen Stufe von Modernisierung zu tun hätten (vgl. dazu Kapitel 3.3 bzw. 5.4). Die „Basisinstitutionen" (Zapf) und Mechanismen der Modernisierung erweisen sich als zählebige strukturelle Rahmenbedingungen eines mehr oder weniger weiten gesellschaftlichen Entwicklungskorridors. Innerhalb dessen, auf dem Boden der klassischen Basisinstitutionen (Demokratie, Marktwirtschaft, Wohlfahrtsstaat etc.) und Mechanismen, entfalten sich neue Krisen, Konflikte und Herausforderungen.[12]

---

[12] Gegen Ulrich Becks Zweite Moderne plädieren wir für ein Verständnis von Modernisierungsprozessen, das Kontinuitäten und langfristige Entwicklungspfade berücksichtigt und dabei keinen „Epochenbruch" oder gar den „Anfang einer neuen Reformation" (Beck 1996: 34, 98-102) behauptet. Wir erleben nicht erst heute einen „Wandel der Grundlagen des Wandels" (Beck 1986: 19; vgl. auch Beck 1996: 50). Dieser gehört unserem Modell zufolge vielmehr zu den Grundlagen von Modernisierungsprozessen schlechthin (vgl. dazu beispielhaft Schauenberg 1998, der die historische Entwicklung zum ‚modernen' Unternehmen in diesem Sinn nachzeichnet). Entsprechend gehen wir auch nicht wie Zapf (1990; 2000) von einer eindimensionalen, pro-

In diesem Sinne entwickelt sich die Moderne weiter und bleibt sich zugleich doch selbst treu. Sie verfolgt auf ihren Wegen kein unilineares Ziel im Sinne permanenten Fortschritts zu immer mehr Individualisierung, mehr Domestizierung, mehr Beschleunigung etc. Sie verfügt nicht über einen immanenten historischen Entwicklungsplan, auch wenn dies der Begriff der Dialektik nahe legt, weil er geistesgeschichtlich, besonders im 18. und 19. Jahrhundert, fast ausschließlich teleologisch interpretiert wurde. Das heißt: Die ambivaloxe Dialektik der Moderne hat kein „finalistisches Stützgerüst" (Reinhard 2001: 61). Stattdessen will sie für paradoxe, ambivalente Entwicklungspfade über einen längeren historischen Zeitraum hinweg sensibilisieren.[13] Übertragen auf das Beispiel individueller Mobilität bedeutet das: Für unser spätmodernes Maß an Beweglichkeit zahlen wir einen hohen Preis (Verkehrstote, Umweltverschmutzung, Fluglärm, Raumvernichtung etc.). Eine Rückkehr zur Postkutsche ist dennoch mehr als unwahrscheinlich. Vermutlich bleibt alles anders – wobei wir wieder am Ausgangspunkt unserer Überlegungen angelangt wären: der Verunsicherung, Unsi-

---

gressiven, „weitergehenden Modernisierung" aus, sondern betonen demgegenüber die subversive Sprengkraft der ambivaloxen Dialektik.

[13] Dass Modernisierung ein irreversibler, progressiver Prozess sei, wie die ‚klassische' Modernisierungstheorie postuliert, ist in dialektischer Perspektive je nach Lesart entweder eine triviale oder aber zu starke Behauptung: Trivial im Sinne der dreifachen Bedeutung des Aufhebens und des ganz banalen Fortschreitens historischer Ereignisketten; zu stark, weil dialektische Prozesse nicht notwendigerweise teleologisch ‚nach vorne' ausgerichtet sein müssen. Sie können gewissermaßen ‚nach hinten' zurückkippen und damit durchaus auch historisch überholt geglaubte Zustände unter veränderten Bedingungen erneut einholen. Und das nicht nur, wie Marx meinte, als Farce (vgl. dazu auch Koselleck 2003b). Ein Beispiel dafür könnte der gegenwärtig zu beobachtende Rückbau der Sozialversicherungssysteme und die damit verbundene Re-Privatisierung von Risiken sein (vgl. auch die zahlreichen Beispiele für ambivalente, disrhythmische Entwicklungsprozesse bei Wehler 1975).

cherheit und Kontingenz als den hervorstechendsten Merkmalen des sozialen Wandels in modernen Gesellschaften.

Historische Verortung. Abseits dieser begrifflich-systematischen Überlegungen stellt sich die Frage nach dem historischen Beginn und der historischen Verortung ‚der Moderne' sowie ihrer zeitlichen Binnengliederung. Eine eindeutige Antwort darauf gibt es nicht. Dennoch ist „eine Gliederung des historischen Stoffes zur intersubjektiven Verständigung darüber, wovon überhaupt die Rede sein soll, nach wie vor unentbehrlich", wie Reinhard (2001: 64) feststellt. Andernfalls blieben auch die explizit als historische (Entwicklungs-)Theorien angelegten Modernisierungstheorien abstrakt und abgehoben von der geschichtlichen Wirklichkeit. Im schlimmsten Fall gerieten sie zur bloßen, geschichtsmetaphysischen Spekulation. Um beides zu vermeiden, schlagen wir ein begriffliches Raster vor, das es erlaubt, spezifische Phasen von Modernisierungsprozessen historisch einzuordnen, dem Modernisierungsdiskurs gewissermaßen ein geschichtswissenschaftliches Fundament einzuziehen. Dieses Fundament wollen wir theoretisch (1) wie material (2) ableiten und begründen. Wir erheben damit weder Anspruch auf Exklusivität noch behaupten wir, Prozesse der Modernisierung ließen sich historisch nur so und nicht anders gliedern und systematisieren. Wir unterstellen hier lediglich, dass sie sich grundsätzlich gliedern und systematisieren lassen.

Periodisierungsprobleme (1). Periodisierungsversuche historischer Entwicklungen sind, wie die meisten Interpretationen von Geschichte, ungeachtet ihrer Notwendigkeit höchst umstritten (vgl. Reinhard 2001: 47-64). Es erweist sich als „durchgängige Schwierigkeit, inhaltlich gefüllte Epochengrenzen festzusetzen" (W. Schulze 2002: 25). Dennoch prägen diese Setzungen unser Reden und Denken über Geschichte. Mehr noch: Geschichtliche Begriffe haben ihre „eigene Seinsweise, aus der heraus sie auf jeweilige Lagen und Geschehnisse einwirken oder reagieren." (Koselleck 1977: 265) Daher sind starre Epocheneinteilungen (etwa die berühmte Trias ‚Antike – Mittelalter – Neuzeit') mit großer Vorsicht zu genießen. Stattdessen empfiehlt es sich, „Periodisierung stärker als ein flexibles Verfahren der Bildung von historischen Sinneinheiten zu begreifen“ (W. Schulze 2002: 31) und die Relativität historischer Urteile und Begriffe zu betonen. Denn die Geschichte ändert sich nicht erst nach heutigem Verständnis „kraft der ablaufenden Zeit jeweils heute und mit wachsender Distanz auch in der Vergangenheit“ (Koselleck 1977: 284). Was als historische Wahrheit gilt, unterliegt jenseits additiver Aneinanderreihung historischer Fakten und Daten im Laufe der historischen Forschung einem starken Wandel. Darüber hinaus kann jede historische Periode grundsätzlich erst nach einer gewissen Zeit, „nach einem gewissen Vorlauf auf einen diachronen Nenner, auf einen Begriff gebracht werden, der gemeinsame Strukturen bündelt.“ (ebd.: 267) Das gilt erst recht, wenn es, wie in modernisierungstheoretischer Perspektive, um die Betrachtung und Beurteilung *langfristiger* Prozesse geht. Allzu starre, unflexible Einteilungen und Systematisierungsversuche führen unvermeidlich zu verzerrenden oder schlichtweg falschen Darstellungen – ebenso wie plakative Sammelbegriffe (z.B. der so genannte ‚Renaissancemensch‘). Ein allzu starker „Wille zur einheitlichen Begriffsbildung und Problemlösung“ muss unweigerlich zu unhaltbaren historiographischen Konstrukten, ja regelrechter Mythenbildung führen (vgl. Reinhard 2001: 61). So haben alle Periodisierungsversuche sowohl das „Vetorecht der Quellen“ (Koselleck), der tatsächlichen Ereignisse und ihrer Widerständigkeit gegen schematische Glättung und Vereinnahmung, als auch die Fallstricke historischer Selbstverortung und des Epochenbewusstseins von Zeitgenossinnen und Zeitgenossen zu berücksichtigen. Kurzum: Periodisierungsversuche sollten sich nach der mit ihr verknüpften Fragestellung und dem jeweiligen Untersuchungsgegenstand richten, dabei Systematisierungen und idealtypische Begriffsbildungen (vgl. Kapitel 4.2) mit dem nötigen Maß an empirischer Rückbindung vereinen und zugleich so ‚weich‘ oder ‚flüssig‘ bleiben, dass eindimensionale Typisierungen, Ideologisierungen und Reifikationen möglichst vermieden werden. Gelungene Periodisierungsversuche und Epochenbegriffe sind Konstrukte, die für Neuinterpretationen und Korrekturen offen bleiben, ohne je beliebig zu sein. Sie bringen häufig unterschiedliche Entwicklungstendenzen, Entwicklungstempi und territoriale Diversitäten – die Gleichzeitigkeit des Ungleichzeitigen – auf einen gemeinsamen Begriff, ohne die Vielfalt der realen historischen Geschehnisse brachial zu vereinheitlichen.[14] Sie treffen, in aristotelischer Diktion, die „rechte Mitte" zwischen Formalität (‚Neuzeit' als Kontrastbegriff zum Mittelalter) und inhaltlich-materialer Bestimmung (‚Neuzeit' als *qualitative* Bestimmung einer neuen Epoche).

Zeitschema Moderne. Im Anschluss an diese Überlegungen gehen wir von folgendem vorläufigen und idealtypischen Zeit- bzw. Epochenschema der Moderne aus: Den Übergang von der *Vormoderne* – das meint ganz basal alles, was historisch vor der Moderne liegt – zur *Moderne* machen wir um das Jahr 1500 fest, das in der Geschichtswissenschaft gemeinhin als „Epochenschwelle" oder als Beginn der Neuzeit angesehen wird (vgl. Koselleck 1977: 211; Reinhard 2001; W. Schulze 2002: 28f.). Zur Binnendifferenzierung der in unserem Zeitschema von 1500 bis heute währenden Moderne verwenden wir die Begriffe *Frühmoderne* (16. bis Ende des 18. Jahrhunderts[15]), *Hoch-* oder *Industriemoderne* (19. und 20. Jahrhundert) sowie *Spätmoderne* (etwa ab den 1970er-Jahren). Die interne Zeitstruktur der Epoche betrachten wir formal als relativ und nicht abgeschlossen, Epochengrenzen als flexibel und strukturelle Entwicklungen als kontinuierliche Prozesse, die sich distinkten Datierungen entziehen. Wir gehen davon aus, „daß der Boden, auf dem wir stehen, immer noch der der Moderne ist" (Lavagno 2003: 14), auch wenn er möglicherweise allmählich immer mehr erodiert. Daher verzichten wir auch auf die Rede von einer „potenzierten", „reflexiven" oder Zweiten Moderne (Beck) und vermeiden den ideologisch aufgeladenen Begriff der Postmoderne (vgl. dazu Behrens 2004; Schwinn 1999; Welsch 1991), der sozialwis-

---

[14] Vgl. dazu auch Fußnote 9 (S. 28) sowie die kritischen Anmerkungen von Wehler (1975: 18-33).

[15] Eine Zeitspanne, die man auch als „frühe Neuzeit" bezeichnet und zumeist mit der Französischen Revolution enden lässt (vgl. Reinhard 2001: 48).

senschaftliche Analyse durch gesellschaftliche Phänomenbeschreibungen ohne solide empirische Bodenhaftung ersetzt. Wir gehen darüber hinaus davon aus, dass die historische Entwicklung zukünftig neue (vorläufige) Epochenbegriffe erfordert und somit auch das Konzept der ambivaloxen Dialektik weiterer Anpassung und Reformulierung bedarf. Erster Kandidat für eine Revision ist der Begriff der Spätmoderne. Zwar lässt er die Deutung einer allmählichen Erschöpfung von Modernisierungsprozessen zu (vgl. Albrow 1998: 430). In unserem Zusammenhang dagegen soll er zunächst die rein formale Funktion der Abgrenzung von der Hochmoderne erfüllen und dem spezifischen ökonomischen, sozialen und vor allem ökologischen Wandel der Nachkriegszeit seit den 1970er-Jahren einen Namen geben, ohne dabei eine unseriöse, beliebige oder ideologische Bedeutung (‚Postmoderne', ‚Zweite Moderne', ‚posttraditionale Gesellschaft' etc.) mit sich zu führen. Als mehr oder weniger fixen historischen Ausgangspunkt unseres Schemas setzen wir die Epochenschwelle zum 16. Jahrhundert. Gut möglich, dass auch er eines Tages zugunsten deutlicherer Bezüge und Kontinuitäten zur Vormoderne bzw. dem Mittelalter obsolet wird.

Historische Entwicklung (2)/Frühmoderne. Um das Jahr 1500 beginnen sich in Zentraleuropa eine Reihe von Entwicklungen zu überlagern, die nach heutigem Forschungsstand „in ihrer Gesamtheit zu einem deutlich erkennbaren Einschnitt führen" (W. Schulze 2002: 29) und langfristige Auswirkungen zeitigen: Die Ausbildung frühkapitalistischer Wirtschaftsstrukturen (zunehmende Differenzierung, Arbeitsteilung, Handel), die Entstehung des frühmodernen Staates (mit Finanzhoheit, Gewaltmonopol und zentraler Verwaltung) und einer neuen Form der Öffentlichkeit durch den bereits 1455 erfundenen Buchdruck mit beweglichen Lettern sowie die Reformation prägen das Gesicht der Frühmoderne (vgl. dazu auch Koselleck 2003b: 225f.). Die europäische Bevölkerung beginnt auf lange Sicht mehr und mehr zu wachsen, in besonders starken Schüben, angefacht durch die Industrialisierung, seit dem 18. bzw. 19. Jahrhundert (vgl. Köllmann 1977; W. Schulze 2002: 93-112). Die großen Entdeckungsreisen erweitern den planetaren Horizont, auch wenn die Erde dadurch zunächst noch nicht zu einem „single place" (Robertson) wird (vgl. Kapitel 7.2). Die neuen empirisch-mathematisch fundierten Wissenschaften erschüttern in Verbindung mit neuzeitlicher Technik das Wissenschafts- und Naturverständnis des christlichen Mittelalters und der Antike, von dem man sich seinerzeit immer schärfer abzugrenzen beginnt (vgl. Kapitel 5.2). Bereits im 16. Jahrhundert verstärkt sich auch das Bewusstsein, in einer Zeit beschleunigten Wandels zu leben (vgl. Koselleck 1977; W. Schulze 2002: 29f.).

Modernes Selbstverständnis. Das frühmoderne Selbstbewusstsein fällt mit dem Aufschwung von neuzeitlicher Naturwissenschaft und Technik zusammen. Etwa seit der Mitte des 18. Jahrhunderts begreift dieses Bewusstsein die Gegenwart nicht mehr vor dem Hintergrund einer, vornehmlich durch die Renaissance-Bewegung, idealisierten Antike als defizitär, sondern als eigenständiges, ‚modernes' Zeitalter, das es im Sinne des Fortschrittsprinzips gegenüber der Vorzeit aufzuwerten gilt (vgl. Gumbrecht 1978; Koselleck 1977). Man ging nun davon aus, „seit drei Jahrhunderten in einer neuen Zeit zu leben, die sich [...] als eigene Periode von den vorangegangenen unterscheidet." (Koselleck 1977: 277) Das typisch ‚moderne' Verständnis der Moderne als historische Epoche betrachtet die Gegenwart fortan als Durchlaufpunkt einer auf die Zukunft ausgerichteten, beschleunigten historischen Entwicklung. Die gefühlte Veränderung der modernen Zeitstrukturen findet Eingang in die historiographische Begriffsbildung: Moderne Geschichtsschreibung ist Selbstbeschreibung im emphatischen Sinne. Historische Entwicklung wird als permanenter Transformationsprozess gedeutet. Die „Grunderfahrung des Fortschritts" und „ein ständiger Impuls zum progressiven Vergleich" der Völker, Länder, Gruppen, Klassen etc. (vgl. ebd.: 280f.) prägen den Übergang zur Hochmoderne bzw. „neuesten Zeit", der in der Geschichtswissenschaft gerne mit dem Epoche machenden Datum 1789, dem Jahr des Beginns Französischen Revolution, verbunden wird (vgl. W. Schulze 2002: 33 bzw. 35).

Hochmoderne. Die Zeit der Hochmoderne, das ‚lange' 19. Jahrhundert von etwa 1789 bis zum Ersten Weltkrieg ist von einer tief greifenden, ganz Europa durchdringenden Industrialisierung bestimmt (Eric Hobsbawm (1962) spricht von der politisch-ökonomischen „Doppelrevolution“ der Jahre 1789-1848). Abschied von der Dominanz der Agrarwirtschaft, wirtschaftliches Wachstum, weitergehende funktionale Differenzierung (vgl. Kapitel 2), Rationalisierung und protestantische Arbeitsethik (vgl. Kapitel 4.2 bzw. 6.3), ungebremstes Fortschrittsdenken (in Politik, Wissenschaft und Technik), Nationalstaatsbildung und Imperialismus sind die zentralen Stichworte der Epoche. Die (Hoch-)Moderne wird – mit ungebrochenem Selbstbewusstsein – endgültig zu ihrem eigenen Programm. Für das 19. und frühe 20. Jahrhundert ist die Gegenwart ein „nach vorne offener Raum der Handlungsplanung“ (Gumbrecht 1978: 120), der keine Grenzen zu kennen scheint. Die internationalen Handelsnetze und -wege erreichen zu dieser Zeit ihre höchste globale Dichte, bis sie durch die „Urkatastrophe des zwanzigsten Jahrhunderts“ (George F. Kennan), den ersten globalen, voll technisierten Weltkrieg, wieder zu großen Teilen gekappt werden (vgl. W. Schulze 2002: 36 bzw. Kapitel 7.3).

Spätmoderne. Nach der problematischen Phase der Zwischenkriegszeit, die auf deutschem Boden in der Weimarer Republik durch politische und weltwirtschaftliche Krisen, aber auch durchgreifende Rationalisierungsmaßnahmen gekennzeichnet ist, und dem Zweiten Weltkrieg, der insgesamt über 60 Millionen Todesopfer fordert und eine bipolare Weltordnung (mit zwei – westlich-kapitalistisch und kommunistisch geprägten – politischen Blöcken) zur Folge hat, beginnt in Europa, vor allem aber in Deutschland, eine Phase der „Modernisierung im Wiederaufbau“ (Schildt/Sywottek (Hrsg.) 1998).[16] Getragen von aus heutiger Sicht unvorstellbaren Wachstumsraten, einer beispiellosen Technisie-

[16] Wobei nicht nur Altes, sondern vor allem Neues (wieder) aufgebaut wurde (vgl. Schildt 1995: 22f.).

rung des Alltags[17] und mit atemberaubendem Tempo entsteht in der Bundesrepublik nach 1945 eine Gesellschaft, in der die Dominanz positiver Strömungen von Modernisierungsprozessen eine Zukunft ungebremsten Fortschritts – immer mehr Differenzierung, mehr Individualisierung, mehr Wachstum – bei großzügiger sozialer Absicherung aller Bevölkerungsschichten verheißt (vgl. dazu auch Kapitel 3.3). Zu den auffälligsten Kennzeichen des sozialen Wandels nach 1945 gehören neben wirtschaftlicher Prosperität, „Wohlstand für alle" (so der Titel eines Buches von Wirtschaftsminister Ludwig Erhard) und historisch einmaliger wohlfahrtsstaatlicher Politik der allmähliche Aufstieg des tertiären Dienstleistungssektors und die so genannte Bildungsexpansion, von der vor allem Frauen profitierten (vgl. Bundeszentrale für politische Bildung (Hrsg.) 2000; Schäfers 2002). Doch schon in den 1970er-Jahren zeigen sich deutliche „Grenzen des Wachstums", so der Titel des berühmten Reports des Club of Rome (vgl. Meadows u.a. 1972). Wirtschaftskrisen und zunehmende Umweltprobleme in Folge von Differenzierungs- und Domestizierungsprozessen stürzen die ungebremste Modernisierungseuphorie der Hochmoderne in eine Krise. Die ambivaloxe Dialektik bricht in der Spätmoderne vollends auf. Die Mehrdimensionalität von Modernisierungsprozessen tritt fortan deutlicher zu Tage und unterminiert jeden – nun als naiv apostrophierten – Fortschrittsoptimismus. Gleichwohl haben sich wesentliche Strukturmerkmale des Modernisierungsprozesses bis heute erhalten. Auch wenn zahlreiche Grenzen (des Wachstums, der Domestizierung, der Beschleunigung etc.) dreißig Jahre nach den Warnungen des Club of Rome durchaus schon erreicht, teilweise auch überschritten sein mögen, kommen neue Epochenbegriffe, die den Anbruch einer anderen Moderne oder Postmoderne signalisieren sollen, aus unserer Sicht verfrüht.

---

17 Zu Kontinuitäten und Brüchen in der technologischen Entwicklung Westdeutschlands in den 1950er-Jahren vor dem Hintergrund der Weltkriege vgl. auch Radkau 1998.

Horizontale und vertikale Dimension. Abschließend wollen wir noch auf zwei weitere Punkte aufmerksam machen, die für ein umfassendes Verständnis von Modernisierung unabdingbar sind: Zum einen der Zusammenhang von Ungleichartigkeit und Ungleichheit, zum anderen der von System und Akteurinnen/Akteuren bzw. von system- und handlungstheoretischer Perspektive. Modernisierungstheoretisch kann man zwei Hauptstränge unterscheiden: Theorien sozialer Ungleichheit und Theorien funktionaler Differenzierung. Setzen letztere an der Unterscheidung von Ungleich*artig*keiten (Katzen und Hunde) an, ist es bei ersterer Un*gleich*heit (Herr und Knecht). Die Ungleichheitsperspektive wurzelt vornehmlich in der marxistischen Tradition und betont Verteilungskonflikte, die sich auf einer vertikalen Achse mit ‚oben' und ‚unten' abbilden lassen. Hier spielen Macht, Herrschaft und Hierarchie eine entscheidende Rolle. Theorien funktionaler Differenzierung spannen den Bogen von Herbert Spencer über Emile Durkheim, Max Weber, Talcott Parsons und Niklas Luhmann und heben auf horizontal abbildbare Ungleichartigkeiten wie arbeitsteilige Rollen (z.B. Berufe), Lebensstile (z.B. Konsumpräferenzen) oder auch Teilsysteme (Wissenschaft, Religion, Sport etc.) ab (vgl. Schimank 2000a: 9f.). Beide Dimensionen, die vertikale und die horizontale, sind notwendig, um die Herausbildung von Neuem beschreiben und erklären zu können.

Gesellschaft handlungs- und systemtheoretisch. Ähnlich komplementär verhält es sich mit den beiden Großperspektiven auf Modernisierungsprozesse (bzw. sollte es sich verhalten). Es handelt sich um die Gegenpole der Handlungs- und der Systemtheorie, die zu häufig als unvereinbare Gegensätze gehandelt werden. Dabei kommt vor allem die handlungstheoretische Perspektive meist zu kurz. In der klassischen soziologischen Theoriebildung bezieht sich Modernisierung in erster Linie auf gesellschaftliche Teilsysteme. Die sozialen Akteure/Akteurinnen sind häufig nur Anhängsel und/oder exekutieren die systemisch in der Regel als autonom beschriebenen Rationalitäten. Unberücksichtigt bleibt dabei weitgehend, in welcher Weise gesellschaftliche Interessengruppen im Rahmen von Akteurskonstellationen und Geschlecht mit der Herausbildung neuer Strukturen und Institutionen verwoben sind (vgl. dazu ausführlich Kapitel 8).

1.4 Anspruch und Vorgehen

Zusammenfassung. Unser Modell von Modernisierung lehnt sich an die von van der Loo/van Reijen vorgeschlagenen Mechanismen und Paradoxa an, geht aber zugleich darüber hinaus: *Erstens* berücksichtigt es explizit auch ‚quer' liegende Modernisierungsfaktoren und ist damit breiter angelegt. *Zweitens* führen die verschiedenen Seiten eines Modernisierungsphänomens oder -prozesses nicht zwingend zu Paradoxa – es sind auch andere Abläufe und Effekte denkbar. Deshalb legen wir den Hauptakzent auf einen *dialektischen Prozessbegriff* von Modernisierung, den wir mit dem Neologismus *ambivaloxe Dialektik* bezeichnen. Dieser greift alle zentralen Aspekte von Modernisierungsprozessen und ihren inneren Widersprüchen auf. *Drittens* behaupten wir nicht, dass die acht skizzierten Mechanismen notwendigerweise immer alle gemeinsam auftreten müssen, wenngleich sich Modernisierungsphänomene prinzipiell unter diesen Perspektiven beobachten lassen. *Viertens* verbinden wir mit den acht Mechanismen keine historische Rangfolge. Rationalisierung oder Individualisierung knüpfen nicht im Sinne einer Hegel'schen Entwicklungsdialektik an Differenzierung an, sie sind keine ‚Ausflüsse' oder Derivate, sondern eigenständige Prozess*linien*, die sich von Beginn an miteinander verwoben – historisch in etwa zeitgleich herausbilden und den Modernisierungsprozess als Gesamtheit prägen.

Anspruch. Was wir mit unserem Modell bezwecken, ist keine grundsätzlich neue Modernisierungstheorie, sondern eine modernisierungstheorie*kritische* Aufarbeitung bislang verfügbarer Konzepte und eine metatheoretische Reflexion derselben mit dem Ziel, diese für empirische Analysen anwenden zu können. Dafür nehmen wir Abstand vom Anspruch einer Theorie mit fachuniversaler Gültigkeit, wie etwa Parsons und Luhmann sie formulierten. Modernisierungsphänomene mögen mit systemtheoretischen Mitteln beschreibbar sein. Das heißt jedoch nicht, dass man mit dieser Perspektive auch immer am meisten in den Blick bekommt und dass diese über das größte Auflösungsvermögen verfügt.

Werkzeugkasten-Konzept/Aufbau des Buches. Im Gegenteil möchten wir mit dem hier vorgeschlagenen analytischen Instrumentarium auch austesten, welche theoretische Perspektive sich für die Bearbeitung welcher Fragestellung am besten eignet. Ziel ist nicht Theorieentwicklung um der Theorie willen, sondern Auseinandersetzung mit Theorie um der empirischen Wirklichkeit willen. Dazu präsentieren wir die vorgestellten Modernisierungsmechanismen als eine Art ‚Werkzeugkasten' für die empirische Analyse (vgl. Foucault 1976: 53). Unser Buch ist auf Anwendbarkeit hin konzipiert: Nach der eher allgemein gehaltenen Einleitung, die in unser Verständnis von Soziologie als Verunsicherungswissenschaft und in unser Modell von Modernisierungsprozessen einführte, nehmen wir in den acht folgenden Kapiteln die einzelnen Mechanismen oder Faktoren unseres Modells näher unter die Lupe (Kapitel 2-9). Dabei berücksichtigen wir jeweils sowohl klassische als auch aktuelle Autoren und Theoretikerinnen, um die Kontinuität und Anschlussfähigkeit der Auseinandersetzungen mit und über Modernisierung zu dokumentieren und ihren Prozesscharakter zu illustrieren. Besonderen Wert legen wir gemäß unserem Konzept der ambivaloxen Dialektik der Modernisierung auf die Darstellung und Herausarbeitung von Widersprüchen, Brüchen und möglichen Umschlagpunkten. Jedes der acht Theoriekapitel ist durch vier Zwischenüberschriften gegliedert, die einen schnellen Zugriff auf einzelne Aspekte des jeweiligen Themas ermöglichen. Fett gedruckte Stichworte am Beginn von Absätzen erleichtern die Suche nach spezifischen Gesichtspunkten zusätzlich. Jedes Theoriekapitel runden wir mit einem kurzen Fazit, Literaturhinweisen zum Weiterlesen sowie vier Übungsfragen ab. Die Logik dieser Fragen ist immer dieselbe: Nummer eins verlangt nach einer präzisen Definition, die zweite Frage fordert zur inhaltlichen Wiedergabe auf, während die dritte stets zum (Theorie-)Vergleich einlädt. Schließlich geht es viertens um Anwendung: Gefragt wird nach der modernisierungstheoretischen Relevanz eines gegebenen gesellschaftlichen Sachverhalts oder einer gesellschaftlichen Entwicklung im

Kontext des jeweiligen Mechanismus bzw. ‚Werkzeugs'. In den Anwendungskapiteln (Kapitel 10-13) lösen wir schließlich selbst den Anspruch ein, die zuvor beschriebenen und entwickelten Mechanismen – soziologischen Werkzeugen gleich – beispielhaft auf Ausschnitte sozialer Wirklichkeit anzuwenden und damit Realität zu erklären. Sollte uns dies mit dem vorliegenden Buch gelungen sein, hätte sich damit auch ein weiterer – impliziter – Anspruch erfüllt: unseren Leserinnen und Lesern ein Mittel an die Hand zu geben, um in der Unsicherheit und Orientierungslosigkeit, der „neuen Unübersichtlichkeit" (Habermas) der Moderne Orientierungskompetenzen zu entwickeln, um mit den Zumutungen der modernen Gesellschaft – im Rahmen eines Fachstudiums – besser zurechtzukommen.[18]

Hinweise zur Benutzung. Zum Schluss noch einige Hinweise zur Benutzung des Buches: Wie sollte man es – unserer Ansicht nach – lesen, wie lässt es sich als Werkzeugkasten sinnvoll einsetzen? Wer zum ersten Mal mit Modernisierungstheorie konfrontiert wird, wer wissen will, in welcher Gesellschaft wir (d.h.: ‚wir Modernen') eigentlich leben, kommt um die Lektüre des gesamten Buchs kaum herum. Er oder sie muss, um im Bild zu bleiben, sich mit allen modernisierungstheoretischen Werkzeugen vertraut machen. Fortgeschrittene dürften in der Lage sein, sich nach dem Einleitungskapitel über die Lektüre einzelner, ausgewählter Abschnitte einen Zugang zu spezifischen Fragen, Problemen und Antworten zu verschaffen. Den einzelnen Kapiteln haben wir durch wiederkehrende oder möglichst für sich sprechende Beispiele, Verweise, Fußnoten etc. ein größtmögliches Maß an innerem Zusammenhang gegeben. Als Flucht- und Kontrollpunkt bieten sich in jedem Fall die Übungsfragen, aber auch die vier Anwendungskapitel an. An-

---

[18] Mehr kann und soll Modernisierungstheorie auch gar nicht leisten. Wer sich unerschütterliche Wahrheiten oder praxisrelevantes Wissen zur Bewältigung spätmoderner Sinn- und Lebenskrisen von ihr erhofft, wird enttäuscht werden – und muss sich nach wie vor anderweitig Rat einholen (vgl. dazu auch Berger/Luckmann 1995).

hand der Eingangsfragen zu jedem Anwendungskapitel kann man – vor oder nach der Lektüre des Theorieteils oder einzelner Teile des Buches – prüfen, wie gut man das modernisierungstheoretische Handwerk versteht, wie leicht der Umgang mit den acht Werkzeugen (schon) von der Hand geht.

Literatur:

- Korte, Hermann (2004): Einführung in die Geschichte der Soziologie. Opladen.
- Loo, Hans van der/Willem van Reijen (1997): Modernisierung. München.
- Schimank, Uwe (2000a): Theorien gesellschaftlicher Differenzierung. Opladen.
- Treibel, Annette (2004): Einführung in soziologische Theorien der Gegenwart. Wiesbaden.
- Zapf, Wolfgang (2000): Entwicklung und Sozialstruktur moderner Gesellschaften. In: Hermann Korte/Bernhard Schäfers (Hrsg.): Einführung in Hauptbegriffe der Soziologie. Opladen.

Übungsfragen:

1. *Definition*: Was ist mit ‚Modernisierung' gemeint?
2. *Wiedergabe*: Welche Gründe sprechen dafür, den Begriff der Moderne beizubehalten?
3. *Vergleich*: Wie/Inwiefern lassen sich die drei historischen Phasen von Modernisierungsprozessen (Vor-, Hoch- und Spätmoderne) voneinander unterscheiden?
4. *Anwendung*: Inwiefern ist die Soziologie eine ‚moderne' Wissenschaft?

2 Differenzierung

2.1 Differenzierung als Entstehung von Neuem

Outplacement-Beratung als neue Erscheinung. In den 1990er-Jahren kam in Deutschland ein Berufszweig in Mode, den es davor noch gar nicht gab – die Outplacement-Beratung. ‚Outplacement' selbst ist eine Erscheinung der 80er-Jahre und bedeutet, einer überflüssig gewordenen Führungskraft den Stellenwechsel in ein anderes Unternehmen zu erleichtern. Bei der vom Arbeitgeber finanzierten Vermittlung eines neuen Jobs engagieren sich heute Spezialberater. Ziel einer solchen Outplacement-Beratung ist es, vor allem (älteren) Managerinnen so schnell wie möglich zu einer neuen Stelle zu verhelfen. Beraten und coachen Outplacement-Firmen ‚outgesourcete', ‚downgesizete' oder eben ‚outgeplacete' Manager oder Firmen, die sich – zumeist aus ‚Verschlankungsgründen' – von hoch qualifizierten Mitarbeiterinnen trennen wollen, betreiben sie freundlich gesagt ‚Trennungsunterstützung'. Ein Bedarf an einer solchen Dienstleistung konnte entstehen, weil beschleunigte Veränderungen auf dem Markt, in Organisationen und in der technischen Entwicklung mit steigenden Anforderungen an die Flexibilität von Organisationen und Mitarbeitern verbunden sind. Dabei spielen – so die Selbstdarstellung von Firmen und Outplacement-Beraterinnen – ein Mangel an regionaler Mobilität, vor allem in Europa, und die ‚goldene Fessel' betrieblicher Sozialleistungen eine maßgebliche Rolle.

Outplacement-Beratung als Differenzierungsprodukt. Outplacement-Beratungen sollen die negativen Folgen von Trennungsentscheidungen für Unternehmen und betroffene Führungskräfte auffangen. Anders formuliert, reagieren sie auf negative Differenzierungsfolgen mit Systemdifferenzierung: Aus einem mehr oder weniger homogenen Ganzen, der Personalberatung, entstand ein spezifisches und spezielles neues Berufsfeld. Und dafür wirkten mehrere Gründe zusammen: Das moralische Gewissen von Arbeitgebern, der zunehmende Druck und Konkurrenzkampf auf dem Arbeitsmarkt, die selbstverständlich gewordene Erwartung, selbst für das eigene Schicksal verantwortlich zu sein, die Cleverness von Beraterinnen, die eine Marktlücke entdeckten. Solche Prozesse sind grundlegend für gesellschaftliche Modernisierung, was wir im Folgenden theoriegeschichtlich und dann systematisch nachzeichnen wollen. Dazu werden wir im ersten Schritt die disziplinbegründenden Schritte der Klassiker vorstellen, die sich über das Thema Differenzierung der Moderne annäherten (Kapitel 2.2). Darauf folgt eine Vorstellung des ausformulierten Programms differenzierungstheoretischen Denkens, nämlich von Talcott Parsons und Niklas Luhmann. Diese beiden Soziologen sind diejenigen, die am lautesten und entschiedensten den Anspruch einer soziologischen Großtheorie vertraten, die *jedes* soziale Phänomen im Rahmen eines einzigen, nämlich systemtheoretischen Paradigmas, erklären zu können behauptet (Kapitel 2.3). Mit ungelösten Fragen und blinden Flecken rund um Entdifferenzierung, Macht und Akteurperspektive setzen wir uns abschließend auseinander (Kapitel 2.4).

2.2 Die Klassiker: Spencer, Marx, Durkheim, Weber

Die Klassiker. Bei den Klassikern war gesellschaftliche Differenzierung ein Kernstück einer spezifisch soziologischen Gesellschafts- und Evolutionstheorie. Zunächst einmal ist damit die Entstehung neuer Einheiten durch Aufspaltung eines ursprünglich Ganzen im Sinne einer Spezialisierung gemeint. Marx, Durkheim und Weber sahen die moderne Gesellschaft durch die Herausbildung unterschiedlicher, auf die Erfüllung bestimmter Aufgaben, spezialisierte Handlungsfelder, Institutionen und Teilbereiche charakterisiert – das Moderne der Gesellschaft war in der gesellschaftlichen Aufgaben- und Arbeitsteilung begründet.

Herbert Spencer: Gesellschaft als sozialer Organismus. Den Beginn differenzierungstheoretischen Denkens in den Sozialwissenschaften markiert Herbert Spencer (1820-1903) mit seinen 1888 erschienenen „Principien der Sociologie“. Darin übertrug er das biologische „Entwicklungsgesetz“ der Entwicklung von unzusammenhängender Gleichartigkeit zu zusammenhängender Ungleichartigkeit auf die Gesellschaft. Er verwendete dazu auch Begriffe aus der Biologie, nämlich ‚System', ‚Struktur' und ‚Funktion'. Hinter der Idee einer Entwicklung vom Einfachen zum Komplexen steht die Annahme einer fundamentalen funktionalen Analogie zwischen Prozessen und Strukturen bei lebenden und sozialen Körpern. Die Gesellschaft erscheint als sozialer Organismus, und Differenzierung ergibt sich dort als Folge wachsender Bevölkerungsdichte (vgl. Spencer 1857: 537f). Ergebnis ist die Verstärkung der wechselseitigen Abhängigkeit, ebenso ist daran eine fortschreitende Arbeitsteilung und Spezialisierung der Funktionen geknüpft.

Karl Marx: Klassen. Einen gänzlich anderen Zugang zum Problem gesellschaftlicher Modernisierung über Differenzierung wählt Karl Marx (1818-1883). Differenzierung meint bei ihm den Zerfall der Gesellschaft in zwei Klassen. Wer über Produktionsmittel verfügt, sitzt am gesellschaftlich längeren Machthebel. Der zentrale gesellschaftliche Widerspruch besteht deshalb im Interessenkonflikt von Kapital(isten) und Arbeit(ern), den er über eine ökonomische Analyse des Produktions- und Tauschprozesses rekonstruiert (vgl. Marx 1998: 49-170). Der Klassenkonflikt ist in zweierlei Hinsicht die entscheidende Triebkraft gesellschaftlicher Modernisierungsprozesse: einerseits von Industrialisierung, Verstädterung, Produktivitätszuwachs und einer Steigerung gesellschaftlichen Reichtums, andererseits aber Verarmung und Verelendung für die breite Masse. Vor diesem Hintergrund lassen sich zum einen die Gegenüberstellung einer horizontalen und vertikalen Dimension von Differenzierung (1) und zum anderen die Herausbildung einer teilsystemspezifischen Eigenlogik (2) unterscheiden.

1) Horizontale und vertikale Differenzierung. Marx ist im Gegensatz zu Spencer ein Theoretiker *vertikaler* Differenzierung. Gemeint sind damit soziale Beziehungen und Verhältnisse, die auf einem Ungleichgewicht von Macht und Herrschaft beruhen. In diesem Fall ist es der Gegensatz von Arbeit und Kapital, der zu einer Spaltung der Gesellschaft führt. Ungleichheitstheorien in dieser Tradition reichen von marxistischen Klassentheorien und Schichtungstheorien bis zu Theorien über Milieus und Lebenslagen (vgl. Burzahn 2004). Hinter diesen Ansätzen steht die Vorstellung, dass ungleiche Lagen für bessere oder schlechtere Lebenschancen verantwortlich sind. Lagedeterminanten sind Beruf, Bildung, Einkommen, Geschlecht, ethnische Zugehörigkeit, Wohnregion und Alter. Verteilungskonflikte sind dabei die zentralen Triebkräfte gesellschaftlichen Wandels. Der Begriff ‚vertikale Differenzierung' ist in der Modernisierungstheorie allerdings wenig gebräuchlich; häufiger Verwendung finden ‚soziale Stratifizierung' oder ‚soziale Ungleichheit'. Darum ging es Spencer im Besonderen und Differenzierungstheorien im Allgemeinen nicht, sie beanspruch(t)en im Gegenteil, eine Alternative zu klassen- und schichttheoretischen Ansätzen entwickelt zu haben. In der Perspektive horizontaler Differenzierung steht vielmehr die Rekonstruktion gesellschaftlicher Entwicklung vom Einfachen zum Zusammengesetzten im Vordergrund, also *horizontale* Differenzierung.

Beispiel Fürsorgeeinrichtungen. Meint (horizontale) Differenzierung die Aufspaltung eines vormals homogenen Ganzen in neue Einheiten, ist damit eine Spezialisierung im Sinne einer Erfüllung bestimmter Funktionen verbunden. Ein Beispiel dafür sind Unterschiede zwischen traditionellen und modernen Fürsorgeeinrichtungen (vgl. van der Loo/van Reijen 1997: 33f). Im Spätmittelalter war Fürsorge durch persönliche Abhängigkeit geprägt. Das städtische Spital fungierte als undifferenziertes Auffangzentrum für diejenigen am Rand der Gesellschaft, nämlich körperlich und geistig Behinderte, unterstützungsbedürftige Witwen und Waisen. Ebenfalls fanden dort das fahrende Volk, Ordensleute oder religiös motivierte Laien Aufnahme. Im 18. Jahrhundert wurde die Fürsorge stückweise durch formelle und bürokratische Abhängigkeit ersetzt. Es entstanden Krankenanstalten, Einrichtungen für Geisteskranke, Waisenhäuser, Armenhäuser und Gefängnisse. Die Pflege, Behandlung und Kontrolle erfolgte nicht mehr auf freiwilliger Basis, sondern kam in die Hände von speziell ausgebildeten Fachkräften. Die Spezialisierung und Verzweigung setzte sich in den jeweiligen Einrichtungen weiter fort – bis in die Gegenwart. Aktuell sind sowohl Tendenzen einer weiteren Differenzierung wie auch des Gegenteils, nämlich einer Entdifferenzierung zu beobachten. Neben weiteren Spezialisierungen, wie etwa in der Medizin, gibt es beispielsweise auch Frauenhäuser, die ausdifferenzierte Funktionen wie Seelsorge, Sozialarbeit, Gesundheitsfürsorge und rechtliche Beratung wieder in sich vereinen. Dabei ist auch ein erneuter Rückgriff auf ehrenamtliche Tätigkeiten und freiwillige Leistungen zu beobachten.

Strukturelle Bedingungen. Damit dies überhaupt geschehen konnte, waren einige strukturelle Bedingungen erforderlich (vgl. ebd.: 50-58). So war Europa seit dem fünften nachchristlichen Jahrhundert zunächst ein Flickenteppich politisch autonomer Einheiten. Aufgrund der fehlenden Zentralgewalt war das Organisationsniveau von Verwaltung und Militär allgemein niedrig. Die mittelalterliche Lebensweise war durch Subsistenzwirtschaft und feudalistische Strukturen geprägt. Leibeigene waren von ihren Lehnsherren abhängig. Sie lieferten Arbeit für Schutz, was angesichts einer verbreiteten Gewaltsamkeit auch notwendig war. Das wirtschaftliche Leben war kleinräumig. Das gründete nicht zuletzt an kirchlichen Vorbehalte gegen wirtschaftliches Treiben: Geldverdienen und Gewinn galten als Sünde. Als strukturelle Faktoren der Modernisierung sind somit zu nennen: Fahrende Kaufleute sorgten auf der Grundlage verbesserter Anbaumethoden in der Landwirtschaft für mehr Handel. Gleichzeitig entstanden (sichere) Handelszentren für die Kaufleute als Kern städtischer Niederlassungen. Die dort lebenden Bürger wurden mit zunehmendem Handel den Lehnsherren gegenüber selbstbewusster und forderten politische und wirtschaftliche Selbständigkeit. Dies führte zu einer steigenden Lebensmittelnachfrage, die durch Überschussproduktion und Rationalisierung der Produktion möglich wurde. Dafür sorgten nicht zuletzt die Erfindung der Räderuhr, des Buchdrucks mit beweglichen Lettern und die Rationalisierung des Geldverkehrs. Im 16. und 17. Jahrhundert kam es mit der Entfaltung von Handelsbeziehungen zu einem parallelen Staatsbildungsprozess, der sich auf die Bildung von Nationalstaaten, die Untergrabung des Einflusses des Kriegsadels und die Zusammenarbeit von Monarchie und Bürgertum zur Etablierung einer zentralisierten Herrschaft bezog, was beispielsweise zur Vereinheitlichung von Gesetzen und Münzen führte (vgl. dazu auch Reinhard 2002). Die wirtschaftliche Freiheit der Bürger einerseits und der Freihandel ohne staatliche Einmischung andererseits führten schließlich zu einer tendenziellen Befreiung des (männlichen) Individuums. Das wirtschaftliche Handeln wurde von anderen gesellschaftlichen Tätigkeiten wie der Politik, Religion oder dem Militär abgetrennt. Dies schlug sich in wirtschaftlicher Hinsicht beispielsweise im Übergang vom Status zum Vertrag nieder, was Marx (1998) in den Mittelpunkt seiner Analysen gerückt hat: Arbeit wird zur Ware.

2) Ausdifferenzierung von Eigenlogiken. Marx' Überlegungen sind aus einem zweiten Grund von differenzierungs- und modernisierungstheoretischer Bedeutung. Denn er beschreibt die rücksichtslose und geradezu brutale Herausbildung der kapitalistischen Eigenlogik: Es geht nicht darum, Gebrauchswert zur Befriedigung von Bedürfnissen zu produzieren. Vielmehr funktioniert die wirtschaftliche Handlungsweise nach der Logik „kaufen, um zu verkaufen" (ebd.: 162).[1] Marx zeigt damit zum einen, *wie* die Wirtschaft als ein gesellschaftlicher Teilbereich funktioniert und zum anderen, wie sich diese wirtschaftliche Logik *verselbständigt*, andere Teilbereiche in ihre eigene Logik zwingt und alle sozialen Beziehungen vermarktlicht.

---

[1] Das funktioniert Marx' Analyse zufolge durch die spezifische Verwandlung von Geld in Kapital. Sie basiert auf der Produktion von Mehrwert, d.h. die Arbeitskraft der Arbeitenden produziert mehr Wert, als sie selbst kostet, und diesen Mehrwert eignet sich der Kapitalist an. Dies wiederum ist möglich, weil Arbeitskraft zu einer käuflichen Ware geworden ist. Ergebnis ist eine zunehmende Arbeitsteilung und Erhöhung der Produktivkraft. Formal gesprochen handelt es sich um den Übergang von der einfachen Warenzirkulation der Vormoderne (W-G-W) zur profitorientierten Warenzirkulation der Moderne (G-W-G'). Auf der anderen Seite war dieser Profit in höchstem Maß ungleich verteilt – die Kapitalisten eigneten sich den von den Arbeiterinnen produzierten Reichtum an, ließen letztere jedoch verelenden. Dies sollte als innerer Widerspruch der kapitalistischen Wirtschaftsform schließlich – so die Prognose von Marx – zum Zusammenbruch des gesamten Systems führen.

Rollen und Teilsysteme. Differenzierung beschreibt in diesem Sinn (auch) die Herausbildung von Spezialisierungen und Verselbständigungen. Dies geschieht auf verschiedenen Ebenen. Einerseits sind das die Mikro- und die Mesoebene gesellschaftlicher Rollen und andererseits die Makroebene gesellschaftlicher Teilsysteme.

Rollendifferenzierung. Hinsichtlich der Rollendifferenzierung ist zunächst einmal eine berufliche Arbeitsteilung gemeint, wie im Beispiel der Outplacement-Beratung. Verantwortlich dafür sind der wissenschaftlich-technische Fortschritt und eine stärkere Verflechtung verschiedener Aufgaben, Prozesse und Akteure. Einen Niederschlag fand dies in der Entstehung spezialisierter Organisationen, Verwaltungen und Institutionen. Die Arbeitsteilung bezieht sich aber auch auf die Organisation der Geschlechterverhältnisse. Hier trug die mit der bürgerlichen Moderne einsetzende Konstruktion polarer ‚Geschlechtscharaktere' (männliche Aktivität, Instrumentalität, Außenorientierung vs. weibliche Passivität, Emotionalität und Familienorientierung) zur Stabilisierung der patriarchalen Herrschaft bei. Rollendifferenzierungen sind also durchaus zwiespältig zu bewerten. Denn Effizienz- und Effektivitätsgewinnen der Spezialisierung (etwa einer ausgeprägten und erfolgreichen Teamarbeit, wie sie in den Kriminalromanen Henning Mankells zu bewundern ist) stehen *erstens* Kosten der wachsenden Abhängigkeit von Spezialistinnen (Wer etwa konnte zur Jahrtausendwende den fälligen Datumswechsel alter Computer noch in inzwischen ausgestorbenen Programmiersprachen bewältigen?) gegenüber. *Zweitens* kann der Koordinationsaufwand (Viel Zeit und Energie wird für Sitzungen und Kommunikation verwendet.) den Nutzenzuwachs durch Spezialisierung übersteigen und *drittens* kann die Spezialisierung auch als Weltverlust, Verengung und Festlegung erfahren werden: Immer mehr Menschen haben einen immer beschränkteren Tunnelblick, niemand hat mehr Überblick, aus einem beschränkten Rollenkorsett (Hausfrau und Mutter) ist ein Entkommen kaum oder nur mit großem Aufwand möglich.

Emile Durkheim: Arbeitsteilung. Zentraler Theoretiker einer Differenzierungstheorie mit Blick auf die Differenzierung von (beruflichen) Rollen ist Emile Durkheim (1858-1917). In seinem 1893 erschienenen Werk „Über die Teilung der sozialen Arbeit" rekonstruiert er den evolutionären Übergang von einfachen zu höher entwickelten Gesellschaften. Bei der Steigerung der wechselseitigen Abhängigkeit durch Arbeitsteilung argumentiert Durkheim nicht lediglich mit Effektivitäts- oder Effizienzvorteilen. Er rekurriert vielmehr auf soziale Ursachen, nämlich die zunehmende Bevölkerungsdichte (im Sinne materiell kooperativer Beziehungen). Denn als Resultat der Konkurrenzvermeidung und Nischenbildung, die sich eben aus der zunehmenden Bevölkerungsdichte ergibt, fällt (der Zwang zur) Kooperation mit der Teilung von Arbeit zusammen. Der Integrationsmodus dabei ist Solidarität, und Durkheim arbeitet zwei Gesellschaftstypen heraus, die sich in der Art der Sicherung von Solidarität unterscheiden. Bei segmentären Gesellschaften (alle tun tendenziell das Gleiche) ist Solidarität unreflektiert und erzwungen – *mechanisch*. Aus der Homogenität der Lebens- und Denkweise entsteht ein traditionales Kollektivbewusstsein, und gesellschaftliche Solidarität ist eine Folge der Gleichheit (vgl. Durkheim 1988: 94). Bei funktional differenzierten Gesellschaften dagegen ist Solidarität reflektiert und internalisiert – *organisch*. Sie basiert auf Verschiedenheit (Opernsängerin und Chirurgin) und nicht auf Gleichheit.

2) Teilsystemische Ausdifferenzierung. Durkheim erklärt soziale Differenzierung damit aus strukturellen Faktoren: Sie sind evolutionäre Ursache dafür, dass die Entwicklung von der mechanischen zur organischen Solidarität verlaufen kann. Geht es ihm um die abstrakte Logik gesellschaftlicher Differenzierung, interessiert sich Max Weber (1864-1920) mehr für den konkreten historischen Vorgang, aus welchem Differenzierungsprozesse hervorgehen. Lokalisiert Durkheim die Teilung der Arbeit, genauer: aus der sozialen Dichte resultierende sozialstrukturelle Konkurrenzzwänge als differenzierenden Faktor, ist es bei Weber die Rationalisierung (vgl. Kapitel 4).

Max Weber: Rationalisierung. Ohne das Kapitel zu Rationalisierung vorwegnehmen zu wollen, sei hier festgehalten, dass Weber

Modernisierung als zunehmende Zweckrationalität sozialer Handlungsorientierungen begreift. Damit rücken die kulturellen Leitideen in den Vordergrund, die Weber über einen umfassenden Vergleich verschiedener Gesellschaften herausfiltert (vgl. Weber 1980; Schluchter 1988). Die spezifische Errungenschaft des Okzidents besteht nicht nur in harter Arbeit, sondern in der methodischen Rechnungs- und Lebensführung. Im Gegensatz zum Orient legte der Calvinismus die höchste religiöse Prämie auf ökonomische Rationalität – das lässt sich komplementär zu Marx' Diagnose der Allmacht der Ökonomie lesen. Weitere, außerreligiöse Entstehungsbedingungen des Kapitalismus sind die Entwicklung der okzidentalen Stadt, die Rationalisierung des Rechts, Bürokratisierung und der Übergang von der traditionalen zur legalen Herrschaft. Im Gegensatz zu diesem umfassenden Programm arbeitet Durkheim nur den letzten Punkt in seiner differenzierungstheoretischen Agenda als Übergang von der mechanischen zur organischen Solidarität aus. Rationalisierung beinhaltet bei Weber sowohl den Prozess der Ausdehnung der Formen zweckrationalen Handelns wie auch der legalen Herrschaft im Verlauf der abendländischen Geschichte. Als Ergebnis fällt Modernisierung mit zunehmender Rationalisierung und der Ausbildung eigenlogisch operierender Wertsphären zusammen.[2]

Ambivalenz teilsystemischer Ausdifferenzierung. Im Gegensatz zur Differenzierung von Rollen durch Arbeitsteilung ist mit teilsystemischer Ausdifferenzierung also die Freisetzung und moralische Indifferenz eines Teilsystem gegenüber den anderen gemeint. So wie Marx das Teilsystem Wirtschaft beschreibt, gibt es zwischen den beiden Klassen nur noch monetär verrechenbare Verbindungen, aber keine solidarischen Beziehungen mehr. Analog haben sich andere Teilsysteme herausgebildet: In der Politik geht es um

---

[2] Hier ist zu betonen, dass Webers (1972) Grundbegriffe, seine Vorrede zu „Wirtschaft und Gesellschaft", die gesamte Gesellschaft als primäre Referenz haben und nicht die Mikroebene des interpersonellen Handelns.

den Erwerb und die Sicherung von Macht, in der Wissenschaft um die Produktion wahrer Aussagen und im Sport um Sieg und Höchstleistungen. Auch das ist nicht eindeutig als positiv zu bewerten. Denn auf der einen Seite sind solche Verengungen als Befreiung vieler gesellschaftlicher Bereiche interpretierbar: Die Wissenschaft ist nicht mehr von religiösen Dogmen abhängig, die Wirtschaft kann sich voll auf ihr Geschäft der Produktivitätssteigerung konzentrieren und die Politik braucht keine Rücksicht auf ästhetische Kriterien zu nehmen. Auf der anderen Seite ist mit einer solchen Ausdifferenzierung eine integrierende gesellschaftliche Ordnung verloren gegangen: Die Religion ist schon längst nicht mehr die sinnstiftende Instanz für die Gesellschaft, die Politik scheint mit dieser Rolle ebenfalls überfordert zu sein, und welches System käme heute noch für eine übergreifende Sinnstiftung in Frage? Auf der Ebene der Gesellschaftsmitglieder stehen sich damit der Zugewinn an Selbstverwirklichung und Individualität einerseits und Entfremdung und Orientierungslosigkeit andererseits gegenüber, auf der Ebene des gesellschaftlichen Ganzen ist es die Rationalisierung der Teilsystemlogiken im Gegensatz zur Desintegration der Gesellschaft. Differenzierung ist damit ein *ambivaloxer* Prozess (vgl. Kapitel 1.3).

2.3 Die Ausformulierung des differenzierungstheoretischen Programms bei Parsons und Luhmann

Umstellung von Strukturen auf Prozesse und Funktionen. Differenzierungstheorien im Umfeld der theoretischen Schwergewichte Talcott Parsons (1902-1979) und Niklas Luhmann (1927-1998) nehmen eine modernisierungstheoretisch höchst interessante Umstellung vor, nämlich von Strukturen auf Prozesse und Funktionen. Das ist interessant, weil damit Möglichkeiten und Grenzen des Differenzierungsparadigmas deutlicher sichtbar werden. Letztere betreffen vor allem die Ausblendung mitgeführter Prozesse der Entdifferenzierung sowie der mangelnden Berücksichtigung der Akteure und von Macht.

Strukturfunktionalismus bei Talcott Parsons. Talcott Parsons war Vertreter einer Theorierichtung, die in den 1940er- bis 60er-Jahren synonym mit Soziologie war, nämlich dem Strukturfunktionalismus (vgl. Kneer/Nassehi 1993: 29-31; Ritsert 1988: 60-68). Die strukturfunktionalistische Modernisierungstheorie behauptet, dass in modernen im Gegensatz zu traditionalen Gesellschaften rationale im Gegensatz zu affektiven (z.B. Kundin-Verkäufer-Beziehung vs. Familienbeziehung), universalistische im Gegensatz zu partikularistischen (abstrakte Menschheit vs. nahe Bezugspersonen) und funktional spezifische im Gegensatz zu funktional unspezifischen Rollen (Ärztin-Patient-Beziehung vs. Dorfgemeinschaft) zugenommen haben. Parsons' Beitrag zum Verständnis gesellschaftlichen Wandels als evolutionärem Differenzierungsprozess wurzelt dabei in seiner deduktiven Theoriekonstruktion, genauer: in seinem Modell von Funktionen, das für die Strukturerhaltung von Systemen notwendig ist. Bekannt wurde dieses Modell als „AGIL-Schema" mit den vier Funktionen der Anpassung (adaptation), Zielerreichung (goal attainment), Integration (integration) und Werterhaltung (latent pattern maintenance), denen bestimmte Teilsysteme zugeordnet sind: Wirtschaft, Politik, soziale Gemeinschaft, Kultur bzw. Treuhandsystem. Diese vier Elemente der Strukturerhaltung sind gleichzeitig auch die Mechanismen gesellschaftlicher Differenzierung.[3] Werden diese vier Funktionen erfüllt und stehen sie in einem ausgewogenen Verhältnis zueinander, vollzieht sich sozialer Wandel langsam und wohlgeordnet: Wenn Prozesse des Strukturwandels zu langfristig stabilen und die Anpassungsfähigkeit steigernden Strukturen führen, nennt Parsons sie evolutionär. Das AGIL-Schema erhebt funktionale Differenzierung damit zum gesellschaftlichen Konstitutionsprinzip und liefert auch

---

[3] Dieses Schema findet beispielsweise auch als Typologie für die Analyse von Modernisierungsprozessen Verwendung (vgl. van der Loo/van Reijen 1997: 31). Wie wir in Kapitel 1 dargelegt haben, knüpfen wir an diese Typologie an, erweitern sie jedoch um vier weitere Dimensionen und dynamisieren sie in Richtung einer *ambivaloxen Dialektik* von Modernisierungsprozessen.

den Hintergrund für eine Theorie sozialen Wandels. Damit der für diesen Zweck im AGIL-Schema spezifizierte Austauschprozess kontrolliert vonstatten gehen kann, sind generalisierte und symbolische (auf Konsens gegründete) Austauschmedien (im Sinne einer hoch spezialisierten Sprache) erforderlich (vgl. Parsons 1976: 302-305): Geld, Macht, Einfluss und Wertbindung. Generalisiert sind sie in dem Sinn, dass sie unabhängig von spezifischen Anlässen und Personen benutzt werden können, ferner ist ihr Gebrauch durch einen eigenen normativen Code geprägt.

Talcott Parsons: Evolutionärer gesellschaftlicher Wandel. Parsons liefert keine kausale Erklärung gesellschaftlicher Differenzierung. Dennoch hat er sich mit der Herausbildung „evolutionärer Universalien“ (Parsons 1969), d.h. zentraler und kulturübergreifender Differenzierungsmuster, beschäftigt. Parsons definierte evolutionäre Universalien als „jede in sich geordnete Entwicklung oder ‚Erfindung‘, die für die weitere Evolution so wichtig ist, daß sie nicht nur an einer Stelle auftritt, sondern daß mit großer Wahrscheinlichkeit mehrere Systeme unter ganz verschiedenen Bedingungen diese ‚Erfindung‘ machen.“ (Parsons 1969: 55). Zentrale Universalie ist die Sprache mit ihrer herausragenden Bedeutung für die langfristige menschliche Anpassungskapazität. Neben der Spezialisierung von Rollen (Durkheim) und der Ausdifferenzierung von Wertsphären (Weber) zeichnen sich soziale Systeme dann durch drei weitere Mechanismen aus, nämlich durch Anpassungsfähigkeit (vor allem durch den technischen Fortschritt des Wirtschaftssystems), durch Inklusionsfähigkeit der gesellschaftlichen Gemeinschaft im Sinne einer fortschreitenden Universalisierung von Rechten und schließlich durch Wertgeneralisierung (vgl. Schimank 2000a: 124f.). Leistungssteigerung und Differenzierung sind damit komplementäre Mechanismen der gesellschaftlichen Evolution, und genau darin – so Parsons – wurzelt auch die Überlegenheit moderner Gesellschaften. Denn sie entsprechen in diesen Charakteristika dem AGIL-Schema weit mehr als archaische Gesellschaften, womit dieses gleichzeitig den Idealtypus einer leistungsfähigen, eben modernen Gesellschaft liefert: Moderne Gesellschaften sind differenzierter und anpassungsfähiger als traditionale, und Parsons behauptet beim Übergang von primitiven über archaische zu modernen Gesellschaften eine sukzessive funktionale Differenzierung entsprechender institutioneller Muster und Rollen anhand evolutionärer Universalien. Als Universalien für die Überwindung der primitiven Stufe führt Parsons soziale Schichtung und kulturelle Legitimierung gesellschaftlicher Zustände durch die Kodifizierung von Wertmustern an, am Entstehen bürokratischer Herrschaft und der Entstehung von Geld als Medium wirtschaftlichen Tauschs macht er den Übergang zu vormodernen Hochkulturen fest, und als Schwellen für den Übergang zur Moderne identifiziert Parsons die Prinzipien der Rechtsstaatlichkeit bzw. teilsystemspezifisch herausgebildete, aber universalistische Normen sowie Prinzipien der Demokratie (vgl. Parsons 1969; 1971). Mit dem letzten Punkt hatte Parsons Recht: er prognostizierte ein Zurückbleiben oder einen Zusammenbruch kommunistischer Systeme. Was nun die nächste evolutionäre Schwelle auszeichnet, nennt Parsons die Verwissenschaftlichung und Technisierung gesellschaftlichen Handelns, welche die bestehende Ausdifferenzierung der Moderne nicht grundlegend umkrempeln, sondern mit zusätzlicher Leistungs- und Anpassungsfähigkeit ausstatten (vgl. Parsons 1969: 72). Parsons hat diesen Punkt nicht näher ausgeführt, aber seine Theorie ist optimistisch angelegt: Wenn eine Ausdifferenzierung zu einem Mehr an evolutionären Möglichkeiten führt, sind damit eben auch evolutionäre Vorteile verbunden – was sich in einer gesteigerten Anpassungs- und Leistungsfähigkeit niederschlagen würde.

Kritik. Hier ist ein entscheidender Punkt der Argumentation erreicht. Denn Parsons ist ein Theoretiker der Kontinuität und der Linearität: Ein Mehr an Differenzierung bringe ein Mehr an Anpassung und Leistung. Genau dies aber bezweifelt spätmoderne Modernisierungskritik: Die Moderne bringt nämlich Gefährdungen aus sich selbst hervor, die in der kontinuierlichen Fortschreibung der Leistungsfähigkeit des Systems wurzeln (vgl. Schimank 2000a: 131-134): Wirtschaftswachstum bringt eben nicht nur Wohlstand für viele (in den Industrienationen), sondern Armut für noch mehr Menschen in den Entwicklungsländern, von ökologischen Bedrohungen rund um Klima, Ausbeutung und Vernichtung der Bodenschätze und Wasserverschmutzung gar nicht zu reden. Moderne Errungenschaften werden (ganz im Gegensatz zu Zapfs These der „weitergehenden Modernisierung“; vgl. Zapf 1990) mit neuartigen modernen Problemen erkauft, über deren noch legitimierbaren Preis niemals gesellschaftliche Aushandlung stattgefunden hat (vgl. Bruno Latours Idee eines „Parlaments der Dinge“ in Kapitel 5.3). Und noch mehr Autos, Ozon, Umweltverschmutzung etc. führen nicht nur zu einer höheren Quantität an Gefährdung, sondern eben auch zu einer neuen Qualität der Bedrohung. An eine solche ambivaloxe Dialektik hat ein von wissenschaftlichen, technischen und politischen Errungenschaften der Moderne berauschter, und von der Wertbindungsfähigkeit durch geteilte gesellschaftliche Normen überzeugter Fortschrittstheoretiker wie Parsons nur beiläufig gedacht.

Niklas Luhmanns Kritik an Parsons. Eine gänzlich anders gelagerte Kritik an Parsons formuliert dessen Schüler Niklas Luhmann (Er promovierte bei Parsons in Harvard) und plädiert für eine „bessere Durchlüftung“ (Luhmann 1980: 5) des Parson'schen Theoriegebäudes, wobei er sich vor allem von dessen handlungstheoretischer Fundierung distanziert. Er überführt die Frage der Bestandserhaltung der Gesellschaft in die Frage nach der Möglichkeit des Anschlusses und der Aufrechterhaltung von Kommunikation. Darauf gibt er eine *methodische* und eine *inhaltliche* Antwort: Methodisch stellt er seine Theorie auf eine funktionale Analyse um, inhaltlich lösen symbolisch generalisierte Kommunikationsmedien das Anschlussproblem der Fortführung von Kommunikation und damit von Gesellschaft.

Kommunikation. Luhmann hat sich oft den Vorwurf eingehandelt, er verbanne den Menschen aus der Theorie und vernachlässige die Rolle des Subjekts. Das ist richtig und falsch zugleich. Richtig, weil sich Luhmann tatsächlich nicht für Individuen interessiert – wenn es nämlich um die Analyse sozialer (und nicht psychischer) Phänomene geht. Es sind nicht Individuen und ihre Handlungen, welche die Letzteinheit von Gesellschaft darstellen, sondern es ist

Kommunikation, an welcher Individuen teilnehmen – womit deren Bedeutung als notwendige Bedingung von Gesellschaft nicht kleingeredet wird.[4] Personen gehören nur in ihren jeweils partiellen, rollenhaften und sinnspezifischen Ausschnitten zum System, nicht in ihrer Gesamtheit. Der Handlungsbegriff verweist auf *eine* Person, an Kommunikation dagegen sind immer *mindestens zwei* beteiligt: Personen handeln, Systeme kommunizieren, Kommunikation kommuniziert. Bei der Kommunikation findet keine Sinnübertragung statt, es wird nichts ‚weggegeben' oder übertragen, (vgl. Luhmann 1984: 193). Zur theoretischen Abfederung stellt Luhmann Operationen, genauer: die Synthese dreier Selektionen in den Vordergrund des Kommunikationsbegriffs: Die Information ist die Selektion aus einem Horizont mehrerer Möglichkeiten, ein Ereignis, „das Systemzustände auswählt" (ebd.: 102). Im vorliegenden Zusammenhang ist die Information etwa das, was wir als modernisierungstheoretisch wichtig und mitteilungsrelevant erachten. Die daran anschließende Operation der Mitteilung betrifft die Form der Übermittlung. Hier ist es die Wahl einer Publikation, genauer: eines Lehrbuchs. Die Mitteilung markiert den Handlungsanteil der Kommunikation, also das, was individuell zugerechnet werden kann. Das Verstehen als der entscheidende Teil des Kommunikationsprozesses schließlich bestätigt die Unterscheidung von Information und Mitteilung und eröffnet die Möglichkeit des Anschlusses. Die Andere entnimmt der Mitteilung etwas, woran sie anschließen kann. Bei einer solchen als Verstehen bezeichneten Operation sind Annahme (Verständigung) oder Ablehnung nicht entscheidend. Verstehen impliziert nur, dass eine Mitteilung und eine Information als Selektionen unterschrieben und zugeschrieben werden.

Drei Unwahrscheinlichkeiten der Kommunikation. Jede Kommunikation hat nun mit drei Möglichkeiten des Scheiterns zu rechnen (vgl. Luhmann 1984: 216-225): Die Kommunikation wird

---

[4] Vgl. dazu Baraldi/Corsi/Esposito 1997: 89-97; Kiss 1989: 157-166; Kneer/Nassehi 1993: 81-95; Ritsert 1988: 158-161; Treibel 2004: 26-41.

nicht verstanden, die Mitteilung erreicht die Adressatin nicht und/oder die Kommunikation wird nicht akzeptiert. Wie werden nun unwahrscheinliche Kommunikationen wahrscheinlich? Dazu nimmt Luhmann Bezug auf Medien: Die Verwendung von Sprache macht Verstehen leichter und eindeutiger möglich als Gestik (1), Verbreitungsmedien (wie Plakate oder das Fernsehen) reduzieren die Unwahrscheinlichkeit, Adressatinnen zu erreichen und lösen damit das Problem der Mitteilung (2), und symbolisch generalisierte Kommunikationsmedien (z.B. Geld) machen die Annahme der Kommunikation wahrscheinlicher (An der Kasse muss mit Geld bezahlt werden und nicht mit dem Absingen patriotischer Lieder.) (3). Gesellschaft erscheint vor diesem Hintergrund als Bestandsproblem: Die Einheit der Kommunikation hat keine Dauer, sie verschwindet mit ihrem Entstehen, muss also ständig reproduziert werden. Genau das meint Luhmann, wenn er von *autopoietischen Systemen* spricht: Autopoietisch sind Systeme, die ihre Bestandteile selbst erzeugen und erhalten. Das betrifft alle sozialen Systeme. Die Bestandserhaltung betrifft hier freilich nicht die Erhaltung von Strukturen, sondern von Prozessen, nämlich die drei Selektionen, die gemeinsam Kommunikation ausmachen.

Kommunikation/Gesellschaft als Anschlussproblem. In dieser Perspektive ist Kommunikation das Letztelement des Sozialen, die Komplexität der Welt die zentrale Eigenschaft moderner Gesellschaften und die Reduktion von Komplexität die Hauptaufgabe von Gesellschaft und Wissenschaft. Damit ist für ein System immer ein Selektionszwang verbunden, denn die Umwelt ist meistens komplexer als das System selbst. Einfach ausgedrückt: In der Umwelt der Systeme ist fast immer mehr los als die Systeme verarbeiten können. Systeme können sich gegenüber der Vielzahl von Möglichkeiten (Komplexität) nur selektiv verhalten. Sie müssen die Überfülle klein arbeiten, reduzieren – so wie das erste und vielleicht wichtigste Problem des Schreibens einer Seminararbeit vermutlich darin besteht, das Themengebiet weit genug abzuspecken, um ein *bearbeitbares* Problem formulieren zu können. Immer sind mehr Anschlussmöglichkeiten vorhanden als dann tatsächlich realisiert werden. An dieser Stelle nun kommen Systemlogiken als zentraler Modernisierungsgewinn ins Spiel: Sie sortieren und koordinieren Anschlussmöglichkeiten der Kommunikation und sorgen damit für eine „Fortführung von Gesellschaft“: Als Politikerin muss ich eine überzeugende (oder zumindest einlullende) Wahlkampfrede halten und keinen mathematischen Beweis führen, beim Triathlonwettkampf weiß ich, dass ich mit Ausdauer, Kampfgeist und Leidensfähigkeit reüssieren werde, nicht aber mit einem überzeugend vorgetragenen Glaubensbekenntnis. Die Herausbildung eines in der jeweiligen Situation relevanten Codes (Regierung/Opposition, Sieg/Niederlage) kennzeichnet autopoietische Systeme. Die Prinzipien der Systembildung orientieren sich an der Produktion der eigenen Bestandteile aus sich selbst und an den internen Differenzen der Systemelemente. Entsprechend nehmen politische Parteien Informationen von außen nur noch durch den Filter der Machterhaltung wahr, nur das Wirtschaftssystem entscheidet, womit es Geld verdient, und das System Sport selegiert Informationen aus der Umwelt hinsichtlich der Übersetzbarkeit in Leistungssteigerung und damit in Sieg (und der Vermeidung von Niederlagen).

Formen der Systemdifferenzierung. Von Differenzierungsformen nun ist die Rede, „wenn es darum geht, wie in einem Gesamtsystem das Verhältnis der Teilsysteme zueinander geordnet ist.“ (Luhmann 1997: 609) Luhmann stellt in evolutionärer Perspektive vor allem drei Differenzierungsformen in eine Entwicklungsreihe (vgl. ebd.: 613f): segmentär, stratifikatorisch, funktional (unter dem Gesichtspunkt sowohl der Ungleichheit als auch der Gleichheit der Teilsysteme).[5] Der Unterscheidungscode ist ‚gleich‘ und ‚ungleich‘ (vgl. Abbildung 1).

---

[5] Die Differenzierung nach Zentrum/Peripherie spielt in dieser Typologie lediglich eine nachgeordnete Rolle. Zwar bestreitet Luhmann nicht, dass auch in der modernen Gesellschaft stratifikatorische und funktionale Differenzierung koexistieren können, gleichwohl sei die erstere dysfunktional geworden (zur Kritik vgl. etwa Kapitel 8.2). Insofern steckt hinter diesem Modell ein evolutionärer Gedanke.

Differenzierungsform	Beschaffenheit der Teile	Rang der Teile	Beispiel
segmentär	gleichartig	gleich	archaische Kultur: Familien, Clans, Stämme
stratifikatorisch	ungleich	ungleich	Hochkultur: Eliten beherrschen die Mehrheit der Bevölkerung (Klassen)
funktional	ungleich	gleich	moderne Gesellschaft: Teilsysteme liefern spezialisierte und unersetzbare Beiträge zur gesellschaftl. Reproduktion

Abbildung 1: Differenzierungsformen.

An dieser Stelle sind einige Begriffsklärungen erforderlich:

- *Binäre Codes* bilden Leitdifferenzen, die Kommunikation orientieren und durch Sinngrenzen der positiven und negativen Pole einen autopoietischen Zusammenhang spezifizieren (Wirtschaft: Haben – Nichthaben; Wissenschaft: wahr – unwahr; Sport: Sieg – Niederlage etc.).

- *Programme* konkretisieren die hoch abstrakten Codes, sind also Regeln, wie die Codes zu verstehen sind (Wirtschaft: Investitionskalküle; Wissenschaft: Theorien und Methoden; Sport: Wettkampfregeln). Fremdreferentielle Einwirkungen auf Teilsysteme gehen in die jeweilige Programmstruktur der Teilsysteme ein, um wirksam zu werden; die Programme sind mit anderen Worten offen für Umwelteinwirkungen.

- *Symbolisch generalisierte Kommunikationsmedien* sind wie bei Parsons „Generalisierungen, die bestimmte Sinnvorstellungen zeitlich dauerhaft [...] sachlich allgemein [...] und sozial übergreifend festhalten.“ (Luhmann 1970: 145f.). Als Kommunikationsanweisungen stützen sie den positiven Wert des jeweiligen Codes und ermöglichen damit Strukturbildungen auf Programmebene und lösen so das Anschlussproblem der Kommunikation (Beispiel: Geld, Wahrheit, Sieg etc.).[6]

- *Strukturelle Kopplungen* dienen der Sicherstellung des extern notwendigen Materialkonsums sowie der Umweltanpassung unter Beibehaltung autonomer Operationen. Dies kann zu einer Dauersynchronisation (z.B. von Wissenschaft und Wirtschaft) führen. Strukturelle Kopplungen werden damit auf der Struktur-, nicht jedoch auf der Operationsebene relevant, womit sie auf der Letzteren von außen nicht beeinflussbar sind.

Polykontexturale Gesellschaft. In dieser Perspektive ist die moderne Gesellschaft durch die Form ihrer Differenzierung bestimmt: funktional als ungleichartig, aber gleichrangig. Provokativ und deutlich in der Abgrenzung gegen Theorien der Ungleichheit bestreitet Luhmann eine Dominanz irgendeines Teilsystems (wie man es etwa bei der Ökonomie vermuten könnte): „Das System mit der höchsten Versagensquote dominiert, weil der Ausfall von spezifischen Funktionsbedingungen nirgendwo kompensiert werden kann und überall zu gravierenden Anpassungen zwingt.“ (Luhmann 1997: 769). Das bedeutet, dass nicht die Stärke bzw. Dominanz eines Teilsystems, sondern Krisen anderen Teilsystemen ‚den fremden Willen‘ aufzwingen: Fällt etwa das Gesundheitssystem angesichts von Krisen rund um AIDS oder BSE aus, schlägt sich dies in politischem Vertrauensentzug nieder, religiöse Sinnverluste führen zu Anomie (Regellosigkeit) und Gewalt etc. Tendiert jede Wertsphäre entlang ‚ihres‘ hochgradig spezialisierten, selbstreferentiell angelegten binären Codes zur Selbstverabsolutierung, ergeben die vielen übereinander gelegten Weltsichten das Bild einer polykontexturalen Gesellschaft. Der Modernisierungsmechanismus der funktionalen Differenzierung vervielfacht damit die Gesellschaft: „[D]ie Einheit der Gesellschaft ist dann nichts anderes als diese Differenz der Funktionssysteme; sie ist nichts anderes als

---

[6] Vgl. dazu auch die tabellarische Übersicht bei Reese-Schäfer 2001: 92.

deren wechselseitige Autonomie und Unsubstituierbarkeit.“ (Luhmann 1986: 216)

Resonanz. Was bedeutet das für die Möglichkeit, gesellschaftliche Teilsysteme zu irritieren, gesellschaftliche Änderungen in Gang zu setzen? Die Zerstörung der Natur etwa wird erst relevant, wenn sie ein Kommunikationsereignis geworden ist. Die gesellschaftlichen Auswirkungen ökologischer Externalitäten können nur so beobachtet und behandelt werden, wie es den binären Codes der gesellschaftlichen Teilsysteme entspricht: „Was immer an Umweltverschmutzungen auftritt, kann nur nach Maßgabe des einen oder anderen Codes wirkungsvoll behandelt werden.“ (ebd.: 218) So müsste man heute aus Gründen des Umweltschutzes technisch Mögliches ablehnen, aber welchen Code sollte man darauf verpflichten? Die funktional differenzierte Gesellschaft bringt angesichts ökologischer Gefahren zu wenig Resonanz auf. Resonanz bedeutet die Empfindlichkeit, mit der ein System auf Umwelteinflüsse (wie etwa ökologische Gefährdungen) reagieren kann. Das lässt sich in Form eines Trichtermodells am Beispiel des allsommerlich drohenden Ozonalarms veranschaulichen: Je eher/mehr Codes auf ein Ereignis reagieren, desto eher sind Problemlösungen möglich. Vergleicht man etwa die beiden ‚Lösungen‘ des Fahrverbots bei hohen Ozonwerten einerseits und der Einführung von stauvermeidenden Verkehrsleitsystemen andererseits, weist Letzteres mehr Resonanz auf: Das Teilsystem Wirtschaft verdient mit Leitsystemen mehr Geld als mit Fahrverboten, das Teilsystem Wissenschaft, und hier besonders die Informatik, verschafft sich Reputation durch innovativ und elegant entworfene und programmierte Systeme, die Politik sichert sich durch populäre Entscheidungen wie innovative Verkehrssysteme eher Wählerinnenstimmen, weil die meisten Wähler Autofahrer sind und nicht auf das Auto verzichten wollen. Überproportional betroffene Bevölkerungsgruppen wie Asthmatikerinnen und Alte haben keine Lobby und sind keinem Teilsystem zuzurechnen. Die Rechnung ist damit eindeutig.

Funktionale Analyse. Wir haben hier nicht nur Teilsysteme hinsichtlich ihrer Resonanz miteinander verglichen. Wir haben auch mit einer Methode gearbeitet, die Luhmann als Überwindung kausaler Sackgassen ausgearbeitet hat: die funktionale Analyse. Luhmann interessiert nicht, *warum* sich bestimmte Phänomene gesellschaftlich durchsetzen konnten und andere nicht, sondern *welche* Probleme sie mit ihrem Auftauchen lösen und welche *funktionalen Äquivalente* dafür denkbar sind. Entsprechend benutzt die funktionale Analyse „Relationierungen mit dem Ziel, Vorhandenes als kontingent und Verschiedenartiges als vergleichbar zu erfassen." (Luhmann 1984: 83) Hier geht es darum, die Vorherrschaft (mono-)kausalen Denkens aufzubrechen und stattdessen Denkmöglichkeiten zu erweitern.[7] Die Suche nach funktionalen Erklärungen setzt damit früher an als das Aufdecken von kausalen Beziehungen zwischen Ursache und Wirkung, nämlich beim Zusammenhang von Problemen und Problemlösung. Ein Problem kann so oder auch anders gelöst werden, und die Suche gilt dem Aufspüren funktiona-

---

[7] In der funktionalen Analyse werden dafür die Beziehungen zwischen Problemen und Problemlösungen spezifiziert, und Spezifizieren heißt, engere Bedingungen der Möglichkeit angeben. Für empirische Wissenschaften bedeutet das zwar *auch* Rekurs auf Kausalität. „Allerdings besteht die funktionale Methode nicht einfach im Aufdecken von Kausalgesetzlichkeiten mit dem Ziel, bei Vorliegen bestimmter Ursachen bestimmte Wirkungen als notwendig (bzw. ausreichend wahrscheinlich) erklären zu können. Der Erkenntnisgewinn liegt gleichsam quer zu den Kausalitäten, er besteht in ihrem Vergleich. Man kann ihn erzielen, wenn Kausalitäten zunächst nur hypothetisch als noch nicht ausreichend erforscht unterstellt werden. Man muß dann nur die pure Hypothetizität der Kausalannahmen nicht vergessen, sondern in den Vergleich einbringen. Man kommt dann zu Aussagen wie: Wenn (es wirklich zutrifft, daß) Inflationen Verteilungsprobleme relativ konfliktfrei lösen (mit welchen Nebenfolgen auch immer), sind sie ein funktionales Äquivalent für politisch riskantere, weil konfliktreichere politische Planung. Und erst auf Grund eines solchen Aussagengerüstes erscheint es dann als lohnend, die zu Grunde liegenden Kausalitäten empirisch zu erforschen." (Luhmann 1984: 84f.; ohne Fußn.)

ler Äquivalente. Um für das Andere zu sensibilisieren, stellt die funktionale Analyse folgende Fragen: Für welches Problem ist das Phänomen X die Lösung? Welche Funktionen erfüllen bestimmte Systemleistungen? Durch welche funktional-äquivalenten Möglichkeiten können sie ersetzt werden? (vgl. Abbildung 2).

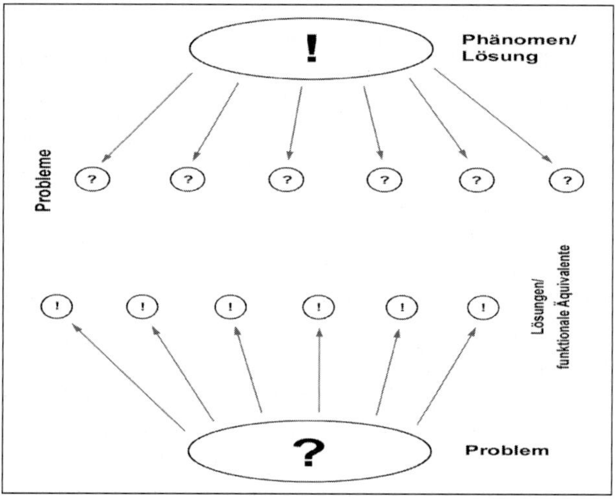

Abbildung 2: Funktionale Analyse.

In Bezug auf das skizzierte Ozonproblem kann das heißen: Für welches Problem werden Verkehrsleitsysteme propagiert? Welche Lösungen bieten sie für welche Teilsysteme? Welche Funktionen erfüllen sie für weitere Kommunikationsanschlüsse? Welche funktionalen Äquivalente, wie etwa das Fahrverbot, sind denkbar? Verkehrsleitsysteme etwa lösen das Problem des Wunschs nach unbegrenzter Mobilität, ohne andere Teilsysteme bei ihrer ‚Arbeit' zu stören. Das Fahrverbot leistet das nicht. Über die ökologische Über- oder Unterlegenheit ist damit nichts ausgesagt, aber die Ökologie als natürliche Umwelt ist im Luhmann'schen Sinn auch kein Teilsystem.[8] Die funktionale Analyse bietet auf diese Weise ein Suchschema, anhand dessen beobachtete Phänomene systematisch miteinander verglichen werden können und nicht Beobachtetes/Gedachtes in den Bereich des grundsätzlich Denkbaren (etwa als utopische Alternative) geraten kann.

2.4 Blinde Flecken: Entdifferenzierung, Akteure, Macht

Homöopathie als Entdifferenzierung. Trotz dieses methodischen Vorteils bleiben in der Differenzierungstheorie blinde Flecken, wie etwa fehlende Verweise auf Entdifferenzierungen als mitgeführte andere Seiten von Differenzierungsprozessen. So ist die von Samuel Hahnemann begründete Homöopathie ein medizinisches Lehrgebäude, das vor zwei Jahrhunderten als Reaktion auf Defizite der damaligen Schulmedizin entstand und aus dem gleichen Grund heute immer noch und wieder populär ist: Die spezialisierte Medizin kümmert sich nicht um den Menschen als Ganzes, sondern lediglich um funktionale Ausschnitte (vgl. Degele 2000). Mit der Homöopathie dagegen hat sich ein medizinisches Subsystem ausdifferenziert, das sich mit dem ganzen Menschen auseinander setzt. Homöopathinnen sind in diesem Sinn Spezialistinnen fürs Allgemeine. Das ist ein Modernisierungseffekt, der auf Differenzierung reagiert – mit und gegen Differenzierung. Auch solche Paradoxa hat die Modernisierungstheorie zu bewältigen. Andere Beispiele vielgestaltiger Entdifferenzierung sind die Rücknahme des Taylorismus als Prinzip der industriellen Produktion, des Hausarztmodells zur Vermeidung teurer Mehrfachbehandlungen in der Medizin, die Zusammenlegung von Arbeitslosengeld und Sozialhilfe im Kontext der partiellen Rücknahme des Wohlfahrtsstaats, die Popularität von Sportarten übergreifenden Mehrkämpfen (moderner

---

[8] Dies ist auch mit Güte-/Erfolgskriterien kompatibel, wie sie die funktionale Analyse verficht: Einsichten besitzen einen umso größeren Erkenntniswert, „je verschiedener die Sachverhalte sind, an denen sie bestätigt werden können. Das Funktionieren trotz Heterogenität ist deshalb selbst eine Art Beweis." (Luhmann 1984: 90)

Fünfkampf mit Schießen, Fechten, Geländelauf, Schwimmen und Reiten, Zehnkampf in der Leichtathletik, Triathlon im Ausdauerbereich). Berücksichtigt man darüber hinaus Bruno Latours Kritik am ‚Reinigungswahn der Modernen' (vgl. Kapitel 5.3), kommt man nicht umhin, an der Ungebrochenheit des Differenzierungsparadigmas für Modernisierungsprozesse schlechthin zu zweifeln.

Akteure. Wie in den Ausführungen zu Kommunikation bereits deutlich wurde, spielen Akteure im systemtheoretischen Programm keine zentrale Rolle (vgl. Knöbl 2001: 19f), sie interessieren lediglich in teilsystemspezifischer Hinsicht. Theoriestrategisch ist das plausibel, wirft aber auch Probleme auf. Aus dem Blick gerät beispielsweise, dass Phänomene gesellschaftlicher Differenzierung durch die Berücksichtigung des handelnden Zusammenwirkens mehrerer Akteurinnen als Konstellationseffekte analysiert werden können und damit mehr Tiefenschärfe gewinnen. So demonstriert Uwe Schimank (2000a: 216-219) etwa am Beispiel der ‚Kostenexplosion im Gesundheitssystem', dass das am Code krank/gesund orientierte und auf Steigerung angelegte Gesundheitssystem (Man kann nie gesund genug sein, es gibt immer noch bessere Diagnose- und/oder Therapiemöglichkeiten.) aus systemimmanenten Gründen die Kosten in die Höhe treibt – wenn politische ‚Sachzwänge' der Geldknappheit dem keinen Riegel vorschieben. Eine akteurtheoretische Perspektive begründet diesen Sachverhalt anders. Hier führt beispielsweise das Umlageverfahren bei der Krankenversicherung dazu, dass sich eine Patientin ‚rational' verhält, wenn sie mehr Leistungen in Anspruch nimmt als sie als Krankenkassenbeitrag eingezahlt hat. Denn warum sollte man selbst knausern, wenn andere sich unbekümmert Medikamente und Behandlungen verschreiben und erstatten lassen? Das Umlageverfahren als Form der institutionellen Regelung ergibt sich allerdings nicht aus dem teilsystemischen Code, sondern ist historisch kontingent und damit politisch gestaltbar. Die Kostenexplosion ist kein teilsystemspezifisches Naturgesetz, sondern kann unterschiedlich stark ausfallen und verschiedene Folgen nach sich ziehen, je nach politisch-institutionellem Kontext. Eine größere Eigenverantwortung der Versicherten in Form einer höheren Selbstbeteiligung – damit wird derzeit auch politisch experimentiert – könnte dazu führen, dass der Kostenexplosion im Gesundheitssystem Einhalt geboten wird (so zumindest die erklärte Absicht). Dieses Beispiel macht deutlich, dass systemtheoretisch angeleitete Analysen von Modernisierungsprozessen Leerstellen offen lassen, die nicht mit Ad-hoc-Erklärungen gefüllt werden müssen, sondern auf theoriefähige Akteurkonstellationen rekurrieren können.

Macht und Interessen. Mit der Ausblendung der Akteurperspektive gerät der systemtheoretischen Perspektive auf funktionale Differenzierung auch noch etwas anderes aus dem Blick, nämlich der Zusammenhang von Systemlogiken und Machtinteressen. Die Entstehung neuer gesellschaftlicher Strukturen ist nämlich nicht nur dem Ausgreifen teilsystemischer Logiken geschuldet, sondern auch den Interessen kollektiver Akteure (vgl. Rüschemeyer 1977: 1-8). Dazu zählt etwa das Interesse an Domänenmonopolisierung (Deutungsmonopol und Besitzstandssicherung) und Autonomiewahrung. Das ist für hochgradig professionalisierte Leistungsrollen relevant, wie es für das Rechts- und Gesundheitssystem zutrifft. Schimank (2000a: 230) konstatiert dazu eine fruchtbare Verbindung von Differenzierungstheorie und Professionssoziologie: „Man kann hier mit Rüschemeyers Hilfe eine akteurtheoretische Fundierung von Luhmanns Vorstellung der Selbstreferentialität teilsystemischer Codes vornehmen. Die Selbstreferentialität des medizinischen, rechtlichen oder pädagogischen Codes dient demzufolge dazu, Ärzte, Rechtsanwälte und Lehrer gegen Einmischung von außen in ihrer Arbeit und gegen unliebsame Konkurrenz durch andere Berufsgruppen abzusichern.“ Hinter den explizit vorgetragenen Effektivitäts- und Effizienzkriterien, die Professionen für sich in Anspruch nehmen (und die theoriestrategisch für weitere Differenzierungsprozesse verantwortlich sind), stehen somit auch (und in vielen Fällen vor allem) implizit Gruppeninteressen – wobei (auch das unterschlägt die Systemtheorie) Geschlecht eine zentrale Rolle spielt (vgl. Kapitel 8.2).

FAZIT: Überspitzt könnte man sagen: Die Soziologie als Wissenschaft der modernen Gesellschaft beginnt mit Differenzierung. In vertikaler wie auch in horizontaler Hinsicht war Differenzierung als Herausbildung von Heterogenem aus Homogenem von Anfang an *der* zentrale Topos der Soziologie. Parsons und Luhmann haben das Differenzierungsparadigma zum Kern ihrer Gesellschaftstheorien wie auch ihrer gesamten Theoriearchitektur gemacht. Damit ist die Soziologie in systematischer Hinsicht sicherlich zu ihrem Höhepunkt bei der Entwicklung einer fachuniversalen Theorie gekommen. Auf eine ebenso systematische wie auch elegante Art und Weise lassen sich so zahlreiche, weit voneinander entfernt liegende soziale Phänomene nicht nur beschreiben und erklären, sondern auch miteinander vergleichen – eine nicht zu unterschätzende Leistung. Gleichwohl führt dieses Paradigma wie jedes andere auch blinde Flecken mit sich, die der ambivaloxen Dialektik von Modernisierungsprozessen nicht gerecht werden: Prozesse der Entdifferenzierung, die Berücksichtigung von Macht und Akteuren sind dafür Beispiele. Sie machen deutlich, dass auch eine Theorie mit fachuniversalem Anspruch nicht davor gefeit ist, manche gesellschaftlichen Strukturen, Prozesse und Phänomene nur unzureichend erklären zu können. In unseren Augen schmälert das nicht den Gewinn, der durch ihre Verwendung zu erzielen ist. Es spricht lediglich dafür – wofür wir bereits im ersten Kapitel deutlich plädiert haben – Theorien nicht um ihrer Systematik, Eleganz oder Geschlossenheit willen anzuwenden, sondern pragmatisch im Hinblick auf das zu erklärende Phänomen. Eignen sich für die blinden Flecken andere Theorien besser als die mit einem universalen Erklärungsanspruch auftretenden, zögern wir nicht, diese anderen Theorien einer *grand theory* vorzuziehen.

Literatur:

- Luhmann, Niklas (1984): Soziale Systeme. Frankfurt/M.
- Luhmann, Niklas (1997): Die Gesellschaft der Gesellschaft. Frankfurt/M.
- Parsons, Talcott (1969): Evolutionäre Universalien der Gesellschaft. In: Wolfgang Zapf (Hrsg.): Theorien des sozialen Wandels. Köln/Berlin, 55-74.
- Schimank, Uwe (2000a): Theorien gesellschaftlicher Differenzierung. Opladen.

Übungsfragen:

1. *Definition*: Was versteht Luhmann unter ‚Kommunikation'?
2. *Wiedergabe*: Welche Überlegungen stecken hinter der funktionale Analyse und wie funktioniert sie?
3. *Vergleich*: Wie unterscheiden sich die differenzierungstheoretischen Programme von Marx, Parsons und Luhmann?
4. *Anwendung*: In welcher Form löst das Phänomen ‚Doping im Hochleistungssport' in welchen Teilsystemen welche Resonanz aus?

3 Individualisierung

3.1 Die Soziologie und das Individuum

Individuum und Soziologie. Das Individuum (lat.: ‚das Unteilbare') ist das Grundelement des Sozialen. In der Philosophie wird es häufig als begriffliches Gegenstück zu Kategorien wie ‚Gemeinschaft' oder ‚Gesellschaft' aufgefasst. Die Soziologie hingegen interessiert sich nicht für das singuläre ‚Ich', den abstrakten Menschen ‚an sich' (sie bestreitet häufig sogar, dass es so etwas überhaupt gibt; vgl. z.B. Simmel 1989b: 126ff.). Sie will stattdessen wissen, wie aus den Einzelnen einzigartige Menschen werden, *sofern* sie in eine soziale Umwelt eingebettet sind. Ihre Antwort, die wir hier als vorläufig verstanden wissen wollen, lautet: durch gesellschaftliches Handeln bzw. Teilhabe an (aber auch Ausschluss von) gesellschaftlichen Institutionen, Normen, Werten und Lebensformen. Nur indem das Individuum sich an Gesellschaft reagierend und interagierend beteiligt, indem es ein – aktiv wie passiv – sich verhaltender Teil gesellschaftlicher Prozesse ist, wird es zu einer einmaligen Persönlichkeit. Gemeint ist damit jene spezifische Gesamtausprägung unterschiedlichster Eigenschaften und Merkmale, die es für sich und andere im Laufe seines Lebens darstellt. Das Individuum tritt also nicht als psychisches Phänomen (Welche psychischen und kognitiven Entwicklungsstadien durchläuft ein Mensch im Laufe seines Lebens?) in den Blick der Soziologie. Auch nicht als abstrakte Entität (Was ist das ‚Wesen' des Menschen?). Sondern als Ich unter lauter anderen Ichs – eben als *sozialer* Akteur (Was natürlich nicht heißt, dass es nicht auch andere theoretische Zugangsweisen auf menschliche Individualität geben kann; vgl. dazu Kapitel 5.1).

Definition Individualisierung. Was bedeutet dies nun modernisierungstheoretisch? Modernisierung lässt sich nicht nur an veränderten Sozialstrukturen oder dem Siegeszug neuer Technologien ablesen. Ebenso kann man die Veränderungsprozesse betrachten, die parallel oder versetzt dazu bei Individuen stattfinden. Mögliche Fragen lauten dann: Wie verändern sich unter Modernisierungsbedingungen die Lebensbedingungen von Menschen? Welche Auswirkungen hat Modernisierung auf die Lebensgestaltung der Individuen? Soziologische Individualisierungstheorien wollen diese Fragen beantworten. Was Individualisierung soziologisch bedeutet, lässt sich allerdings nur schwer auf einen Nenner bringen. Folgende Grundannahmen tauchen in der Literatur[1] jedoch immer wieder auf: Individualisierung ist *erstens* ein gesamtgesellschaftlicher Prozess der Auflösung von bzw. Ablösung der Menschen aus traditionellen Lebensformen und gesellschaftlichen Rollen auf breiter Front (Man denke dabei an Klassen- und Schichtzugehörigkeiten, religiöse Sinnstiftung oder die Ehe als gesellschaftliche Institution). Die Individuen werden aus den diversen gesellschaftlichen Einbettungen und Abhängigkeiten freigesetzt. An die Stelle von nahen, verwandtschaftlichen Bindungen oder nur sehr begrenzt frei wählbaren Gruppenbeziehungen treten *zweitens* anonymere, dafür jedoch in Eigenregie geknüpfte soziale Netze. Als unmittelbare Folge von Individualisierungsprozessen lässt sich *drittens* empirisch, so wird behauptet, eine zunehmende Pluralisierung von Lebensstilen und Lebensformen feststellen. An die Stelle der alten Sicherheiten und Normen treten *viertens* jedoch nicht nur neue Freiheiten, die den Individuen mehr Raum bei der Gestaltung ihres eigenen Lebens lassen, sondern zugleich mit diesen auch neue (alte) externe und interne Zwänge. Diese fordern vehement, die gewonnenen Freiheiten auch zu nutzen und das eigene Leben fortan bewusster und selbstbestimmter zu planen und zu gestalten.

Historische Entwicklung. Historisch betrachtet ist die Frage nach dem Individuum ganz und gar nicht modern. Bereits im Mittelalter begann eine „verstärkte Ich-Reflexion und Hervorhebung des Individuellen“ (van Dülmen 2001: 2; vgl. auch Aertsen (Hrsg.) 1996; Ohlig 2001). Zwar verfügte auch die Antike über einen Begriff des Individuums. Doch erst in der christlichen Theologie wird der

---

1 Vgl. Beck 1986; 2002; Beck/Beck-Gernsheim 1990; Eickelpasch/Rademacher 2004; Junge 2002; Scherr 2000; Schroer 1997; 2001a; 2001b; van der Loo/van Reijen 1997: 180f.

einzelne Mensch als Ebenbild Gottes zur individuellen Person: „Der Mensch ist, von Gott als gesonderte Individualität erschaffen und erhalten, nunmehr der Hauptdarsteller in einem Drama, in dem es um sein eigenes Geschick geht.“ (Aertsen 1996: XIV; vgl. auch Brasser 1999) Die christliche Lehre begründet die Würde der Menschen in ihrer kreativen, der göttlichen Schöpferkraft verwandten Freiheit. Doch die bis ins Mittelalter zurückreichende Selbstentdeckung des Subjekts war kein Akt bloßer philosophischer Spekulation, wie etwa im Deutschen Idealismus des 19. Jahrhunderts (vgl. Ritsert 2001). Voraussetzung für die aktive Entfaltung menschlicher Freiheit waren eine Vielzahl sozialer, kultureller sowie innovativer Prozesse in Wissenschaft und Technik, aber auch auf dem Gebiet der Staatsbildung, die oft schon im 12. Jahrhundert ihren Ursprung nahmen. Dazu gehören eine europaweite Bevölkerungszunahme, die Ausbreitung des (Fern-)Handels und der damit verbundenen (Fern-)Beziehungen, die zunehmende Verstädterung und, infolgedessen, stärkere Arbeitsteilung, die Zentralisierung politischer Macht sowie eine allmähliche Erschütterung traditioneller Autoritäten durch wissenschaftliche Innovationen. (van der Loo/van Reijen 1997: 52-68; vgl. auch W. Schulze 2002).

Renaissance. Die gesamte Entwicklung kulminierte im Italien des 14. Jahrhunderts: Die Renaissance versetzte der „Entdeckung des Individuums“ (Aertsen) einen enormen Schub.[2] Die selbstbezogene Reflexion – gefördert durch schulische Erziehung und neue Wertvorstellungen – nahm kontinuierlich zu. Mannigfache Zeugnisse aus Kunst und Kultur bestätigen diesen historischen Trend (vgl. dazu z.B. Warnke 1998; Burke 1998). Im 15. Jahrhundert erfolgten die großen geographischen Entdeckungsreisen (nach Amerika und

---

[2] Auch von soziologischer Seite aus wird hinsichtlich der (italienischen) Renaissance immer noch gerne auf Jacob Burckhardts Klassiker von 1860 verwiesen (vgl. Schimank 2000: 45), obwohl er seitdem heftig angegriffen und mehrfach widerlegt wurde. Volker Reinhardt (2002: 5) bezeichnet Burckhardt als einen „der erfolgreichsten Mythenbildner der Moderne“ (vgl. dazu auch Koselleck 1977: 269 bzw. Reinhard 2001: 47f.).

Indien, später auch Japan), die ihre Entsprechungen in den in oberen Schichten zu einer regelrechten Mode gewordenen Bildungsreisen fanden. Die realistische, anti-scholastische Staatstheorie Machiavellis (1469-1527), die sich von allen antiken und christlichen Vorbildern emanzipiert und den machtbewussten Einzelherrscher in den Mittelpunkt ihrer pragmatischen Analyse stellt, fällt ebenso in diese Zeit wie der Sturz des geozentrischen Weltbilds durch Kopernikus (1473-1543) und Galilei (1564-1642). Die Erfindung des Buchdrucks mit beweglichen Lettern durch Johannes Gutenberg (gest. 1468) ist ein Markstein der Epoche. Im Heiligen Römischen Reich Deutscher Nation kommt es zur Kirchenspaltung bzw. Reformation durch Martin Luther (1483-1546).

Vom Individuum zur Individualisierung. Schon diese wenigen Andeutungen machen klar, was sich in Europa seit dem Mittelalter und der frühen Neuzeit bewegte und veränderte – mit enormen Folgen für die Einzelnen und ihre Lebensgestaltung. Je mehr traditionelle Bezüge durch diese Entwicklung ins Wanken gerieten, je abstrakter menschliche Beziehungen durch die Zunahme sozialer Komplexität und Differenzierung wurden, umso mehr wurden Eigensinn und Eigenverantwortung nun auch zur gesellschaftlichen Notwendigkeit. Andererseits entstand mit zunehmender sozialer Dynamik (vgl. Kapitel 6) auch ein regelrechter Zwang sich zu individualisieren. Individualisierung im Sinne von Ich-Findung und Selbstthematisierung war „in der neueren Geschichte ein Produkt rascher, sich auf das individuelle Leben stark aus- und einwirkender Prozesse, die zur Selbstbehauptung zwingen bzw. die Ich-Werdung auf eine bewußte Weise sicherstellen; [...] Permanent wurde das Ich, der Einzelne, zur Neuorientierung und Selbstreflexion gezwungen. [...] Das moderne Individuum entstand nicht in freier Erfindung, sondern ist ein Produkt einer stetigen Anpassung, aber auch eine existenzielle Herausforderung.“ (van Dülmen 2001: 5) Die positive, befreiende Wirkung von Individualisierungsprozessen wurde noch in der Aufklärung deutlich betont. Man betrachtete Selbstbezogenheit und Selbstreflexion als Zugewinn an Humanität. Erst im 19. Jahrhundert wurden kritische Stimmen lauter, die vor zu viel Ich-Kult (Durkheim) oder einer Isolierung des Individuums gegenüber einer komplexen gesellschaftlichen, staatlichen bzw. bürokratischen Ordnung warnten (Weber). Daneben hat sich bis heute eine tendenziell optimistische theoretische Strömung erhalten, die die neu gewonnenen Freiheiten der Einzelnen trotz aller Risiken betont (vgl. Schroer 2001a; 2001b). Der deutsch-jüdische Philosoph und Soziologe Georg Simmel (1858-1918) hat diese Tradition begründet. Wir behandeln diesen Klassiker der Soziologie als einen der ersten Theoretiker der Modernisierung (vgl. Frisby 1984; Jung 1990: 89), der den Zusammenhang zwischen Differenzierung und Individualisierung aufgedeckt hat und dabei vor allem auf Ambivalenzen und Widersprüche hinweist (Kapitel 3.2). Simmels Überlegungen ergänzen wir durch Ulrich Becks reflexive Modernisierungs- bzw. Individualisierungstheorie, die das spätmoderne Individuum als Risiko-Individuum begreift (Kapitel 3.3). Kapitel 3.4 befasst sich mit den Auswirkungen von Individualisierung auf das Individuum.

3.2 Georg Simmel und die Kreuzung sozialer Kreise

Schlüsselbegriffe. Die Schlüsselbegriffe im umfangreichen Werk von Georg Simmel (vgl. Korte 2004: 87) sind auch für seine Individualisierungstheorie, die im Kern eine Differenzierungstheorie ist, zentral. Sie lauten: Teil/Ganzes, Wechselwirkung, Vergesellschaftung, Prozess, Form, Inhalt, Kreis und Kraft. Anhand dieser philosophischen, Kantisch inspirierten Begriffe lässt sich Simmels Soziologie rekonstruieren. Dies soll im Folgenden mit dem Fokus auf Individualisierung geschehen.[3] Dabei wird deutlich, wie sehr Simmels Denken dialektisch, an Widersprüchen, Paradoxien und Ambivalenzen geschult ist. Aber auch, dass beinahe alles, was die spätmoderne Individualisierungstheorie formuliert, bei Simmel entweder bereits ausgesprochen oder bereits angelegt ist (vgl. Schroer 2001b: 329).

---

[3] Zu den theoretischen Einflüssen auf Simmel vgl. Nedelmann 1999.

Gesellschaft. Das macht auch Simmels Konzept von Gesellschaft deutlich. Diese ist nach Simmel keine den Individuen als Gegenpol schroff entgegengesetzte Entität, kein autonomes Gebilde. Sie entsteht dort, wo Individuen zusammenkommen. Gesellschaft ist also nichts Statisches, Metaphysisches. Sie entwickelt sich nach Simmel auf der Grundlage permanenter „Wechselwirkung", d.h. zufälliger wie auch institutionalisierter Interaktionen zwischen Individuen, Gruppen, Organisationen, Staaten etc. Simmel spricht deshalb auch lieber von „Vergesellschaftung". Er begreift Gesellschaft damit als *Prozess* (und nicht als Zustand): „[...] fortwährend knüpft sich und löst sich und knüpft sich von neuem die Vergesellschaftung unter den Menschen, ein ewiges Fließen und Pulsieren, das die Individuen verkettet, auch wo es nicht zu eigentlichen Organisationen aufsteigt." (Simmel 1992a: 33) Zwar können sich soziale Gebilde wie z.B. Behörden, Institutionen und Normen durch typisierte Handlungsmuster zeitweise oder dauerhaft verfestigen (vgl. Berger/Luckmann 1969). Dennoch bleibt Gesellschaft (das Ganze) bzw. der Prozess der Vergesellschaftung stets auf interagierende Einzelne (die Teile) angewiesen.[4] Damit sind umgekehrt die Individuen als solche zugleich Teil und Nicht-Teil von Gesellschaft. Sie konstituieren sie, füllen sie aber niemals ganz aus. Es bleibt ein Rest auf beiden Seiten: Die Gesellschaft ist mehr als die Summe ihrer Teile, die Individuen mehr als das, was von ihnen gesellschaftlich nach außen tritt.

Soziologie als Wissenschaft. Die Soziologie als Wissenschaft wiederum ist nach Simmel eine Methode, um diesen Prozess der letztlich unüberschaubaren gesellschaftlichen Wechselwirkungen in Ausschnitten zu analysieren (vgl. Simmel 1992a: 15f.). Sie bleibe dabei notwendig auf die Hilfe von Anthropologie, Psychologie, Geschichtswissenschaft und Philosophie angewiesen. Auch liefere sie keine letztgültigen Gesetze, sondern allenfalls Annäherungen oder „Umrißskizzen" (Simmel 1989b: 133). Wie sollte es auch

---

[4] Zu Simmels Gesellschaftsbegriff vgl. Dreyer 1995; Helle 2001: 133-141; Nedelmann 1999; Ritsert 2000: 37-41.

anders sein, wenn alles Gesellschaftliche prozesshaft fließt und viel zu komplex ist, um auf einfache Regeln reduziert zu werden. Dies bedeutet allerdings nicht den Verzicht auf Abstraktion und theoretische Prinzipien. Simmel interessiert sich im Gegenteil sehr für die Arten und Weisen, die Muster gesellschaftlicher Wechselwirkungen, die er *Formen* nennt.[5] Im Zentrum seiner Soziologie steht der Begriff der Vergesellschaftung. Im Vergleich zum Begriff der Wechselwirkung berücksichtigt er soziale Prozesse nicht nur auf der gesellschaftlichen Mikro-, sondern auch auf der Makroebene.

Differenzierung. Eine der wichtigsten Formen von Vergesellschaftung ist nach Simmel das Prinzip der Differenzierung (vgl. auch Kapitel 2). Mit ihr entsteht – Individualisierung. Beide Formen treten in diesem Prozess von Beginn an miteinander in ein wechselseitiges Steigerungsverhältnis. Der Zusammenhang ist rasch erklärt: Beginnen kleine, lokal gebundene und homogen zusammengesetzte Gruppen sich durch Spezialisierung und Arbeitsteilung im Inneren zu differenzieren, individualisieren sich beinahe zwangsläufig auch ihre Elemente (ebd.: 169-198). Was zuvor noch von allen gemeinsam bzw. von jedem einzelnen Gruppenmitglied erledigt worden war, wird nun an einige wenige delegiert, so dass andere Gruppenmitglieder sich anderen Aufgaben widmen können. Diese Binnengruppen, aber auch einzelne Individuen, unterscheiden sich nun in mindestens einem Punkt voneinander. Der Weg, den fortschreitende Differenzierung bzw. Individua-

---

[5] Die jeweiligen Inhalte der Formen, gemeint sind alle psychischen Zustände wie z.B. Triebe, Motivationen, Gewinnstreben, Mitleid etc., sind für sich genommen nicht Gegenstand von Simmels Soziologie: „Dem soziologischen Blick Simmels erschließt sich die Befindlichkeit des Individuums als *soziales* Produkt, mit dem es wiederum verändernd auf die es umgebenden Formen zurückwirkt." (Nedelmann 1999: 135; Hervorh. i. Orig.) Das Prinzip der „Wechselwirkung" lässt sich als „allgemeinste Erscheinungsform menschlicher Vergesellschaftung" (Ritsert 2000: 37) begreifen, also als eine Art ‚Superform' oder „Sammelbegriff für die Untersuchung der Relationalität, Reziprozität und Dynamik sozialer Vorgänge" (Nedelmann 1999: 134).

lisierung einschlägt, lässt sich nach Simmel analytisch in zwei Etappen gliedern, die sich in der Praxis meist ergänzen und durchdringen: (1) Zunächst wirken Arbeitsteilung und Differenzierung „quantitativ" – jedes Gruppenmitglied übt eine andere Tätigkeit aus, die jedoch *qualitativ* verschiedene Bestimmungen einschließt. D. h., einzelne Berufe unterscheiden sich als solche zwar deutlich voneinander, die jeweilige Arbeit umfasst aber immer noch einen weiten Kreis unterschiedlichster Tätigkeiten. (2) Mit zunehmendem Bevölkerungswachstum, das zu weiteren Spezialisierungen zwingt, wird Differenzierung immer funktionaler: Die Tätigkeit des Einzelnen spezialisiert sich immer stärker auf eine bestimmte, ausschließliche Funktion hin. Wer früher ein Produkt in Heimarbeit komplett selbst herstellte, wird in komplexeren Gesellschaften vom Fließband oder der Massenfertigung ersetzt, bei der viele Einzelne jeweils einen einzigen Handgriff zum Gesamtergebnis beitragen. Eine qualitativ neue Stufe des Differenzierungsprozesses ist erreicht, wenn ähnliche Tätigkeiten aus unterschiedlichen Bereichen zusammenfasst werden oder nur noch eine übergeordnete Stelle für jeweils eine spezifische Tätigkeit/einen speziellen Tätigkeitsbereich zuständig ist. (vgl. Abbildung 1).

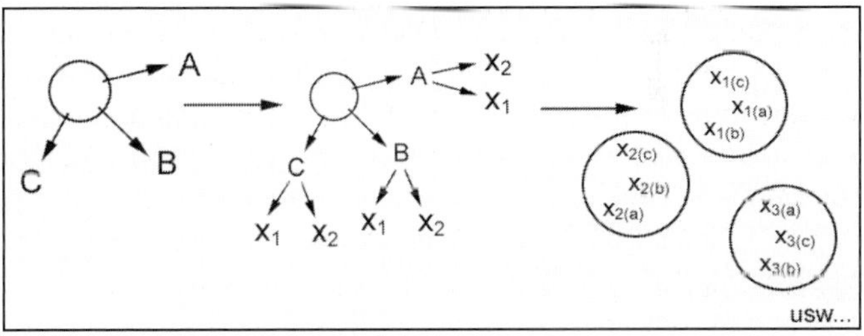

Abbildung 1: Fortschreitende Differenzierung und funktionale Ordnung.

Innerhalb einer sich ausdifferenzierenden Gruppe bzw. Gesellschaft wirkt Differenzierung daher als „Prinzip der Kraftersparnis": Immer feinere Verteilung und Spezialisierung von Arbeit, aber auch Zusammenführung und Zentralisierung, vermeiden unnötige Reibung, Umwege und überflüssige Koordination (ebd.: 258). Die historisch bedeutendste Form von Differenzierung ist in dieser

Hinsicht gewiss jene von körperlicher und geistiger Arbeit. Ein weiteres Beispiel ist die Ausdifferenzierung des Militärs (vgl. ebd.: 276ff.). Nun müssen nicht mehr alle im Ernstfall zur Waffe greifen und somit ihre eigentlichen Beschäftigungen und Verpflichtungen vernachlässigen. Sie haben mehr Raum zur persönlichen Entfaltung oder zur Steigerung ökonomischer Produktivität. Beispiele für die funktionale Zusammenfassung spezifischer Aufgaben sind Ministerien, Krankenkassen oder die Polizei.

Individualisierung. Der Zusammenhang von Differenzierung (Spezialisierung, Arbeitsteilung) und Individualisierung liegt damit auf der Hand: Immer mehr Individuen eines bestimmten sozialen Gebildes, Simmel spricht vom „sozialen Kreis", beginnen sich voneinander durch ihre unterschiedlichen Tätigkeiten und Lebensformen zu unterscheiden, d.h. zu individualisieren. Ein ursprünglich sehr geschlossener, homogener Kreis wird in sich immer heterogener. D. h. zugleich: Je größer die Binnendifferenzierung zweier unterschiedlicher sozialer Kreise K_1 und K_2 ist, desto größer ist die Wahrscheinlichkeit, dass in beiden ähnliche Elemente auftreten. Dadurch ergibt sich die Möglichkeit, jenseits der Grenzen der sozialen Kreise, in die man qua Geburt geraten ist, in Kontakt mit Anderen zu treten, die ähnliche Interessen teilen. Mit zunehmender Differenzierung, so Simmel, spinnt jedes Mitglied einer Gruppe (oder Familie) „ein Band zu Persönlichkeiten, welche außerhalb dieses ursprünglichen Associationskreises liegen und stattdessen durch sachliche Gleichheit der Anlagen, Neigungen und Thätigkeiten u. s. w. eine Beziehung zu ihm bilden" (ebd.: 238). Der ursprünglich enge soziale Kreis erweitert sich nach außen, er beginnt andere soziale Kreise zu schneiden (vgl. ebd.: 237-257).

Individualisierung und Individualität. Dies entspricht im Ergebnis dem Prozessfunktionaler Differenzierung, obwohl Individualisierung nicht in ihr aufgeht (vgl. Schroer 2001b). Sie entfaltet sich vielmehr auf zwei sich ergänzenden Ebenen: (1) Je weiter unser eigener sozialer Kreis ist, desto mehr Spielraum gewährt er uns zur Entwicklung unserer Persönlichkeit im Inneren des Kreises. (2) Mit zunehmendem Umfang steigt allerdings auch das Bedürfnis zur

Annäherung an und zur Verähnlichung mit entfernteren Kreisen. Der Differenzierungs- bzw. Individualisierungsprozess „bewirkt also einerseits ein schärferes Hervortreten der Individualität innerhalb der eignen Abtheilung, andrerseits eine Annäherung an die fremden, ein Hervortreten der über die ursprünglich homogene Gruppe hinausgehenden Gleichheit mit einer grösseren Allgemeinheit." (Simmel 1989a: 22)

Entgrenzung. Differenzierung und Individualisierung entfalten eine regelrechte Dynamik zur Entgrenzung, sie zwingen förmlich dazu, aus dem eigenen sozialen Kreis auszubrechen. Man kann sie in Übereinstimmung mit der Simmel'schen Terminologie mit der Abstoßungskraft elektrischer Teilchen vergleichen. Der Prozess der Differenzierung „lockert das Band mit dem Nächsten, um dafür ein neues – reales und ideales – zu den Entfernteren zu spinnen." (Simmel 1989b: 172) So hat manche Ingenieurin aus dem Schwarzwald mit dem Maschinenbaustudenten in Delhi engeren Kontakt (über E-Mail, Telefon oder Fax) als mit den eigenen Nachbarn. Der CDU-Kreisvorsitzende trifft sich privat lieber mit den Freunden vom Motorradclub als mit seinen politischen Vorstandskollegen. Wichtig dabei ist, dass die Anknüpfung nur noch über die jeweilige Funktion oder Eigenart der Individuen, über Sachbezüge hergestellt wird, nicht mehr qua Geburt, Familienzugehörigkeit, Nationalität oder Geographie. Paradox formuliert: Als Individuum (und um Individuum zu werden) muss man bevorzugt ihrer Art nach weiter voneinander entfernte, homogenere Kreise (Vereine, Clubs) aufsuchen. Nur dort lassen sich heterogene Persönlichkeitsmerkmale (Talente, Bedürfnisse) verwirklichen.[6] Funk-

[6] Das ideale Band, um moderne, d.h. sachorientierte, abstraktere Fern- und Fernstbeziehungen zu knüpfen, ist natürlich Geld (vgl. Simmel 1989c). Berücksichtigt man hingegen das Kommunikationsverhalten heutiger Jugendlicher, junger Erwachsener und Geschäftsleute (in Chatrooms, Internet-Konferenzen, per Mail, via SMS etc.) müsste man, Simmel aktualisierend, vor allem vom Spinnen *virtueller* Bänder sprechen. So vermitteln neuerdings auch dutzende von Kontaktbörsen im Internet bei Bedarf kurzfristige Sport- und Reisebekanntschaften,

tionale Differenzierung ist dafür gewissermaßen ein notwendiges (aber nicht hinreichendes) Vehikel.

Individualität als Schnittpunkt sozialer Kreise. Das Individuum entpuppt sich bei Simmel somit als eine Art Schnittpunkt vielfältigster sozialer Kreise. Je spezifischer der Schnittpunkt, desto individueller die Person. Wer konservativ wählt, trotzdem Rapkonzerte mag, zugleich im Verein Kanarienvögel züchtet und sich aktiv gegen Skitourismus engagiert, gehört unterschiedlichsten, ja vermeintlich nicht kompatiblen sozialen Kreisen an (einer konservativen Partei, dem Züchterverband, einer lokalen Öko-Aktivistengruppe etc.). Er oder sie pickt sich gewissermaßen einzelne Rosinen aus dem gesamten gesellschaftlichen Kuchen heraus. Und gerade dies macht eine Person unverwechselbar, eben individuell: Die Wahrscheinlichkeit, dieselbe Kombination, sprich: Schnittmenge, noch einmal anzutreffen, sinkt mit jeder Teilhabe an neuen sozialen Kreisen, jedem neuen Schnittpunkt, mit jeder neuen Rosine, die man sich herauspickt (vgl. Simmel 1992a: 466). Das Individualisierungsprinzip lässt sich auch an der Lage der sozialen Kreise veranschaulichen, an denen ein Individuum partizipiert: Folgt die Teilhabe an einem Kreis notwendig aus der Teilhabe an einem anderen (so wie aus der Familienzugehörigkeit die Zugehörigkeit zu einer Gemeinde oder Nation folgt), ist die betreffende Person weniger bestimmt. Ihre sozialen Kreise sind konzentrisch angeordnet. Liegen diese Kreise jedoch nebeneinander (d.h.: folgt die Teilhabe an dem einen nicht notwendig aus dem anderen), schärft sich das individuelle Profil (vgl. Abbildung 2).

Interessensgemeinschaften oder längerfristige Partnerschaften weltweit per Mausklick (vgl. Koller 2004).

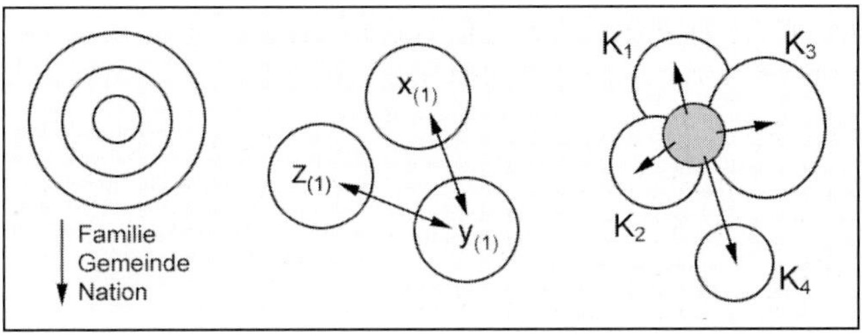

Abbildung 2: Das Individuum als Schnittpunkt sozialer Kreise.

Mehr noch: Je weiter zwei soziale Kreise voneinander entfernt liegen, desto individueller wird die an beiden teilhabende Person. Für Simmel ist die Anzahl der verschiedenen Kreise, denen ein Mensch angehört, daher auch ein „Gradmesser der Kultur" (Simmel 1989b: 239). Das Gleiche gilt für die Anzahl und den Grad gesellschaftlicher Wechselwirkungen und Verflechtungen (vgl. Jung 1990: 40). Man könnte auch sagen: Je mehr homogene (funktional differenzierte) Kreise eine Gesellschaft umfasst, desto intensiver können Individuen ihre Freiheit entfalten. Damit einher geht jedoch zwangsläufig auch die Auflösung traditioneller Bindungen und Institutionen. Denn die „Abstoßungskräfte" der Individualisierung wirken auf soziale Kreise wie Backhefe. Sie lassen sie so lange gehen, bis sie ihre ursprüngliche Form verändern, d.h. manchmal auch verlieren. Die Rede vom „Zerfall der Familie" (vgl. Kapitel 3.3), dem Verfall der Werte oder dem Verlust religiöser Orientierung hat die von Simmel und anderen Klassikern beschriebenen Differenzierungs- bzw. Individualisierungsprozesse zur Voraussetzung.

Ambivalenzen und Paradoxa. Darüber hinaus bedeutet mehr Differenzierung nicht zwangsläufig auch mehr Individualisierung und, so muss man ergänzen, höhere Lebensqualität und Freiheitsentfaltung. Im Gegenteil: Genauso wie fortschreitende Differenzierungsprozesse in lähmende Kleinteiligkeit umschlagen können (vgl. Kapitel 2), kann auch Individualisierung kippen.[7] Mit Simmel und gemäß unserem eigenen Modell von Modernisierungsprozessen (vgl. Kapitel 1.3) verstehen wir diese Bewegung dialektisch: Vor- und Nachteile gehen ineinander über, immer wieder kommt es zu paradoxen Effekten, Spannungen und Umschlagpunkten. Zu den eher harmlosen Paradoxa der Individualisierung gehört zweifellos die Erkenntnis, dass Individualisierung auch gleich machen kann (*Standardisierung*, *Homogenisierung*). Im Zeitalter von ‚individuellen' Handyklingeltönen, *MTV*, *H&M*, *McDonald's* und *IKEA* sind sich viele Menschen ähnlicher als ihnen lieb ist. Andererseits sieht manche graue Masse (in Kasernen, Werkshallen oder Klöstern) bei näherem Hinsehen wesentlich individueller aus, gerade wenn und indem sie nicht am jeweiligen Mainstream teilhat (vgl. Simmel 1989b: 174f. bzw. Beck 1986: 210-213). Bedenklicher mag einen die bereits bei Simmel formulierte Einsicht stimmen, dass im Prozess der Individualisierung nicht nur die traditionellen oder als zu eng empfundenen Bindungen und Verwurzelungen

---

[7] Karl Otto Hondrich (2004: 7, 36) hält die These, dass moderne Menschen im Verlaufe des Individualisierungsprozesses immer freier werden, für einen „modernen Mythos" und die (neuere) Individualisierungstheorie für ein „Kabinettstückchen der Immunisierung" gegen kritische Einwände. Herkunftsbindungen stürben jedoch keineswegs ab, sondern „ihre Macht wird größer, je schneller sich die Gesellschaft verändert." Als (überfälligen) Gegenbegriff zu „Individualisierung", und um den dialektischen Charakter von Individualisierung und (Re-)Traditionalisierung zu betonen, schlägt er daher „Rückbindung" vor: „Das individuelle Handeln nach freier Wahl erzeugt kollektive Strukturen, die die freie Wahl einschränken. Teilweise kann man das, was in Individualisierungsprozessen entsteht, als neue Kollektivitäten ansehen. Haben sie Bestand, dann verhalten sie sich allerdings genauso herkunftsbildend und traditionalistisch wie die alten auch. Zum – womöglich größeren – Teil aber steuern die sich individualisierenden Individuen sogar direkt in die alten Herkunftsbindungen und Zwänge zurück, weil sie keine bessere Wahl haben." (ebd.: 38) Hondrich zufolge verstärken sich Rückbindungsprozesse in der Spätmoderne bei gleichzeitiger Verringerung von Optionen. Vgl. dazu auch das Konzept der „situativen Identität" in Kapitel 6.3.

abgeschwächt und gelöst werden. Dem vermeintlichen Vorteil stehen nämlich zugleich neue, dafür abstraktere, funktionalere Bindungen und Zwänge zur Seite.

3.3 Jenseits von Klasse und Schicht: riskante Freiheiten

„Zweite Moderne“. Schon Simmel (1989b: 186) wusste, dass das Individuum umso mehr auf sich selbst zurückgeworfen wird, je mehr der Umfang seiner sozialen Beziehungen wächst. Diese Situation – mehr individuelle Freiheiten, gesteigerte Selbstverantwortung und Aufsichselbstgestelltsein, aber auch zunehmende Isolation und Überforderung trotz (oder wegen) breiter Teilhabe an vielfältigen sozialen Kreisen – ist charakteristisch für die „Zweite“ oder „reflexive“ (auf sich selbst zurückgeworfene) Moderne, wie Ulrich Beck und andere sie postulieren.[8] In der Ära ihres Vorläufers, der „Ersten“ oder Industriemoderne, entfaltete sich laut Beck ein beispielloser Erfolg von mehr oder weniger ungebremsten Differenzierungs- und Individualisierungsprozessen.

„Erste Moderne“. So stiegen im Verlauf des für die Erste Moderne prototypischen bundesrepublikanischen ‚Wirtschaftswunders‘ Löhne, Wohlstand, Konsum und Bildungschancen auf ein bis dahin nie gekanntes Maß an. Soziale Marktwirtschaft und politische Kontinuität integrierten Millionen Flüchtlinge und Vertriebene in das neue demokratische Gemeinwesen. Damit schufen sie das, was Helmut Schelsky (1955) die „nivellierte Mittelstandsgesellschaft“ nannte. In ihr schienen sich die Lebensumstände von Arbeitern und Angestellten auf hohem Niveau immer mehr anzugleichen (Vgl. dazu Braun 1989; Mooser 1998; Wildt 1998). Ulrich Beck (1986: 122ff.) hat im Anschluss und in Abgrenzung dazu den Begriff des „Fahrstuhleffekts“ geprägt: Alte Klassengrenzen bleiben auch in der nivellierten Mittelstandsgesellschaft erhalten. Das allgemeine

---

8 Zur Theorie der reflexiven bzw. Zweiten Moderne vgl. Beck/Giddens/Lash 1996; Beck/Bonß (Hrsg.) 2001; Beck/Lau (Hrsg.) 2004.

Lebensniveau wird allerdings insgesamt eine Etage höher gefahren. Massenwohlstand, soziale Sicherung und ‚Bildungsexplosion' werden dann, so Becks These, zur Voraussetzung umfangreicher Individualisierungs- und Pluralisierungsprozesse von Lebensstilen, die sich „jenseits von Klasse und Schicht" entfalten: „Auf dem Hintergrund eines vergleichsweise hohen materiellen Lebensstandards und weit vorangetriebenen sozialen Sicherheiten wurden die Menschen in einem historischen Kontinuitätsbruch aus traditionalen Klassenbedingungen und Versorgungsbezügen der Familie herausgelöst und verstärkt auf sich selbst und ihr individuelles Arbeitsmarktschicksal mit allen Risiken, Chancen und Widersprüchen verwiesen." (ebd.: 116)

Individualisierung in der Spätmoderne. Die Individuen werden Beck (ebd.: 206) zufolge in dieser Zweiten Moderne in dreifacher Weise individualisiert: Sie werden zunächst *erstens* aus „historisch vorgegebenen Sozialformen und -bindungen" herausgelöst (*Freisetzungsdimension*), verlieren damit *zweitens* traditionelle Sicherheiten im Sinne von Handlungswissen, Glaubensgewissheit oder Normen (*Entzauberungsdimension*), müssen aber *drittens* zugleich erfahren, dass sie auf neue Arten sozial wieder ein- und angebunden werden (*Kontroll-* bzw. *Reintegrationsdimension*). Die spätmoderne ‚Freisetzung' zeigt – wie schon bei Marx (1998) – ein ambivalentes Gesicht.

Nebenfolgen (Familie, Partnerschaft). In Becks Reflexiver Moderne steht – analog zu Simmels Konzeption von Individualisierung – zunächst also das Alte, Hergebrachte, Eingespielte auf dem Prüfstand. Man könnte diesen Schritt auch als Individualisierung erster Ordnung bezeichnen. Dazu summieren sich jedoch bis dahin nie gekannte neue Wahlmöglichkeiten zu einem regelrechten Individualisierungsstrudel. In ihm knicken die alten Haltepflöcke (Familie, Traditionen, kollektive Normen) mehr und mehr ein. Vielfältigste Milieus und Lebensstilvarianten treten an die Stelle homogener ‚Normalbiographien' und Gruppenidentitäten. Als Nebenfolge von Individualisierungsprozessen erster Ordnung tauchen jedoch viele traditionelle Vorgaben in neuen Kleidern durch die Hintertür wieder auf, gemeinsam mit neuen Zwängen. Am Beispiel partnerschaftlicher Lebensformen lässt sich dies verdeutlichen: Die Individualisierung greift im ersten Schritt zunächst den lebensweltlichen Kernbestand der Industriemoderne an: die traditionelle Familie. Diese war und ist als Reproduktionssystem eine wesentliche Stütze des Produktionssystems, basiert jedoch auf einer konsequenten Ungleichbehandlung der Geschlechter. Während Männer Wirtschaft und Wohlstand befördern, sorgen Frauen für Kinderaufzucht und Wiederherstellung der männlichen Arbeitskraft. Diese Dichotomie wirkt noch heute prägend: „Mutti spült, Papa arbeitet." (vgl. Degele 2003b; vgl. auch Kapitel 8) Die positiv konnotierte Fortschrittsdynamik der Moderne beruht auf dem impliziten Ausschluss der Hälfte der Bevölkerung von Arbeitsmarktchancen und gesellschaftlichem Einfluss. Beck (1986: 179) bezeichnet sie daher auch als „halbiert".

Liebes- und Beziehungsmanagement. Doch der Zement der Ungleichbehandlung zeigt unter verschärften Individualisierungsbedingungen zunehmend Risse – nicht ohne Folgen für Ehe und Familie: Neuerdings konkurrieren immer häufiger alle Geschlechter um dieselben Positionen in Wirtschaft, Politik und Gesellschaft. Der Wunsch nach Selbstbestimmung und Selbstverwirklichung drängt immer mehr Frauen, die zu den Gewinnerinnen der ‚Bildungsexpansion' der 60er-Jahre gehören, zu einem eigenständigen (Berufs-)Leben ohne Kind und (Ehe-)Mann. Trotzdem – oder besser: gerade deswegen! – wächst die „Sehnsucht nach der Beziehungsidylle" (vgl. DER SPIEGEL, Nr. 43/2000) ins Unermessliche. Liebe rückt in den Rang einer regelrechten „Nachreligion" (Beck/Beck-Gernsheim 1990: 224; vgl. auch Beyer/Hensel 2004) – und droht unter einer Vielzahl individueller Ansprüche und gesellschaftlicher Anforderungen gleich wieder begraben zu werden (vgl. Wellershoff 2000). Karriere *und* Kind, berufliche Mobilitätserfordernisse *und* (familiärer) Bindungswunsch sind unter Individualisierungsbedingungen kaum miteinander vereinbar. Die aus diesen Widersprüchen resultierenden Konflikte erfordern und befördern wenig romantische Vertragsmentalitäten und ein knallhartes ‚Beziehungsmanagement': „Die freie Partnerwahl, aus den vorgegebenen sozialen Zwängen entlassen, erzeugt so ein paradoxes Ergebnis, neue Formen der privaten und wechselseitigen Kontrolle." (Beck/Beck-Gernsheim 1990: 131)

Liebes- und Beziehungschaos. Einmal freigesetzt müssen sich die liebenden Individuen mit zahllosen Selbstansprüchen und Beziehungs-Nebenfolgen, aber auch problematischen gesellschaftlichen Rahmenbedingungen herumschlagen. Persönliche Glückserwartungen, Arbeitsmarktrisiken, mangelnde Betreuungsangebote für den Nachwuchs, aber auch ganz alltägliche Ärgernisse wie die Tücken der gemeinsamen Haushaltsführung, in der nicht immer nur eine von beiden den Müll hinunterträgt, verursachen im Ergebnis das „ganz normale Chaos der Liebe" (vgl. Beck/Beck-Gernsheim 1990). Ihre Formen vervielfältigen sich: Patchwork- und Mehrgenerationen-Familien, Alleinerziehende mit wechselnden ‚Lebensabschnittspartnern', Kommunen und gleichgeschlechtliche Lebensgemeinschaften machen der klassischen Ehe und Familie Konkurrenz. Ob damit bereits das Ende von Ehe und (traditioneller) Eltern-Kind-Familie eingeläutet ist, muss allerdings bezweifelt werden (vgl. Nave-Herz 1998). Beck (1986: 165; Hervorh. i. Orig.) antwortet auf diese Frage theoriegemäß ambivalent „mit einem *klaren Jein*".[9]

Zusammenfassung. Das Beispiel Ehe und Familie verdeutlicht drei zentrale Thesen der Individualisierungstheorie à la Beck:

- *Erstens*: Die einzelnen Individuen mutieren in der Spätmoderne zum „Sinnzentrum" und „Planungsbüro" ihrer eigenen Biographie (vgl. Beck 1986: 217; Beck/Beck-Gernsheim 1994). Ronald Hitzler und Anne Honer (1994) charakterisieren sie als „Sinnbastler". Aus der Normalbiographie der Ersten Moderne

---

[9] Fest steht jedoch immerhin – im Einklang mit dem Phänomen der neuen Beziehungssehnsucht –, dass die grundsätzliche „Bindungsbereitschaft eher zu- als abgenommen" hat (Klein 1999: 469). Volker Ladenthin (2005) spricht gar von einem „langfristigen Trend zur Familie".

ist nach dem Verlust schützender „Sinn-Dächer“ (Religion, stabile berufliche und nationale Identität etc.) die Patchwork-Existenz geworden, die ihr Ich aus diversen externen Sinnangeboten, eigenen und fremden Bedürfnissen und (harten) sozialen Fakten immer wieder neu arrangieren und zusammenbauen muss. Mit Simmel gesprochen: Moderne Bastelidentitäten partizipieren je nach Bedarf und Möglichkeit einmal an jenem, dann an diesem sozialen Kreis. Sie stückeln sich ihre sozialen Kreise und damit ihr individuelles Identitätsmuster gewissermaßen nach dem Baukastenprinzip zusammen. D. h. allerdings nicht, dass das Sinnbasteln eine mittel- oder langfristig professionelle, durchgeplante Angelegenheit wäre. Der Weg ins „eigene Leben“ (vgl. Beck/Vossenkuhl/Ziegler 1995) gleicht viel eher einem ‚Durchwurschteln‘ als ausgefeilten Lebensplänen oder, um im Bild zu bleiben: Niemand garantiert, dass die einzelnen Bausteine wirklich zueinander passen.

- *Zweitens*: Hinter der Fülle neuer Chancen und Möglichkeiten verbergen sich zugleich handfeste institutionelle Vorgaben, die aus Optionen harte Wahl*zwänge* machen: Die neuen Abhängigkeiten „verweisen auf *immanente Widersprüche im Individualisierungsprozeß*. In der fortgeschrittenen Moderne vollzieht sich Individualisierung unter den Rahmenbedingungen eines Vergesellschaftungsprozesses, der individuelle Verselbständigungen gerade in zunehmendem Maße unmöglich macht: „Der einzelne wird zwar aus traditionellen Bindungen und Versorgungsbezügen herausgelöst, tauscht dafür aber die Zwänge des Arbeitsmarktes und der Konsumexistenz und der in ihnen enthaltenen Standardisierungen und Kontrollen ein.“ (Beck 1986: 211; Hervorh. i. Orig.) Die Einzelnen müssen also nicht nur ihre individuellen Ansprüche und Bedürfnisse mit denen ihrer individuellen Umwelt (Partnerinnen, Freunde etc.) koordinieren. Sie werden darüber hinaus zu „Integrationsagenturen“ (Degele 1999) externer, gesellschaftlicher Anforderungen, Kontrollen und Zwänge, gewissermaßen zu individuellen Auffangbecken sozialer Nebenfolgen von Differenzierungsprozessen. Das „reflexive“ Individuum wird „in Netze von Regelungen, Maßgaben, Anspruchsvoraussetzungen eingebunden. Vom Rentenrecht bis zum Versicherungsschutz, vom Erziehungsgeld bis zu den Steuertarifen: all dies sind institutionelle Vorgaben mit dem besonderen Aufforderungscharakter, ein eigenes Leben zu führen." (Beck/Beck-Gernsheim 1994: 12) Entscheidend ist für Beck, dass das Individuum diese externen Vorgaben zunehmend selbst einholen und in die eigene Biographie einbauen muss. An diesem Punkt zeigt sich die ambivaloxe Struktur spätmoderner Individualisierungsprozesse besonders deutlich (vgl. dazu auch Kapitel 1.3). Denn die Individuen der Zweiten Moderne sind, in Anlehnung an Sartres berühmte Wendung formuliert, regelrecht „zur Individualisierung verdammt" (ebd.: 14). Ihre massive Freisetzung, die neue Chancenvielfalt der „Multioptionsgesellschaft" (Gross 1994) ist nicht zu verwechseln mit Freiheit. Aus dem Zusammenbruch traditioneller Sinngehalte und Sicherheiten folgt vielmehr die Notwendigkeit, einen eigenen, unverwechselbaren Stil zu entwickeln. Das Webersche „Gehäuse der Hörigkeit" ist nicht gesprengt, sondern vielmehr in ein Optionenpotpourri zerfallen, das die Integrationsagenturen nun individuell ein- und zusammenbauen müssen.

- *Drittens*: In der vollmobilen, flexibilisierten Bildungs- und Arbeitsgesellschaft wird die eigene Biographie letztlich zum regelrechten Risikounternehmen (vgl. Beck/Beck-Gernsheim (Hrsg.) 1994), das die Individuen zu permanenter Selbstanpassung, Selbstgestaltung und -vermarktung zwingt.[10] Ein Zwang, der auch vor privaten Lebensbereichen nicht Halt macht. Denn auch wenn die Beziehungsnetze spätmoderner Individuen weiter und vielfältiger geworden sind, bieten sie doch keine dauer-

---

[10] Der Historiker Wolfgang Reinhard (2004: 41f.) formuliert diesen Sachverhalt so: „Grob vereinfacht, orientierte sich das menschliche Verhalten in der Vormoderne vor allem an Kleingruppen, in der Moderne an Großgruppen wie Staaten, Nationen und Kirchen, während in der Postmoderne neuartige Verhaltensmuster zu beobachten sind, die auf Orientierung an Märkten hinauszulaufen scheinen."

haften Sicherheiten mehr. Es gilt, permanent „am Ball" zu bleiben (vgl. Keupp 1994: 343; vgl. auch Kapitel 6).

3.4 Individualisierungskummer

Risikoindividualisierung. Wer die institutionellen Rahmenbedingungen und politischen Vorgaben nicht angemessen realisieren bzw. integrieren kann, wird rasch zum Individualisierungsverlierer. Die allein erziehende Mutter mit Kind, die ihr prekäres Leben täglich aufs neue zwischen ungünstigen Ladenöffnungszeiten, unzufriedenen Arbeitgebern und nicht vorhandenen Krippenplätzen austarieren muss, ist das Paradebeispiel der „riskanten" Existenz. Aus der Bastelbiographie kann in so einem Fall schnell eine „Drahtseil-" oder gar „Absturzbiographie werden (vgl. Beck/Beck-Gernsheim 1994). Nicht wenige der modernen Individualisierungs-Akrobatinnen und -Akrobaten stürzen dann im übertragenen Sinn des Wortes tatsächlich ab. Sie sind mit dem Druck der Geschäftsführung in eigener Sache, der Selbstgestaltung einer individuellen und vor allem erfolgreichen Bildungs-, Erwerbs-, Partnerschafts-, Elternschaftsbiographie etc. vor dem Hintergrund wirtschaftlicher, bürokratischer und politischer Vorgaben immer häufiger überfordert. Die individuelle Bewältigung und Transformation dieser Vorgaben ist unter radikalisierten Individualisierungsbedingungen und ohne umfassende materielle, soziale Absicherung und Einbettung kaum noch möglich. Sie erfordert große psychische und soziale Ressourcen (vgl. Keupp 1994; Ehrenberg 2004).

Überforderung. Simmel fasste diesen Aspekt moderner Gesellschaften als Widerspruch zwischen der „objektiven" und „subjektiven" Kultur, zwischen Gesellschaft und technischer Entwicklung einerseits sowie individueller Entwicklung und psychischer Verarbeitungskapazität andererseits auf: „Die tiefsten Probleme des modernen Lebens quellen aus dem Anspruch des Individuums, die Selbständigkeit und Eigenart seines Daseins gegen die Übermächte der Gesellschaft, des geschichtlich Ererbten, der äußeren Kultur und Technik des Lebens zu bewahren" (Simmel 1995: 116; vgl.

dazu auch Simmel 1996).[11] Dazu kommt, dass in der individualisierten Gesellschaft persönliches Scheitern nicht mehr länger externalisierbar ist (vgl. Schroer 1997: 170). Niederlagen werden genauso individuell zugerechnet wie Erfolge, auch wenn sie auf gesellschaftliche (politische, bürokratische) Faktoren zurückgeführt werden können. So ist Arbeitslosigkeit kein Schicksalsschlag mehr, sondern selbstverschuldetes Unglück: Hätte man sich doch nur rechtzeitig umschulen lassen, wäre man doch nur mit der Firma umgezogen, hätte man lieber nicht so lange studiert etc. pp. Letztlich aber ist niemand vor den Risiken der Individualisierung gefeit. Die Dialektik von Freiheit und neuer Abhängigkeit schlägt im hohen Alter genau so zu wie zu Beginn eines vielversprechenden Berufslebens. Im Pflegefall muss man heute weder das berüchtigte Armenhaus noch die Straße fürchten. Dafür gerät man rasch in die anonymen Fänge staatlicher Betreuung (vgl. das „Fürsorgeparadox“ bei van der Loo/van Reijen 1997: 42). Und wer im Dschungel der Studienordnungen und Hochschulreformen den Durchblick verliert, findet eines Tages womöglich seine Exmatrikulationsbescheinigung im Briefkasten. Im schlimmsten Fall gerät eine hoffnungsvolle Hochschulkarriere trotz fachlicher Spitzenleistungen unter die bürokratischen Mühlräder – oder aber in das ‚ganz normale‘ Beziehungschaos. In jedem Fall liegt die Beweislast bei den Einzelnen.

FAZIT: Differenzierungsprozesse gehen Hand in Hand mit Individualisierungsprozessen. Beide sind für die Entwicklung moderner Gesellschaften unabdingbar. Sie entfalten sich jedoch nicht zwangsläufig linear. Ihre Kraft sparenden und die individuelle Persönlichkeitsentwicklung stärkenden Effekte können immer wieder umschlagen. Dann produzieren sie selbst neue Zwänge und Hamsterräder: „Individualisierung ist auf jeden Fall kein unmittel-

---

[11] Günther Anders (1902-1992) bezeichnete den Sachverhalt, dass moderne Menschen ihren eigenen, sich verselbständigenden technischen, bürokratischen Wunderwerken und Apparaten physisch und psychisch hinterherhinken, als „prometheisches Gefälle“ (vgl. Anders 1980).

barer Schritt zu mehr ‚Menschsein'. Er kann auch neue Zwänge produzieren, die der Einzelne nicht mehr zu verarbeiten weiß, und nicht immer ist garantiert, daß ein ausgeprägtes Privatleben entlastet und über Probleme hinweghilft." (van Dülmen 2001: 4) Nicht erst für die Spätmoderne gilt die Formel: Individualisierung bedeutet mehr Freiheit und mehr Zwang zugleich. Sie eröffnet größere individuelle Gestaltungsspielräume und produziert zugleich massenhafte Standardisierung und neue „Wahlzwänge". Der Prozess gesellschaftlicher Individualisierung ist damit höchst ambivalox. Vor allem aber: Man entkommt ihm nicht! Fraglich ist jedoch, ob nicht in vielen Fällen die ‚Kosten' den ‚Nutzen' schon längst übersteigen. Dies ist sicherlich abhängig von sozialer Stellung, materieller Absicherung und gesellschaftlicher Teilhabe. So spaltet sich die hochdifferenzierte Gesellschaft zunehmend in die Lager der Individualisierungsgewinner und -verliererinnen. Wer über ausreichend Bildung, Kontakte und vor allem lebenslange Lernbereitschaft, dazu ausgeprägten Konkurrenzsinn und eine Flexibilität verfügt, die auch vor privaten Bindungen nicht Halt macht, kann neue Freiheiten und Zwänge vielleicht besser balancieren. In der Risikogesellschaft ist aber selbst der Topmanager oder die Parteivorsitzende nicht mehr vor dem „ganz normalen Chaos" der Individualisierung gefeit. Es ist sehr wahrscheinlich, dass neben allen Chancen vor allem der Individualisierungsdruck seinen Höhepunkt noch nicht erreicht hat. Wahrscheinlich wird sich in Zukunft eine schrumpfende Schicht von gut ausgebildeten, marktkonformen und konkurrenzfähigen Individualisierungsgewinnerinnen von einer wachsenden Gruppe von Individualisierungsverlierern absetzen, die immer häufiger unter ihren individualisierten Lasten zusammenbrechen. Für Beck (1986: 205; Hervorh. i. Orig.) ist die spätmoderne Form von Individualisierung jedenfalls erst der „Anfang eines *neuen Modus der Vergesellschaftung* [...], eine Art ‚Gestaltwandel' oder ‚kategorialer Wandel' im Verhältnis von Individuum und Gesellschaft."

Die Radikalisierung des auf Simmel aufbauenden Individualisierungskonzepts durch Beck und andere ist nicht unumstritten (vgl. Hondrich 2004; Schwinn 1999). Das liegt zu einem großen Teil sicherlich daran, dass seine Präzisierung, Operationalisierbarkeit und empirische Überprüfung trotz eines durch die Deutsche Forschungsgemeinschaft (DFG) großzügig finanzierten Sonderforschungsbereichs noch in den Anfängen steckt (vgl. Beck/Bonß (Hrsg.) 2001; Beck (Hrsg.) 2004). Als ‚Trendaussagen' (vgl. Beck/Beck-Gernsheim 1994: 16; Beck/Bonß/Lau 2001) haben Becks Thesen noch einige wissenschaftliche Bewährungsproben vor sich. Für viele das Individuum betreffende soziale Prozesse und Phänomene besitzen sie dennoch einen hohen Erklärungswert.

Literatur:

- Beck, Ulrich/Elisabeth Beck-Gernsheim (Hrsg.) 1994: Riskante Freiheiten. Frankfurt/M.
- Eickelpasch, Rolf/Claudia Rademacher (2004): Identität. Bielefeld.
- Junge, Matthias (2002): Individualisierung. Frankfurt/M.
- Simmel, Georg (1989): Über sociale Differenzierung. In: Gesamtausgabe, Bd. 2. Frankfurt/M., 109-295.

Übungsfragen:

1. *Definition*: Nennen Sie drei zentrale Merkmale von Individualisierungsprozessen.
2. *Wiedergabe*: Was versteht Simmel unter der Kreuzung sozialer Kreise?
3. *Vergleich*: In welchem Verhältnis stehen Risiken und Chancen der Individualisierung heute?
4. *Anwendung*: Welche individualisierungstheoretisch begründbaren Risiken entstehen, wenn Jugendliche sich überwiegend in virtuellen statt in realen sozialen Kreisen bewegen?

4 Rationalisierung

4.1 Begriff und Überblick

Personalwechsel Fahrscheine. „Guten Tag, Personalwechsel. Die Fahrscheine bitte.“ Zugreisenden ist diese Aufforderung vertraut. Selbstverständlich und ohne Stirnrunzeln greifen sie in die Brieftasche und reichen der uniformierten Person mit Utensilientasche und Knipser im Gang ihre Fahrkarte – oder erwerben eine gegen Aufpreis. Was geschieht hier?

- *Zweck-Mittel-Rationalität*: Ein Ziel (Bahnreisende sollen ihre Fahrt bezahlen) wird mit einem Minimum an Aufwand erreicht.
- *Bürokratie*: Der Vorgang ist geplant und nach schriftlichen Regeln fixiert.
- *Austauschbarkeit*: Die Uniform signalisiert zugeschriebene Autorität, die konkrete Person dahinter ändert nichts am Ablauf.
- *Erwartungssicherheit*: Der Ablauf ist auch reproduzierbar – das Wissen, dass ein Fahrschein üblicherweise bereits vor Fahrtantritt zu erwerben ist und während der Fahrt überprüft und abgestempelt wird, gilt als selbstverständlich und wird nicht hinterfragt.

Definition 1. Dieses Procedere spart Zeit und Geld, vermeidet Diskussionen und geschieht unabhängig von konkreten Personen. Das ist mit Rationalisierung gemeint: „Durch planmäßiges, zweckgerichtetes, rechenhaftes, ‚wissenschaftliches‘ Vorgehen Vergeudung von Kraft, Material und Zeit zu minimieren und so den Ertrag zu optimieren.“ (Aulenbacher/Siegel 1993: 73) Das gilt nicht nur für Vorgänge wie die Kontrolle von Fahrkarten. Rationalisierung meint den schrittweisen Prozess der Ablösung von zufälligen, planlosen und traditionsgebundenen durch arbeitsteilige, normierte, standardisierte, organisierte und bürokratisch verwaltete Lebensformen.

AIDS. Ein anderes Beispiel für Rationalisierung bildet der Umgang mit der Immunschwäche AIDS. Die Krankheit gilt nicht als Rache Gottes oder von Dämonen, sie verschwindet in der Auffassung einer breiten Mehrheit auch nicht nach ausgedehnten Versöhnungsritualen. Modernisierungstheoretisch relevant ist hier dreierlei: *Erstens* ruhen die Hoffnungen auf dem wissenschaftlichem Fortschritt der Medizin, die sich um die Entwicklung von Gegenmitteln bemüht, *zweitens* auf der Wirkung von Aufklärung und dem Appell an rationales Handeln, um mittels Safer-Sex-Praktiken (z.B. der Verwendung von Kondomen) die Ansteckungsgefahr zu mindern. *Drittens* hat das Phänomen AIDS zur Ausdifferenzierung neuer Strukturen beigetragen: einem Markt für Telefonsex oder auch der Veränderung des Lebensstils, der etwa eine neue Kuscheligkeit propagiert (vgl. dazu auch Kapitel 3.3).

Definition 2. Beide Beispiele lassen sich unter eine rationalisierungstheoretische Perspektive subsumieren: Rationalisierung bedeutet ein „Ordnen und Systematisieren der Wirklichkeit, um sie vorhersehbar und beherrschbar zu machen." (van der Loo/van Reijen 1997: 34) Das Denken und Handeln unterliegt immer mehr der Berechnung, Begründbarkeit und Beherrschung. Damit üben Menschen zunehmend Kontrolle über ihre Umwelt, übereinander und auch über sich selbst aus. Das Ergebnis ist eine *Entzauberung des Weltbilds*, das durch drei Merkmale geprägt ist: *Erstens* eine Entmystifizierung und Verwissenschaftlichung, was man auf den Begriff der Säkularisierung bringen kann, *zweitens* den Glauben an die Vernunft und Empirie, womit vor allem die Befreiung der Wissenschaft von den Fesseln der Religion und der Mythen gemeint ist und *drittens* eine durch Fortschritte in der Technik möglich gewordene Unterwerfung der Natur (vgl. dazu ausführlich Kapitel 5). Den sozialstrukturellen Hintergrund fand dieser Prozess in der Trennung von ‚Betrieb' und ‚Haushalt'. Erst damit konnte das kapitalistische Unternehmen mit dem dazu passenden Rationalisierungsgedanken entstehen: Die Kapitalverwertung war das oberste Prinzip wirtschaftlichen Handelns im Betrieb – und wurde zum Zweck schlechthin. ‚Sich rechnen' heißt: ‚berechenbar machen', und die dahinter stehende Geisteshaltung des *Rationalismus* akzeptiert nur das systematisierende und planmäßig vorgehende Denken (‚ratio') als Erkenntnisquelle.

Modernisierung und Rationalisierung. Modernisierungstheoretisch ist Rationalisierung aus drei Gründen von Bedeutung.

- *Spezifizierung von Differenzierung:* Rationalisierung ist ein differenzierender Mechanismus. Dabei geht es um die strukturellen und mehr noch um die kulturellen Bedingungen, warum und wie sich einzelne gesellschaftliche Teilsysteme wie Wissenschaft, Politik, Wirtschaft oder auch Religion als eigene Sphäre mit einer spezifischen Identität herausbilden konnten und es auch weiterhin tun.
- *Differenzierung und Integration:* Rationalisierung bildet ein Scharnier zwischen der Ausdifferenzierung verschiedener Teilsysteme und dem Problem der Integration: An welchem Punkt der Verselbständigung sind die Grenzen der Rationalität erreicht, wo schlagen Rationalisierungsgewinne (Effizienz der Produktion durch Fließbandarbeit) in nicht mehr vertretbare Kosten (Entfremdung und Produktivitätsrückgang) um?
- *Differenzierung und Individualisierung.* Differenzierung und Individualisierung haben wir bereits als wechselseitige Steigerungsmechanismen beschrieben. Zusammengehalten werden sie auch über das Motiv der Rationalisierung (z.B. zielorientierte, effiziente und erfolgreiche Beratung im neuen Segment der Outplacement-Beratung vor dem Hintergrund eines wachsenden Individualisierungsdrucks).

Vor diesem Hintergrund werden wir uns in diesem Kapitel mit dem Rationalisierungskonzept von Max Weber (1864-1920) auseinander setzen (Kapitel 4.2), um daran George Ritzers Überlegungen zu dessen Weiterführung (Kapitel 4.3) und einige exemplarische Modifikationen (Kapitel 4.4) anzuknüpfen.

4.2 Rationalisierung bei Weber

Biografie. Nach einem Studium der Rechts- und Wirtschaftswissenschaften in Heidelberg und Berlin habilitiert sich der 1864 geborene Max Weber im Jahr 1891 über die römische Agrargeschichte, 1909 gründet er die Deutsche Gesellschaft für Soziologie (DGS) mit und gilt so neben Georg Simmel (1858-1918) und Ferdinand Tönnies (1855-1936) als einer der Väter der deutschen Soziologie. Webers Leben spiegelt die Widersprüche im damaligen Deutschland, besonders die zwischen industrieller und wissenschaftlicher Rationalität und Romantik einerseits und humanistischer Hochkultur und irrationalem Autoritarismus andererseits: Sein Vater war ein hedonistischer, areligiöser und nationalliberaler Politiker aus einer westfälischen Industriellenfamilie, seine gebildete, pietistisch-religiöse Mutter dagegen hatte hugenottische Eltern. Vielleicht war diese spannungsreiche Herkunftskonstellation mit ein Grund, warum Max Weber immer wieder zwischen Arbeitssucht und Nervenzusammenbrüchen schwankte. In seinem Todesjahr 1920 erscheint sein nicht mehr vollendetes Opus magnum „Wirtschaft und Gesellschaft", und auch die einflussreichen gesammelten Aufsätze zur Wissenschaftslehre und zur Religionssoziologie wurden nicht mehr zu seinen Lebzeiten publiziert.

Zentrale Ideen. Eine Frage, die Weber über viele Jahre hin weg beschäftigt, ist die nach den nicht-wirtschaftlichen Ursprüngen wirtschaftlichen Handelns (vgl. Weber 1978; Schluchter 1988). Zunächst interessiert sich Weber allerdings für den Kapitalismus – in historischer Perspektive und als Organisationsproblem. Das ökonomische Handeln gilt ihm als das System zweckrationalen Handelns schlechthin, und die Grundlage der Kapitalrechnung ist die rationale Betriebsbuchführung. Nach seiner Dissertation überführt Weber das Thema Kapitalismus sukzessive in eine rationalisierungstheoretische Terminologie. Vor allem geht es ihm nun um die Frage, *wie* der Zusammenhang von Protestantismus und Kapitalismus zu denken ist. Weber begreift Rationalisierung als Mechanismus der Ausdifferenzierung von Wertsphären. Entsprechend bedeutet Modernisierung eine zunehmende Zweckrationalität sozialer Handlungsorientierungen. Gesellschaftlicher Fortschritt fällt mit fortschreitender Rationalisierung zusammen. Damit rücken kulturelle und hier vor allem religiöse[1] Leitideen in den Vordergrund, die Weber über einen umfassenden Vergleich verschiedener Gesellschaften und ihrer Religionsauffassungen herausfiltert.

Methode: Idealtypus. Methodisch entwickelt Weber dazu das idealtypische Verfahren, das gesellschaftliche Phänomene nicht nur *konstatiert*, sondern *versteht* (vgl. Weber 1988a; 1988b; Kaesler 1979: 182). Am besten, so Weber, verstehen wir Handlungen, wenn sie rational sind, alle ‚irrationalen' Ereignisse und Abläufe auslassen und stattdessen die Vorgänge des Mitteleinsatzes hervorheben, die konsequent zur Verwirklichung des Handlungszwecks führen. Das fällt bei Weber mit Zweckrationalität zusammen, dem ‚rationalsten' oder ranghöchsten Rationalitätstyp. Ein Idealtypus nun ist keine Hypothese, keine empirische Beschreibung und damit auch nicht falsifizierbar. Vielmehr handelt es sich um eine methodische Anleitung zur empirischen Forschung, mit der sich die empirisch-historische Wirklichkeit systematisieren lässt, indem deren Abstand von der typisierten Konstruktion interpretativ ‚gemessen' wird.

Feministische Kritik. Auf die Tücken solcher Konstruktionen hat nicht zuletzt die feministische Wissenschaftskritik hingewiesen (vgl. Sydie 1987: 52-55, 83-87). Als Beispiel kann man die Idealtypen ‚Mann' und ‚Frau' anführen: Tatsächlich sind ihre als natürlich erscheinenden Differenzen sozial konstruiert: aktiv, rational, außenorientiert vs. passiv, emotional, innenorientiert. Auch wenn Weber nicht explizit mit diesen Idealtypen arbeitet, sondern beispielsweise mit der typisierten Unterscheidung von Handlungs- oder Herrschaftsformen, sind auch diese Kategorien implizit vergeschlechtlicht – nach der obigen Dichotomie. Folgende Geschlechterblindheiten sind bei Weber auszumachen:

---

[1] Unter Religion ist hier ein System der Lebensreglementierung zu verstehen.

- *Androzentrismus der modernen Welt und moderner Männer:* Webers Theorie der Modernisierung beschreibt den modernen Menschen als „instrumentally rational, competitive, aggressive, selfcontrolled, reserved, inexpressive, oriented toward achievement, success, and impersonal rules, and the protection of individual rights and freedoms." (Bologh 1987: 147) Weber weist dies allerdings nicht als Konstruktion von Männlichkeit aus, sondern als geschlechtsneutral.

- *Vereinheitlichung:* Idealtypen sind vereinheitlichende Werkzeuge der Erklärung, die die oftmals interessanteren Abweichungen ausblenden. Der Idealtypus des Patriarchats beispielsweise unterstellt die Unterordnung der Frau als natürliches Phänomen. Aus dem Blick gerät damit, wie es zu dieser Dichotomie überhaupt gekommen ist, welche sozialen Faktoren dafür verantwortlich sind und welche empirischen Gegenbeispiele es gibt.

- *Normative Kraft des Faktischen:* Weber konzediert, dass man einen Idealtypus verändern müsse, wenn die Realität zu sehr davon abweicht. Umso wichtiger ist eine begriffliche Konstruktion, die solche Veränderungen überhaupt zulässt. Denn einmal etablierte wissenschaftliche Konzepte haben eine starke Beharrungstendenz, die schwer oder kaum zu erschüttern ist. Das betrifft vor allem die differenzielle Konstruktion von ‚Mann' und ‚Frau'.

Historisch-sozialstruktureller Kontext. Doch nun zum Zusammenhang von protestantischer Ethik und kapitalistischem Wirtschaftshandeln (Weber 1978: 1-206; vgl. auch van der Loo/van Reijen 1997: 58-68): Seit dem 16. Jahrhundert sind die ökonomisch entwickeltsten Länder reformatorisch bzw. calvinistisch[2] geprägt. So blieb Weber nicht verschlossen, dass die Protestantin-

---

[2] Johannes Calvin (1509-1564) war ein Schweizer Reformator mit einer protestantischen Weltsicht, dem es um das ewige Seelenheil des Menschen ging.

nen und Protestanten in Baden, Leipzig und Tübingen um 1900 gebildeter und reicher waren als der katholisch sozialisierte Rest der Bevölkerung. Denn während Letzterer eher in kleinen Handwerksbetrieben arbeitete, besetzten Erstere die Spitze der Großindustrie. Weitere statistische Daten waren auffallend: Protestanten stellten einen höheren Anteil am Kapitalbesitz, protestantische Oberschüler artikulierten stärker wirtschaftsorientierte Berufsziele, und diese Konfession war auch in der Facharbeiterschaft, beim höher qualifiziertem technischen und kaufmännischem Personal, überproportional vertreten.

Protestantische Berufsidee. Mit der protestantischen Berufsidee nun konnten alte, spezifisch westliche Kulturelemente ihren Beitrag zur Entstehung des abendländischen Kapitalismus leisten: Berufswechsel sind opportun, wenn sie an privatwirtschaftlichem Profit orientiert sind. Die historische Bedeutung der protestantischen Konzeption des Berufs liegt somit darin, dass sie auf der Ebene der Motivation (Wertrationalität) zu einer Ablösung der Arbeit und des wirtschaftlichen Erwerbs von den spezifischen Interessen der Individuen führt. Ist nicht nur harte Arbeit, sondern ihre methodische Rechnungsführung die spezifische Errungenschaft des Okzidents und legte der Calvinismus die höchste religiöse Prämie auf den ökonomischen Rationalismus[3], so bedeutet Modernisierung zunehmende Rationalisierung. Weber beschrieb das Verhältnis zwischen dem Geist des Kapitalismus und der religiösen Doktrin des Calvinismus als Wahlverwandtschaft, als Affinität, und nicht als kausale Beziehung. Dazu analysierte er die religiösen Grundlagen der sogenannten innerweltlichen Askese, wobei er sich auf die lebenspraktischen Konsequenzen konzentrierte. Einen zent-

---

[3] Weitere außerreligiöse Entstehungsbedingungen des Kapitalismus sind die Entwicklung der okzidentalen Stadt, die Rationalisierung des Rechts, Bürokratisierung, der Übergang von der traditionalen zur legalen Herrschaft (vgl. mechanische und organische Solidarität bei Durkheim, Kapitel 2.2).

ralen Stellenwert haben dabei die *Prädestinationslehre* und die Auffassung von *Arbeit als Beruf*:

- *Prädestinationslehre:* Die calvinistische Lehre der Gnadenwahl besagt, dass jeder Mensch durch Gottes Ratschluss zur Verdammnis oder zum Heil bestimmt sei, also prädestiniert. Allerdings weiß er oder sie nicht vorab, ob er oder sie zu den Erwählten zählt. In dieser prekären Situation lässt die Lehre ein Schlupfloch: Erwählte kann man erkennen. Sie sind nämlich beruflich erfolgreich und können durch harte Arbeit Gottes Ruhm vermehren. Dazu ist allerdings eine bestimmte Lebensführung erforderlich, die den wirtschaftlichen Erfolg im irdischen Leben sichtbar macht: ‚An ihren Früchten (des Erwerbslebens) sollt Ihr sie erkennen'. Die unter die Räder gekommenen Armen dagegen sind Gotteswerk – sie haben Pech gehabt. Calvinistisch denkende Menschen streben also nicht nach der Verwirklichung persönlichen Heils, sondern nach dem Dienst an der Verherrlichung Gottes durch die ‚soziale Gestaltung des Lebens', es seinem Gebot gemäß so einzurichten, dass es jenem Zweck entspreche. Der calvinistische Gott verlangt keine guten Werke, sondern eine „zum System gesteigerte Werkheiligkeit" (Weber), also eine systematisch durchgebildete Methode rationaler Lebensführung. Die Bewährung findet im Berufsleben statt.

- *Arbeit als Beruf:* Der Erfolg der Arbeit wird zum Zeichen des Auserwähltseins. Die eigentliche Triebkraft dazu ist die Entwicklung des so genannten kapitalistischen Geistes (Erwerb als Selbstzweck). Der Kapitalismus ist damit (wie bei Marx) nicht nur eine Wirtschafts-, sondern auch eine *Lebensform*. Der Idealtypus des ökonomisch-rationalen Handelns ist im Kapitalismus verkörpert: Die Bestimmung des Reichtums bei den frühen Kapitalisten liegt nicht in der Befriedigung von Konsumbedürfnissen, sondern in der planmäßigen Akkumulation von Kapital bei individuell maßvoller Lebensführung. Der amerikanische Ölgigant John D. Rockefeller etwa war der lebende Beweis dieser neuen Berufsethik. Denn er verabscheute jedes

Vergnügen und bezeichnete sein milliardenschweres Vermögen als „Gottesgeld“, das eigentlich Gott gehöre und das er auf Erden lediglich verwalte.[4]

Auseinanderfallen von Wertsphären. Der Zusammenhang von Protestantismus und Kapitalismus hat eine weitere modernisierungstheoretisch bedeutsame Konsequenz, nämlich die Herausbildung und das Auseinanderfallen von Wertsphären: Das vormals einheitliche, christlich-religiöse Wertesystem zerbricht in einzelne weltliche Wertebereiche wie Politik, Wirtschaft, Wissenschaft, Kunst und Erotik, in denen jeweils eigene Sinnvorgaben in einer unauflöslichen Konkurrenz zueinander und zur religiösen Ethik stehen: Der nach „Selbstvervollkommnung im Sinne der Aneignung oder Schaffung von ‚Kulturinhalten‘ strebende ‚gebildete‘ Mensch [...] konnte zwar ‚lebensmüde‘, aber nicht ‚lebenssatt‘ werden.“ (Weber 1978: 570) Als Folge ist die Religion kein übergreifendes orientierendes Sinn-Dach mehr, sondern nur noch eine Wertsphäre neben anderen. Als Folge – das ist individualisierungstheoretisch von Bedeutung – müsse sich jeder um seine eigene Sinnstiftung kümmern: „Die aber ist schlicht und einfach, wenn jeder den Dämon findet und ihm gehorcht, der *seines* Lebens Fäden hält.“ (Weber 1988d: 613)

Rationalität. Das Auseinanderfallen von Wertsphären (Ausdifferenzierung von Teilsystemen; vgl. Kapitel 2.3) ist also eine Folge des okzidentalen Rationalismus: Der Rationalismus entfaltet sich bereichsspezifisch (hinsichtlich der Wertsphären), operiert aber als universalistisches Prinzip. Die okzidentale Rationalitätssteigerung des Handelns ist auf verschiedenen Ebenen wirksam (vgl. Kalberg 1981): Das zweckrationale Handeln (Abwägen der Mittel zur optimalen Zielerreichung) wurde aus traditionalen und emotionalen Einbindungen gelöst. Das gelang, weil drei andere Rationalitätstypen ebenso entfaltet wurden: *erstens* die theoretische Rationalität

---

4 Der zentrale Gegenpart des rationalistischen Kapitalismus ist die traditionelle, subsistenzorientierte Wirtschaftsform, in der der Mensch gerade so viel produziert, dass er oder sie sich selbst erhalten kann.

über die Wissenschaft (abstrahierend-logische Reflexion vs. magische Erklärungen), *zweitens* die formale Rationalität über die Bürokratie (Bezug auf universal anwandte Regeln). Entscheidend aber war *drittens* die Kultivierung der Wertrationalität. Dabei wird Handeln rigoros an einem bestimmten Maßstab des Wollens ausgerichtet, und hier kommen die Religion wie auch die Eigengesetzlichkeiten der jeweiligen Sphären ins Spiel. Sie differenzieren sich entlang wertrationaler Kriterien aus (Macht in der Politik, Profit in der Wirtschaft, Wahrheit in der Wissenschaft), der Mechanismus der Steigerung *innerhalb* des jeweiligen Systems ist jedoch Zweckrationalität.

Vorzüge. Empirisch muss sich Webers Rationalisierungsthese Kritik gefallen lassen (vgl. van Dülmen 1988). Beispielsweise gilt das von ihm konstatierte Nord-Süd-Gefälle in Deutschland längst nicht mehr: Bayern und Baden-Württemberg sind die ökonomischen Zugpferde des Bruttoinlandsprodukts (BIP), und für das Wirtschaftswachstum der asiatischen Tigerstaaten liefert Webers Theorie ebenfalls keine Erklärung. Gleichwohl sind folgende Vorzüge seiner Theorie festzuhalten:

- *Basis-Überbau*: Weber zeigt, wie kulturelle Faktoren geschichtlich-gesellschaftliche Prozesse beeinflussen können. Er gibt eine Antwort auf die Frage nach der Beeinflussung des kapitalistischen Geistes durch die protestantische Ethik. Damit begründete er in Deutschland die Religionssoziologie, in der erstmals das Verhältnis von Religion und Wirtschaft bzw. Religion und sozialer Entwicklung in universalhistorischer Absicht zum Thema wurde.

- *Idealtypus als Methode*: Weber begründet die idealtypische Arbeitsweise in den Sozialwissenschaften. Dort geht es nicht um das Aufzeigen einzelner empirischer Sachverhalte, sondern um strukturelle Einsichten, die – moralfrei – objektive Zusammenhänge aufzeigen. Das ist vor allem in vergleichender Absicht sinnvoll, und hier wird auch die Nähe zur funktionalen Analyse deutlich.

- *Differenzierung von Teilsystemen*: Der junge Weber glaubte noch daran, dass christliche Religiosität prinzipiell neben weltlichen Anforderungen an die Menschen bestehen könne (vgl. Weiss 1992: 111). In den Jugendbriefen geht er gleichzeitig von der christlichen Religion als Grundlage des Staates, der Wissenschaft und der Kultur aus. Später dagegen betont er eine immer deutlichere Scheidung zwischen Religiosität und ‚Welt'. Die These lautet schließlich, dass die christliche Religiosität nur eine Wohlfahrtspflege, keine sozialpolitische Reform begründen könne. Solle ausschließlich Religion das Leben der Alltagsmenschen heute orientieren, könne sie nur noch versagen.

- *Ambivalenzen und Paradoxa*: Schließlich macht Weber auch auf Ambivaloxa (vgl. Kapitel 1.3) von Rationalisierungsfolgen aufmerksam: Das strikte Befolgen des Akkumulationspostulats hebt die sozialen Voraussetzungen ihrer Realisierbarkeit auf. Denn die asketische Lebensführung produziert Reichtum, der bei einer asketischen Lebensführung gar nicht mehr konsumiert werden kann. Weber beschreibt also den Umschlag der asketischen Ethik des Puritanismus (mit ihren positiven Folgen für die Anhäufung des Kapitals) in einen utilitaristischen, an engen ökonomischen Interessen orientierten, sinnentleerten Materialismus. Religion und Ökonomie fallen damit auseinander, obwohl der Erfolg ökonomischen Handelns (auch) religiöse Wurzeln hat.

- *Aktualität (Entsäkularisierung der amerikanischen Politik)*: Webers an die Bedeutung von Religion geknüpfte modernisierungstheoretischen Überlegungen sind auch heute noch aktuell. Ein Beispiel dafür bietet die unter George W. Bush zu beobachtende Entsäkularisierung der amerikanischen Politik seit dem 11. September 2001 (vgl. Süddeutsche Zeitung, 03.01.03). Dort prägt eine religiöse Sprache nicht nur die Außenpolitik: Die Regierung spricht vom „gerechten Krieg" und vom „Kreuzzug" gegen den Terrorismus. Sie glaubt ihren Kampf im Namen einer unbegrenzten Gerechtigkeit („infinite justice") zu führen. Auch innenpolitisch orientiert sich die Politik an religiösen Maximen wie der Prädestination und dem Matthäus-Prinzip (‚Wer hat, dem wird gegeben.'), die Wohlfahrts- und Sozialpolitik wird zunehmend verkirchlicht – was Weber im Sinne seiner differenzierungstheoretischen Überlegungen ausdrücklich abgelehnt hätte. Modernisierungstheoretisch wäre das ganz klar als Entmodernisierung zu interpretieren, als Rückfall in eine vormoderne Verquickung von Politik und Religion.

Biografie und Entkopplung der Wertsphären. Eine letzte Bemerkung zur Würdigung: Die geistige Entwicklung eines Gelehrten erscheint im Nachhinein oftmals als stringenter, lediglich von wissenschaftlichen Entdeckungen und Fortschritten beeinflusster Prozess. Man kann es auch anders lesen (vgl. Kandal 1988: 142-144; Gilcher-Holtey 1988; Lichtblau 1992: 206f). Bei Webers Auffassung der Ausdifferenzierung der Wertsphären beispielsweise korreliert seine Interpretation der Erotik als eigener Wertsphäre mit biografischen Erfahrungen. Anfangs vertrat Weber eine puritanische Auffassung über eheliche Liebe und Treue, bei der Ethik und Erotik eine Einheit bildeten. Max und seine Frau Marianne wandten sich vor dem ethischen Hintergrund des asketischen Protestantismus (Treue, Ausschließlichkeit, Gesetz, Pflicht) entschieden gegen die erotische Bewegung der Schwabinger Bohème. In seinen letzten Lebensjahren aber hatte Max ein Verhältnis mit Else Jaffe, von dem Marianne wusste und das sie akzeptierte. Erst damals ließ Max Weber seine puritanischen Ansichten über Erotik und Ehe fallen, und am Ende seines Lebens gesteht er der Erotik doch einen eigenen Wert zu (vgl. Weber 1988c: 506; 1978: 560f.). Der Zusammenhang zwischen der persönlichen Lebenssituation Max Webers und seiner wissenschaftlichen Auffassung ist deshalb kein kausaler. Wohl aber handelt es sich um eine interessante Korrelation, die zumindest den Eindruck überweltlicher wissenschaftlicher Wahrheiten in ein realistischeres Licht rücken könnte.

4.3 Weber light oder: Die Grenzen der Rationalisierung

Anschlüsse. Webers rationalisierungstheoretische Fassung von Modernisierung lässt verschiedene Anschlüsse zu. Die Luhmann'sche Systemtheorie knüpft mit dem Gedanken der Ausdifferenzierung von Teilsystemen an, Handlungstheorien setzen sich mit Handlungsorientierungen entlang der von Weber skizzierten Idealtypen auseinander, und organisationssoziologisch bieten die Überlegungen zu Bürokratie und Formalisierung fruchtbare Andockstellen. Auch die Lebensstilforschung kann ihre Akzentverschiebung von der Produktion zur Konsumtion mit Webers Rationalisierungsmodell begründen. Ein Beispiel dafür liefert der 1940 geborene amerikanische Soziologe und Neo-Weberianer George Ritzer, für den *McDonald's* das Paradigma des (spät-)modernen Rationalisierungsprozesses schlechthin ist.

McDonaldisierung. Ritzer, der seine Rationalisierungstheorie erstmals 1983 im Journal of American Culture skizziert, bezeichnet in seinem sozialkritischen Bestseller über die „McDonaldisierung der Gesellschaft" die berühmte Fast-Food-Kette als „Modellfall" für einen Prozess, „*durch den die Prinzipien der Fast-food-Restaurants immer mehr Gesellschaftsbereiche in Amerika und auf der ganzen Welt beherrschen.*" (Ritzer 1995: 15; Hervorh. i. Orig.) Als globale Tendenz sei „McDonaldisierung", die Ritzer als Anschlusskonzept an Weber und den Fordismus fest im traditionellen Modernisierungsdiskurs verankert (vgl. ebd.: 257ff.), seit den 60er-Jahren des vergangenen Jahrhunderts wirksam.[5] Sie ist prinzipiell unausweichlich und irreversibel, aber nicht mit der Gegenwartsgesellschaft als ganzer zu verwechseln und zudem nicht überall gleich stark ausgeprägt (vgl. ebd.: 9, 13, 37). Bis heute sorgt sie Ritzer zufolge jedoch für eine weltweit zunehmende Durchrationa-

---

[5] Freilich gehen der McDonaldisierung andere Rationalisierungsphänomene voraus, nämlich Bürokratisierung (Weber), das wissenschaftliche Management von Taylor, Fords Fließband oder Fertighäuser, aber auch der industrialisierte Holocaust (vgl. Baumann 1989 und – zuspitzend – Anders 2002).

lisierung und Standardisierung menschlicher Arbeits- und Lebenswelten – auf Kosten individueller bzw. regionaler Differenzen und Pluralitäten. Ihr durchschlagender ökonomischer Erfolg und ihre große Attraktivität in breiten Bevölkerungsschichten beruhen nach Ritzer (1995: 27-31) auf vier Schlüsselfaktoren: Effizienz, Berechenbarkeit, Vorhersagbarkeit und Kontrolle.

- *Effizienz* im Sinne zweckrationalen Handelns ist im Fall von *McDonald's* die bestmögliche Methode des Übergangs vom hungrigen Zustand zum Sattsein – oder wenigstens die Illusion davon. Dazu zählen minutiöse Kalkulationen und eine genaue Zutatenliste für einzelne Gerichte, explizite Arbeitsanweisungen an das Personal, Taylorisierung und Fließbandarbeit. Durch automatisierte Abläufe und standardisierte Kundenbetreuung sowie einheitlich designte Restaurants, die kaum zum Verweilen einladen, sollen möglichst viele Menschen zu raschem Konsum animiert werden – und die Filiale dann möglichst schnell wieder verlassen.

- Unter *Berechenbarkeit* versteht Ritzer vor allem Quantifizierbarkeit. Die Quantität ersetzt die Qualität als Orientierungsmaßstab nach dem Motto ‚viel = gut'. Das *BicMac*-Menü mit der Extraportion Pommes und einer extra großen *Coke* verspricht einen höheren Sättigungseffekt und ein besseres Preis-Leistungs-Verhältnis – auch dann, wenn man nur auf einen schnöden Hamburger Appetit hat. Berechenbarkeit bedeutet aber auch kalkulierbare Preise, identische Serviceleistungen und vor allem – in der beschleunigten Welt von großer Bedeutung – einen Zeitvorteil, der dadurch entsteht, dass man sofort bedient wird, sein Essen (in der Regel) umgehend erhält und direkt verzehren kann (vgl. dazu und zu den paradoxen Effekten von Beschleunigung Kapitel 6).

- *Vorhersagbarkeit* knüpft an das Prinzip der Berechenbarkeit an und bedeutet konkret, dass man zu jedem Zeitpunkt und an jedem Ort im Vorhinein weiß, wie der Hamburger, den man heute in Los Angeles und morgen in Moskau zu sich nimmt, schmecken wird. Denn wer bei *McDonald's*, *PizzaHut* oder

Starbucks einkehrt, ist vor Überraschungen weitgehend gefeit. Saubere Toiletten, formalisierte ‚Kundengespräche' an der Registrierkasse, einheitliches Design mit hohem Wiedererkennungswert und bis ins Detail standardisierte Zutaten, schaffen überall auf der Welt ein hohes Maß an Erwartungssicherheit. Ähnlich verhält es sich mit Pauschalreisen oder Fortsetzungsfilmen (Sequels) im Kino (*Indiana Jones*, *Matrix*, *Lord of the Rings* etc.) (vgl. ebd.: 152ff.). Die Kinobesucherin ahnt schon während des Vorspanns, wie das jüngste Abenteuer von James Bond ausgehen wird, und der Pauschaltourist hat am Ende seiner programmatisch durchstrukturierten Reise viel gesehen (*Quantität*), aber häufig – abseits der festgelegten Reiserouten und Tagesausflüge – kaum etwas erlebt (*Qualität*). Für Hollywoods Studiobosse und Reiseveranstalterinnen hingegen sind die (finanziellen) Risiken eher gering, der Erfolg ihrer Produkte hingegen gut prognostizierbar. Schließlich serviert man den Kunden und Konsumentinnen Wohlvertrautes.

- Die Vorteile, die ein berechenbares Konsumerlebnis in einer ansonsten an Kontingenzen nicht armen Moderne durchaus bietet, werden nach Ritzer durch das Moment der *Kontrolle* kontrastiert – und zwar die der Beschäftigten wie auch ihrer Kundinnen und Kunden gleichermaßen: So verfügt das 1992 bei Paris eröffnete *Euro Disney*, dass alle Angestellten auf ein angemessenes Verhältnis zwischen Körpergröße und Gewicht zu achten, weder Bärte noch Miniröcke und pro Hand nur einen Ring sowie Unterwäsche in natürlichen Farben zu tragen haben (vgl. ebd.: 188; vgl. auch Obermayer 2005: 18-21). Und bei *McDonald's* sorgen die Gäste selbst – als „unbezahlte Angestellte" – dafür, das Essen an den Tisch und den Verpackungsmüll in die dafür vorgesehenen Regale zu bringen (vgl. Anders 1981: 102ff.).[6] Der zentrale Kontrollaspekt der McDonaldisie-

---

[6] Nach demselben Prinzip funktionieren auch Supermärkte, Selbstbedienungsläden, Teleshopping, Videotheken oder Bankautomaten. Aber auch schematisch getaktete Lehrpläne (an Schulen und Hochschulen),

rung ist Ritzer zufolge allerdings die Tendenz der Ersetzung menschlicher Handlungen und Arbeitskraft durch berechenbare Maschinen und teilweise undurchschaubare Routinen: Brotbackautomaten (vgl. Sennett 2000: 87), Scannerkassen, peinlich genaue Vorschriften zur Herstellung von Burgern oder Fisch-Sandwiches etc. sollen von Menschen ausgehende Unsicherheiten (‚menschliches Versagen') minimieren.

Irrationalität. Auch wenn der Fast-Food-Multi *McDonald's* in Ritzers Buch breiten Raum einnimmt, betrifft die McDonaldisierung als Rationalisierungsprozess alle gesellschaftlichen Bereiche und Institutionen: Politik (Bürokratie), Wirtschaft, Schule, Universität, Familie, Umwelt etc. Neben einigen Vorteilen dieses Prozesses (vgl. Ritzer 1995: 34ff.) überwiegen Ritzer zufolge jedoch dessen Nachteile deutlich. Denn zu den mehr oder weniger unbeabsichtigten Nebenfolgen rationalisierter, McDonaldisierter Systeme gehört – wie schon bei Weber – untrennbar eine extra Portion ‚Irrationalität': „Genauer gesagt, bedeutet Irrationalität, daß rationale Systeme *vernunftwidrig* sind: Sie dienen dazu, das grundlegend Menschliche zu leugnen, die Vernunft der Menschen, die in ihnen arbeiten oder ihre Leistungen in Anspruch nehmen." (ebd.: 206; Hervorh. i. Orig.) Die „Irrationalität des Rationalen" (Weber) äußert sich vor allem in ihren entmenschlichenden Auswirkungen auf Angestellte und Konsumentinnen/Kunden, die entweder zu Maschinenbestandteilen degradiert oder im Schnellverfahren ‚abgefüttert' werden[7], aber auch in einer ausgeprägten Effizienz-Ideologie. Doch Fastfood ist nach wie vor genau so wenig gesund (und im Preisvergleich mit frischen Zutaten für eine gemütliche

---

die Biorhythmen und individuelle Lerngeschwindigkeiten ignorieren, gehören zum Kontrollinventar McDonaldisierter Systeme (vgl. auch Kapitel 6.4).

[7] Weitere Beispiele für rationalisierungsbedingte Entmenschlichung sind automatische Telefonansagen, ‚individuelle' Werbebriefe oder auch niedrige Qualifikationsanforderungen bzw. eintönige Tätigkeiten in McDonaldisierten Fabriken und Unternehmen (vgl. dazu auch Sennett 2000).

Familienmahlzeit zu Hause nicht einmal günstig) wie die schleichende Bürokratisierung und Entprofessionalisierung im Gesundheitswesen (vgl. Ritzer/Walczak 1988). Effizienz und Effektivität entpuppen sich nicht selten als geschickt vermarktete Illusionen, deren Nebenkosten an andere gesellschaftliche Subsysteme (wie das Gesundheitssystem) überwiesen werden. Zugespitzt bedeutet das, dass McDonaldisierte Systeme keineswegs ‚rational' (vernünftig), effizient und kostengünstig, sondern – im Gegenteil – irrational, entmenschlichend und ökologisch bedenklich sind, also geradezu paradigmatisch ambivalox.

McDonaldisierte Welt. Dass sich angesichts dieser Konsequenzen durchaus Gegentendenzen formieren (Abschaffung des Fließbands in der Autoindustrie, neue ‚alte' Tante-Emma-Läden mit garantiert selbst gemachten Produkten, private Forschungsinstitute mit ausgewiesenen Denkfreiräumen etc.), führt Ritzer zufolge keineswegs zu einem grundlegenden Umschwung. Als ökonomisches Modell, aber auch im Sinne einer globalen Lebensform (vgl. dazu Kapitel 7.3) ist McDonaldisierung zu attraktiv, um durch weniger ‚irrationale' Systeme und Leitbilder ersetzt zu werden. In einer kapitalistisch orientierten, hoch technisierten Gesellschaft, in der die Zahl der Single-Haushalte kontinuierlich steigt, in der Schnelligkeit und Effizienz höchstes Ansehen genießen, ist das Paradigma *McDonald's* viel zu stark verankert, mit anderen Worten: sind die Gitterstäbe des stahlharten Gehäuses der Hörigkeit zu hart und dicht, um ihm grundsätzlich entkommen zu können. Wie schon Weber (1980: 332), so sieht auch Ritzer die Zukunft der McDonaldisierten Welt in die „eisige Dunkelheit" einer Polarnacht getaucht.

Vorzüge und Grenzen. Der Vorzug des skizzierten Ansatzes liegt nicht zuletzt in der idealtypischen Fokussierung auf ein Modernisierungsmerkmal (und seine Ambivaloxa), nämlich dem der Rationalisierung im vierfach beschriebenen Sinn. Modernisierungstheoretisch angeleiteten Analysen steht damit ein zusätzliches Werkzeug zur Verfügung, das in Verbindung mit der idealtypischen Methode sinnvolle Vergleiche erlaubt. Für sich genommen reicht diese teilweise sehr einseitige Perspektive sicher nicht aus. Auch wenn man Ritzers düstere Prognose nicht teilen will, ist sein Ansatz in ungleichheitstheoretischer Hinsicht relevant: Denn betroffen sind von der McDonaldisierung vor allem die Modernisierungsverliererinnen, die sich durch die Steigerungslogik am ehesten ansprechen lassen: Um der Versuchung nach einer schnellen und nur kurzeitig anhaltenden Befriedigung von Bedürfnissen zu widerstehen, bei der man sich hinterher nicht befriedigt fühlt, ist nicht nur ein starker Wille, sondern auch die Möglichkeit erforderlich, auf Alternativen zurückgreifen zu können – ökonomisch und beispielsweise auch hinsichtlich der Bildung. So beschreibt Ritzer eindringlich eine Erwartungs-Enttäuschungsspirale (vgl. Brüsemeister 2000: 285), bei der Ersatzleistungen wie der Genuss eines Hamburgers widersprüchliche Botschaften transportieren: Auf der einen Seite Vorhersagbarkeit, Berechenbarkeit und Risikolosigkeit, auf der anderen Seite Übersteigerungen, Erleben, Spaß und Risiko. Hier schließt Ritzer an Horkheimer/Adornos „Dialektik der Aufklärung“ (2003) an: Die Konsumierenden nutzen zwar die Angebote ihrer Massenkultur, durchschauen aber ansonsten deren Scheinheiligkeit – zumindest will man gut betrogen werden.

4.4. Die Einseitigkeit der Rationalisierungs-/ McDonaldisierungsthese

Kritik: Reduktion auf Zweckrationalität. Eine zentrale Kritik an Webers Rationalisierungskonzept zielt auf dessen theoretische Engführung, die Rationalität auf Zweckrationalität reduziert. Weber verfolgt die Prozesse der gesellschaftlichen Rationalisierung nicht am Leitfaden der Wissenschaftsentwicklung, sondern der Entwicklung religiöser Weltbilder (vgl. Habermas 1981/I: 215). Damit setzt er empirisch erfahrungswissenschaftlich an der Frage nach der Entstehung und Entfaltung moderner Gesellschaften als Rationalisierungsvorgang an, er begreift Rationalisierung als Ausdifferenzierung. Habermas optiert demgegenüber für die universalistische Variante. Er begründet das mit dem Übergang von der Rationalisierung der Weltbilder zur Dezentrierung des Weltverständnisses. Letztere wird in diesem Buch vor allem unter dem

Aspekt der Integration eine zentrale Rolle spielen, weshalb wir hier nicht vorgreifen wollen.

Kritik: Entpolitisierung. Aus einer feministischen Perspektive dagegen erscheinen die von Ritzer beschriebenen Rationalisierungsprozesse nicht nur als unausweichlich (vgl. Rinehart 1996). Durch den hohen Allgemeinheitsgrad seiner Theorie vernachlässige Ritzer die politische Dimension gesellschaftlicher Veränderbarkeit, fördere durch den resignativen Unterton vielmehr eine unpolitische Haltung und perpetuiere die Verdinglichungsperspektive. Webers Topos der Bürokratie durch Ritzers Schreckbild *McDonald's* als Modell formaler Rationalität zu ersetzen, genüge nicht, wenn die beschriebenen Rationalisierungsprozesse als unausweichlich erscheinen. Gerade das sei wenig kompatibel mit feministischen Theorien, die ihren Fokus auf Veränderbarkeit legten. Alternativ sei ein postmodern-pragmatischer Ansatz zu bevorzugen, der in einer weniger autoritativen Weise über ‚die Wahrheit' der McDonaldisierung und ihre Folgen doziere – so sei alternativ zum „iron cage" auch ein „rubber cage" der Hörigkeit denkbar (ebd.: 30). Eine daran geknüpfte postmodern-feministische Sichtweise könne dann etwa damit leben, dass die meisten Menschen an der mit dem Symbol *McDonald's* verbundenen Dehumanisierungsperspektive nicht verzweifeln, weil sie darin keine Bedrohung sehen, wohl aber in der postulierten Alternativlosigkeit und Unabwendbarkeit solcher Prozesse.

FAZIT: Rationalisierung ist ein Modernisierungsmechanismus, der auf der kulturellen Ebene in Form einer Entzauberung und Dezentrierung des Weltverständnisses wirksam wird. Rationalisierung bildet den ‚Humus', ohne den Prozesse der Differenzierung, Individualisierung und Domestizierung gar nicht denkbar wären. Weber hat mit diesem Konzept zwei modernisierungstheoretische Analysepfade geebnet. Zum einen hat er in seinen Überlegungen zur Bürokratisierung das düstere Bild eines stählernen Gehäuses der Hörigkeit gezeichnet, das individuelle Gestaltungsspielräume eng hält und eine Entwicklungsrichtung vorgibt, die mit Entmenschlichung, Verdinglichung und Vermassung verbunden ist.

Diese Linie findet vor allem in Ritzers Arbeiten zur McDonaldisierung ihre Fortsetzung und Zuspitzung. Damit macht dieser das von Weber vorlegte theoretische Instrumentarium für eine empirische Gegenwartsdiagnose anwendbar, blendet dabei allerdings auch gegenläufige Tendenzen aus. Zum anderen hat Weber mit der protestantischen Arbeitsethik die religiösen Bedingungen analysiert, die für die Herausbildung von Wertsphären (in Luhmann'scher Terminologie: der Ausdifferenzierung von Teilsystemen) notwendige Bedingungen waren. Modernisierungstheoretisch ist es genau dieser Zusammenhang von Religion und Kultur einerseits und Wirtschaft andererseits, der Rationalisierung zu einem historisch langfristig wirksamen und immer noch durchschlagenden ambivaloxen Modernisierungsfaktor gemacht hat.

Literatur:

- Alfino, Mark/John S. Caputo/Robin Wynyard (1998) (Eds.): McDonaldization revisited. New York.
- Ritzer, George (1997): Die McDonaldisierung der Gesellschaft. Frankfurt/M.
- Weber, Max (1978): Gesammelte Aufsätze zur Religionssoziologie, Bd. 1. Tübingen.
- Weber, Max (1988): Gesammelte Aufsätze zur Wissenschaftslehre. Tübingen.

Übungsfragen:

1. *Definition*: Was bedeutet McDonaldisierung?
2. *Wiedergabe*: Wie hängen Rationalisierung und Modernisierung zusammen?
3. *Vergleich*: Worin unterscheiden sich Webers (Bürokratie) und Ritzers (McDonaldisierung) Konzepte der Rationalisierung?
4. *Anwendung*: Lassen sich Webers Überlegungen zur protestantischen Arbeitsethik auf den modernen Breitensport anwenden?

5 Domestizierung

5.1 Natur, Mensch, Gesellschaft

Naturbegriff. In den Sozialwissenschaften gehört ‚die Natur' zweifellos zu den unterschätzten, umstrittensten, oftmals sogar sträflich ausgeblendeten Untersuchungsgegenständen (vgl. Kropp 2002: 29-40; Rosenmayr 1989; van der Loo/van Reijen 1997: 32). Dabei bestehen enge Zusammenhänge zwischen fortschreitender Naturbeherrschung auf der einen, sowie Differenzierung, Rationalisierung und Individualisierung auf der anderen Seite. Mehr noch: Das Verhältnis des Menschen zur Natur ist heute – in Zeiten vielfältiger ökologischer Krisenerscheinungen – eine in höchstem Maße gesellschaftlich und politisch relevante Frage geworden.[1] Der Begriff ‚Natur' allerdings ist mindestens so schillernd und umstritten wie ‚Globalisierung' (vgl. Kapitel 7): Mit Natur kann *erstens* sowohl die natürliche Umwelt des Menschen – die ‚unberührte' Natur ebenso wie die vom Menschen bearbeitete – als auch *zweitens* der menschliche Organismus bzw. Körper als Teil der Natur sowie *drittens* die menschliche ‚Natur', philosophisch gesprochen: sein Wesen, gemeint sein. In den folgenden Abschnitten versuchen wir daher zunächst einmal, dieses terminologische Dickicht zu lichten, um in den nächsten Kapiteln dann einzelne Aspekte der menschlichen Naturbeherrschung zu vertiefen.

Natur und Moderne. Es gehört zu den Kennzeichen der Moderne, dass sich die natürliche Umwelt des Menschen immer weniger als ‚unberührt' erfahren lässt. Sie zeigt sich stattdessen fast ausschließlich – in Form von Brachflächen, Anbaugebieten, Badeseen, Naturparks oder Stadtgärten – durch den Menschen verbraucht, manipuliert oder kunstvoll gestaltet. Denn sie wird im Verlauf der Menschheitsentwicklung einem Transformationsprozess unterworfen, der das menschliche Lebensumfeld sukzessive in zwei unglei-

---

[1] Unter anderem aus diesen Gründen räumen wir dem Thema breiteren Raum ein als den anderen Teilprozessen der Modernisierung.

che Teile zu dividieren scheint: in einen immer kleiner werdenden Bereich aus ‚unbelassener' Natur auf der einen und die sich immer stärker ausbreitende Sphäre be- und verarbeiteter Natur, menschlicher Produkte, aber auch Sozialformen auf der anderen Seite. Im Gegensatz zu vormodernen Gesellschaften mit geringem Differenzierungsgrad, die in ihrer natürlichen Umwelt stark verwurzelt und von natürlichen Abläufen besonders abhängig waren, leben moderne Menschen in einer Umwelt, die immer weniger ‚gewachsen' ist. Sie teilen sich diese Welt in erster Linie mit einer wachsenden Menge an Gegenständen und Artefakten. Zur Natur als solcher pflegen sie in der Regel ein entweder eher distanziertes, instrumentelles oder aber verklärend-romantisches Verhältnis.[2]

Anthropologie. Man versteht diese Entwicklung besser, wenn man berücksichtigt, wie eng der Jahrtausende währende Prozess der Transformation der Natur mit der anthropologischen Verfassung der Menschen, mit ihrem Wesen verknüpft ist. Dieses Wesen zeichnet sich, dem Philosophen und Sozialwissenschaftler Arnold Gehlen (1904-1974) zufolge, unter anderem durch ein im Naturreich exklusives biologisches Defizit aus, das sich auf den zweiten Blick jedoch als großer evolutionärer Vorteil erweist: Einerseits fehlen den Menschen nach Gehlen (1962) zwar ‚von Natur aus' die natürlichen Instinkte; sie sind – im Gegensatz zum Tier – an ihre natürliche Umgebung *prinzipiell* nicht angepasst und daher jeder Laune der Natur schutzlos ausgeliefert. Andererseits aber ist das „Mängelwesen"[3] Mensch durch seinen vermeintlichen Defekt auch in der Lage, ja geradezu genötigt, sich ersatzweise künstlich hergestellte (im Gegensatz zu natürlich gewachsenen) Umgebungen aufzubauen. Als unangepasstes Naturwesen, muss es sich – zum Schutz gegen Hunger, Wetter, wilde Tiere und zur Regulation des

[2] Vgl. dazu auch das wissenssoziologische Konzept von ‚Engagement' und ‚Distanzierung' bei Elias (1983).

[3] Zur geistesgeschichtlichen Karriere des umstrittenen Begriffs ‚Mängelwesen' sowie Vorwurf des Biologismus und Rassismus gegen Gehlen vgl. Karneth 1991: 87-162 bzw. Thies 2000: 15-19, 35ff..

Zusammenlebens – eine eigens errichtete ‚zweite Natur', genannt *Kultur*, sozusagen nachträglich anpassen.[4] Dies gelingt ihm durch die Bearbeitung und Umarbeitung der (‚natürlichen') Natur unter Zuhilfenahme von Werkzeugen und technischen Gerätschaften, aber auch durch die Einrichtung und Etablierung sozialer Organisationen, Institutionen und Normen. Auf diese Weise können Menschen ihrer existenziellen Belastungssituation entkommen und ihren anthropologischen Defekt, ihre „exzentrische Position" (Plessner) in der Natur, allmählich immer besser ausgleichen.[5]

„Nichtfestgelegtheit" des Menschen. Das von Gehlen postulierte anthropologische Defizit weist eine paradoxe Struktur auf: Es ist sowohl die ontologische Voraussetzung der Unangepasstheit und „Weltfremdheit" (Anders) der Menschen, als auch Garant ihrer „Weltoffenheit" und Handlungs- bzw. Gestaltungsfreiheit gegenüber der Natur und den von ihnen selbst a posteriori eingerichteten Gesellschaftsformen. Denn Weltfremdheit und Weltoffenheit verhalten sich zueinander wie zwei Seiten derselben Medaille. Aus beiden Aspekten folgt notwendigerweise die „Nichtfestgelegtheit" des Menschen gegenüber allen natürlichen wie sozialen Umgebungen. Der Mensch ist also keineswegs anthropologisch auf eine *bestimmte* Form von Naturbeherrschung oder Sozialität determiniert, auch wenn er als biologisch ‚defizitäres' Naturwesen *zwangsläufig* auf die Transformation und Transzendierung der Natur und

---

[4] Kultur, so schreibt Günther Anders (1902-1992), ist „im Universum ein rarissimum", etwas, das nur deshalb entstanden ist, weil wir Menschen „uns als fähig erwiesen haben – und das ist vermutlich präzedenzlos – ‚to make the best of our defects', unsere Unbestimmtheit zu überkompensieren, diese in ‚Freiheit' umzufunktionieren, und zwar dadurch, daß wir uns in Heimarbeit Welten, die uns ‚saßen', genannt ‚Kulturen', geschaffen haben." (Anders 1982: 294)

[5] Die moderne, apparatebasierte Medizin ist das beste Beispiel für eine – allerdings extrem komplexe – soziale Einrichtung, welche die davon profitierenden Menschen in hohem Maße von unerwünschten natürlichen Einflüssen und Ereignissen, in diesem Fall Krankheiten, bewahrt und insgesamt unabhängiger macht.

damit auf Kultur angewiesen bleibt. Im Gegenteil: Seine anthropologische Verfassung verpflichtet ihn gewissermaßen nur auf Gesellschaftlichkeit und Kultur *als solche*, d.h. auf *irgendeine*, nicht aber eine spezifische Form von Gesellschaft (vgl. Anders 1930 bzw. Dries 2004a: 21ff.).[6] In welcher Gesellschaftsform und in welchen Kulturkreisen sich Menschen also in praxi zusammenschließen und in welche Richtungen sich diese weiterentwickeln, hängt von historisch vollkommen kontingenten – geographischen, demographischen, politischen, psychologischen, individuellen und anderen – Faktoren ab.

Gattungswesen Mensch. Karl Marx (1818-1883) hat die paradoxe Struktur der anthropologischen Verfassung des Menschen bereits ein Jahrhundert vor Gehlen im dialektisch vermittelten Gegensatz von Freiheit und Notwendigkeit ausgedrückt: Einerseits – als natürliche Wesen – bleiben die Menschen stets auf die Natur als unmittelbares Lebensmittel angewiesen. Ihre wahren „Gattungskräfte" aber, d.h. ihre wesentliche Bestimmung, realisieren sie dem jungen Marx (1990) zufolge erst in der kreativen Bearbeitung und Transformation der Naturstoffe, eben indem sie eine künstliche Gegenstandswelt nach eigenen Vorstellungen und Maßstäben produzieren. Das wahre „Reich der Freiheit", wo die selbstzweckhafte Entfaltung menschlicher Potenziale und damit die kulturelle Betätigung des Menschen im engeren Sinn beginnt, erhebt sich, so der ‚späte' Marx (1988b: 828) des Kapitals, erst jenseits der unumgänglichen Auseinandersetzung mit der Natur und der notwendigen Produktion von Nahrungsmitteln, Kleidung etc. Je weniger Arbeit eine Gesellschaft in diesen Sektor – das „Reich der Notwendigkeit" – investieren muss, desto mehr Zeit bleibt in Marx' Rechnung für

[6] Man kann denselben Sachverhalt auch auf die paradoxe Formel bringen, dass der Menschen sich *wesentlich* dadurch auszeichnet, eben kein (spezifisches) *Wesen* zu haben.

die kreative Selbstentfaltung der Individuen, zur Produktion höherer Kulturgüter (Literatur, Wissenschaft, Kunst) übrig.[7]

Körperarbeit. Doch der – immer wieder neu zu leistende – kulturelle Transformationsprozess macht auch vor den Menschen selbst nicht Halt. Ihre Körper werden durch Arbeit oder Kriegsdienst, in der Spätmoderne vorzugsweise in Fitnessstudios, auf Wellnessfarmen oder – bereits in naher Zukunft? – mittels gentechnischer Manipulationen geformt, gepflegt und manipuliert. Ein hoch technisiertes und spezialisiertes Gesundheitssystem sorgt für ein historisch einmaliges Niveau medizinischer Versorgung und Erhaltung körperlicher Kräfte und Funktionen. Wie der Prozess der Naturbeherrschung verfolgt auch die Formung und Optimierung des Körpers das Ziel, ‚rohe' durch ‚verfeinerte' Natur (z.B. ‚gestärkte' oder ‚gesündere' Körper) zu ersetzen (vgl. dazu auch Kapitel 12 bzw. 13).

Definition Domestizierung/Zivilisierung/Normalisierung. Vor diesem Hintergrund lässt sich Modernisierung auch als Prozess zunehmender *Domestizierung* beschreiben, d.h. als kontinuierliche „Zähmung der natürlichen und biologischen Kräfte" (van der Loo/van Reijen 1997: 218), was auch, aber nicht notwendig, die Optimierung natürlicher und körperlicher Möglichkeiten impliziert.[8] In Abgrenzung davon wollen wir diejenigen Domestizierungsprozesse mit den Begriffen ‚Zivilisierung' und ‚Normalisierung' bezeichnen, die auf die Formung und soziale Kontrolle des menschlichen Denkens, Verhaltens oder Fühlens abzielen, die also etwa dafür sorgen, dass moderne Gesellschaften Wahnsinnige als ‚krank' bezeichnen, schlanke Frauen mit großen Brüsten als schön

---

7 Dass und warum diese Rechnung in der beschleunigten Lebens- und Arbeitswelt der Spätmoderne jedoch nicht aufgeht, legen wir in Kapitel 6 dar.

8 Wie bei der ebenfalls positiv konnotierten ‚Zivilisierung' oder auch ‚Kultivierung' wird unter ‚Domestizierung' meist eine Art allmählicher Verfeinerung, Veredelung begriffen. Auf die dabei suggerierte teleologische Konsequenz gehen wir in Kapitel 5.4 ein.

empfinden oder dass Kinder Schulen besuchen müssen und ‚abweichendes' Verhalten sanktioniert wird (vgl. ebd.: 233).[9] Beide Aspekte spielen in den Theorien der modernen Klassiker Norbert Elias (1897-1990) und Michel Foucault (1926-1984), die wir am Ende dieses Kapitels zu Wort kommen lassen, eine prominente Rolle (Kapitel 5.4.). Einen weiteren Schwerpunkt unserer Ausführungen legen wir auf die Geschichte der Domestizierung der Natur qua Wissenschaft und Technik (Kapitel 5.2). Um den geistesgeschichtlichen Hintergrund unseres Umgangs mit der Natur besser zu verstehen, befassen wir uns mit dem menschlichen Natur- und Wissenschaftsverständnis insbesondere seit der Neuzeit. Kapitel 5.3 geht mit Ulrich Beck und Bruno Latour schließlich der Frage nach, warum das moderne Natur- und Wissenschaftsverständnis in der Spätmoderne in eine offensichtliche Krise der Naturbeherrschung mündet.

Ambivalenzen und Paradoxa. Dabei wird deutlich, dass Domestizierung – trotz aller Erfolge der Naturbeherrschung in der Moderne – keineswegs mit zunehmender Unabhängigkeit von natürlichen Fesseln gleichzusetzen ist: „Wir sind nicht weniger abhängig geworden, wir sehen sie [die Fesseln; die Verf.] nur weniger." (ebd.: 219) Auch Domestizierung erweist sich als ambivaloxer, dialektischer Prozess (vgl. Kapitel 1.3), der mit der paradoxen Struktur des menschlichen Wesens korrespondiert: Je unabhängiger die Menschen durch die Errichtung ‚künstlicher' Welten von der Natur als solcher zu werden scheinen, umso abhängiger werden sie zugleich von ihren eigenen technischen (und sozialen) Einrichtungen, wie beispielsweise Elektrizität, geregelte Wasserversorgung, bürokratische Verwaltung oder moderne Apparatemedizin.

[9] Domestizierungstheoretisch unterscheiden wir aus analytischen Gründen also zwei zentrale Prozesse, die in der Praxis allerdings eng miteinander verflochten sind: Urbarmachung (‚Veredelung') und Ausnutzung der Naturkräfte und Ressourcen auf der einen, die Umformung und ‚Verfeinerung' menschlicher Verhaltensweisen und Sitten auf der anderen Seite (Aspekt der Naturbeherrschung vs. Aspekt der Disziplinierung bzw. Selbstkontrolle).

Doch auch die damit vermeintlich abgestreiften Fesseln der Natur machen uns in steter Regelmäßigkeit ihre schmerzhafte Anwesenheit bewusst. Wenn die nur scheinbar ‚begradigten' und ‚gezähmten' Naturgewalten unerwartet ‚ausbrechen' und ‚zurückschlagen', etwa indem sie ganze Landstriche durch Tod bringende Wirbelstürme oder Hochwasserströme verwüsten, werden menschliche Kontroll- und Beherrschungsphantasien als zerbrechliche Illusionen entzaubert.[10]

5.2 Der Prozess der Domestizierung oder: Bacons Projekt

Historische Entwicklung. Das Verhältnis des Menschen zur Natur ist durch mehrere einschneidende Umwälzungen bestimmt. Nach der erfolgreichen Domestizierung des Feuers und der Einführung von Ackerbau und Viehzucht (vor etwa 10.000 bis 20.000 Jahren) änderte sich jedoch an diesem Verhältnis Jahrtausende lang zunächst einmal kaum etwas. Der Rhythmus des Lebens richtete sich weitgehend nach den (zeitlichen) Rhythmen der Natur (vgl. auch Kapitel 6). Abgesehen von zahlenmäßig verschwindend kleinen Eliten, die sich einen gehobeneren Lebensstil leisten konnten, war das Gros der Menschheit in Europa bis in die Neuzeit mit der äußerst mühseligen Organisation des täglichen Überlebens auf landwirtschaftlicher oder gewerblicher Basis beschäftigt.[11] Die Lebensumstände waren nicht nur auf dem Land häufig miserabel:

---

[10] Dies gilt analog auch für den ‚zivilisierten' Menschen, dessen ‚Zähmung' und Normalisierung nicht nur für einen weitgehend reibungslosen Ablauf gesellschaftlicher Prozesse sorgt. In der Moderne erzeugt er zugleich massenhaft Neurosen und ein immer wieder Aufsehen und Schrecken erregendes Schattenreich enthemmter Aggresivität, mit Vergewaltigungen, Amokläufen und anderen ‚Familientragödien', von Kriegen oder kollektiven ‚Rückfällen in die Barbarei' ganz zu schweigen (vgl. dazu insbesondere Kapitel 5.4).

[11] Vgl. dazu Boockmann 1988: 53-71; Goetz 1987: 147-163, 236-239, 240ff.; Prinz 2004: 519ff.; Reinhard 2001: 76-88, 170-192; van der Loo/van Reijen 1997: 75ff.

In den schlecht durchlüfteten Gassen spätmittelalterlicher deutscher Städte „verbreiteten Schweinekoben vor den Häusern, dort gelagerter Mist, Trester, Bauschutt und Hausmüll einen entsetzlichen Gestank, behinderten den Verkehr und machten bei Regenfällen aus öffentlichen Verkehrswegen übelriechende Kloaken. Im Unrat lebten Ratten, die Krankheitskeime verschleppten, als Wirtstiere Pestüberträger waren und die Getreidevorräte dezimierten. Eine geregelte Abfuhr und Straßenreinigung fand nur selten statt.“ (Isenmann 1988: 34) Mehrere Pestepidemien rafften seit dem 12. Jahrhundert regelmäßig bis zu 30 Prozent der europäischen Bevölkerung hinweg. Die so genannte „Kleine Eiszeit“ sowie zahlreiche Wirtschaftskrisen führten im 14., 15. und 16. Jahrhundert zu fatalen Versorgungsengpässen der durchweg agrarisch geprägten, stark regionalisierten Wirtschaft (vgl. Reinhard 2001: 193ff.). Doch noch weit über das vermeintlich ‚finstere‘ Mittelalter hinaus – teilweise bis ins 19. Jahrhundert – hauste ein großer Teil der ländlichen und städtischen Bevölkerung unter jämmerlichen Verhältnissen. Primitive sanitäre Anlagen und Abwassersysteme, mangelnde medizinische Versorgung, miserable Hygiene und permanente Nahrungsmittelknappheit führten zu hohen Sterblichkeitsraten.

Industrielle Revolution. Erst die industrielle Revolution durchbricht – langfristig betrachtet – den „alteuropäischen Teufelskreislauf“ aus Bevölkerungsvermehrung, Seuchen und Nahrungsmittelknappheit (vgl. W. Schulze 2002: 114). Auf der Grundlage einer hoch produktiven Landwirtschaft, privater Kapitalakkumulation sowie günstiger geographischer, gesellschaftlicher und staatlicher Rahmenbedingungen wird im Großbritannien des 18. Jahrhunderts der dampfgetriebene industrielle Motor gezündet. Er verwandelt die „Nullwachstumsgesellschaften“ des 16. und 17. Jahrhunderts bereits im 19. Jahrhundert in Wachstumsgesellschaften (vgl. ebd.: 137) und sorgt für eine spürbare Verbesserung des Lebensstandards, der medizinischen Versorgung und Sozialfürsorge der Bevölkerung (vgl. van der Loo/van Reijen 1997: 80). Die Erfindung des Verbrennungsmotors (Ende des 19. Jahrhunderts) und der Ausbau der chemischen Industrie (im frühen 20. Jahrhundert) sowie die Nutzbarmachung von Kernphysik, Mikrobiologie und Mikroelektronik nach dem Zweiten Weltkrieg verbessern die materiellen Lebensumstände der Menschen in den westlich geprägten, modernen Gesellschaften beinahe schlagartig.[12]

Antriebskräfte der Neuzeit. Grundlage dieser Entwicklung, und damit ebenfalls wesentliche Motoren des Domestizierungsprozesses, sind neben kapitalistischer Ökonomie auch Wissenschaft und Technik. Die Wissenschaften, wie sie sich in Europa seit dem 15. und 16. Jahrhundert allmählich herausbilden, sind gewissermaßen die geistigen Wegbereiter der spezifisch modernen Form von Naturbeherrschung. Mit Hilfe mathematischer Methoden und empirischer Experimente revolutionieren sie das menschliche Naturverhältnis, das bis weit ins Mittelalter durch antike Vorstellungen geprägt war (vgl. dazu auch Kropp 2002: 100-106).

Antikes Naturverständnis. Der griechische Universalgelehrte Aristoteles (384-324) hatte neben Tieren und Menschen selbst Pflanzen noch eine Seele (*anima vegetativa*) und damit inhärente teleologische Entwicklungskräfte, d.h. ein zweckhaftes Streben nach Verwirklichung des eigenen Wesens, unterstellt (vgl. Bächli/Graeser 2000: 152f.; Craemer-Ruegenberg 1993; Kather 2003: 22-33). Manipulative Eingriffe in die kosmische Ordnung des Natürlichen und Lebendigen waren in diesem Welt- und Naturbild ausgeschlossen. Eine antike Gentechnik wäre also, abgesehen von ihrer Realisierbarkeit, grundsätzlich undenkbar gewesen. Den griechischen Weisen ging es um partizipative Einsicht in die in sich geschlossene, wohl geordnete und erhabene Struktur des kosmischen Ganzen, kurz: um *Orientierungswissen*. Dieses Wissen sollte um seiner selbst willen gesucht und erworben werden – und zwar

---

[12] In Westdeutschland findet der endgültige „Abschied von der Proletarität" – von Enge, Knappheit, Einkommensunsicherheit und hoher Arbeitsbelastung – allerdings erst in den 60er-Jahren des 20. Jahrhunderts statt (vgl. Mooser 1998). Ein Indiz dafür ist der deutliche Rückgang so genannter „starrer" Kosten für existenziell notwendige Güter wie Wohnung, Nahrungsmittel oder Kleider (vgl. Wildt 1998).

auf dem Weg zurückhaltender Betrachtung oder kontemplativer Besinnung (vgl. Aristoteles: Nikomachische Ethik, Buch X). Dem mystisch-christlich geprägten Mittelalter bleibt die antike Kosmos-Vorstellung lange Zeit erhalten. Die Natur gilt als göttliche Schöpfung, als ‚Buch Gottes' für den Menschen, dessen Lektüre – nicht jedoch Um- oder gar Neuschreibung – einen Weg zur Erkenntnis des Allmächtigen eröffnet (vgl. Kather 1994: 23).

Bacons Projekt. Als einer der ersten, der das antike und christliche Naturverständnis einer grundlegenden philosophischen Revision unterzog, gilt der englische Philosoph und Staatsmann Francis Bacon (1561-1626). Er stellt den heute kaum mehr nachvollziehbaren antiken und mittelalterlichen Vorstellungen ein völlig neues, utilitaristisch motiviertes Wissenschaftskonzept entgegen, das gegenüber der Natur nicht mehr durch die demütige Geste der Zurückhaltung geprägt ist, sondern nach umfassender, technisch fundierter Ausnutzung aller natürlichen Ressourcen und Potenzen zum Wohl der gesamten Menschheit strebt. Der Mensch nimmt bei Bacon die Position eines „Diener[s] und Erklärer[s] der Natur" ein, indem er mit Hilfe wissenschaftlicher Experimente und (induktiver) Methodik nach natürlichen Gesetzen und Kausalitäten forscht und diese zur Verbesserung menschlicher Lebensumstände wieder auf die Natur anwendet: „[W]as bei der Betrachtung als Ursache erfaßt ist, dient bei der Ausführung als Regel." (Bacon: Neues Organon, Aphorismus 1a bzw. 3a) Bacons Projekt einer Erfahrungswissenschaft, die wissenschaftliche Erkenntnis und sozialen Fortschritt verknüpft (vgl. Schäfer 1999) geht es damit nicht mehr um das ‚Was' der Natur, sondern um das ‚Wie' – um ihren „Funktionswert" für den Menschen (Kather 2003: 205), um technologisch verwertbares *Verfügungswissen*. Denn, so lautet sein zum geflügelten Wort avanciertes Motto: ‚Wissen ist Macht', Macht über die Natur, ihre Kräfte und Geheimnisse, die es restlos aufzudecken gilt. Die ideelle Voraussetzung dieses neuen Wissenstypus' ist eine konsequente dualistische Spaltung der Welt in beseelte und unbeseelte Materie, Subjekt und Objekt.

Descartes Dualismus. René Descartes (1596-1650) gilt geistesgeschichtlich als ihr eigentlicher Begründer. Der französische Philosoph und Mathematiker hatte über einen fundamentalen Zweifel an der Realität der Außenwelt die letzte Gewissheit im Vorgang des Zweifelns und damit in der menschlichen Selbstvergewisserung festgemacht. *Ego cogito, ergo sum* – „Ich denke, also bin ich" ist sein berühmtes Fazit aus der Überlegung, dass an allen Dingen gezweifelt werden kann, nur eben nicht am Zweifeln selbst (vgl. Descartes: Meditation II.2). Das skeptische Ich (*res cogitans*; wörtlich: ‚die denkende Sache') rückt bei Descartes in den erkenntnistheoretischen Mittelpunkt einer natürlichen Außenwelt, die unter prinzipiellen Täuschungsverdacht gerät.

Subjektivierung und Objektivierung. Für die Praxis neuzeitlich-moderner Wissenschaft und das menschliche Naturverhältnis hat dieser Perspektivenwechsel fundamentale Konsequenzen: Auf der einen Seite erfährt der menschliche Verstand eine historisch beispiellose Aufwertung. Er wird zum einzigen Garanten von Wirklichkeit und Wahrheit. Denn letztere besteht nunmehr allein in der Übereinstimmung zwischen dem Erkenntnis*objekt* und der Erkenntnis*struktur* des erkennenden Subjekts. Erkennbar, wissenschaftlich ‚objektiv' beschreibbar und vorhersagbar ist nach Descartes damit nur noch das, was den strengen, durch den methodischen Zweifel abgesicherten Verstandesbegriffen und mathematischen Gesetzen zugänglich ist. Auf der anderen Seite führt Descartes' dualistisches Weltbild zu einer nachhaltigen, antiaristotelischen Entzauberung, ja Objektivierung und Verdinglichung der Natur: Tiere ebenso wie der menschliche Leib, ja die Welt als Ganze werden in der binären, mechanistischen Logik des cartesischen Rationalismus als seelenlose Maschinen betrachtet (vgl. Kather 1994: 29ff.; 2003: 47-54; vgl. auch Rosenmayr 1989: 15). Damit vollzieht Descartes die konsequente Abwendung von der über Jahrhunderte prägenden antiken und christlichen Perspektive, die den natürlichen Gegenständen und dem Kosmos, der ‚Mutter' Erde und den göttlichen Geschöpfen der Natur einen inhärenten und damit schützens- und erhaltenswerten Sinn zugesprochen hatte (vgl. Gronemeyer 1996: 42). Seit Beginn der Neuzeit schwinden daher allmählich alle philosophisch oder theologisch begründeten Hemmungen, die entzauberte und entseelte, nunmehr vor allem als willkürlich und sogar bedrohlich empfundene Natur zu instrumentalisieren und auszubeuten. Mit anderen Worten: „Einer Natur, die von sich her auf nichts aus ist, kann man auch keine Gewalt antun." (Spaemann 1973: 958)

Wissenschaft und Technik. Bezogen auf den Domestizierungsprozess muss man Descartes' Dualismus und Bacons Projekt daher als entscheidenden geistesgeschichtlichen Wendepunkt mit fatalen Folgen für die Praxis der Naturaneignung betrachten. Ein Wendepunkt, der nicht allein durch das Absterben antiker und christlicher Naturvorstellungen und das Erblühen des neuen Wissenschaftsideals markiert wird. Zudem wandelt sich in der Neuzeit auch das Verhältnis von Wissenschaft und Technik grundlegend: Die Technik wird zur unabdingbaren Voraussetzung wissenschaftlicher Erkenntnisproduktion, während die Wissenschaft zunehmend nach dem technischen Paradigma des Herstellens konstruiert wird. Mit anderen Worten: Ihr Erkenntnisinteresse hat stets die technische Anwendung im Blick. Das Bacon-Programm der wissenschaftlichen Naturaneignung ist ohne Experimente, d.h. ohne Messgeräte und Apparate nicht zu realisieren. Die ‚objektive', methodisch-mathematisch abgesicherte Erkenntnis kann nur auf dem Weg einer exakten, apparatebasierten Messung (unter Vernachlässigung kontingenter Randbedingungen) gewonnen werden.

Moderne Technik. In den Anfängen der modernen Naturwissenschaft mag man diese Apparate noch als harmlose Erweiterungen originär menschlicher Vermögen betrachten, wie etwa das Fernrohr oder das Mikroskop für die begrenzte menschliche Sehkraft. Im Laufe der Zeit offenbart sich jedoch mehr und mehr der „aggressive Grundzug" des auf technisch vermittelten Experimenten beruhenden Bacon'schen Wissenschaftsideals: „Ins Innere der Natur ist nicht ohne verletzende Eingriffe zu gelangen." (Schäfer 1999: 104). Und ohne immer ausgeklügeltere technische Apparaturen und Verfahren – man denke hier insbesondere an Zentrifugen oder Röntgenstrahlen, aber auch die Gentechnik – sind diese weit reichenden Eingriffe eben nicht denkbar. Erst mit ihrer Hilfe kann die (spät-)moderne Naturwissenschaft in die subatomaren Tiefenschichten der Materie auf der einen und weit in das Universum auf der anderen Seite vordringen. Damit hat sie die antike Grenze der Beobachtung und Nachahmung weit überschritten. Mittels Technik wird Natur seziert, in ihre atomaren, molekularen Bestandteile zerlegt und wieder neu zusammengesetzt. Moderne Technik unterscheidet sich vor allem seit dem 19. Jahrhundert damit wesentlich von ihren vormodernen Ausprägungen. Sie zeichnet sich durch eine hohe Verbreitungsgeschwindigkeit, einen starken „Aufforderungscharakter“ (das technisch Machbare wird meist auch gemacht) sowie einen extrem hohen Komplexitäts- und Vernetzungsgrad aus (Beispiel: Elektrizität, Computer- und Atomtechnik), der für Laien kognitiv kaum mehr nachvollziehbar ist. Sie ist kein bloßes Werkzeug mehr, sondern gesellschaftlicher Co-Akteur und auf allen gesellschaftlichen Ebenen präsent. Daher ist auch die Abhängigkeit moderner Menschen von ihren technischen Umwelten besonders groß.[13] Paradebeispiel sind hier die periodisch wiederkehrenden Stromausfälle in den großen Metropolen, beispielsweise am 25. Mai 2005 in Moskau. Der wirtschaftliche Gesamtschaden dieses Ereignisses wurde von der russischen Wirtschaftszeitung *Wedomosti* auf 800 Millionen Euro geschätzt.

Kapitalismus. Auf die beiden mächtigen Domestizierungswerkzeuge Wissenschaft und Technik greift letztlich auch der frühe Kapitalismus auf seinem industriellen Siegeszug zurück. Dabei wertet er, gewissermaßen als ideologisches Schmiermittel für den ökonomischen Motor, die Arbeit gegenüber allen alternativen

[13] Vgl. Anders 1980; 1981; Degele 2002; Dries 2004a: 72-86; Jonas 1979; 1985: 17-21 sowie geistesgeschichtlich Fischer 2004: 127-177. Vgl. auch van der Loo/van Reijen 1997: 219ff., 282-232 sowie Kapitel 5.3.

menschlichen Tätigkeitsformen[14] als *die* zentrale Wesensbestimmung des Menschen auf (vgl. dazu Arendt 2002: 98-160). In der „protestantischen Ethik" (Weber) rückt sie ins Zentrum einer gottesfürchtigen Lebenspraxis, die durch totale, schrankenlose Naturaneignung und Naturbeherrschung geprägt ist. Zwar traten die Menschen der Natur qua Arbeit seit jeher „als eine Naturmacht" (Marx 1998: 192) gegenüber. Nach der Logik der protestantischen Arbeitsethik bewähren sie sich aber umso mehr, je intensiver und erfolgreicher, d.h. im Ergebnis oft auch rücksichtsloser sie diese Macht walten lassen.[15]

Die moderne „Superstruktur". Die wechselseitige Abhängigkeit von technikbasierter Grundlagenforschung und wissensbasierter Technologieproduktion hat sich bis heute im Verbund mit dem kapitalistischen Produktionssystem zu einer Art „Superstruktur" verquickt. Moderne Gesellschaften befinden sich in einem Zustand, „in dem man die Naturwissenschaften, die Technik und das Industriesystem funktionell in Zusammenhang sehen muß." (Gehlen 1957: 13) Fast jedes Großunternehmen unterhält heute eine eigene Forschungs- und Entwicklungsabteilung. Und akademische Institu-

---

[14] In der Antike differenzierte man neben der – niederen – Tätigkeitsform der Arbeit noch das Herstellen und Handeln sowie die Philosophie („vita contemplativa").

[15] Konrad Liessmann (2000) weist auf den paradoxen Umstand hin, dass spätmoderne Menschen immer mehr arbeiten, obwohl die Arbeit (durch Rationalisierung und Technisierung) insgesamt immer weniger wird. Sie nimmt jedoch deshalb zu, „weil sie selbst ein universeller Ausdruck für Lebenstätigkeit geworden ist." (ebd.: 86). Kinderaufzucht, Liebesbeziehungen oder Fitnesstraining werden zur Erziehungs- und Beziehungsarbeit, zum ‚Workout' umetikettiert, Schicksalsschläge in ‚Trauerarbeit' bewältigt, „weil wir zunehmend alle Tätigkeiten für deren Wertschätzung als Arbeit klassifizieren lassen müssen." (ebd.: 87) Analog zum Domestizierungsprozess lässt sich mit Liessmann daher auch vom Prozess der „Laborisierung" menschlicher Tätigkeiten sprechen, bei gleichzeitiger Abwertung alternativer, insbesondere kontemplativer Tätigkeitsformen (zum Wandel des Arbeitsbegriffs seit der Antike vgl. auch Walther 1990 bzw. Dries 2004b).

te konkurrieren mehr denn je um private ‚Drittmittel', um anspruchsvolle Forschungsprojekte, die in der Regel einen hohen Aufwand an Apparaten und Materialien verursachen, realisieren zu können. Ohne die enge Verknüpfung der drei Motoren der Neuzeit[16] – Wissenschaft, Technik, Wirtschaft – wäre Bacons Programm nicht so ungeheuer erfolgreich gewesen, gäbe es weder die Dampfmaschine, noch das Automobil, die Röntgen- oder Atomtechnik, Computer, Vollwaschmittel oder Mobiltelefone. Ihnen zusammen verdankt die heutige Menschheit in Teilen der Welt einen enormen Wohlstand und eine scheinbar unanfechtbare Position als omnipotenter Dompteur der Naturkräfte.

5.3 Naturbeherrschung als Gefahr: Die Hybriden kommen

In den 70er- und 80er-Jahren des vergangenen Jahrhunderts geriet diese Position spürbar ins Wanken. Energiekrisen und Umweltskandale machten auf teilweise dramatische Weise deutlich, dass die natürlichen Ressourcen begrenzt und das ökologische Gleichgewicht des Planeten bedroht waren. Die moderne Erfolgsgeschichte der Domestizierung, die mit Differenzierung, Industrialisierung und Individualisierung, vor allem aber mit moderner Wissenschaft und Technik untrennbar verbunden ist, schlug mehr oder weniger unerwartet in eine fundamentale Krise der Naturbeherrschung um und trübte den Fortschrittsoptimismus der Nachkriegszeit nachhaltig. Unter dem Deckmantel des Fortschritts häuften und häufen sich bis heute Nebenfolgen von Modernisierungs- bzw. Domestizierungsprozessen. Beispiele dafür sind das so genannte Waldsterben, die Entsorgungsproblematik atomarer Brennstäbe, das Ozonloch, der BSE-Skandal oder die Zunahme von Allergien durch chemisch behandelte Lebensmittel.

Risikogesellschaft. In einer weitgehend globalisierten Welt lassen sich diese unerwünschten Folgen und Effekte industriellen Wachs-

[16] Vgl. dazu auch das Drei-Motoren-Modell der sozialen Beschleunigung von Hartmut Rosa (2005) in Kapitel 6.

tums nicht mehr einfach ‚aus der Welt schaffen'. Im Gegenteil: Sie konstituieren historisch neue Problemlagen, die quer zu traditionellen gesellschaftlichen Differenzierungsmustern liegen und Ulrich Beck (1986) zufolge sogar eine neue Gesellschaftsbezeichnung rechtfertigen: In der „Risikogesellschaft" nimmt die ungleiche Verteilung von Chancen und Risiken, wie sie für die alte Klassengesellschaft typisch gewesen war, zugunsten einer Gleichverteilung von Risiken ab, die sich um Schicht-, aber auch Landesgrenzen nicht schert: „*Not ist hierarchisch, Smog ist demokratisch.*" (ebd.: 48; Hervorh. i. Orig.).

Ambivalenzen und Paradoxa I. Die materielle Grundversorgung breiter Massen und der Umfang staatlich garantierter Sozialleistungen befinden sich in spätmodernen Gesellschaften nach wie vor auf hohem Niveau. Vor dem Treibhauseffekt oder unsichtbaren kanzerogenen Giften in der Atemluft ist aber auf dem ganzen Globus kaum jemand mehr sicher – auch nicht die dafür unmittelbar oder indirekt Verantwortlichen („Bumerang-Effekt"). Die Gefahren und Gefährdungen der Risikogesellschaft sind universal, global und häufig irreversibel. Und – das ist der eigentliche Kern des Problems – sie sind ‚hausgemachte' Produkte der industriellen (nach Beck: „Ersten") Moderne, ihrer Wirtschaft, Wissenschaft und Technik. Im Ergebnis führen sie zu einer autodestruktiven Selbstlabilisierung der Risikogesellschaft (vgl. ebd.: 20), die Beck deshalb auch als „reflexiv" (auf sich selbst zurückgeworfen) bezeichnet. Mit anderen Worten: Das Bacon-Projekt hat sich paradoxerweise auf lange Sicht als *zu* erfolgreich erwiesen. Mit den Mitteln seines beispiellosen Erfolgs schaufelt es sich heute mehr und mehr sein eigenes Grab, je länger es sich selbst zum allein gültigen Handlungsmaßstab nimmt. Man muss dabei gar nicht an ökologische Groß-Katastrophen à la Seveso, Bhopal oder Tschernobyl denken. Die Verknappung und Verschmutzung lebenswichtiger Rohstoffe (wie Wasser), die schleichende Erosion und Kontamination von landwirtschaftlichen Anbauflächen, die exzessive Urwaldrodung im fernen Dschungel oder der allmähliche Klimawandel – sprich: der ganz gewöhnliche, in vielen Bereichen selbstverständlich gewordene Prozess der Domestizierung stellt wahrscheinlich die ernsthaftere Bedrohung für den Fortbestand der Menschheit dar als ein spektakulärer GAU. So sieht der Biologe und Naturphilosoph Franz Wuketits (2003) die größte ökologische wie auch ökonomische Bedrohung der Menschheit vielmehr in der systematischen Zerstörung von Lebensräumen und natürlicher Vielfalt durch die Ausrottung von Tier- und Pflanzenarten, landwirtschaftliche Monokulturen und Standardisierung (z.B. in der Nutztierzüchtung). Zwar ist das Aussterben von Arten und sogar ganzer Kulturen ein integraler, nahezu selbstverständlicher Bestandteil der natürlichen Evolution und der Geschichte des Menschen. Tempo, Ausmaß und Systematik des Artensterbens – heute verschwinden jährlich etwa 30.000 Tier- und Pflanzenarten für immer von der Erde – sind in der Spätmoderne allerdings historisch einmalig (vgl. ebd.: 12 bzw. 74f.). Dies ist nach Wuketits vor allem deshalb alarmierend, weil Evolution (im weitesten Sinne des Wortes) ein Vielfalt generierender Differenzierungsprozess ist, auf dessen Basis weitergehende, alternative Entwicklungsschritte überhaupt erst möglich sind. „Ein genetischer oder kultureller ‚Einheitsbrei' erlaubt keine Entwicklung, sondern führt zum Stillstand." (ebd.: 18f.)

Neue Rolle der Wissenschaft. Doch in der Risikogesellschaft nehmen nicht nur die ökologischen Probleme dramatisch zu, es verändert sich auch die Rolle der Wissenschaften, des Wissens und damit zugleich der Status der Natur:

- Die Wissenschaften der Risikogesellschaft sind „*(Mit)Ursache, Definitionsmedium* und *Lösungsquelle von Risiken*" in einem (Beck 1986: 254; Hervorh. i. Orig.). Waren sie in der cartesischen Logik des Bacon-Programms allein mit der Erforschung und Nutzbarmachung einer als gegeben vorausgesetzten, scheinbar unerschöpflichen Natur betraut, so sehen sie sich heute zunehmend „mit ihren eigenen Produkten, Mängeln, Folgeproblemen konfrontiert" (ebd.) – was zu paradoxen Effekten führt: Einerseits verliert die Wissenschaft dadurch (auch hier gilt: durch ihren übermäßigen Erfolg) in der Öffentlichkeit ihr traditionelles Erkenntnis- und Deutungsmonopol. Sie wird – wie einst die Natur durch sie – nun selbst entzaubert und entmystifiziert und muss ihre alten Wahrheitsansprüche gegen alternative Rationalitäten (z.B. traditionelle chinesische Medizin, Homöopathie, ökologische Landwirtschaft etc.) verteidigen (*Pluralisierung von Rationalitäten*). Andererseits aber wächst mit dem Auftauchen neuer ökologischer Probleme auch der Bedarf an weiterer Forschung, neuen Detailergebnissen, wissenschaftlichen Gutachten und Gegengutachten. Die Risikogesellschaft ist deshalb nach Beck zugleich extrem wissenschaftskritisch *und* hoffnungslos wissenschaftsabhängig (vgl. ebd.: 266f. bzw. 279; vgl. auch Beck/Bonß/Lau 2001: 40f.).

- Damit einher geht eine gesteigerte *Erwartung des Unerwarteten*: Je mehr mir wissen, desto mehr rücken auch die mit diesem Wissen verbundenen möglichen (und nicht intendierten) Nebenfolgen ins Blickfeld. Die „Erwartung unerwarteter Nebenfolgen" dominiert mehr und mehr alle politischen (wie auch privaten; vgl. Kapitel 3.3) Entscheidungsprozesse in der Spätmoderne. Dementsprechend treten Argumentationsfiguren der Selbstgefährdung und Selbstauflösung von Rationalitäten an die Stelle fortschrittsgläubiger Linearitätsmodelle.

- Die Natur gehört in der Risikogesellschaft nicht mehr – wie bei Descartes und bis weit ins 20. Jahrhundert – zum objektivierbaren Außen der Gesellschaft. Denn diese lässt sich „gerade in der fortgeschrittenen Moderne nicht mehr ‚naturautonom' begreifen. Umweltprobleme sind *keine* Um-Weltprobleme, sondern durch und durch – in Genese und Folgen – *gesellschaftliche* – Probleme, *Probleme des Menschen*, seiner Geschichte, seiner Lebensbedingungen, seines Welt- und Wirklichkeitsbezuges, seiner ökonomischen, kulturellen und politischen Verfassung." (Beck 1986: 108; Hervorh. i. Orig.) Mit anderen Worten: die ‚vergesellschaftete' Natur ist zu einer politischen Frage im Spannungsfeld von Verbrauchern, Umweltschützerinnen, internationalen Umweltkonferenzen, ökonomischen und wissenschaftlichen Interessen geworden.

Beck empfiehlt, diese Spannungsfelder durch eine umfassende Institutionalisierung wissenschaftlicher und wirtschaftlicher Selbstkritik (Stichwort ‚Technikfolgenabschätzung') zu Arenen einer verantwortlichen politischen Gestaltung der Risikogesellschaft zu machen (vgl. ebd.: 372f.). Nur so, meint Beck, können unbeabsichtigte Nebenfolgen zumindest eingedämmt und vermeintliche Sachzwänge aufgelöst werden. Demokratische und marktwirtschaftliche Grundprinzipien müssen deshalb keineswegs über Bord geworfen werden. Dass diese konstitutiven Elemente moderner Gesellschaften mitnichten überholt, sondern in der Vergangenheit vielleicht nur viel zu eng ausgelegt worden sind, legt Bruno Latours – ungewöhnliche – Idee eines „Parlaments der Dinge" nahe.

Die Hybriden kommen! In seinem Essay mit dem bezeichnenden Titel „Wir sind nie modern gewesen" (Latour 1998) behauptet der französische Wissenschaftstheoretiker und Soziologe, dass die Moderne einer gigantischen Selbsttäuschung aufsitzt: Zum einen propagiert sie munter weiter den cartesischen Dualismus als offizielle Wissenschaftsdoktrin. Zum anderen aber vermischt sie – in krassem Gegensatz zu diesem Selbstverständnis – in ihren Labors und Fabriken permanent Natur und Gesellschaft, Soziales und Artifizielles, ohne sich diese Praxis wirklich bewusst zu machen (vgl. dazu auch Rosenmayr 1989: 18). Schlimmer noch: sie leugnet sie sogar, was sich für die (spät-)moderne Gesellschaft als höchst riskant erweist.

Woher kommen die Hybriden? Latour zufolge zerfällt die Gesellschaft gerade nicht, wie es die cartesische Dichotomie verlangt, in intentional (zweckbestimmt, zielgerichtet) handelnde Personen, d.h. menschliche Subjekte, auf der einen und zahllose ‚stumme' Objekte, die in sozialen Interaktionen zwischen Menschen lediglich eine Art Mittlerrolle einnehmen, auf der anderen Seite: „Wenn ich als einfacher Schäfer an einen Holzzaun die Aufgabe delegiere, meine Schafe zusammenzuhalten, dann kann ich mit meinem Hund schlafen gehen. Wer handelt, während ich schlafe? Habe ich mich in diesem Zaun entfaltet, so als hätte ich außerhalb meiner selbst eine Kompetenz aktualisiert, über die ich als Potenz verfüge? Auf keinen Fall. Der Zaun ähnelt mir in keiner Weise. Er ist auch nicht die Verlängerung meiner Arme oder meines Hundes. [...] Er ist ein

Aktant im eigenen Recht.“ (Latour 2001b: 248) Beide Seiten – Schäfer und Zaun – bilden nach Latour ein *gemeinsames*, sozusagen ‚interobjektives‘ Handlungskollektiv bzw. ein so genanntes Aktanten-Netzwerk mit der Funktion (oder ‚Absicht‘) Schafehüten.[17] Gleiches gilt etwa für den Mörder und sein Tatwerkzeug. Aus Mensch und Waffe entsteht auch hier etwas Drittes – ein Mischwesen oder „Hybrid“ aus vermeintlich rein Sozialem und Nichtsozialem (vgl. Latour 2000). Die lineare Gleichung ‚Mensch + Waffe = Mord‘ geht nicht auf: „Die Waffe modifiziert den Träger (aus dem braven Bürger wird ein Mörder), und das Gleiche gilt auch für das Objekt (aus dem Sportgerät wird ein Mordinstrument).“ (Degele 2002: 129)

Ozonloch. Der Reichweite jener Hybridwesen aus menschlichen und nicht-menschlichen Aktanten sind prinzipiell keine Grenzen gesetzt – prominentes Beispiel: das Ozonloch. In Latours Augen handelt es sich dabei nicht – wie in cartesischer Optik – um ein reines Naturphänomen, eine externe und externalisierbare Nebenfolge industrieller Schadstoffemission. Es spannt vielmehr ein weites Netz zwischen den unterschiedlichsten menschlichen und nicht-menschlichen Aktanten auf. Zwischen Fluorchlorkohlenwasserstoffen (FCKW), Fabrikbesitzern, Fernsehberichten, Chemikerinnen, Verordnungen über den FCKW-Gehalt in Kühlschränken und Spraydosen, Asthmatikern, Parlamentsreden und Umweltaktivistinnen etc. Sie alle bilden gemeinsam den Hybrid ‚Ozonloch‘. Zahlreiche vergleichbare Beispiele aus Industrie, Wissenschaft und Technik ließen sich anführen (vgl. Latour 1998: 7ff.).

---

[17] Im Unterschied zu subjektzentrierten Handlungstheorien spricht Latour deshalb auch nicht von Akteuren, sondern „Aktanten“ eines Netzwerks. Als handelnd wird verstanden, wem Handlungspotenzial übertragen wird, im Beispiel also sowohl dem Schäfer als auch dem Holzzaun. Handlungsfähigkeit entsteht Latour und seiner „Aktor-Netzwerk-Theorie“ (ANT) zufolge erst im Zusammenspiel der Aktanten (vgl. Simms 2004: 381).

Ambivalenzen und Paradoxa II. Diese Hybriden, gelegentlich nennt Latour sie plastisch auch „haarige Objekte" oder gar „Monster"[18], breiten sich in der Moderne immer mehr und immer schneller aus. Grund dafür ist die erwähnte Selbsttäuschung der Moderne: Im Rahmen der „Superstruktur" (Gehlen) aus hoch spezialisierter Wissenschaft, Technik und Industrie entstehen immer wieder neue und vor allem komplexe Hybriden, indem Soziales und Natürliches miteinander vermengt wird: „Je weiter die Technik fortschreitet, desto mehr vermengen sich Dinge und Menschen, die ein gemeinsames Schicksal teilen." (Latour 2000) Die Praxis dieser Vermengung bezeichnet Latour auch als „Übersetzungsarbeit". Schuld an der ungehinderten Verbreitung neuer Hybride trägt jedoch in erster Linie die gut cartesische Strategie der „Reinigungsarbeit": Ihre „Ko-Produktionen von Natur und Gesellschaft" (Schimank 2000b: 159) werden von „den Modernen" beharrlich geleugnet und verdrängt (vgl. Latour 1998: 19f. bzw. 44). Eben deshalb sind sie nach Latour auch niemals wirklich modern gewesen. Sie tun das, was sie stets vorgeben zu tun, überhaupt nicht: „Die Moderne hat nie begonnen" (ebd.: 65).

Die Verdrängung der Hybriden. Die Quasi-Objekte aus Gesellschaft und Natur wurden und werden in der Perspektive der modernen cartesischen Grundverfassung immer nur als Teil der vom Menschen domestizierten Natur betrachtet – und damit weiterhin dem – allerdings bloß eingebildeten – objektiven Außen der Gesellschaft zugerechnet. Zugleich, d.h. im Grunde: *eben deswegen* wucherten und wuchern sie mehr oder weniger unkontrolliert.[19] Sie

---

[18] Beck (1986: 9; Hervorh. i. Orig.) spricht von einem „*eigentümliche[n] Mischverhältnis von Natur und Gesellschaft*".

[19] Der wesentliche Unterschied von vermeintlich modernen zu vermeintlich vormodernen Gesellschaften liegt Latour zufolge daher – neben Ausmaß und Wachstumsgeschwindigkeit der Hybriden – im Verdrängungsmechanismus der „Reinigungsarbeit". Letztere fand in der Vormoderne nicht oder kaum statt, weil sich die „Übersetzungsarbeit" in engen Grenzen hielt. Schließlich wurden Natur und Kultur nicht strikt voneinander separiert, sondern als Kontinuum begriffen (vgl. Latour

werden für die Moderne dabei umso gefährlicher, je mehr von ihnen existieren, sich gegenseitig überlappen und ineinander verhaken, ohne dass ihre Existenz offiziell anerkannt würde. Doch statt sich mit ihnen bewusst auseinander zu setzen und ihre cartesische Verfassung außer Kraft zu setzen, baut die Moderne wissenschafts- und technikgläubig lieber auf ihre vermeintliche Stärke, das außer Kontrolle geratene Außen *als solches* wieder unter ihre Herrschaft zu bringen. Ein Unterfangen, das nach Latour jedoch prinzipiell zum Scheitern verurteilt ist – denn das Verdrängte kehrt immer wieder zurück: „Es ist, als ob die Bevölkerung eines Landes die Augen davor verschließt, dass immer mehr Fremde einwandern, die dann die Herrschaft an sich reißen. Mehr noch: Die Fremden machen sich überhaupt nur auf den Weg, weil sie hergebeten werden, worüber sich aber niemand Rechenschaft ablegt." (Schimank 2000b: 165)[20]

Parlament der Dinge. Um das Dilemma der Moderne aufzubrechen, plädiert Latour (2001a) deshalb für eine neue, gewissermaßen ‚nichtmoderne' Verfassung: Das „Parlament der Dinge". Dazu müssen ‚die Modernen' zunächst die Existenz der Hybriden anerkennen und das fatale Ensemble der beiden modernen Praktiken – Übersetzung + Reinigung aufgeben. In einem zweiten Schritt werden dann alle Hybride aus ihrem Schattenreich, in das sie durch ‚die Modernen' verbannt waren, ans Licht der politischen Öffentlichkeit geholt und je nach Bedarf im Parlament der Dinge versammelt. Es besteht aus zwei „Kammern": Die erste Kammer oder auch „einbeziehende Gewalt" konsultiert alle für die Diskussion relevanten Hybriden und spürt ferner sämtliche unartikulierten,

---

1998: 24). Die Verbindung von Reinigungs- und Übersetzungsarbeit ist erst für die Moderne konstitutiv (vgl. ebd.: 14f., 58, 105f.).

20 In seiner Gesellschaftsanalyse zieht Latour ein ähnliches – risikosoziologisches – Fazit wie Beck (1986). In seinen alltags- bzw. techniksoziologischen Arbeiten vertritt er hingegen die Position, dass technische Artefakte als „Härter" gesellschaftlicher Interaktionen und Funktionen fungieren und somit eher sozial stabilisierend wirken (vgl. dazu z.B. Latour 1991 bzw. Degele 2002: 130-135).

diffusen Positionen („Propositionen") innerhalb des „Kollektivs" auf.[21] Die zweite Kammer oder auch „ordnende Gewalt" diskutiert die Vereinbarkeit der neuen mit den bereits instituierten Propositionen bzw. Aktanten des Kollektivs und sorgt für deren angemessene Gewichtung bzw. „Hierarchisierung". Sind alle – alten und neuen – Propositionen instituiert bzw. „eingebürgert", folgt im letzten Schritt die Schließung, d.h. Stabilisierung des Kollektivs. Erst jetzt ist genau geklärt, welche Gestalt es hat und wie zukünftig mit ihm umgegangen werden soll. Nicht berücksichtigte, ausgeschlossene Propositionen können jedoch zu jedem beliebigen späteren Zeitpunkt Berufung einlegen, um doch noch in das Kollektiv aufgenommen zu werden (vgl. ebd.: 140-168).

Die politisierte Natur. Das erweiterte politische Forum des Parlaments der Dinge ist damit gewissermaßen der Ort, an dem sich technische Innovationen bzw. Hybride sozialisieren. Die vormals ausgegrenzte Natur wird nun tatsächlich höchst politisch: In der von Quasi-Objekten bevölkerten öffentlichen Arena haben in puncto BSE-Krise auch die Kühe das Wort (vgl. Latour 2000). Als Aktant des BSE-Hybrids sitzen sie mit Verbraucherinnen, Landwirten, Agrarlobbyistinnen, Futtermitteln und Futtermittelproduzenten in einem gemeinsamen Ausschuss. So wie Fluorchlorkohlenwasserstoffe auf Kühlschrankfabrikanten und schmelzende Polarkappen treffen. Dadurch vervielfältigt sich automatisch die Anzahl der anzuhörenden und zu berücksichtigenden Stimmen und Anliegen, was sich Latour zufolge entschleunigend auf die Produktion neuer Hybride auswirkt. In der Verlangsamung, nicht der grundsätzlichen Unterbindung, der Hybridenproduktion liegt denn auch das eigentliche Ziel des Latour'schen Ding-Parlaments (vgl. Hagner 2003: 521). Ist sich eine Gesellschaft erst einmal über ihre

---

21 Mit „Kollektiv" bezeichnet Latour (2001a: 291; ohne Hervorh.) das „Verfahren, um Assoziationen von Menschen und nicht-menschlichen Wesen zu (ver)sammeln." Unter „Proposition" versteht er eine mehr oder weniger gut artikulierte „Assoziation von Menschen und nicht-menschlichen Wesen, bevor diese zu einem vollwertigen Mitglied des Kollektivs, zu einer instituierten Wesenheit, wird." (ebd.: 297)

nicht-menschlichen Gesellschaftsmitglieder voll bewusst, kann verantwortungsvoller mit ihnen umgegangen und interagiert werden. Das Risiko in der Risikogesellschaft nimmt ab.

Kritik. Ob Latours Parlament der Dinge allerdings tatsächlich mehr ist als eine politische Utopie, hängt nicht allein davon ab, ob man seine in blumigen Worten und terminologisch nicht immer präzise vorgebrachte Gesellschaftskritik teilt. Denn es ist fraglich, in welcher Sprache sich die Kuh oder das AIDS-Virus im Plenum äußern sollen. Wer, wenn nicht menschliche Subjekte, sollte ihren Positionen eine Stimme verleihen? Hätten am Ende also doch wieder nur Wissenschaftlerinnen und Experten das letzte Wort? Auch um die Frage, ob wissenschaftliches Handeln jenseits dingpolitischer Debatten nicht in einzelnen Fällen sogar grundsätzlich beschränkt werden müsste (Stichwort ‚Gentechnik'), drückt sich der „Liebhaber der Wissenschaften", als der sich Latour (1997: 41) gerne bezeichnet, allzu offensichtlich herum (zur Kritik an Latour vgl. auch Simms 2004: 384ff., 389-392).

5.4 Von der Zivilisierung zur „Disziplinargesellschaft"

Der Prozess der Zivilisation. Der Umgang von Menschen mit Gegenständen spielt auch in der Zivilisationstheorie von Norbert Elias eine Rolle. Allerdings handelt es sich dabei weniger um Atomkraftwerke oder Viren, sondern eher um Messer, Gabel und Taschentücher. Elias nimmt sie – unter anderem – für ein gigantisch anmutendes Unterfangen in den soziologischen Blick, an dem er lange Jahre seines Lebens arbeitet: Die Entwicklung einer integrativen Modernisierungstheorie der Menschheitsentwicklung, die mikro- wie makrosoziologische Perspektiven vereint, indem sie den Zusammenhang der beiden großen Veränderungslinien der gesellschaftlichen Organisation (*Soziogenese*) und des menschlichen Verhaltens (*Psychogenese*) herausarbeitet. Denn beides ist

Elias zufolge eng miteinander verknüpft.[22] Am Beispiel des absoluten Königtums zeigt Elias (1969) in seiner Habilitationsschrift von 1933, die er später zum zweibändigen „Prozeß der Zivilisation“ (Elias 1997a und b) ausbaut, wie sich die neuen gesellschaftlichen Machtstrukturen des Absolutismus im Verhalten, im Zeremoniell der höfischen Gesellschaft abbilden, „wie sich das Gebaren, Sprechen, Leben und der Geschmack der beteiligten Menschen verändern, und wie dies alles schließlich zur höfischen Etikette wird, der die Beteiligten folgen mußten, obgleich sie sie manchmal als Last empfanden“ (Korte 2004: 162). Damit ist das zentrale Stichwort genannt: Der Zwang, das eigene Verhalten den gesellschaftlichen Umständen gemäß zu modulieren und zu kontrollieren, der sich im Laufe der historischen Entwicklung zur Moderne Elias zufolge zunächst in der Oberschicht immer stärker herausbildet und später auf die gesamte Gesellschaft übergreift. Die Bevölkerungsexplosion in der frühen Neuzeit, verbunden mit wachsender (räumlicher) Nähe, die Zunahme von Fernhandelsbeziehungen, Differenzierung, Arbeitsteilung, kapitalistischer Ökonomie und nicht zuletzt die Zentralisierung staatlicher Macht am absolutistischen Königshof sind dafür die geschichtliche Voraussetzung. Durch diese Prozesse verstärken sich funktionale Abhängigkeiten und individuelle wie gesellschaftliche Interdependenzen, so dass letztlich die Notwendigkeit für alle Beteiligten steigt, ein möglichst berechenbares, kontrolliertes und reguliertes Verhalten zu entwickeln.

Vom Fremd- zum Selbstzwang. Zahlreiche Indizien für einen derartigen Konditionierungsprozess findet Elias während seines Londoner Exils in Etikette- und Manierenbüchern für die oberen Schichten des 11. bis 18. Jahrhunderts. Sie legen einen tief grei-

---

[22] Im Folgenden widmen wir uns hauptsächlich der Psychogenese. Für die Soziogenese, die Elias vor allem im zweiten Band von „Der Prozeß der Zivilisation“ (Elias 1997b) untersucht, sei auf Baumgart/Eichener (1991: 63-76), W. Schulze (2002: 78-89) sowie Reinhard (2002) verwiesen.

fenden Wandel von weitgehend unreguliertem, affektivem, ja aggressivem Verhalten hin zu einer allmählichen, funktional erforderlichen Verfeinerung und Formalisierung der Sitten und Umgangsformen nahe: beim Essen (mit Besteck statt mit den Fingern), Schnäuzen (mit dem Taschentuch statt mit der Hand) oder Wasserlassen (an ‚gebührlichen' Orten und nicht in der Öffentlichkeit), aber auch hinsichtlich der Hemmung des Aggressionstriebs (vgl. Elias 1997a: 202-299, 356-376). Der Mechanismus der Verhaltensregulierung weist dabei stets eine bestimmte Struktur und Richtung auf: Anfänglich streng sanktionierte externe Gebote (*Fremdzwang*) nehmen im Laufe des Zivilisationsprozesses mehr und mehr zugunsten von Eigenkontrolle und Internalisierung gesellschaftlicher Verhaltensnormen (*Selbstzwang*) ab (vgl. Elias 1997b: 323-347, 444-465; Elias 2000). À la longue lässt sich also ein deutliches Entwicklungsmuster erkennen: Affektkontrolle, Schamgrenzen und Peinlichkeitsschwellen wachsen, das schlechte Gewissen ersetzt die externe Bestrafung, menschliche Verrichtungen wie Defäkation oder Sexualität verschwinden zunehmend hinter die gesellschaftlichen Kulissen. Gäste werden heute nicht mehr, wie im Mittelalter durchaus üblich, im Schlafzimmer empfangen. Die „sichtbaren und unsichtbaren Mauern" der Kleinfamilie schotten das intime Schlafzimmerleben von öffentlichen Blicken nahezu vollständig ab (vgl. Elias 1997a: 315; vgl. dazu auch Muchembled 1990). Wer sich vor anderen ‚gehen' lässt und ‚aus der Rolle fällt' oder gar zu Gewalttätigkeiten neigt, wird sozial geächtet und für sein ‚abweichendes' Verhalten zur Rechenschaft gezogen. Dabei geht es nicht um bloß graduelle Veränderungen des menschlichen Verhaltensrepertoires, „vielmehr ist die Verhaltensregulation das Resultat einer umfassenden Persönlichkeitsmodellierung, die auch die psychischen Tiefenstrukturen erreicht. Während die Verhaltensregeln vorher den einzelnen Menschen nur als äußere Gebote gegenüberstanden, werden sie nun in Form des Über-Ichs als fester Bestandteil ihrer Psyche verinnerlicht." (Lemke 2001: 82)[23]

---

[23] Sigmund Freud (1856-1939) spricht in seiner berühmten Schrift über

Kritik. Trotz ihrer hohen Plausibilität und Eingängigkeit hat Elias' Zivilisationstheorie reichlich Widerspruch herausgefordert. Schon ihre empirische Basis ist fragwürdig. Denn Etikette- und Benimmbücher sind normative Quellen, „die nur bedingt die soziale Wirklichkeit wiedergeben. Bei vielen Aussagen handelt es sich um Wunschvorstellungen eines Autors oder eines sozialen Standes." (van Dülmen 1996: 270; vgl. auch Muchembled 1990) Ob sich der von Elias – für die oberen Schichten – diagnostizierte Wandel vom Fremd- zum Selbstzwang daher tatsächlich so ereignet hat, wie es die Quellen suggerieren, steht nicht nur für das vermeintlich ‚wilde', in Wirklichkeit jedoch eher strenge 15. Jahrhundert zur Debatte. Hans-Peter Duerr, Elias hartnäckigster Kritiker, bezeichnet die Zivilisierungstheorie deshalb sogar als Mythos. Zivilisierte Verhaltensformen habe es auch lange vor Beginn der Neuzeit schon gegeben. Schamempfinden sei zu allen Zeiten und in allen Gesellschaften anzutreffen (vgl. Duerr 1988).

Ambivalenzen. Vor allem aber führt der Begriff ‚Zivilisierung' leicht in die Irre: Er unterstellt ein Höher oder Besser, wo es vielleicht lediglich um ein Anders geht. Der Zivilisierungsprozess als solcher ist nicht geplant, nicht rational oder gar teleologisch. Er kann deshalb auch „nicht als ein Prozeß des Fortschritts gedeutet werden." (Baumgart/Eichener 1991: 77) Das wusste auch Elias.[24] Dennoch gerät in seiner unilinearen Theorieperspektive die ‚Kostenseite' des Zivilisationsprozesses leicht aus dem Blick. Selbstzwänge und Intimisierung führen zwar auf der einen Seite zu formalisierteren, standardisierteren und damit auch stabileren sozialen Interaktionen und Beziehungen bei hoher Erwartungssicherheit. Andererseits aber erfordert und bindet Selbstdisziplinierung auch

---

das „Unbehagen in der Kultur" (1989b) von der Notwendigkeit, unsere menschlichen Triebe durch Sublimierung (Verfeinerung, Kultivierung) in Schach zu halten, um so überhaupt eine verlässliche, stabile gesellschaftliche Ordnung zu gewährleisten.

24 Der Prozess der Zivilisation verlaufe, so Elias (1997a: 349), „keineswegs geradlinig", sondern ist von „mannigfachsten Kreuz- und Querbewegungen, Schübe in dieser und jener Richtung" gekennzeichnet.

große Mengen psychischer Energie. Die Angst vor Regelbrüchen steigt, begünstigt Verdrängungs- und Sublimierungsmechanismen und kann sogar pathologische Folgen zeitigen. Mit anderen Worten: Zivilisierung erweist sich als mächtiger, ambivaloxer und bisweilen eben auch krank machender Kolonialisierungsprozess menschlicher Triebe, Bedürfnisse und Gefühle. Ein Beispiel: Um Frauen in europäischen Städten vor zunehmenden Belästigungen herumstreunender ‚Tagelöhner' zu schützen, wurde im 19. Jahrhundert ein Ausgehverbot über sie verhängt. Mit zeitlichem Verzug, Ende des Jahrhunderts, änderten sich die sozialen Umstände (Rückgang der Massenarmut, bessere Beschäftigungslage, schärfere Ordnungsmaßnahmen, Straßenbeleuchtung etc.) und die rigide Vorschrift lockerte sich wieder. Doch die Verinnerlichung des alten, externen Gebots hatte dazu geführt, dass zahlreiche Frauen nun an Agoraphobie – Angst vor öffentlichen Plätzen oder ‚Ausgeh-Angst' – litten. Aus dem Fremdzwang war ein Selbstzwang geworden, der auch unter veränderten Rahmenbedingungen (Wegfall des Fremdzwangs) wirksam blieb, sich nun jedoch körperlich als psychosomatische Erkrankung manifestierte (vgl. de Swaan 1991).[25]

Entzivilisierung und Barbarei. In ärgste Erklärungsnöte gerät die Zivilisationstheorie, wenn man sie mit Phänomenen organisierter Makrogewalt konfrontiert, wie sie besonders das 20. Jahrhundert prägen. Denn wie passen Weltkriege, massenhafte ethnische Säuberungen und der monströse Völkermord an den europäischen Juden ins Bild einer zivilisierten Moderne? Der Befund ist ernüchternd: Das auf individuelle Aggressionsbereitschaft und Gewaltausübung bezogene Zivilisierungsparadigma versagt im Hinblick auf Prozesse zwischenstaatlicher, kollektiver Gewalt (vgl. Imbusch 2005: 330ff.). Latente, ‚ungezähmte' und offene Konflikte zwi-

---

[25] Sigmund Freud hat in den 1890er-Jahren und zu Beginn des 20. Jahrhunderts ähnliche Mechanismen hinsichtlich der ‚Frauenkrankheit' Hysterie beschrieben – und damit den Weg für seine bahnbrechende Behandlungsmethode, die Psychoanalyse, geebnet (vgl. Freud 1989a).

schen Nationalstaaten und Ethnien sind gerade heute, im Zeitalter atomarer und biochemischer Waffenarsenale, fundamentalistisch motivierter Glaubenskrieger und gewalttätig durchgesetzter ‚Friedensordnungen' (Stichwort ‚Pax Americana'), die größte Bedrohung des Zivilisationsprozesses (vgl. dazu auch Kapitel 7.4).

„Zivilisationsbruch". Auch scheitert Elias' Versuch, den ‚Holocaust' in seinen „Studien über die Deutschen" (1989) als Folge eines „deutschen Sonderwegs" (unvollständige Lösung der Nationalstaatsfrage, schwaches Bürgertum und Parteiensystem, Bürokratismus) in seine Zivilisationstheorie zu integrieren (vgl. Imbusch 2005: 310; Kocka 1998). Denn gerade Affektbeherrschung und Selbstkontrolle, ebenso wie ein hohes Maß an Differenzierung und Interdependenz, die für Elias zu den Merkmalen des Zivilisierungsprozesses gehören, waren wesentliche Voraussetzungen der nationalsozialistischen Judenvernichtung. Der vermeintliche „Zivilisationsbruch" (vgl. Diner (Hrsg.) 1988) entpuppt sich bei genauerem Hinsehen also gerade nicht als temporärer ‚Rückfall' in die Barbarei, sondern als ureigenes, wenn auch historisch spezifisch deutsches, Produkt der industrialisierten, rationalisierten Moderne (vgl. dazu vor allem Horkheimer/Adorno 2003). Die industrielle Leichenproduktion der Konzentrationslager wurde analog zu ziviler Büro- und Fabrikarbeit organisiert, arbeitsteilig differenziert, technisiert sowie über ein weit verzweigtes Netz von wechselseitigen Abhängigkeiten und Befehlsketten abgesichert, in der Absicht, den monströsen Vorgang moralisch weitgehend zu neutralisieren (vgl. Anders 2002; Bauman 1989 bzw. Hilberg 1982: 685, 804).

Die ambivaloxe Dialektik der Zivilisierung. Es ist also wenig überzeugend, Exzesse kollektiver, staatlicher Gewalt als temporäre und immanente ‚Rückfälle' des Zivilisationsprozesses zu betrachten.[26] Vielmehr befördert Zivilisierung zugleich die strukturellen, gesellschaftlichen und politischen Bedingungen der Möglichkeit

---

[26] Schon der Staatenbildungsprozess als solcher verlief alles andere als ‚zivilisiert' (vgl. Imbusch 2005: 331) Vgl. dazu auch Reinhard 2002: 210-304, 343-363.

ihres Gegenteils und ambivaloxer Folgeentwicklungen. Zivilisierungsprozesse generieren pathologische Nebenfolgen und gehen stets mit Entzivilisierungsprozessen einher. Mit so genannten ‚Rückfällen' ist deshalb weiterhin zu rechnen: Die Zivilisation, so räumt Elias (1989: 225) selbst ein, ist „niemals beendet und immer gefährdet".[27] Ihr Bestand hängt ab von stabiler individueller ‚Selbstzucht' und spezifischen sozialstrukturellen Bedingungen (Güterversorgung, Wohlstandsniveau und -gefälle etc.).

Informalisierung. Ungeachtet dieser Kritikpunkte lässt sich die Zivilisationstheorie aus spätmoderner Sicht um einen wichtigen Entwicklungsaspekt ergänzen: Informalisierung. Darunter versteht man einen Prozess, „in dessen Verlauf die herrschenden Verhaltensstandards elastischer, mannigfaltiger und differenzierter werden." (Wouters 1986b: 510)[28] Denn haben sich rigide Verhaltensstandards erst einmal ausreichend internalisiert, kann man sie – im Zuge allgemeiner Demokratisierungs- und Egalisierungsprozesse – auch wieder lockern. Die Variationsbreite von Moden, Stilen, Umgangsformen oder sexuellen Handlungen nehmen dann wieder zu. Historisch lassen sich starke Informalisierungsphasen und -schübe beispielsweise in den 1920er-Jahren (‚Roaring Twenties') oder um das Jahr 1968 feststellen. Heute scheinen sich, in expliziter Abgrenzung von den als moralisch ‚verwahrlost' stigmatisierten ‚Alt-68ern', erneut stärkere Formalisierungstendenzen durchzuset-

[27] „Die Tatsache, daß wir noch nicht gelernt haben, Kriege einzudämmen, die wechselseitige Massenvernichtung von Mitgliedern verschiedener Staaten, und andere Verhaltensformen, die man nicht anders als barbarisch nennen kann, verleiht der Annahme Nachdruck, daß [...] das, was wir Moderne nennen, eher eine sehr frühe Stufe der Gesellschaftsentwicklung darstellt als eine späte Stufe. Ich bevorzuge den Vorschlag, daß unsere Nachfahren, falls die Menschheit die Gewalttätigkeit unseres Zeitalters überleben kann, uns als die späten Barbaren betrachten würde." (Elias zitiert in Bogner 1996: 47).

[28] Elias bezeichnete denselben Sachverhalt in einer Vorlesung 1970/71 prägnant als „controlled decontrolling of emotional controls" (vgl. Wouters 1986a: 3). Vgl. dazu auch Elias 1989: 33-66.

zen. Benimm- und Anstandsbücher (vom „Alltags-Knigge“ über den „Kinder-Knigge“ bis zum „Sex-Knigge“) haben wieder Konjunktur. Doch auf lange Sicht „from the end of the last century onwards a spiral movement can be discerned in which informalization tendencies had the upper hand. Since then, social life in general has become less strictly regulated, more multifarious.“ (Wouters 1986a: 5; vgl. auch Wouters 1986b: 525). Daraus folgt nicht, dass alle nun auch tatsächlich lockerer miteinander umgehen. Das Fehlen klarer Verhaltensregeln und ein diffuses ‚anything goes‘ können auch verunsichernd wirken. Elias (1989: 60) zufolge hat der Druck zur Selbstregulierung in stark individualisierten, informalisierten Gesellschaften sogar eher zugenommen.

„Überwachen und Strafen“. In dieselbe Richtung, freilich weitaus pointierter, zielt auch die Gesellschaftsdiagnose des französischen Philosophen Michel Foucault. In seiner unter anderem von Nietzsches Moralkritik beeinflussten Schrift „Überwachen und Strafen“ zeichnet Foucault (1977), ausgehend von der Entwicklung des modernen Strafsystems, ein beklemmendes Bild der Moderne als gigantische Überwachungsapparatur und Normalisierungsanstalt – als „Disziplinargesellschaft“ (ebd.: 269; vgl. auch Hillebrandt 1997). Im Gegensatz zu absoluten Monarchien, die ihre Delinquenten komplett aus der Gesellschaft ausschließen oder grausam strafen, indem sie sie (meist öffentlich) martern und hinrichten lassen, aber auch in Abgrenzung zur Strafrechtsreform der Aufklärung, die auf Resozialisierung qua Erziehung, auf Verinnerlichung allgemein verbindlicher Normen und Werte setzt, ist die moderne Disziplinargesellschaft nach Foucault durch einen Machttyp geprägt, der es auf den ganzen Menschen abgesehen hat.[29] In Reinform, gewissermaßen prototypisch, wird er durch das Gefängnis repräsentiert.

Das Gefängnis als Prototyp. Das Gefängnis schließt seine Insassen nicht einfach nur von der Gesellschaft aus, indem es sie ein-

---

[29] Zu Foucaults Konzept von Macht vgl. ausführlich Kneer 1996: 238-273.

schließt. Es isoliert und parzelliert sie räumlich, um sie besser beobachten und permanent kontrollieren zu können. Es zwingt sie in ein dichtes Gewebe aus disziplinierenden zeitlichen Vorgaben, Regeln und Tätigkeiten. Das System permanenter Aufsicht, Überwachung und Disziplinierung kulminiert im Modell des Bentham'schen „Panopticons“ (vgl. Foucault 1977: 256-265): Das Panopticon ist ein röhrenförmig konstruiertes, in Einzelzellen parzelliertes Gebäude mit Fenstern sowohl nach außen als auch in den Innenhof, in dem sich ein Turm befindet, der von einem Wächter besetzt ist. Von seiner Warte aus kann er potenziell jeden einzelnen Raum in den Blick nehmen. Da er jedoch für die Insassen nicht sichtbar ist, weiß keine(r) von ihnen, ob, wann oder wobei er oder sie gerade beobachtet wird. Infolgedessen, so die Logik des Modells, zwingen sich alle Insassen dazu, ihr Verhalten (Zeitpunkt des Aufstehens, Körperpflege, Arbeit etc.) selbst anzupassen und zu kontrollieren. Sie disziplinieren sich selbst oder, plastischer formuliert: Die disziplinarischen Maßnahmen werden ihnen ohne jede äußere Gewalteinwirkung – durch das Faktum ihrer permanenten Sichtbarkeit – „in den Körper eingeschrieben“, so dass sich die perfekte Dressur „als Moment des Körpers der den dressierenden Maßnahmen Unterworfenen verselbständigt.“ (Bohn/Hahn 2000: 124) In Foucaults Worten: „Derjenige, welcher der Sichtbarkeit unterworfen ist und dies weiß, übernimmt die Zwangsmittel der Macht und spielt sie gegen sich selber aus; er internalisiert das Machtverhältnis, in welchem er gleichzeitig beide Rollen spielt“ (Foucault 1977: 260). Strafen können in diesem System auf lange Sicht moderat ausfallen, weil nur noch kleinste ‚Abweichungen‘ korrigiert werden müssen. Moderne Strafe ähnelt daher strukturell der Übung (vgl. ebd.: 232). Das idealtypische Resultat angewandter Disziplinarmacht ist damit letztlich weniger die ‚geläuterte‘ Seele, denn „[d]as gehorsame, hart arbeitende, sich anpassende und permanent von seinem Gewissen geplagte Individuum.“ (van der Loo/van Reijen 1997: 243) Statt sich, wie die Aufklärung, an moralischer Normativität zu orientieren, strebt Disziplinarmacht nach Konformierung und ‚Normalisierung‘. Sie will aus delinquenten

Individuen gut funktionierende Rädchen einer harmonisierten gesellschaftlichen Gesamtmechanik machen.

Disziplinarmacht und Wissen. Doch um ‚das Normale' zu definieren, muss die Disziplinarmacht sich auf (definitorisches, normalisierendes) Wissen stützen. Gesammelt wird dieses Wissen – in den Gefängnissen, Kliniken und anderen nach panoptischen Prinzipien errichteten modernen Institutionen, die durch Isolation und Daueraufsicht ideale Bedingungen dafür bieten. Das Personal – Foucault spricht von „Ingenieure[n] der Menschenführung" oder „Orthopäden der Individualität" sind für Dressur wie Beobachtung gleichermaßen zuständig: „[Ü]ber das tägliche Verhalten der Insassen wird ohne Unterlaß ein Wissen erworben, werden pausenlos Schätzungen angestellt" (Foucault 1977: 380). Auf diese Weise sind insbesondere die Humanwissenschaften in den Ausbau der Disziplinarmacht fest eingebunden (vgl. ebd.: 246). Wissen und Macht durchdringen sich wechselseitig: Der allgegenwärtige Expertenblick ermöglicht immer neue, verfeinerte theoretische Einsichten, die in Form von Kontroll- und Herrschaftswissen wieder auf die Individuen angewendet werden.

Die Gesellschaft als Gefängnis. Dieser permanente Rückkopplungsprozess spielt sich jedoch nicht nur innerhalb enger Gefängnis- oder Anstaltsmauern ab. Denn nach Foucault ist die ganze (spät-)moderne Gesellschaft eine einzige große Anstalt, ein einziges Bentham'sches Panopticon.[30] Die Disziplinarmacht dringt wie ein Pilzgeflecht in alle gesellschaftlichen Poren ein (vgl. Foucault 1977: 265; Hillebrandt 1997: 120). Sie manifestiert sich in Kasernen, Schulen, Universitäten, (arbeitsteiligen, taylorisierten) Verwaltungen und Fabriken; durch militärischen Drill, Gesundheitserziehung, Ladenöffnungszeiten, Stundenpläne, Psychotechniken,

---

[30] Bentham hatte es in seinen Plänen von 1787 auch tatsächlich als Vielzweckgebäude konstruiert, verwendbar als Anstalt, Fabrik, Schule, Krankenhaus etc. (vgl. Foucault 1977: 258; Fußnote 2).

Fragebögen, Stechuhren, Examina etc.[31] Sie ist irreversibel und – vor allem – unsichtbar, denn sie kommt ohne personale Herrschaft, ohne Herrschaftszentrum aus; sie behandelt, normalisiert und gliedert ein, statt auszuschließen oder drakonisch zu strafen; sie ist in den Individuen selbst fest verankert. Die „Utopie der Disziplinarmacht" ist die „totale Kontrolle, völlige Transparenz und ständige Selbstüberwachung bei Unsichtbarkeit des alles kontrollierenden Machtzentrums" (Fink-Eitel 1992: 76). Daraus folgt nach Foucault, dass die viel gepriesene Freiheit und Autonomie des individualisierten Ichs der (Spät-)Moderne weitaus stärkeren Einschränkungen unterworfen ist, als es selbst gemeinhin wahrhaben will. Der sublime Charakter der allgegenwärtigen Disziplinarmacht verschleiert zahlreiche gesellschaftliche Fremd- und Selbstzwangmechanismen, die sich, im Gegensatz zum individuellen Selbstverständnis – gerade auch in vermeintlich selbstbestimmten Tätigkeiten und Verhaltensweisen (wie Körperpflege oder Leistungsstreben) äußern. Foucault geht sogar so weit zu behaupten, dass Disziplinarmacht moderne Subjektivität und Individualität überhaupt erst konstituiert.[32]

Disziplinarmacht als Produktivkraft. Die Disziplinarmacht ist also keineswegs ausschließlich negativ zu beurteilen. Sie ist nicht nur repressiv oder gar pathogen. Foucault (1977: 220, 280) betont vielmehr ihren zutiefst *produktiven* Charakter, der neben gesellschaftlicher Ordnung und Stabilität auf der einen, insbesondere zu enormen Steigerungen individueller und kollektiver Leistungsfähigkeit auf der anderen Seite führt (vgl. Kneer 1996: 261). Denn ohne die diffuse, sublime Disziplinarmacht hätte die differenzierte Gesellschaft ihre immensen Modernisierungs- und Domestizierungsgewinne niemals organisieren und erreichen können. An der

---

[31] Vgl. beispielhaft dazu auch die Ausführungen zum kulturellen Beschleunigungsmotor in Kapitel 6.3 bzw. Borscheid 2004: 265ff. sowie Marx 1998: 446f. (über das disziplinäre „Fabrikregime").

[32] Vgl. dazu Foucault 1977: 243-250 bzw. Bröckling 2003; Lemke 2001: 85ff.; Schneider 2004: 123, 127.

Verfeinerung der Disziplinarmacht wird deshalb auch heute weiter gearbeitet. Augenfällig ist dies vor allem im Bereich der Gesundheitspolitik und ihren biopolitischen Maßnahmen (Aufklärungs- und Anti-Raucher-Kampagnen, Gesundheitsprogramme, Gentechnik etc.), aber auch in der Gefangenen- und Angestelltenüberwachung mittels elektronischer Fußfesseln und tragbarer Mini-Computer (vgl. Rötzer 2005) oder in der Unternehmensführung.

Betriebliche Psychotechniken. Kaum ein Unternehmen, das etwas auf sich hält, kommt heute ohne ‚Assessment-‘ bzw. ‚Development-Center‘ aus. Manche Firmen unterhalten ganze betriebspsychologische Abteilungen. Unter der Prämisse, Arbeitsumfelder freundlicher und zugleich effizienter zu gestalten, optimieren sie nicht nur die klimatischen Verhältnisse des Betriebs, der Arbeits- und Produktionsabläufe, sondern ihre Angestellten selbst. Die Formungsgewalt dieser innerbetrieblichen Werkzeuge der Disziplinarmacht ist subtil. Einstellungs- und Persönlichkeitstest, Trainee-Programme und Schulungen klassifizieren, bewerten und konditionieren mit Hilfe normalisierender Wissensbestände individuelles Potenzial.[33]

‚Auto-Rationalisierung‘. Für den Privatgebrauch bietet eine inzwischen ins Unermessliche überquellende Ratgeberliteratur zahllose Techniken der individuellen Marktkonformierung, des Zeitmanagements und Selbstmarketings feil – natürlich unter der verlockenden Prämisse, sich dadurch neue individuelle Freiräume zu erschließen und ein glücklicheres Leben führen zu können (vgl.

---

[33] Beispielhaft sei hier auf das so genannte 360°-Feedback verwiesen, ein Instrument aus dem Bereich des ‚Human Ressource Management‘, das „herkömmliche Verfahren der Mitarbeiter- und Kundenbefragung, des Führungsaudits sowie der Selbsteinschätzung zu einem umfassenden System allseitiger Beurteilungen [verbindet]“ und in Foucault’scher Perspektive letztlich auf eine Art „demokratisierten Panoptismus“ reziproker Daueroptimierung und Unterwerfung hinausläuft (Bröckling 2003: 83, 85). Zu Kontrollmechanismen und Zwängen in spätmodernen, flexibilisierten Unternehmen vgl. Sennett 2000: 57-80.

exemplarisch Küstenmacher/Seiwert 2003). Dem soziologischen Blick sticht vor allem eine Gemeinsamkeit dieser zahlreichen Schlüsseltexte unserer Zeit ins Auge: Die konsequente Fundierung aller Rezepte in einer Einstellung, die man als ‚Auto-Rationalisierung' oder „Selbsttaylorisierung" (Neckel 2004: 65) bezeichnen kann. Ob man seinen Schreibtisch organisiert oder seine Beziehung von unnötigem Ballast befreit, ein Netzwerk aus Freunden aufbaut oder für seine Gesundheit sorgt – Ziel ist stets die rastlose Optimierung der produktiven Ressource des eigenen Selbst.

Kritik. Auch Foucaults Gesellschaftsdiagnose muss Widerspruch erregen. Denn wer hinter jeder Institution, jeder Verhaltensregulierung die unerbittlichen, aber unsichtbaren Daumenschrauben der Disziplinarmacht am Werk sieht, immunisiert seine Einsichten allzu offensichtlich gegen jede mögliche Kritik. Dabei ist durchaus fraglich, ob die Maschen des alles umspannenden Netzes der Disziplinarmacht heute tatsächlich noch so eng geknüpft sind wie zu Zeiten der großen Anstalten, des schulischen Drills oder der Militarisierung und Konformierung ganzer Gesellschaften (Stichwort ‚Totalitarismus') im 18., 19. und 20. Jahrhundert. Hat nicht gerade Foucaults Werk selbst eine starke Sensibilisierung für Übergriffe disziplinärer Macht bewirkt, die sich immer wieder in erfolgreichem Widerstand (z.B. gegen die so genannte Volkszählung von 1987) entlädt? Normalisierungstheoretisch schaffen die Prozesse der Differenzierung, Individualisierung, Rationalisierung, Verrechtlichung und Bürokratisierung des individuellen Lebens in der Spätmoderne eine eher ambivaloxe, keineswegs aber eindeutig repressive Situation: Denn das hochgradig bürokratisch erfasste Individuum, das nur noch als funktionaler Partikel Bestandteil diverser gesellschaftlicher Subsysteme ist, wird als solches im Grunde immer weniger kontrollierbar.

FAZIT: Der Prozess der Domestizierung der (‚natürlichen') Natur präsentiert sich als eine Jahrtausende währende Erfolgsgeschichte, an der – in Verbindung mit kapitalistischer Ökonomie – die neuzeitliche Wissenschaft und Technik den wohl größten Anteil haben. Doch spätestens im 20. Jahrhundert entpuppt er sich als zutiefst ambivalox. Nicht intendierte Nebenfolgen rigider Industrialisierung, Umweltskandale und Ressourcenknappheit stellen die moderne Erfolgsstory in Frage. Paradoxerweise nicht, weil ihre spätmoderne Fortsetzung weniger spektakulär wäre als ihr neuzeitlicher Prolog. Im Gegenteil: Sie ist bis heute viel *zu* erfolgreich gewesen. In der Risikogesellschaft wird die Natur deshalb zu einer höchst politischen Frage. Renaturierungsmaßnahmen oder andere so genannte ‚nachhaltige' Formen der Domestizierung können als Gegenstrategie vermutlich nur wenig ausrichten. Mit radikaler Entdomestizierung und Renaturierung, mit einem (teilweisen) Rückzug des Menschen aus der Natur, ist unter Globalisierungsbedingungen nicht zu rechnen. Ein solcher Rückzug wäre weder mehrheitsfähig noch praktikabel und auch nicht sinnvoll, ebenso wenig wie eine fundamentale Abkehr vom Prinzip der Rationalisierung oder Technisierung. Schließlich schafft die Moderne durch wissenschaftliche, technologische Innovationen (Stichwort ‚Gentechnik') optimistisch betrachtet mindestens so viele lebensnotwendige Ressourcen wie sie durch Technisierung zerstört.

Der moderne Domestizierungsprozesses offenbart seine ambivaloxe Struktur durch seinen allzu großen Erfolg. Der Prozess der Zivilisation führt von Beginn an eine Gegenströmung – Entzivilisierung – mit sich. Kriege, ethnische ‚Säuberungen' und individuelle Gewaltausbrüche führen in drastischer Weise vor Augen, wie instabil und gefährdet der Zivilisierungsprozess bis heute ist. Ohne ihn ist keine moderne, funktional differenzierte, rationalisierte Gesellschaft lebensfähig. In kontrollierten Grenzen (Karneval, Oktoberfest, Fußball, Christopher Street Day) kann sie kollektive Enthemmung und Entzivilisierung gut verkraften. An die Stelle rigider Disziplinierung sind in der Spätmoderne – zumindest an der gesellschaftlichen Oberfläche – Prozesse der Informalisierung getreten. Die Auseinandersetzung über die Rigidität von Disziplinarmacht dauert dennoch weiter an, was angesichts biopolitischer Maßnahmen und Verfahren (Präimplantationsdiagnostik, biometrische Datenerfassung etc.), der signifikanten Zunahme psychischer Erkrankungen und neuer, kafkaesk anmutender Kontrollmechanismen (z.B. im Zuge des so genannten Anti-Terror-Krieges) auch nötig ist.

Literatur:

- Beck, Ulrich (1986): Risikogesellschaft. Frankfurt/M.
- Elias, Norbert (1997): Über den Prozeß der Zivilisation. 2 Bde. Frankfurt/M.
- Foucault, Michel (1977): Überwachen und Strafen. Frankfurt/M.
- Latour, Bruno (1998): Wir sind nie modern gewesen. Frankfurt/M.

Übungsfragen:

1. *Definition*: Wie lassen sich Domestizierung und Zivilisierung voneinander abgrenzen?
2. *Wiedergabe*: Welche Rolle spielen Wissenschaft und Technik im Prozess der Domestizierung?
3. *Vergleich*: Vergleichen Sie Elias' und Foucaults Gesellschaftsdiagnosen hinsichtlich ihres Optimismus bzw. Pessimismus.
4. *Anwendung*: Diskutieren Sie das Tragen von Schuluniformen mit Elias und Foucault.

6 Beschleunigung

6.1 Tempo, Tempo!

Allgegenwärtige Temposteigerung. Seit Jahren schon mahnen besorgte Stimmen aus der Politik, der Wirtschaft und zahlreichen Verbänden beinahe täglich: Das ehemalige Wirtschaftswunderland Deutschland werde im internationalen Vergleich immer mehr abgehängt. Doch nicht nur die Wirtschaft gerate gefährlich ins Stottern, auch im Bildungssektor stehe die Republik auf der Kippe (Stichwort ‚Pisa-Studie'). Daraus folge zwangsläufig, dass man sich stärker anstrengen müsse, wolle man den einmal konstatierten Abstand zur Weltspitze (wieder) aufholen. Es soll also mehr, vor allem aber effizienter gearbeitet, produziert, gelernt und geleistet werden. Dass durch Deutschland ein ‚Ruck' gehen müsse, hatte schon 1997 der damalige Bundespräsident Roman Herzog in seiner Berliner Rede gefordert. Die Zeit scheint zu drängen: Vom Schnellimbiss über die Sofortbildkamera, das – nomen est omen – Tempo-Taschentuch, die Last Minute-Reise, den Kurzschlaf und das Instant-Bier bis hin zum Turbo-Abi (in zwölf statt dreizehn Jahren). Nicht nur in klassischen Beschleunigungsfeldern wie dem Hochleistungssport oder der Fliegerei, sondern selbst beim Austernkochen gilt es offenbar permanent Geschwindigkeitsrekorde zu brechen (vgl. Süddeutsche Zeitung, 18.11.04: 12; Süddeutsche Zeitung, 24.11.04: 10). Der philosophische Bewegungsmelder Peter Sloterdijk (1989: 30) bringt es auf den Punkt: „Inzwischen ist die Bewegung los, die reine Bewegung."

Ambivalenzen und Paradoxa. Sloterdijk zufolge ist die Spätmoderne ein permanenter, unaufhaltsamer und sogar gewalttätiger Mobilisierungsprozess. Hinter dem modernen Fortschrittspathos verbirgt sich für ihn nichts anderes als die sinnlose Herstellung von „Bewegung zur Mehrbewegung, Bewegung zur gesteigerten Bewegungsfähigkeit." (ebd.: 36) Die permanente Selbstbewegung habe das einzige, blinde Ziel, sich selbst zu überbieten. Der militärische Unterton ist bei Sloterdijk beabsichtigt und verweist auf das immense Zerstörungspotenzial entfesselter Geschwindigkeiten.

Diese vernichten Landschaften, Luft, Boden und Wasser, nicht zuletzt auch Menschen. Man denke nur an die zahlreichen Auto-, aber auch Arbeitsunfälle. Angesichts dessen melden sich in der letzten Zeit verstärkt kritische Stimmen zu Wort: Sie fordern vehement eine umfassende Ent- statt immer mehr Beschleunigung (vgl. dazu vor allem Reheis 1998; 2003) oder gleich eine neue „Freizeitethik" (Kramer 2000). Der Klagenfurter „Verein zur Verzögerung der Zeit" (siehe http://www.zeitverein.com) und das Tutzinger Projekt „Ökologie der Zeit" (vgl. Held/Geißler (Hrsg.) 1993) suchen den bewussten, schonenden Umgang mit der Schlüsselressource unter Berücksichtigung natürlicher, biologischer Rhythmen.

Überblick. Schon dieser erste Blick auf das Thema macht deutlich: In der Moderne spielen Zeitwahrnehmung und veränderte Lebens- und Arbeitsgeschwindigkeiten offenbar eine zentrale Rolle. Es ist daher kaum verwunderlich, dass nur wenige Signalwörter in den letzten Jahren eine derartige publizistische Karriere erfahren haben wie ‚Zeitdruck' und ‚Beschleunigung'. Doch unter einer wahren Bücherflut und beinahe wöchentlichen feuilletonistischen Klagen über das mörderische Tempo der Welt findet sich kaum ein systematischer Ansatz.[1] Die Aufgabe der Soziologie als Wissenschaft ist es dagegen, nach den Ursachen und Folgen des sozialen Wandels der Zeitkultur sowie dem damit verknüpften subjektiven Zeitempfinden unter Zuhilfenahme des theoretischen Werkzeugkastens, wie ihn die Modernisierungstheorie bereitstellt, zu fragen. Dazu gehen wir im folgenden Abschnitt (6.2) zunächst auf die

[1] Zu den populären Zugriffen auf das Thema Tempo und Beschleunigung zählen insbesondere die Arbeiten des Münchner Wirtschaftspädagogen Karlheinz A. Geißler (1997; 2000; 2004 u.a.) und des französischen Architekten Paul Virilio (1992; 1997 u.a.). Hartmut Rosa (Hrsg.) 2004 bietet einen facettenreichen, vor allem alltags- und mediensoziologisch orientierten Einblick. Eine Literaturübersicht zum Thema Zeitsoziologie und Beschleunigung gibt Rosa 2001, dessen Habilitationsschrift (Rosa 2005) auch die erste umfassende Untersuchung des Themas aus sozialwissenschaftlicher Perspektive darstellt.

soziologische Zeittheorie ein, als deren Repräsentanten wir Norbert Elias (1897-1990) ausgewählt haben (vgl. auch Kapitel 5.4). Im Anschluss daran wollen wir mit Hartmut Rosa die treibenden Kräfte der beschleunigten Moderne – ihre „Motoren“ – unter Rückgriff auf die Kulturgeschichte der Beschleunigung systematisch darstellen und der ambivaloxen Logik (vgl. Kapitel 1.3) der Beschleunigung auf die Spur kommen (Kapitel 6.3). Der letzte Abschnitt des Kapitels (6.4) befasst sich mit den Auswirkungen beschleunigter Lebens- und Arbeitsverhältnisse auf Identität und Integrität des spätmodernen Individuums und dessen Lebensraum.[2]

6.2 Zeit und Zeiterfahrung

Verschiedene Zeiterfahrungen. Ein buddhistischer Mönch empfindet dieselben vierundzwanzig Stunden des Tages ganz anders als ein arbeitsloser Ingenieur oder eine viel beschäftigte Spitzenpolitikerin. Derselbe Zeitabschnitt von dreißig Minuten kann im Wartezimmer oder während der Talkshow im Fernsehen zur endlosen Qual werden, in den Armen eines geliebten Menschen hingegen regelrecht verrinnen. Für jeden einzelnen Menschen fühlt sich, abhängig von (sozialem) Kontext, Lebensalter und individuellen Befindlichkeiten (wie z.B. Zahnschmerzen), dasselbe Zeitquantum unterschiedlich lang an. Ähnliches scheint für ganze Kulturen zu gelten. Auch sie können eine Art Eigenzeit entwickeln, in Abhängigkeit von strukturellen Veränderungs-, Wachstums- und Verfallsprozessen (vgl. Levine 1998 bzw. Mainzer 2002: 11, 110, 119f.).

Entwicklung des Zeitbewusstseins. Von grundlegender Bedeutung für die Entwicklung eines Zeitbewusstseins beim Menschen war zunächst, Jahrtausende vor der Erfindung des Kalenders oder der Uhr, die Orientierung an natürlichen und sozialen Rhythmen

---

[2] Das philosophische ‚Rätsel‘ Zeit bleibt dabei unberücksichtigt. Es gehört bis heute zu den unentschiedenen Fundamentalproblemen der Wissenschaft (vgl. Mainzer 2002: 7).

wie Tag und Nacht, Jahreszeiten, Zeugung, Geburt, rituellen Handlungen etc. Heute noch existierende einfache Jäger- und Sammlergesellschaften, die über keinerlei Zeitmessgeräte verfügen, synchronisieren quasi automatisch individuelle Verhaltenszyklen einzelner Gruppenmitglieder zu einem periodischen, sozialen Zeitraster (vgl. Meier-Knoll 1995: 26). Verantwortlich dafür sind neben Umweltphänomenen vor allem soziale Arrangements, aber auch endogene Faktoren wie tageszeitabhängige hormonelle Schwankungen des Organismus und so genannte „innere Uhren" wie der Schlaf-Wach-Rhythmus oder die körpereigene Temperaturregulierung (vgl. auch Kapitel 6.4). Diese Taktgeber strukturieren den menschlichen Alltag und vermitteln die Gewissheit, in einem geordneten ‚Fluss der Zeit' zu stehen. Neben dem Zeitverständnis der Physik (vgl. dazu z.B. Achtner/Kunz/Walter 1998: 115-141), das unser Alltagsverständnis von Zeit allerdings nicht berührt, kann man also *erstens* eine natürliche, *zweitens* eine soziale bzw. kulturell geprägte und *drittens* auch eine individuelle Zeitebene unterscheiden, die in die beiden erstgenannten Ebenen eingebettet ist.

Zeit als (soziale) Lebensform. Der Gedanke einer Einbettung des Sozialwesens Mensch in die Natur ist für Norbert Elias die zentrale Voraussetzung, um sich dem Thema Zeit soziologisch zu nähern: Wo immer man es mit Zeit zu tun hat, sind nach Elias zugleich soziale und physikalische Abläufe im Spiel. Sozial wie individuell notwendig sind Zeit und Zeitmessung Elias zufolge für die Festlegung von Positionen und Strecken, die im Ablauf nacheinander folgen. Zu diesem Zweck bedürften Menschen eines „zweiten Geschehensablaufs, in dem sich zwar gewiß alle einzelnen Wandlungen ebenfalls unwiederholbar nacheinander abspielen, in dessen Verlauf sich aber bestimmte Wandlungsmuster mit einiger Regelmäßigkeit wiederholen." (Elias 1988: XVII) Diese Ablaufmuster dienen dann als „standardisierte Bezugsmuster". Sie stellen nicht die Wiederkehr desselben, aber des *gleichen* Ablaufs dar. Als Bezugseinheiten dienen z.B. der Sonnenlauf oder die Uhr. Letztere kann man mit Elias (ebd.: VII) als sozial normierten Geschehensablauf mit gleichmäßig wiederkehrendem Ablaufmuster bezeichnen. Oder – anders ausgedrückt – als ein auf objektive Ablaufmuster bezogenes funktionales *soziales Instrument*. Uhren sind abstrakte Zeitbestimmer, die uns mitteilen, ‚was die Stunde geschlagen hat'. Die Bewertung einer solchen Mitteilung kann von Kontext zu Kontext, ja von Gesellschaft zu Gesellschaft unterschiedlich ausfallen. Dies verdeutlicht den *Symbolcharakter* der Zeit. Als Symbol stellt ‚Zeit' eine erhebliche menschliche Syntheseleistung dar: Eine Abkürzung für biologische, psychologische und soziale Veränderungen von Menschen.[3] Als komplexe, sozial vermittelte und tradierte Vorstellung individualisiert sie, d.h. das jeweilige gesellschaftliche Zeitkonzept, sich immer wieder erneut in Sozialisationsprozessen. Damit ist ‚Zeit' zugleich von gesellschaftlichen Kontexten abhängig und unabhängig. Sie gehört zum festen, kommunizierbaren symbolischen Inventar jeder sozialen Lebensform, und muss doch immer wieder neu individuell angeeignet werden. Man kann sie daher auch als einen Habitus bezeichnen, den wir uns von Kindesbeinen an allmählich eingewöhnen. Dies schließt nicht aus, dass die Zeit – das Symbol Zeit – einem starken historischen Bedeutungswandel unterliegt. Ein solcher, tiefgreifender Wandel lässt sich für Europa (wie im Fall anderer Modernisierungsprozesse) in der frühen Neuzeit ausmachen.

Zeit als Norm. In dieser Epoche gerät, neben ihrer grundlegenden *Orientierungsfunktion*, vor allem der *disziplinierende Charakter* der Zeit gesellschaftlich immer stärker in den Vordergrund. Als Instrument der Disziplinierung führt die soziale Institution Zeit zur Ausbildung eines individuellen „Zeitgewissens": „Die Verwandlung des Fremdzwangs der sozialen Zeitinstitution [repräsentiert durch Uhren, Kalender etc.; die Verf.] in ein das ganze Leben umgreifendes Selbstzwangmuster des einzelnen Individuums ist ein anschauliches Beispiel dafür, in welcher Weise ein Zivilisationsprozeß zur Ausprägung des sozialen Habitus beiträgt, der zum integralen Bestandteil jeder individuellen Persönlichkeitsstruktur

---

[3] Daraus resultieren alltagssprachliche Vereinfachungen und Verdinglichungen: Wenn wir sagen, dass die Zeit vergeht, meinen wir eigentlich, dass wir altern (vgl. Elias 1988: 38f.).

gehört." (ebd.: XVIIIf.) In modernen, differenzierten Gesellschaften ist dieser Zwang Elias zufolge sowohl stark ausgeprägt als auch subtil und diffus. Er erstreckt sich auf nahezu alle Lebensbereiche: „Der Druck dieser Selbstzwänge ist relativ unaufdringlich, mäßig, auch gleichmäßig und gewaltlos, er ist zugleich allgegenwärtig und gleichmäßig und gewaltlos, er ist zugleich allgegenwärtig und unentrinnbar." (ebd.: XXXII) In der (Spät-)Moderne scheint dieser Selbstzwang jedoch immer aufdringlicher und unangenehmer zu werden. Das diffuse Gefühl, unter permanentem Zeitdruck zu stehen, ist inzwischen weit verbreitet (vgl. Schöneck 2004). Beschleunigung ist nicht mehr nur ein physikalisches, sondern auch ein soziales, das einzelne Individuum in seinem Alltag direkt betreffende Phänomen.

Definition Beschleunigung. Doch was genau bedeutet Beschleunigung in unserem Zusammenhang? Gemäß der physikalischen Grundbedeutung ist Beschleunigung als Geschwindigkeits- oder Mengenzunahme pro Zeiteinheit zu verstehen, wobei man für Menge eine bestimmte Anzahl an Kommunikationen oder Waren (1), Liebesbeziehungen oder Vereinswechseln (2) sowie Handlungsepisoden (3) einsetzen kann. Diesen drei beispielhaften Fällen entsprechen drei unterschiedliche Bereiche sozialer Beschleunigung: 1. *technisch* vermittelte oder *technologische* Beschleunigung (Postkutsche vs. Automobil), 2. Beschleunigung des *sozialen Wandels* (Wandel von Moden, Stilen, Häufigkeit von Job- oder Partnerwechseln etc.), und 3. Beschleunigung des *individuellen Lebenstempos* (Fast Food, Speed-Dating, Zeitnot, Hetze) (vgl. Rosa 2005: Kapitel III.1).

Beschleunigungsambivalox. Nach der oben gegebenen Definition müsste technologische Beschleunigung allerdings zunächst einmal zu einer *Abnahme* des Lebenstempos führen, zumindest prinzipiell. Denn wenn man in der gleichen Zeitspanne – unter Verwendung verfeinerter Produktionsmittel – heute dreimal mehr Arbeit erledigen kann als vor fünf Jahren, umgekehrt also in einem Drittel der Zeit die ganze Arbeit, dann gewinnt man am Ende – Zeit. Durch den gezielten Einsatz von Technik lässt sich also massenhaft Zeit

‚sparen'. Im Vergleich zu einem früheren Zeitpunkt t_1 bleibt jetzt (t_2) mehr Zeit für andere Tätigkeiten übrig. So war bis vor einigen Jahrzehnten das Wäschewaschen eine extrem mühselige und vor allem langwierige Angelegenheit. Mit der Erfindung des Vollwaschmittels und der Waschmaschine sparte die Hausfrau (seltener der Hausmann) mehr als einen ganzen (Wasch-)Tag pro Woche (!) ein (vgl. Borscheid 2004: 291). Moderne Technik und Technologien wie z.B. Flugzeuge, Mikrowellengeräte oder das Internet entlasten *für sich genommen* sowohl Arbeit als auch soziale Interaktion in zeitlicher Hinsicht enorm. Dennoch haben viele Menschen das Gefühl, die so gewonnene Zeit permanent wieder zu verlieren. Und ihr Gefühl trügt sie nicht. Es ist die angemessene Reaktion auf den Umstand, dass in der Moderne auch die Zeit zu einem höchst ambivaloxen ‚Gegenstand' wird. Das (erste) *Zeitambivalox der Moderne* lautet: Immer mehr Zeit – durch technische Hilfsapparate – gewinnen und trotzdem (oder gerade deshalb?) immer weniger Zeit besitzen. Um dieses Zeitambivalox aufzulösen, müssen wir nach den sozialen Mechanismen der Beschleunigung fragen, die es generieren. Nach Rosa (1999; 2005) lassen sich drei Ursachen oder drei „Motoren" des Beschleunigungsprozesses angeben, die mit den drei Bereichen sozialer Beschleunigung verknüpft sind: Ökonomie, funktionale Differenzierung und Tempo-Ideologie. Aus ihrem Zusammenspiel entsteht der Beschleunigungszirkel der Moderne mit den dazugehörigen Zeitambivaloxa.

6.3 „Modern Times": Die drei Beschleunigungsmotoren

Motoren der Beschleunigung (1): Ökonomie. Zweifellos spielt die Technik im Verlauf des sozialen Beschleunigungsprozesses der Moderne eine höchst prominente Rolle. Sie wirkt als Medium oder, bildlich ausgedrückt, wie eine Art Schmiermittel für den Beschleunigungsmotor. Schon früh hat Simmel (1992b) auf ihre tempoinduzierende Wirkung hingewiesen. Doch wie bereits gezeigt, führt technologische Beschleunigung, d.h. die Erfindung zeit- und arbeitssparender Geräte und Maschinen, für sich genommen in erster Linie zu Zeit*gewinnen*. Die Reduktion moderner Zeitzwänge auf technikgestützte Beschleunigungsapparate stellt daher nach Rosa einen „eklatanten Trugschluß“ dar: „Die Erhöhung des ‚Tempos des Lebens‘ entsteht nicht *weil*, sondern *obwohl* auf nahezu allen Gebieten des sozialen Lebens mit Hilfe der Technik enorme *Zeitgewinne* durch Beschleunigung verzeichnet werden.“ (Rosa 1999: 390; Hervorh. i. Orig.) Nur weil man, z.B. mit dem Flugzeug, heute wesentlich schneller von A nach B kommen kann als vor hundert Jahren per Schiff, bedeutet das natürlich noch lange nicht, dass man es auch häufiger tut!

Steigerung. Hinsichtlich der technologischen Entwicklung resultiert soziale Beschleunigung Rosa zufolge erst aus der Kopplung technisch vermittelter Beschleunigung an das für die Moderne konstitutive Prinzip der Steigerung – und zwar insofern die Steigerungsrate dabei über der durchschnittlichen Beschleunigungsrate liegt: „Erst wenn die Steigerungsrate [...] die Beschleunigungsrate der korrespondierenden Prozesse übersteigt [...], kommt es zu einer progressiven Verknappung von Zeitressourcen und damit zu einer Erhöhung des Lebenstempos bei gleichzeitig auftretender (technischer) Beschleunigung.“ (Rosa 2001: 366) Die Moderne produziert, transportiert und kommuniziert nicht nur *schneller*, sondern auch *mehr*. Eine Beschleunigung des Lebenstempos tritt deshalb nur dann ein, wenn sich beispielsweise gegenüber einem Ausgangszeitpunkt t_1 die Menge eines zurückzulegenden Weges zum Zeitpunkt t_2 verdreifacht, die Geschwindigkeit der Fortbewegung aber nur verdoppelt hat (vgl. Rosa 2005: Kapitel III.1). Übertragen auf ein alltägliches Beispiel: Wer vor Jahren noch eine halbe Stunde für einen handschriftlich verfassten Brief benötigte und heute – via E-Mail – denselben Inhalt in fünfzehn Minuten transportieren kann, spart zweifellos Zeit – nämlich exakt die Hälfte. Wer aber stattdessen nun vier E-Mails verfasst, hat seinen Nettozeitverbrauch für Korrespondenzen um 100 Prozent gesteigert (vgl. ebd.). Unberücksichtigt bleibt hier zunächst das Warum dieser Steigerung, das wir im Folgenden eingehender betrachten wollen.

Kapitalismus. Der zentrale Mechanismus, der Beschleunigung und Steigerung in der Moderne untrennbar miteinander verbindet, ist die kapitalistische Wirtschaftsform. Unter der obersten Prämisse der Gewinnmaximierung (*Steigerung*) verlangt der Kapitalismus permanente technologische Innovationen – und vor allem: Schnelligkeit (*Beschleunigung*). Um Marktkonkurrenten auf Abstand zu halten, muss nicht erst heute – im Zeitalter der Dienstleistungsbranche – vor allem der Produktionsfaktor Zeit optimal ausgeschöpft werden. Denn Zeit ist Geld. Ideal sind daher also technische Geräte und Apparate, aber auch Arbeitsmethoden, die Zeitvorteile gegenüber Konkurrenten erbringen. Letztere lassen sich zunächst noch auf dem Weg der Arbeitszeitverlängerung realisieren (im 19. Jahrhundert konnte ein Arbeitstag gut und gerne 16 und mehr Stunden umfassen). Die Ausdehnung der Arbeitszeit gelangte jedoch schon Ende des 19. Jahrhunderts an ihre Grenzen. Stattdessen lautet die bis heute gültige Strategie nun: Verdichtung, d.h. Erhöhung von Produktivität (*Mengenzunahme pro Zeiteinheit*) bei schrittweiser Reduzierung der Arbeitszeit und gleichzeitiger Beschleunigung des Maschinenrhythmus'.

Marx: Selbstbewegung des Kapitals. Den dynamisierten Zeitstrukturen kapitalistisch geprägter Gesellschaften war bereits Karl Marx (1818-1883) im ersten Band seines Opus magnum auf der Spur. Dort stellt er das Kapital als Subjekt eines rastlos sich selbst bewegenden Bewegungsprozesses dar (*Prinzip der Beschleunigung*), an dessen Ende stets ein ‚Mehr' (der Mehrwert) stehen muss (*Prinzip der Steigerung*) und zu dessen Eigenlogik es deshalb auch gehört, niemals zu einem Ende zu kommen (vgl. Marx 1998: 161-170, 329).[4] Der ökonomische Beschleunigungsmotor darf nicht abkühlen, gerade weil das Ziel der kapitalistischen Produktion nicht die Herstellung von Gütern, sondern *die Erwirtschaftung von Gewinnen qua Güterproduktion* ist. So ist – in Marx' und

---

[4] Die Metaphern, mit denen Marx seinen Untersuchungsgegenstand beschreibt, weisen dem Kapital durchweg eine *Subjektposition* als nichtmenschlicher, sozialer Co-Akteur zu. Ähnlich verfährt auch der konservative Ökonom Adam Smith, wenn er von der „invisible hand", dem Selbstorganisationsprinzip des Marktes, spricht.

Engels' (1990b: 465) pathetischen Worten – „[d]ie fortwährende Umwälzung der Produktion, die ununterbrochene Erschütterung aller gesellschaftlichen Zustände, die ewige Unsicherheit und Bewegung" das Spezifikum der kapitalistisch geprägten Epoche.[5] Beschleunigung in Form permanenter Weiterentwicklung der Produktionsverhältnisse wird zu einem regelrechten Sachzwang, letztlich zu einer dynamischen Triebkraft des gesamten gesellschaftlichen Lebens.

Fortschritt? Dass die auf permanente Steigerung bedachte Wirtschaftsform allerdings nicht notwendig zugleich mit Fortschritt zu identifizieren ist, hat Hannah Arendt (1906-1975) deutlich gemacht, die auf den zyklischen Temporalcharakter der Arbeit und dessen Folgen hinweist. Die moderne Form der Arbeit erschöpfe sich in der immer gleichen Abfolge von Produktion und Konsumtion, ohne dabei einen objektiv dauerhaften Weltbestand herzustellen: „Das Arbeiten ist wie das Konsumieren primär ein verzehrender Prozeß, in dem Materie nicht verwandelt, sondern zerstört wird, und die Gestalt, die die Arbeit ihrem ‚Material' aufprägt, ist nur die Präparierung für die bevorstehende Vernichtung." (Arendt 2002: 118) Die moderne Form der Massenproduktion bestätigt diese Diagnose: Durch die rapide Verkürzung von Produktlebenszyklen[6] nähern sich Produktion und Konsumtion im Sinne einer Endlosschleife immer mehr an. Die Zeit zwischen dem Konsum von Ware X und der Notwendigkeit des Erwerbs von Ware Y schrumpft. Bis man sich in das neue Office-Programm eingearbeitet hat, gibt es bereits das nächste. Wer nicht gleich wieder abgehängt werden will, muss softwaretechnisch schleunigst ‚nach'-

[5] Ein Umstand, den Marx und Engels (1990b: 465) übrigens ausdrücklich begrüßen, denn „die Menschen sind endlich (sic!) gezwungen, ihre Lebensstellung, ihre gegenseitigen Beziehungen mit nüchternen Augen anzusehen."

[6] Während Siemens 1975 noch 60 Prozent Umsatz mit Produkten erzielte, die bereits länger als fünf Jahre am Markt waren, sank dieser Wert bereits zehn Jahre später auf 44 Prozent ab, Tendenz weiter fallend (vgl. Borscheid 2004: 347).

bzw. ‚aufrüsten'. Ist man dann erst einmal in der Konsumtionsspirale gefangen, ist weiterer Konsum ebenso wie weitere Produktion die logische Konsequenz. Im Vorteil sind auch hier diejenigen, die dem neuesten Trend am besten, d.h. am schnellsten folgen können.

Motoren der Beschleunigung (2): Kultur. Doch technische bzw. ökonomisch induzierte Beschleunigung ist nur ein Teil des Beschleunigungszirkels. Sie allein für den sozialen Beschleunigungsprozess verantwortlich zu machen, käme einem unzulässigen Reduktionismus gleich. So wie Max Weber die Entstehung des Kapitalismus in Absetzung von Marx aus dem Geist der protestantischen Arbeitsethik erklärte (vgl. Kapitel 4.2), muss eine Soziologie der Beschleunigung sich neben den materiellen auch den kulturellen Faktoren der Beschleunigungsgesellschaft zuwenden. Um im Bild zu bleiben: Der ökonomische Beschleunigungsmotor fährt nicht von alleine, auch wenn Marx und andere ihm eine quasisubjekthafte Rolle zusprechen. Der kulturelle Beschleunigungsmotor wird parallel zur Entstehung der Handelsnetze und der Ausbreitung kapitalistischen Wirtschaftens angeworfen. Ein kurzer Blick in die Geschichte der Beschleunigung macht dies deutlich.

Historische Entwicklung. In seiner umfassenden kulturhistorischen Studie zur Ausbreitung des „Tempo-Virus" in modernen Gesellschaften unterscheidet Peter Borscheid (2004) drei Phasen ökonomisch-technologisch induzierter sozialer Beschleunigung: Eine *Startphase* in der frühen Neuzeit (1450-1800), eine *Beschleunigungsphase* (1800-1950) und eine noch junge *Tempophase* (seit 1950), in der wir uns bis heute befinden.[7] In diesen Zeiträumen diffundiert das „Tempo-Virus" Borscheid zufolge in mehreren Wellen aus der ökonomischen Sphäre in alle Lebensbereiche und

---

[7] Auch nach W. Schulze (2002: 58) lässt sich die Geschichte der Moderne als Geschichte sozialer Beschleunigungen erzählen, die in der Spätmoderne kulminieren. Vgl. dazu auch die Periodisierung von Entwicklungsschüben bei Harvey (1989), der sich an verkehrstechnischen Eckdaten (Pferdekutsche, Dampflok, Propellerflugzeug, Düsenjäger) orientiert, dabei allerdings ein raumorientiertes Konzept verfolgt.

infiziert diese nachhaltig. Schon in der ersten Phase beginnt die Logik des Wirtschaftssystems den gesellschaftlichen Takt vorzugeben. Die technologische Entwicklung sorgt dabei für die passende Melodie. Historisch betrachtet sind beide bis zum Mittelalter noch höchst gemächlich, orientiert an natürlichen Rhythmen und Grenzen. In der frühen Neuzeit setzen die ersten, ökonomisch induzierten sozialen Beschleunigungsimpulse ein, die sich nach und nach verdichten und letztlich auch in den Köpfen der Menschen niederschlagen: Die europäische Bevölkerung beginnt stark zu wachsen, Differenzierung, Arbeitsteilung, Individualisierung und vor allem Urbanisierung nehmen zu, was verstärkte Koordinierung erfordert und ökonomische Vorteile durch Schnelligkeit impliziert. Kaufleute und Fernhändler bauen auf der Suche nach den kürzesten (d.h. schnellsten) Wegen zu Waren, Informationen und Gewinnen weite Handelsnetze auf. Mechanische Uhren und der Kalender entkoppeln die Zeit von natürlichen Rhythmen und zerlegen sie in mess- und damit verwertbare Einheiten: Das bis heute gültige Paradigma einer ‚linearen', in immer gleich langen Einheiten kontinuierlich und unerbittlich fortschreitenden Zeit wird geboren. Buchführung und Kreditwesen schärfen dieses neue Zeitbewusstsein, die großen Handelshäuser treiben ihre Beschäftigten zur Eile an und loben Prämien für schnelle Boten aus. Die Zeit erhält eine neue – ökonomische – Dimension: den „Verwendungsimperativ" (ebd.: 62).[8] Unter seiner Regie nimmt der Kampf um die optimale Zeitausbeute immer bizarrere Formen an: Im 20. Jahrhundert

---

[8] Zu den Charakteristika des modernen Zeitbewusstseins, das programmatisch durch Progressivität und auf der Ebene des Alltagslebens durch massenhafte Erfahrungen von (technisch induzierter) Beschleunigung, zunehmend – vor allem in der Spätmoderne – aber auch durch Erwartungen des Scheiterns, gekennzeichnet ist, vgl. Gumbrecht 1978; Koselleck 1977; 2003a; 2003b; Nassehi 2001: 214-218; Reinhard 2001 sowie, ausführlicher, Kapitel 1.3. Zur zentralen Rolle der Verdichtung und Beschleunigung des Verkehrs als „Beitrag zur Entwicklung der ‚modernen Welt'" vgl. Zorn 1977.

beginnt der amerikanische Ingenieur Frederick W. Taylor betriebliche Arbeitsabläufe mit der Stoppuhr zu optimieren.

Rationalisierung. Zeitstudien und Psychotechniken werden zum Hebel für intensive Rationalisierungsprozesse, die die menschliche Leistungskraft zu ungeahnten Steigerungen motivieren sollen. Auf dem Reißbrett der „Time-Compression Manager" (Borscheid) entstehen optimierte Büros und Fabriken. Das Fließband wird zum Symbol der „modern times", die Charlie Chaplins gleichnamiger Film aus dem Jahre 1936 auf tragikomische Weise porträtiert. Der Mensch selbst wird zur Maschine, zu einem funktionalen Bestandteil von Fabrik und Büro. Stimuliert durch die industriellen Erfolge dieser Bestrebungen weitet sich das Rationalisierungsprinzip, das im Kern ein Prinzip der Kraft- und Zeitersparnis ist (vgl. Kapitel 2 bzw. 3.2), auch auf die private Lebenswelt aus: Die Frau wird zur Managerin des Haushalts. Die zeitökonomisch optimal durchstrukturierte „Frankfurter Küche", eine nach tayloristischen Prinzipien entworfene, etwa sechs Quadratmeter große häusliche Kommandozentrale, weist jeder Schublade einen exakt bemessenen, unter temporalen Gesichtspunkten optimalen Platz zu (vgl. ebd.: 286).[9]

Tempo-Ideologie. Mit der Durchsetzung des ökonomischen Zeitimperativs erscheint jeder Stillstand, jedes Innehalten als Rückschritt. Bereits das 19. Jahrhundert gerät, von der aufklärerischen Idee ungebrochenen Fortschritts getrieben, in einen regelrechten Tempo-Rausch: „Techniker, Erfinder, Forscher und wagemutige Unternehmer sind die neuen Heroen dieses Zeitalters." (ebd.: 175) Die Tempo-Ideologie wird geboren. Ihr Ur-symbol ist die dampfgetriebene Eisenbahn. Doch während viele, vor allem ländliche Regionen bis in die 50er-Jahre des vergangenen Jahrhunderts hinein vom Tempo-Rausch verschont bleiben, dynamisieren sich nach dem Zweiten Weltkrieg in den westlich geprägten Gesellschaften

---

9 Vgl. dazu auch die zahlreichen Beispiele für Rationalisierung und Optimierung bei Ritzer 1995 bzw. Sennett 2000.

alle Lebens- und Arbeitsverhältnisse nachhaltig.[10] Damit einher geht die endgültige Durchdringung aller Lebensbereiche mit den Verheißungen der Tempo-Ideologie. Geschwindigkeit ist ‚angesagt', und wer schneller ist, ja gehetzter wirkt als seine Mitmenschen, ist ‚in'. Die individuelle Steigerung des Lebenstempos wird zum Savoir-vivre der Spätmoderne.

Zeitmanagement. Niklas Luhmann (1994) stellte bereits Ende der 60er-Jahre fest, dass die moderne Gesellschaft denjenigen Individuen das meiste Ansehen zolle, die vorgeben, keine Zeit zu haben.[11] Zeitmanagementkurse und Berge von Zeitmanagementliteratur propagieren den bewussten, sprich: rationalisierten, effizienten Umgang mit der eigenen Zeit.[12] Das protestantische Arbeitsethos greift endgültig von der Produktions- auf die Konsum- und Privat-

---

[10] Indizien dafür sind die Industrialisierung der bis dahin stark beschleunigungsresistenten Landwirtschaft, die Vervielfachung des Transportvolumens, neue Geschwindigkeitsrekorde im zivilen und militärischen Bereich, aber auch neue Technologien wie die Computer- oder Gentechnik: „Eine zuvor nie erlebte Beschleunigung ist der gemeinsame Nenner der wirtschaftlichen und technischen Entwicklung des 20. Jahrhunderts. Die Geschwindigkeit der Kommunikation steigert sich um den Faktor 10^7, die Reisegeschwindigkeit und die Fähigkeit, Krankheiten unter Kontrolle zu bringen, um den Faktor 10^2, die Geschwindigkeit der Datenverarbeitung um den Faktor 10^6. Einen derartigen Demokratisierungsschub von Geschwindigkeit hat es in der bisherigen Geschichte noch niemals gegeben." (Borscheid 2004: 356f.)

[11] Zeitknappheit ist ein Distinktionsmerkmal der Erfolgreichen geworden, genauso wie ein gut gefülltes Bankkonto. Da Zeit bekanntlich Geld ist, beide also ineinander konvertible ‚Währungen' darstellen, erkennt man die Wohlhabenden heutzutage gleichermaßen an ihrer Zeitnot wie der Möglichkeit, sich zeitliche Entlastung – z.B. in Form eines Babysitters oder einer Putzfrau – bei Bedarf einfach einzukaufen. Weniger Betuchte hingegen müssen stattdessen mehr Zeit ‚investieren'.

[12] Die neuen Vordenker privater Zeitwirtschaft versprechen in ihren Kultbüchern, die allesamt höchste Auflagen erreichen, Komplexitätsreduktion durch Vereinfachung und Entrümpelung auf allen Ebenen des Lebens (vgl. z.B. Küstenmacher/Seiwert 2003; Seiwert 2000).

sphäre über und beginnt damit, private, lebensweltliche Entschleunigungsoasen zu roden.[13] Auch Liebesbeziehungen und Freizeitbeschäftigungen sind heute zum Bestandteil des Terminplaners geworden. Und das richtige ‚Timing' wird in der Multioptionsgesellschaft immer wichtiger. Möglichst viele Optionen (Berufe, Lebensabschnittspartner, Events) wollen schließlich innerhalb einer Lebensspanne realisiert werden. Die erfüllte, d.h. bis an den Rand gefüllte Erwerbs- und Freizeit-Biographie bedarf effizienter Zeitplanung, permanenter Eigendynamisierung und rastloser Selbstoptimierung (vgl. dazu auch Neckel 2004). Das gilt heute übrigens ganz besonders in puncto (Aus-)Bildung: Das humanistische Bildungsideal des Lernens fürs Leben hat sich in das dynamisierende, per se unerfüllbare Paradigma des lebenslangen Lernens verwandelt.[14]

Motoren der Beschleunigung (3): Differenzierung. Dritter – sozialstruktureller – Motor sozialer Beschleunigung ist nach Rosa das Prinzip der funktionalen Differenzierung. Seine Kraft sparende und Ressourcen freisetzende Wirkung haben wir bereits an anderer Stelle (vgl. Kapitel 2 und 3) ausführlich besprochen. Als Fundamentalprinzip der Moderne schafft Differenzierung zu Beginn des Modernisierungsprozesses die Rahmenbedingungen der sich beschleunigenden Gesellschaft, indem sie die freie Entfaltung teilsystemischer Eigenlogiken ermöglicht. So befreit der zentralistische Nationalstaat die Wirtschaft von lästigen Schranken (Monopolen, Binnenzöllen, Mauten) und lockert darüber hinaus weitere Tempobremsen: Er sorgt für die Vereinheitlichung der Zeit[15], der Wäh-

[13] Vgl. dazu auch Fußnote 15 in Kapitel 5.2 (Laborisierung).

[14] Zur Rolle der Wissenschaften im Beschleunigungszirkel der Moderne vgl. auch Kather 2003: 204f.

[15] Bis zur ersten Vereinheitlichungswelle Mitte des 19. Jahrhunderts schlug die Bahnhofsuhr im österreichischen Bregenz zwölf, während es im bayerischen Lindau 11:49 Uhr war und in Konstanz erst 11:36 Uhr (vgl. Borscheid 2004: 127).

rungen und des Rechtssystems. Bürokratische Apparate vereinfachen und beschleunigen die Verwaltung. Die räumliche und zeitliche Trennung von Arbeit und Leben befördert die Dynamisierung der Wirtschaftssphäre. Die Ausdifferenzierung des Militärs bewirkt einen starken Professionalisierungsschub in den Kasernen. ‚Bildungsrevolutionen' entfesseln in mehreren Individualisierungswellen menschliches Potenzial. Anders formuliert: In modernen, sprich komplexen und deshalb funktional ausdifferenzierten Gesellschaften beschleunigt sich zunehmend der soziale Wandel. Denn Kontingenzen, Optionen und Lebenschancen, aber auch Risiken, vervielfältigen sich gleichermaßen (vgl. dazu auch Kapitel 3.3). Moden und Stile verändern sich ebenso rasch wie Handlungsmöglichkeiten und -anforderungen. Die „Integrationsagentur" Individuum (vgl. Kapitel 3.3) muss sich sputen, wenn sie diesen Wandel selbstbestimmt gestalten will, ohne Wesentliches zu verpassen (vgl. dazu ausführlicher Kapitel 6.4).

Der Beschleunigungszirkel der Moderne. Gemeinsam mit den beiden anderen Beschleunigungsmotoren – Ökonomie und Tempo-Ideologie – bildet das Differenzierungsprinzip Rosa zufolge den dreiteiligen Beschleunigungszirkel der Moderne (vgl. Abbildung 1): Der ökonomische Motor sorgt *erstens* für permanente technologische Innovationen (Dynamisierung der Produktionsverhältnisse), der sozialstrukturelle Motor beschleunigt *zweitens* den sozialen Wandel (von Systemen, Institutionen und personaler Identität), während *drittens* der kulturelle Motor mit Hilfe der Tempo-Ideologie die Steigerung des Lebenstempos mitverursacht, verbunden mit der Erzeugung des Bedürfnisses nach weiterer temposteigernder Technik. Im Spannungsfeld der drei Dimensionen steht das moderne Individuum und seine – rundum beschleunigte – soziale Lebenswelt.

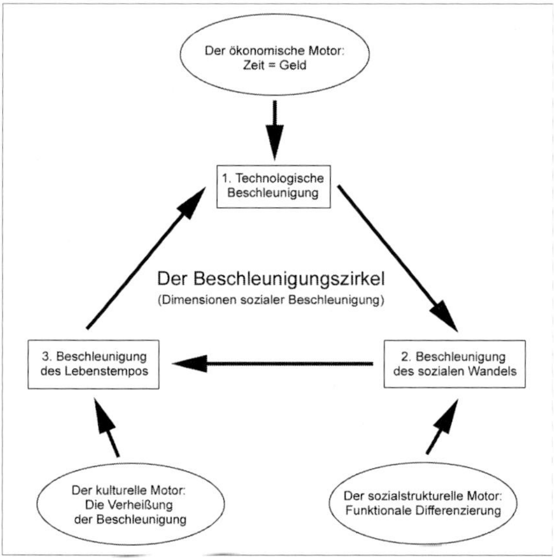

Abbildung 1: Der Beschleunigungszirkel nach Rosa.

6.4 Am Ende der Beschleunigungsspirale?

Beschleunigungsgewinne. Ohne Zweifel gehört die Beschleunigung des sozialen Lebens durch Ökonomie und Technik (und infolge von Globalisierungsprozessen) zu den großen Errungenschaften der Moderne. Niemand möchte heute mehr mit der guten alten Eisenbahn zum Vorstellungsgespräch gondeln, wenn es auch zehnmal schneller mit dem ICE geht. Kein Mensch wünscht sich auf die Dauer die Schreibmaschine zurück, seit sich der Personalcomputer durchgesetzt hat. Niemand sehnt sich die Waschmaschine aus dem Haus und stattdessen vor den alten Waschtrog. In vielen Lebensbereichen wirkt Beschleunigung befreiend und entlastend. Sie ist verantwortlich für höheren Wohlstand und Massengüterproduktion und eine gigantische Erweiterung von Kommunikationsmöglichkeiten (vgl. Heuwinkel 2004).

Bremseffekte. Doch im Gegensatz zu den beiden erstgenannten Beschleunigungsmotoren, kapitalistische Wirtschaft und Tempo-Ideologie, die nach wie vor auf Hochtouren laufen, scheint sich der dritte, sozialstrukturelle heute immer mehr zu einer Bremse zu entwickeln. Die im Zuge von Differenzierungsprozessen ausgebildeten Schlüsselinstitutionen der Moderne – Nationalstaat, Bürokratie, Demokratie, Rechtssystem, Militärapparat, Trennung von Arbeits- und Lebenssphäre etc. – erweisen sich schlicht als zu langsam und produzieren Hemmung statt neuer Dynamik (vgl. dazu Rosa 2005: Kapitel X). Schwerfällige Staatsapparate und Bürokratien werden angesichts innenpolitischer und supranationaler Herausforderungen von ihren eigenen funktionalen Grenzen, anders formuliert: von zu viel teilsystemischer Differenzierung, (wieder) eingeengt. Langwierige demokratische und juristische Verfahren verhindern notwendige und vor allem rasche Entscheidungen, die andererseits immer langfristigere Folgen zeitigen (zum Beispiel in puncto Atomkraft oder Gentechnik). Der politische Steuerungsanspruch verheddert sich mehr und mehr in vermeintlichen und tatsächlichen ‚Sachzwängen'. Moderne Heere sind für den Kampf gegen den globalen Terrorismus zu schwerfällig. Bevor sich deutsche Bundes- und Länderbehörden auf enge Kooperations- und Austauschprozesse geeinigt haben, ist der nächste Anschlag schon vorbereitet, die nächste Pisa-Studie schon durchgeführt, das nächste Bundesgesetz erneut im Bundesrat blockiert.

Überforderung. Diese Kernprobleme moderner Schlüsselinstitutionen verweisen auf ein zweites zentrales Zeit-Paradox der Moderne: Beschleunigungsprozesse produzieren ihr Gegenteil – Entschleunigung und Stillstand – zugleich selbst. Oft existieren beide Bewegungsformen sogar parallel, sich gegenseitig stimulierend und hemmend. Denn Beschleunigung ist kein linearer Vorgang im Sinne stetigen Fortschritts. Quantitative und qualitative Umschläge prägen ihre Geschichte, die sich – vor allem für das Individuum und seine natürlichen Lebensräume – immer mehr zu einer Überforderungsgeschichte zu entwickeln droht. Die Grenzen individueller Belastbarkeit in puncto Beschleunigung dürften inzwischen schon erreicht sein. Dazu gehören Verunsicherung, physische und psychische Erkrankungen ebenso wie ein „dreifacher Wirklichkeitsschwund“ (Rosa 2000: 186):

(1) ‚Raumschrumpfung‘. Zu den unmittelbaren Folgen technologischer Beschleunigung gehört der Verlust des Raumes als ursprünglicher Orientierungsdimension. Das Primat der Raumwahrnehmung wird bereits im Mittelalter durch die Mechanisierung und Linearisierung der Zeit, d.h. die Ablösung der Zeit- von der Raumdimension, dem konkreten Lebensraum einzelner Individuen mit seinen unterschiedlichen Tages- und Jahreszeiten, verdrängt. Straßenausbau und Begradigungen, später Eisenbahn- und Flugzeugtechnik sorgen für eine kontinuierliche ‚Schrumpfung‘ des Raumes. Raum wird nur noch als lästiges Hindernis verstanden, das es zu überwinden gilt (vgl. Anders 1981: 335-354). In der Spätmoderne scheint neben dem Raum selbst die Zeit zu implodieren: Das Internet, das die Eisenbahn als Tempo-Symbol abgelöst hat, ist zum „U-Topos“ – zum Überall-Ort – des „global village“ (McLuhan) geworden (Rosa 2000: 190). In der räumlich und zeitlich entgrenzten Gegenwart virtueller Welten lässt sich schon heute ein ganzes Leben einrichten: Arbeiten, Shoppen, Zeitunglesen, Freunde ‚treffen‘, Online-Vorlesungen – alles zu jeder Zeit und überall.

(2) ‚Gegenwartsschrumpfung‘. Der Verlust raumzeitlicher Ver-Ortung in der Außenwelt geht Hermann Lübbe (1992) zufolge unter Beschleunigungsverhältnissen zugleich einher mit einem „verkürzten Aufenthalt in der Gegenwart“. Denn wenn alles immer schneller wird, technologischer und sozialer Wandel keine Atempause machen, bleibt keine Zeit mehr, sich in Erfahrungsräumen einzurichten. Stabile Bezüge zur Außenwelt, zu Gegenständen und Orten, aber auch zu Tätigkeiten, Hobbys und sogar Menschen, werden in beschleunigten Gesellschaften, in denen Mobiltelefone alle ein, zwei Jahre aus der Mode kommen, sich Arbeitsplätze in zeitweilig ausgeübte ‚Jobs‘ verwandeln und Freundschaften auf der Durchreise geschlossen werden, zunehmend brüchiger. Die Gegenwart ‚schrumpft‘ dann, wie der Raum, auf einen bloßen Durchlaufpunkt zusammen. Durch beschleunigte Innovation nimmt der Abstand zur Vergangenheit dramatisch zu (die in unseren Augen immer schneller veraltet und als Erfahrungsmuster für gegenwärtiges Handeln immer weniger taugt), wobei zugleich die Planungssicherheit der Zukunft kontinuierlich abnimmt: „Die Erfahrungen, die wir oder unsere Väter im Umgang mit unseren bisherigen Lebensverhältnissen machen konnten, eignen sich in Abhängigkeit von der Veränderung unserer Lebensverhältnisse fortschreitend weniger als Basis unseres Urteils über das, womit wir oder unsere Kinder und Kindeskinder für die Zukunft zu rechnen haben." (Lübbe 1998: 264)[16]

(3) Überforderung: Natur/Physis. In seinem Zeitbuch hatte Norbert Elias (1988: XLIII) behauptet, dass die Freiheit des Menschen auf der Möglichkeit beruhe, „die mehr oder weniger flexiblen Balancen zwischen verschiedenen zwingenden Instanzen, die überdies ständig im Fluß sind, auf mannigfaltige Weise zu steuern." In der aus den Fugen geratenen Zeitstruktur der Spätmoderne stößt diese Steuerung immer häufiger an ihre Grenzen. Sie kollidiert zuallererst mit natürlichen, biophysischen Rhythmen. Die junge Wissenschaft der Chronobiologie hat die Steuerung zahlreicher Lebensvorgänge durch so genannte „innere Uhren"[17] unlängst nachgewiesen (vgl. Meier-Knoll 1995; Spork 2004). Für den Menschen gilt dasselbe. Seine „inneren Uhren" prägten ihn lange vor der Entwicklung seines Zeitbewusstseins, konnten sich aber im Laufe der Evolution den modernen Lebens- und Arbeitsgewohnheiten nicht anpassen. Sie gehen gewissermaßen nach; oder werden – gesellschaftlichen Erfordernissen gemäß – vorgestellt. So erblicken beispielsweise Kinder, die spontan, d.h. ohne Wehen fördernde Maßnahmen auf die Welt kommen, meistens nachts das Licht der Welt.

[16] Dieser Umstand verweist auf analoge Dilemmata hinsichtlich individueller Lebensplanung und Politik: In beiden Fällen erodieren – unter Tempo-Druck – Entscheidungsgrundlagen, während zugleich Entscheidungszwänge wachsen (vgl. Rosa 1999: 406f., 410).

[17] Ein im Zusammenhang mit Naturvorgängen allerdings unglücklich gewählter, irreführender Begriff, da er eine Taktung von Naturprozessen unterstellt, wo es sich doch eigentlich um weitgehend nichtlineare, rhythmische Abläufe handelt.

Wird die Geburt medizinisch herbeigeführt, findet sie in der Regel während der Kernarbeitszeiten des Krankenhauspersonals statt (vgl. Spork 2004: 84f.). Ein Fünftel der Beschäftigten in modernen, urbanen Gesellschaften ist außerhalb üblicher Bürozeiten tätig. Doch Schichtarbeit und hoher Leistungsdruck verursachen zwangsläufig spürbare Nebenfolgen.[18]

Überforderung: Psyche. So grassierte beispielsweise um die Wende zum 20. Jahrhundert in der deutschen Bevölkerung eine Nervenkrankheit, die allgemein mit einer Überdosis Beschleunigung in Verbindung gebracht wurde: Neurasthenie. Georg Simmel (1995; 1996) führte diese mit Energielosigkeit einhergehende Form nervlicher Überreiztheit auf die dynamische Intensität des Großstadtlebens zurück. Das Überangebot an sinnlichen Reizen und Lebensstiloptionen, das in der Großstadt neben den bekannten Tempoinduktoren wie Wirtschaftsleben und technologischen Innovationen gebündelt auftritt, und die Grenzen zwischen Arbeit und Freizeitgestaltung verwischt, führt Simmel zufolge langfristig zu Blasiertheit und Abstumpfung, aber auch ewiger Unzufriedenheit (durch die permanent rotierende Geld- und Konsumspirale). Leistungsdruck (Stichwort ‚Intensivierung') und durch permanente Konsum(an)gebote gesteigerte Besitzwünsche schufen im Deutschen Reich so ein weit verbreitetes Klima „struktureller Neurasthenie" (vgl. Radkau 1993: 166). Insbesondere die tempointensiven Risiko-Berufsgruppen – Telefonistinnen, Eisenbahner und Buchdrucker – waren von der neuen ‚Volkskrankheit' betroffen. Modernisierungsschübe nach dem Zweiten Weltkrieg vervielfältigten und beschleunigten diese Reize weiter.[19] Der „Integrationsagentur"

---

[18] Der volkswirtschaftliche Schaden, den eine aus dem Takt geratene, übermüdete Gesellschaft verursacht, wird in Deutschland auf zehn Milliarden Euro jährlich geschätzt, darunter die Kosten für die Behandlung von Magen-Darm-Beschwerden, Schlafstörungen, Folgeunfällen und Arbeitskraftersatz (vgl. Spork 2004: 170).

[19] Neuere Studien legen nahe, dass auch andere psychische Erkrankungen, darunter Angststörungen und Depressionen mit sozialen Be-

Individuum droht angesichts dessen womöglich die permanente Selbstüberforderung, die sich mehr und mehr zu einem zentralen strukturellen Faktor spätmoderner Identitätsbildung ausprägt. Das gilt auch abseits des Großstadtlebens.

Das Optionenambivalox. Das Verhältnis von realisierten zu unrealisierten (Handlungs-)Optionen wird in der beschleunigten Moderne grundsätzlich immer ungünstiger, egal wie sehr man sich auch abhetzen mag: „Der *Ausschöpfungsgrad* nimmt beständig ab" (Rosa 1999: 398; Hervorh. i. Orig.). Schließlich vervielfältigen dieselben (technischen) Erfindungen und Methoden, die die beschleunigte Ausnutzung von Optionen ermöglichen und die Summe der realisierbaren und realisierten Optionen erst einmal steigen lassen, die realisierbaren Optionen zugleich ins Unermessliche – ein Dilemma, das als „Linder-Axiom" bekannt ist (vgl. Linder 1971) und das man auch als *Optionenambivalox* bezeichnen könnte: Mit zunehmender Freiheit, über die eigene Zeitgestaltung selbst zu entscheiden, schwindet die dafür notwendige Zeit bzw. Muße. Dieses sich mehr und mehr verschlechternde Verhältnis erzeugt nach Rosa (2005) das Gefühl, immer und überall auf abschüssigem Terrain, auf einer Art „schiefer Ebene" zu stehen. Wer seinen Freundeskreis, seinen Wissensbestand, seine Überzeugungen und seinen Kleiderschrank nicht permanent pflegt und aktualisiert, droht rasch ‚abgehängt' zu werden. Ein Zustand, der zu hektischem Aktivismus und psychischem Leiden führen kann: „Die panische Mobilmachung, der wir gewahr werden und in der wir selber mittreiben, ist panisch aus Angst, der ausgeblendeten Möglichkeiten nicht Herr werden zu können. Es ist *Versagensangst.*" (Gross 1994: 182; Hervorh. i. Orig.) Anders formuliert: Das dynamisierte Individuum der spätmodernen Beschleunigungsgesellschaft wird gezwungen, sein Ich – wie ein Schiff auf hoher See – während voller Fahrt immer weiter zu optimieren und immer wieder neu auszurichten, weil zwischen den gesteigerten Anforderungen der

---

schleunigungsprozessen verknüpft sind (vgl. Ehrenberg 2004; Kröncke 2004). Vgl. dazu auch Dries 2005.

Lebensgestaltung keine Zeit mehr bleibt, um für ein paar Tage, Wochen oder gar Monate das sichere Trockendock anzusteuern.

„Situative Identität“. Die Folgen dieser Beschleunigung des individuellen wie sozialen Lebens für die Entwicklung stabiler personaler Identitäten sind Rosa (2002) zufolge fatal: Der auf einen Durchgangspunkt geschrumpften Gegenwart und der Kontingenz der Zukunft entspricht die prekäre, „situative“ oder „punktuelle“ Identität ohne substanzielle Ausdehnung: Der Verlust stabiler Weltbezüge und Orientierungen (Bezugsgruppen, Institutionen, Normen) bei gleichzeitiger Vervielfältigung der wählbaren Identitätsparameter (Beruf, soziale Stellung, Lebensstil) sowie einer deutlichen Erhöhung des Lebenstempos (gesteigerte Abfolge von Handlungsepisoden und -kontexten, diversifizierte Bedürfnisse etc.) und zunehmender Anforderungen an Mobilität und Flexibilität im Arbeitsleben (vgl. dazu vor allem Sennett 2000), torpediert die Ausbildung einer konsistenten Identität: „Je mehr Aspekte der Identität kontingent und wählbar werden, umso mehr Selbstthematisierungsbedarf und -möglichkeiten eröffnen sich, aber in umso weniger Bereichen kann das Subjekt *existenziell* betroffen werden.“ (Rosa 2002: 289; Hervorh. i. Orig.) Je mehr es wählen kann, desto schwieriger wird es, die jeweiligen Wahl(en) vor dem grenzenlosen Horizont der Optionen zu begründen und zu einer – zumindest mittelfristig – stabilen Identität zusammenzufassen und diese als wertvoll zu erfahren. Stattdessen zerfällt das Subjekt gewissermaßen in situationsabhängige Teilidentitäten, je nach kontextuellem (beruflichem, sozialem, persönlichem) Bedarf. Wer heute noch als Kellner jobbt, ist morgen vielleicht schon (zumindest ‚eine Zeit lang‘) Webdesignerin.[20]

Schlussbemerkung. Der Zusammenhang von Optionenambivalox und Überforderung verdient abschließend noch eine Anmerkung:

---

[20] Es ließe sich allerdings darüber streiten, ob das Konzept einer einheitlichen, gewissermaßen ‚monolithischen‘ Identität aus einem Guss, das Rosas Kritik zugrunde liegt, überhaupt sinnvoll und nicht bereits selbst ein anachronistisches Modernisierungsrelikt ist.

Sowohl die linke als auch die konservative Kulturkritik irren, wenn sie angesichts all dessen, vom Klassenstandpunkt oder aus bürgerlicher Perspektive betrachtet, eine Rückkehr zu vermeintlich stabilisierenden, in Wirklichkeit jedoch nur rigideren sozialen, familiären, beruflichen Zusammenhängen bzw. Abhängigkeiten und Normvorstellungen predigt. Weder die Freisetzung des Individuums aus traditionalen Bezügen noch die bedeutend gewachsene Anzahl möglicher Lebensentwürfe an sich ist problematisch, sondern das Tempo, mit denen sich die neuen Optionen und die Vielfalt selbstgestrickter Sinn-Dächer als vermeintlich letzte Gelegenheiten darbieten. Keine spätmoderne Patchwork-Existenz ist zum Scheitern verurteilt, weil sie vom Überangebot der Multioptionsgesellschaft zwangsläufig erdrückt werden müsste. Nicht die neuen Freiheiten sind das Problem, sondern ein sozialer Beschleunigungszirkel, der aus individueller Lebensplanung und Selbstbestimmung – dem großen Geschenk der Moderne an die Einzelnen – einen rastlosen Dauerlauf auf der schiefen Ebene macht.

FAZIT: Beschleunigung ist ein „Grundprinzip" der Moderne (Rosa 2000: 184) und als Zeitkonzept bzw. Lebensform sozial vermittelt. Ihre strukturbildende und kulturprägende Kraft, ihre Tiefe und Reichweite, allerdings auch ihre ambivaloxe Struktur, stellen sie auf eine Stufe mit anderen Entwicklungsprinzipien wie Differenzierung oder Rationalisierung (vgl. Rosa 2001: 337). Als soziales Phänomen ist Beschleunigung ein vielgestaltiges Resultat komplexer Selbstorganisation gesellschaftlicher Systeme, an der die unterschiedlichsten Akteure beteiligt sind. Ökonomie und Technik spielen dabei sowohl materiell als auch im Sinne kultureller Muster (Fortschritts-Ideologie, Tempo-Rausch, Rationalisierung aller Lebensbereiche) eine hervorgehobene Rolle. Beschleunigungsprozesse, ihre Varianten und Gegenteile (Entschleunigung, Stillstand, Erhaltung des Status quo etc.) sind auf allen Ebenen der Gesellschaft präsent. Nicht selten gehen sie – sich gegenseitig beeinflussend – ineinander über. Zu Krisen oder ambivaloxen Effekten führt Beschleunigung immer dann, wenn ihre Steigerungsrate mit natürlichen, sozialen oder individuellen Rhythmen und Zeitmustern kollidiert. Die Folgen: „rasender Stillstand" (Virilio), Vernichtung von Raum, Erosion von Erfahrung und pathologische Entlastungsreaktionen. Von den eingangs genannten drei Zeitebenen (natürliche, soziale und individuelle Zeit) sind in der Spätmoderne zwei – natürliche und individuelle – fast völlig entwertet bzw. stehen unter enormem Selbstbeschleunigungsdruck. Das gesellschaftliche Zeitregime ist nach wie vor diffus, ja vielleicht sogar auf dem Weg, noch diffuser zu werden, weil es sich noch stärker als bisher in die einzelnen Individuen hineinverlagert, die als Integrationsagenturen temporalstruktureller Nebenfolgen zunehmend überfordert reagieren. Der Druck, den das spätmoderne Zeitregime auf die Einzelnen ausübt, hat spürbar zugenommen. Er ist – mit Elias formuliert – zugleich diffus, allgegenwärtig, unentrinnbar und – sogar – gewalttätig. Die Zeitstruktur der beschleunigten Gesellschaft entpuppt sich als „stahlhartes Gehäuse“ (Weber). Die Zeit wird darin zum wichtigsten, vor allem aber knappen Rohstoff. Sofern es überhaupt noch möglich ist, die Beschleunigungsmotoren zu drosseln, dürfte sich *Ent*schleunigung, beispielsweise in Form von Entdifferenzierung, als das zentrale funktionale Erfordernis der Zukunft erweisen. Das könnte zweierlei bedeuten: Einerseits notwendiges Innehalten, aber andererseits auch, verkrustete Strukturen aufzulösen, um individuelle, aber auch ökonomische Produktivität und Kreativität zu stimulieren (vgl. ebd.: 364). So könnte auch und gerade die Wirtschaft, in letzter Zeit immer häufiger von kostspieligen Rückrufaktionen aufgrund verkürzter Testphasen gebeutelt, von Entschleunigung profitieren.

Literatur:

- Borscheid, Peter (2004): Das Tempo-Virus. Frankfurt/M.
- Elias, Norbert (1988): Über die Zeit. Frankfurt/M.
- Kasten, Hartmut (2001): Wie die Zeit vergeht. Darmstadt.
- Rosa, Hartmut (2005): Beschleunigung. Frankfurt/M.

Übungsfragen:

1. *Definition*: Definieren Sie Zeit soziologisch.
2. *Wiedergabe*: Wer oder was sind die drei „Motoren“ (Rosa) der beschleunigten Gesellschaft?
3. *Vergleich*: Wägen Sie positive und negative Aspekte der Beschleunigung des sozialen Lebens gegeneinander ab.
4. *Anwendung*: Diskutieren Sie Gewinne und Kosten der Handy-Kommunikation aus beschleunigungstheoretischer Sicht.

7 Globalisierung

7.1 Globalisierung – ein Annäherungsversuch

Was hatte der Tod von Lady Di mit Globalisierung zu tun? Antwort: Eine britische Prinzessin, in Begleitung ihres ägyptischen Freundes, in einem deutschen Auto, gefahren von einem mit schottischem Whisky angetörnten belgischen Chauffeur, verfolgt von italienischen Paparazzi auf japanischen Motorrädern, hat einen Unfall in einem französischen Tunnel und wird in einem amerikanischen Krankenhaus mit brasilianischen Medikamenten behandelt. Diese nicht ganz ernst gemeinte Version der hinlänglich bekannten, weil im globalen Maßstab medial aufbereiteten Begebenheit macht deutlich, dass Globalisierung keine Angelegenheit ist, die ausschließlich Handels- und Finanzströme betrifft – auch wenn die ökonomischen Aspekte von Globalisierung in der öffentlichen Diskussion zu dominieren scheinen. So wird z.B. beklagt, die politischen Reaktionen nationaler Regierungen hinkten „der Dynamik der globalisierten Wirtschaft" gnadenlos hinterher (Büschemann 2004: 19). Künstlerinnen und Musikproduzenten fordern die Radio-Quote für deutsche Popmusik nach französischem Vorbild, um gegen ausländischen Mainstreampop am Musikmarkt bestehen zu können (vgl. Süddeutsche Zeitung, 10.09.04: 15). Und gerade die so genannten Hartz-Reformen der deutschen Sozialversicherung werden nicht zuletzt mit dem Hinweis auf globale ökonomische Sachzwänge legitimiert, gegen die der nationale Wirtschaftsraum sich nicht verschließen könne (vgl. dazu Görg 2004: 109).

Begriffsunschärfe. Doch nicht nur Regierungen, Gewerkschaften, Wirtschaftsverbände und natürlich die Wissenschaft, sondern auch religiöse Sekten, Umweltaktivistinnen, marxistisch-leninistische Ideologen, Agrarlobbyisten und Kritiker wie der französische Anti-Globalisierungsaktivist José Bové – sie alle reden, mit unterschiedlichem Akzent, über Globalisierung und ihre Folgen: über Ozonlöcher, Terrorismus, Fast-Food-Ketten, Tsunamis und Grippewellen. Über internationale Gerichtshöfe, Internet und Friedenskonferenzen. Globalisierung ist omnipräsent, bis in den persönlichen Alltag hinein: Wir trinken *Coke* zum Sushi, lesen italienische Kriminalromane, üben Tai-Chi oder Yoga und schauen libanesische Kinofilme mit englischen Untertiteln. Wir urlauben in Ägypten, kaufen Billig-Mode „Made in Bangladesh“ und engagieren uns nach Feierabend bei *Amnesty International*. Der Begriff ‚Globalisierung‘ ist in den letzten zehn Jahren zu einem der schillerndsten Schlag- und Modeworte avanciert, ohne den keine wissenschaftliche Debatte, keine Bundespressekonferenz, keine Talkshow, aber auch kein Stammtisch mehr auskommt.[1] Die Vieldeutigkeit, assoziative Anschlussfähigkeit und Diffusität der bei Freund und Feind beliebten Vokabel erfordern jedoch aus (sozial-)wissenschaftlicher Sicht klare begriffliche und systematische Eingrenzungen. Im Folgenden unternehmen wir daher zunächst den Versuch einer ersten Begriffsbestimmung, verbunden mit knappen Anmerkungen zu den Dimensionen von Globalisierung und zur Geschichte des soziologischen Globalisierungsdiskurses (Kapitel 7.2). In Kapitel 7.3 widmen wir uns unter Berücksichtigung geschichtswissenschaftlicher Erkenntnisse vier Kernproblemen soziologischer Globalisierungstheorie[2], an die wir in Kapitel 7.4 – in der Absicht, den Begriff ‚Globalisierung‘ noch ein wenig schärfer zu konturieren – eine ausführlichere Darstellung zweier besonders prominenter und nach wie vor aktueller Globalisierungsdiskurse anschließen: den um die Entwicklung einer globalen Einheitskultur und den von Samuel Huntington postulierten „clash of civilizations“.

---

[1] Es wirkt deshalb auf den ersten Blick umso erstaunlicher, dass er in einigen namhaften deutschsprachigen soziologischen Nachschlagewerken der jüngeren Zeit schlicht nicht auftaucht (vgl. z.B. Hillmann 1994; Schäfers (Hrsg.) 2000; Reinhold (Hrsg.) 1997). Dies ist jedoch wohl vor allem darauf zurückzuführen, dass das Thema Globalisierung zu den jüngeren Forschungsfeldern der gesellschaftswissenschaftlichen Disziplinen gehört.

[2] Wir orientieren uns dabei eher an etablierten metatheoretischen Konzepten und Positionen, als an autorenzentrierten Einzelanalysen, wie in den meisten anderen Kapiteln.

7.2 Definitionen, Dimensionen und Diskurse

Definition. Die Unschärfe des Globalisierungsbegriffs ist in erster Linie auf seine semantische Überladung zurückzuführen. Mindestens drei für die (soziologische) Globalisierungstheorie zentrale Bedeutungsebenen lassen sich jedoch unterscheiden: Nach Roland Robertson (1992), dem „Gründungsvater des soziologischen Globalisierungsdiskurses" (Dürrschmidt 2004: 13), bezeichnet der Terminus ‚Globalisierung' einen realgeschichtlichen Transformationsprozess, in dessen Verlauf die Welt zu einem „single place" – oder, in den Worten des Medientheoretikers Marshall McLuhan, zu einem „global village"[3] – zusammenschrumpft (Robertson 1992: 135). Man kann dies den *Prozesscharakter* von Globalisierung nennen. Dass die Welt nicht nur räumlich-materiell, sondern auch im Bewusstsein ihrer Bewohnerinnen und Bewohner zu einem solchen „single place", einem endlichen Globus wird, belegt Robertson demgegenüber mit dem Begriff ‚Globalität'. Alternativ lässt sich vom *materialen Charakter* der Globalisierung sprechen, der die Aspekte der Materialität – die Erde ist ein räumlich begrenzter Planet – und des Bewusstseins derselben – alle Menschen begreifen sich als auf demselben räumlich begrenzten Planeten lebend – umfasst. Drittens und in Abgrenzung dazu spricht Robertson vom „Globalisierungsdiskurs" und seinen Spielarten (vgl. Dürrschmidt 2004: 13f.; dazu auch Beck 1997: 26-29).

Dimensionen. Dass Globalisierungsprozesse und Erfahrungen der Globalität nicht allein auf ökonomische Interdependenzen reduziert werden können, haben wir bereits erwähnt. Globalisierung findet vielmehr sowohl in ökonomischen (vgl. Marx/Engels 1990b; Wallerstein 1974), als auch politischen (vgl. Beck (Hrsg.) 1998b; Müller 2002; Teusch 2004), kulturellen (vgl. Appadurai 1996; Breidenbach/Zukrigl 2000; Ritzer 1995), kommunikationstechnologischen (vgl. Castells 2003; McLuhan 1964), ökologischen (vgl. Beck 1986) und alltäglichen (vgl. Kemper/Sonnenschein (Hrsg.)

---

[3] Bei McLuhan (1964: 5) heißt es: „As electrically contracted, the globe is no more than a village."

2002; 2003) Dimensionen statt.[4] Sie verändert die Bedeutung und Wahrnehmung von Raum und Zeit (vgl. Harvey 1989; Kirby 1998; Meyrowitz 1998) und wirbelt nationale, kulturelle und personale Identitäten durcheinander (vgl. die Übersicht bei Eickelpasch/Rademacher 2004: 68-115). Globalisierung ist, so lässt sich nun präzisieren, ein *realgeschichtlicher* und *multidimensionaler* oder *komplexer Transformationsprozess*, in dessen Verlauf die Welt als Ganze näher zusammenrückt, sich Staaten, Ökonomien, Kulturen und Individuen stärker miteinander verflechten, in wechselseitige Abhängigkeit geraten können, sich aber ebenso verstärkt auch ihrer jeweiligen Differenzen bewusst werden.

Diskurse. Ein eigenständiger, sich alsbald diversifizierender Globalisierungsdiskurs beginnt aus soziologischer Perspektive erst in den 1990er-Jahren und hat in der letzten Zeit, trotz mancher Abnutzungserscheinungen, an Intensität und Vehemenz eher zugenommen, so dass man heute von einer „zweiten Runde der Globalisierungsdebatte" (Dürrschmidt 2004: 7) sprechen kann. Elemente einer Theorie der Globalisierung lassen sich zwar auch bei den soziologischen Klassikern aufspüren (bei Weber etwa das Rationalisierungsprinzip, bei Durkheim die Arbeitsteilung), eine explizite Globalisierungstheorie hat jedoch keiner von ihnen entworfen. Verblüffend aktuell lesen sich in dieser Hinsicht allerdings Marx und Engels (1990b). Sie beschreiben den durch die Entstehung der Großindustrie angeschobenen globalen Siegeszug des Kapitalismus als Prozess wechselseitiger Stimulanz von Marktwachstum (*räumliche Ausdehnung*) und Bedarfssteigerung (*kulturelle Ausdehnung*). Rationalisierung, Ent-Traditionalisierung, Beschleunigung, (kulturelle) Homogenisierung, Urbanisierung, Zentralisierung und Domestizierung behandeln die Autoren des Kommunistischen Manifests luzide, wenn auch nicht immer explizit, als konstitutive Momente dieses Prozesses. Das Bild, das sie von Globalität entwerfen, könnte kaum aktueller sein: „Die Bourgeoisie hat durch ihre Exploitation des Weltmarkts die Produktion und Konsumtion

---

[4] Zu philosophischen Ansätzen vgl. Safranski 2003 bzw. Sloterdijk 2005.

aller Länder kosmopolitisch gestaltet. [...] An die Stelle der alten lokalen und nationalen Selbstgenügsamkeit und Abgeschlossenheit tritt ein allseitiger Verkehr, eine allseitige Abhängigkeit der Nationen voneinander. Und wie in der materiellen, so auch in der geistigen Produktion. Die geistigen Erzeugnisse der einzelnen Nationen werden Gemeingut. Die nationale Einseitigkeit und Beschränktheit wird mehr und mehr unmöglich" (ebd.: 466).

Strömungen. Zu den Vorläufern der aktuellen Globalisierungstheorie(n) aus jüngerer Zeit gehören vor allem Wallersteins Welt-System-Theorie, die politikwissenschaftliche International Relations Theory (IRT) von Gilpin und Rosenau sowie die Cultural bzw. Media Studies eines Marshall McLuhan (vgl. dazu Dürrschmidt 2004: 33-45). In der aktuellen Debatte dominieren, von prominenten deutschsprachigen Beiträgen abgesehen (vgl. Beck 1997; Beck (Hrsg.) 1998a; Menzel 1998; Münch 1998), nach wie vor angloamerikanische Autoren, neben Robertson (1992) bzw. Robertson/White (Eds.) 2003 vor allem Martin Albrow (1996), Anthony Giddens (1995), Michael Hardt und Antonio Negri (2002; 2004), Samuel P. Huntington (1993; 1996), George Ritzer (1995; 1998) und andere, aber auch der Spanier Manuel Castells (2003) oder der Schwede Ulf Hannerz (1998). Außerhalb Europas und den USA entwickelte, alternative Konzepte von Globalisierung finden im globalisierungstheoretischen Mainstream bisher kaum Gehör. Ein Umstand, der übrigens immer wieder – zu Recht – als Euro- oder Amerikozentrismus kritisiert wird (vgl. Schöb 2002, der sich unter anderem der indischen Debatte widmet).

7.3 Vier Kernfragen oder: Quo vadis Globalisierung?

Anstatt an dieser Stelle auf spezifische Positionen der Debatte näher einzugehen[5], möchten wir vier zentrale Kernfragen bzw.

---

[5] Zur Übersicht vgl. Beck 1997 und – vornehmlich aus angloamerikanischer Perspektive – Dürrschmidt 2004: 47-84 sowie die sechsbändige Edition von Robertson/White (Eds.) 2003.

Kernprobleme diskutieren, die Bestandteil jeder elaborierten Globalisierungstheorie sind (und unseres Erachtens auch sein müssen): *Erstens* das Problem der Periodisierung (Wann beginnt Globalisierung und welche Etappen hat sie bis heute genommen?) und direkt daran anschließend *zweitens* die Frage nach den Akteuren und dem – vermeintlichen – Ziel von Globalisierungsprozessen (Wer oder was ist für Globalisierung verantwortlich? Wohin führt Globalisierung?). Eng damit verknüpft ist *drittens* jene Frage, die man auch als ‚Henne-Ei-Problem' der Globalisierungsdebatte bezeichnen kann: Ob Globalisierung nämlich ein Bestandteil von Modernisierungsprozessen oder eine Konsequenz der Moderne (Giddens 1995) ist, oder ob wir gar ein gänzlich neues „globales Zeitalter" (Albrow 1996) heraufziehen sehen. Schließlich wollen wir *viertens* unsere anfängliche Definition des Globalisierungsbegriffs noch einmal erweitern und auf den ambivaloxen Charakter von Modernisierungsprozessen (vgl. Kapitel 1.3) aufmerksam machen.

1) Periodisierung. Osterhammel/Petersson (2004) zufolge ist die Geschichte der Globalisierung zum größten Teil eine Geschichte des Aufbaus und der Verdichtung von Interaktions- und Vernetzungsräumen und ihrer Verbindungen. Diese sind jedoch nicht zwangsläufig ausbalanciert (man denke an die Reziprozität des Tauschgeschäfts), sondern häufig unilinear gerichtet (wie beispielsweise im Falle des Sklavenhandels). Trotz zahlreicher historischer „Globalisierungsanläufe" in der Vormoderne, beginnt ein stabiler, prinzipiell irreversibler Vernetzungsprozess Osterhammel/Petersson zufolge erst um das Jahr 1500 (vgl. ebd.: 25ff., zu Periodisierungsfragen vgl. auch Dürrschmidt 2004: 22ff.).

Aufbauphase. In der *Aufbauphase* der Globalisierung (bis etwa 1750) wurden durch die spanische und portugiesische Expansion, Entdeckungs- und Handelsreisen, militärische und kommunikationstechnologische Revolutionen (Erfindung des Schießpulvers und des Buchdrucks mit beweglichen Lettern) die Bedingungen für weitere Globalisierungsschritte geschaffen. Der Sklavenhandel verband angolanische Dörfer mit amerikanischen Teeplantagen und englischen Teesalons, die großen (englischen und holländischen Handelskompanien) legten „Gewürzstraßen" an und machten Geschäfte in Ost- und Südostasien. Dennoch blieb der materielle und kulturelle Transfer beschränkt, die Welt war „nach wie vor polyzentrisch." (Osterhammel/Petersson 2004: 42)

Verdichtung. In der durch imperialistische Expansionspolitik und Industrialisierung geprägten Epoche der *Ausdehnung* und *Stabilisierung* globaler Verflechtungen von 1750-1880 entwickelte sich zunächst das karibisch-amerikanische Plantagenwesen zum dynamischsten Wirtschaftssektor des 18. Jahrhunderts. Schon bald jedoch startete die Industrielle Revolution ihren globalen Siegeszug – von England aus, das sich aufgrund seiner militärischen und kolonialen Vormachtstellung zum attraktiven und alternativlosen Vorbild in puncto Ökonomie, aber auch nationalstaatlicher Organisation und Administration entwickelte. Das Mutterland des Kapitalismus wirkte auf seine Umgebung ökonomisch, aber auch politisch wie ein Magnet. Im 19. Jahrhundert erhöhte sich das Welthandelsvolumen schlagartig um das 25fache, die weltweite Produktion begann der Nachfrage hinterherzuhinken. Fernmigration und globale Arbeitsteilung verstärkten und vertieften transnationale Verflechtungen. Als untrügliches Zeichen globaler Interdependenz erwiesen sich jedoch vor allem die weltweit spürbaren Konjunkturbewegungen wie die „Große Depression" von 1873, die für einen globalen Fall der Güterpreise sorgte, oder die erste globale Hochkonjunktur im Jahre 1896 (vgl. ebd.: 61f.). In den Jahren bis zum Ausbruch des Ersten Weltkriegs verstärkte sich – Jahrzehnte vor dem ersten Weltraumflug – immer mehr das Bewusstsein, in einer weltumspannenden Schicksalsgemeinschaft zu leben. Ökonomisch gesehen kann man nun von einer echten Weltwirtschaft sprechen, mit interkontinentalen Finanzströmen, internationalem Währungssystem, multinationalen Konzernen und dem Ausbau von losen Handelsnetzen zu geschlossenen Systemen, in denen Handelsbilanzen multilateral ausgeglichen werden. Dennoch gab es weiterhin große Löcher im internationalen Handelsnetz (vgl. ebd.: 66f.).

De-Globalisierung. Doch während die Verflechtungsdichte der Wirtschaft ein historisch einmaliges Hoch erreicht, geraten die großen Weltmächte auf politischer (militärischer, kolonialer) Ebene zunehmend aneinander. Der zum buchstäblichen Weltkrieg eskalierende Konflikt in Europa sorgt schließlich einerseits dafür, dass zahlreiche stabile Wirtschaftsverbindungen dauerhaft abreißen, andererseits – als Reaktion auf das große Morden – aber eine Reihe internationaler Organisationen und Vereinbarungen entstehen (z.B. der Vorläufer der UNO, der 1919 gegründete Völkerbund). Die Folgen des Krieges waren so verheerend, dass man von einer Phase der De-Globalisierung sprechen kann, deren Auswirkungen zum Teil sogar heute noch spürbar sind: Grenzüberschreitende Kapitalströme kommen beinahe vollständig zum Erliegen, der Welthandel bricht zwischen 1929 und 1935 um ein Drittel ein, national orientierte politische Steuerungsversuche befördern die (Wieder-)Abschottung und Regionalisierung der Weltwirtschaft (vgl. ebd.: 80ff.).

Zweiter Anlauf. Nach dem Zweiten Weltkrieg beginnt in Europa – trotz globaler Desintegration durch Blockbildung (kapitalistischer Westen vs. kommunistischer Osten) – ein beispielhafter Transformations- und Modernisierungsprozess. Multinationale Wirtschaftsorganisationen und Abkommen (EGKS, EURATOM, EWG, IWF, GATT etc.) stärken den massiven Wirtschaftsaufschwung, stabilisieren aber auch die bipolare Weltordnung, die erst 1989, dieses Mal weitgehend friedlich, zerbricht. In die zweite Hälfte des 20. Jahrhunderts – von vielen als eigentliche Globalisierungsepoche bezeichnet –, fallen ein Reihe von Ereignissen, die der Weltgemeinschaft das Faktum der Globalität (im Sinne Robertsons) dramatisch vor Augen führen: Vom Abwurf der ersten Atombombe 1945 (und dem damit verknüpften Bewusstsein der Möglichkeit einer Auslöschung der Menschheit als Ganze), über die Mondlandung 1969 (vgl. dazu Anders 1994) bis zum Reaktorunfall von Tschernobyl 1986 und – so muss man inzwischen ergänzen – den Terroranschlägen vom 11. September 2001 (vgl. auch Dahrendorf 1998 bzw. Kapitel 11).

Schattenseiten. Darüber hinaus hat der bis in die 1970er-Jahre andauernde ungebrochene ökonomische Aufschwung ‚des Westens', beflügelt durch kulturellen Transfer (Stichwort ‚Massentourismus') und politische Koordination, bis heute eine Schattenseite, auf der es sich immer schlechter lebt: die so genannte Dritte Welt. Osterhammel/Petersson (2004) sprechen analog zu Beck (1986: 179), allerdings vornehmlich bezogen auf den Ost-West-Konflikt, von einer „halbierten Globalisierung". Aktuelle Zahlen rechtfertigen diesen Ausdruck heute immer noch: So stieg beispielsweise die Anzahl der Internetnutzer weltweit von 1996 bis September 2002 von unter 50 Millionen auf über 605 Millionen an. Doch entsprach dies nur einem Anteil von etwa 10 Prozent der Weltbevölkerung. Bis heute hat die Hälfte der Weltbevölkerung noch kein Telefongespräch geführt. Gut drei Viertel des Welthandels, der immer noch schneller wächst als die Weltproduktion, werden von drei regionalen Blöcken – der Europäischen Union (EU), der Nordamerikanischen Freihandelszone (NAFTA) und Ostasien – dominiert. Mitgliedsländer dieser Triade sind (nach ihrem prozentualen Anteil am Weltgüterhandel) die USA, Deutschland, Japan, Großbritannien, Frankreich und Kanada, China und Korea, Russland und Österreich. Auf den letzten Plätzen der Welthandelsstatistiken rangieren Länder wie Georgien, Kambodscha, Togo und andere, die auf dem Weltmarkt vor allem als Rohstoffexporteure in Erscheinung treten. Auch vom weltweiten Binnen- und Auslandsmassentourismus, der zu 80 Prozent von westeuropäischen und nordamerikanischen Großstädten ausgeht, profitieren neben der Türkei, Ägypten, Südostasien und der Karibik hauptsächlich West- und Mitteleuropa sowie Nordamerika. Noch nie war das weltweite Einkommensgefälle zwischen reichen und so genannten Entwicklungsländern so steil wie heute. Noch nie war die räumliche Konzentration von Reichtum und Armut im globalen Maßstab so ausgeprägt (vgl. Atlas der Globalisierung: 11f., 18, 22, 24, 46, 50).[6] Die globale

---

[6] Pikanterweise sind jedoch gerade die USA das – mit 29.000 Milliarden US-Dollar – am höchsten verschuldete Land der Welt. Die Staatsschulden aller Entwicklungsländer, in denen 85 Prozent der Weltbe-

ökonomische, politische, kulturelle, gesellschaftliche Elite, die potenziell über einen weltumspannenden Zugang zu Waren und Lebenschancen, Interaktionen und Informationen verfügt, ist im Weltmaßstab betrachtet eine absolute Minderheit.

2) Akteure/Entwicklungsrichtung. Auf den ersten Blick scheint diese Minderheit – von Samuel Huntington (2002: 15) leicht verächtlich und in Anspielung auf die jährlich stattfindenden Treffen des World Economic Forum Mitglieder der „Davos-Kultur" genannt – wie eine verschwörerische Geheimloge die ökonomischen und politischen Geschicke des Globus (selbstverständlich in ihrem eigenen oder im Interesse ‚des Kapitals') zu lenken. Zweifelsohne ist im Zuge von Globalisierungsprozessen der Einfluss wirtschaftlicher Eliten und multi- bzw. transnationaler Konzerne auf nationale Regierungen und Wirtschaftsräume gewachsen. Doch das vielbeschworene „Ende des Nationalstaats" (vgl. z.B. Albrow 1996, Appadurai 1996) ist damit noch lange nicht eingeläutet: „Nirgendwo im Westen ist es gelungen, den vom Staat verwalteten und verteilten Anteil des Volkseinkommens drastisch abzusenken. Die am intensivsten an globalen Interaktionen teilnehmenden Länder sind zugleich solche mit der höchsten Staatsquote, Zoll- und Handels-‚Kriege' gehören keineswegs der Vergangenheit an. Grenzüberschreitende Migration wird überall staatlich kontrolliert und eingeschränkt." (Osterhammel/Petersson 2004: 110) Das Spektrum staatspolitischer Planungs-, Steuerungs- und Kontrollaufgaben hat in den letzten Jahrzehnten sogar eher zu- als abgenommen. Deregulierungsprogramme sind daher nicht gleich mit Abschaffung staatlicher Souveränität zu verwechseln. Der Staat sieht sich unter Globalisierungsbedingungen zwar einer Vielzahl technischer und ökonomischer Sachzwänge ausgesetzt, die seine politische Substanz erodieren. Er erfüllt – als gesellschaftliches Subsystem – aber weiterhin zahlreiche Schlüsselfunktionen (Distribution von Sozial-

---

völkerung leben, betrugen 2001 ‚nur' rund 1.600 Milliarden US-Dollar, dies entspricht dem Doppelten der öffentlichen Verschuldung Frankreichs (vgl. Atlas der Globalisierung: 28).

leistungen, Schulbildung und Hochschulwesen etc.) und konkurriert mit Kontrahenten und Verbündeten um globalen ökonomischen, militärischen und politischen Einfluss. Man denke beispielsweise an Deutschlands Versuch, einen ständigen Sitz im UN-Sicherheitsrat zu ergattern, aber auch an Nordamerikas selbstbewusste, interventionistische und aggressive Außenpolitik unter Präsident George W. Bush (vgl. Teusch 2004: 88-108). Neben dem Nationalstaat und den supranationalen Organisationen, die sich – wie im Falle der UN oder internationaler Strafgerichtshöfe – gegenüber nationalstaatlichen Alleingängen jedoch häufig als machtlos erweisen, gehören vor allem transnationale Konzerne, internationale Finanzorganisationen (wie Weltbank und Internationaler Währungsfond, IWF) und die Welthandelsorganisation (WTO) zu den globalen „Machtfaktoren erster Güte" (ebd.: 108). Aufgrund ihrer ökonomischen Macht, einer transnationalen Verankerung und der Möglichkeit gezielter Bedürfnisproduktion bis hin zu politischer Einflussnahme unter Umgehung institutionalisierter, demokratisch legitimierter Verfahren, agieren führende Weltkonzerne zunehmend unabhängig von nationalen Parlamenten und gesellschaftlichen Befindlichkeiten. Doch auch wenn sie sich häufig zugunsten des ‚shareholder value' von der ungeschriebenen Verantwortung für ihre jeweiligen nationalen Standorte verabschieden (wofür die Deutsche Bank unter Vorstandschef Josef Ackermann ein besonders prägnantes und trauriges Beispiel abgab), bleiben sie dennoch an zahlreiche staatliche Rahmenbedingungen und Vorleistungen gebunden (Infrastruktur, Gesetzgebung, Ausbildung). Zudem steht ihnen – wie auch der Weltbank und der WTO – seit geraumer Zeit eine raue, vielstimmige und organisierte Globalisierungskritik entgegen.

Globalisierungskritik. Neben kritischen Einzelstimmen (z.B. des Börsenspekulanten George Soros (1998) oder des ehemaligen Chefökonomen der Weltbank, Joseph Stiglitz (2002)) haben sich so genannte Nichtregierungsorganisationen (NGOs) wie *Attac*, *Greenpeace* oder *Transparency International* zu einflussreichen Akteuren auf der globalen Bühne gemausert, die sozusagen quer zu nationalen Regierungen Politik betreiben, ohne dabei selbst immer besonders transparent vorzugehen (Zur Typologie der Globalisierungskritik vgl. Leggewie 2003). Und als neues „Paradigma der Gegenmacht zum global agierenden Kapital“ hat Ulrich Beck (2005) unlängst die Masse der „politischen Konsumenten“ identifiziert, die auf lokale Arbeitsplätze bedrohende Abwanderungspläne heimischer Firmen mit der Machtressource des gezielten „Nicht-Kaufes“, mit anderen Worten: mit massenhaftem Konsumboykott antworten könnten.[7]

Wissenschaft. Als weiterer globaler Akteur sind nicht zuletzt auch die Wissenschaften zu nennen – auf der Ebene internationaler Kooperationen (beispielsweise in der Raumfahrt), aber auch im Sinne einer unverzichtbaren und einflussreichen Deutungsinstanz in der Risikogesellschaft, selbst wenn ihr exklusives Wahrheitsmonopol inzwischen der ‚Entzauberungstendenz‘ der Moderne zum Opfer gefallen ist (vgl. Beck 1986: 254-299 bzw. Kapitel 5.3). Kurzum: Auch wenn sich die Dynamik von Globalisierungsprozessen in erster Linie einem zugkräftigen, nicht selten sogar aggressiven ökonomischen Motor verdanken mag, spielen auch andere – politische, kulturelle, religiöse, wissenschaftliche – Einflussfaktoren und individuelles Protest- bzw. Konsumverhalten eine maßgebliche, gestalterische Rolle. Die weltweite Ausbreitung des kapitalistischen Wirtschaftssystems gehört ebenso zur Jahrhunderte alten Geschichte der Globalisierung wie die europäische Expansionspolitik, die Großmachtphantasien des frühen 20. Jahrhunderts, global agierende NGOs, Fußballweltmeisterschaften, BSE oder das polyzentrische und ‚anarchische‘ Internet.

Zukünftige Entwicklung. In welche Richtung mag sich diese Geschichte in Zukunft entwickeln? Angesichts weltweiter Ver-

---

7 Dass politisch motivierte Konsumverweigerung, aber auch – etwa infolge von Terroranschlägen oder Naturkatastrophen – Konsumangst (ein besonders für den globalen Massentourismus immer wieder höchst problematisches Phänomen), ökonomisch spürbare Effekte zeitigt, ist unbestritten. Ob sie sich tatsächlich zu einer global wirksamen Strategie der Gegenmacht entwickeln lässt, bleibt allerdings abzuwarten.

flechtungen unterschiedlichster systemischer wie personaler Handlungseinheiten und einer höchst wechselvollen Geschichte des Aufbaus und Abbruchs globaler Beziehungen lässt sich eine wie auch immer geartete Richtung von Globalisierungsprozessen nicht mit letzter Gewissheit angeben – was übrigens auch für andere Modernisierungsprozesse (wie Individualisierung oder Differenzierung) gilt. Staat, Demokratie, Wirtschaft und Gesellschaft befinden sich im „global village" zweifellos unter großem Veränderungsdruck, der für viele Staaten und Individuen schmerzhaft, in seinen Auswirkungen oft sogar ‚gewalttätig' sein kann (vgl. Dahrendorf 1998; Görg 2004: 110). In vieler Hinsicht ist die Welt im Gegensatz zur Vormoderne tatsächlich ein „single place" (Robertson) geworden. Globalisierungsprozesse jedoch mit quasi-subjekthafter, teleologischer Konsequenz auszustatten, als Sachzwang, der politische und individuelle Handlungsspielräume negiert, entspricht eher der ideologischen Geste sozialwissenschaftlicher Metaphysik als empirisch gehaltvoller Analyse. Im Gegenteil: Globalisierung ist und bleibt aus wissenschaftlicher Sicht das Explanandum – und keine „kausale Kraft mit normativer Geltung" (Dürrschmidt 2004: 12), auch wenn Versuchung und Gefahr der Reifizierung groß sind.

3) ‚Henne-Ei-Problem'. Dies führt uns zu der Frage, ob Globalisierung zu den „prime movers" (van der Loo/van Reijen 1997: 25), gar den Voraussetzungen von Modernisierungsprozessen gehört, oder umgekehrt, wie wir meinen, selbst nur ein – ambivaloxer – Teilprozess von Modernisierung ist. Die Soziologie liefert auch hier keine eindeutige Antwort. Globalisierung kann beides bedeuten: Kontinuität *und* Strukturbruch. Ersteres betonen mit Hinweis auf die historischen Wurzeln der Globalisierung und den folgenschweren De-Globalisierungseffekt der Weltkriege Osterhammel/Petersson (2004). Angeblich charakteristische Muster unseres „globalen Zeitalters" (Albrow) seien schon für frühere Zeiten nachweisbar. Globalisierung hänge aber deshalb eng mit Modernisierung zusammen, weil sie im Zuge von Modernisierungsprozessen „Verflechtungen von neuartiger Reichweite und Intensität" ermöglicht habe (ebd.: 112). Für Giddens (1995) ist Globalisierung – von spezifischen Antriebskräften und Begleitprozessen (Entkopplung von Raum und Zeit, Herauslösung sozialer Beziehungen aus lokalen Interaktionskontexten, Reflexivität) befördert – die radikalisierte Konsequenz der Industriemoderne, die zu einer „potenzierten", „reflexiven" oder „Zweiten Moderne" führt (vgl. auch Beck/Giddens/Lash 1996; Beck/Lau (Hrsg.) 2004). Giddens und die Theoretiker der reflexiven Moderne argumentieren nur in *relativer* Absetzung zur Moderne – und bleiben damit im Bezugssystem der Moderne verankert. Demgegenüber vertritt Martin Albrow (1996; 1998) einen regelrechten Abschied von der Moderne. Ihm zufolge setzt der materiale Aspekt der Globalität – die räumliche Begrenzung/Beschränktheit des Planeten – ein neues Thema auf die globale Agenda, das im Projekt der Moderne so weder vorgesehen noch antizipiert worden war. Globalisierung bringt Albrow (1998: 411) zufolge „die weitreichendste Transformation der gegenwärtigen Gesellschaft" mit sich, innerhalb derer alle Projekte und Vorstellungen der Moderne – von unbegrenztem Fortschritt, permanentem Wirtschaftswachstum und politischer Steuerung etc. – einer grundsätzlichen Überprüfung und Revision unterzogen werden. Der eher zeitbezogene Modernisierungsdiskurs werde durch den raumbezogenen Globalisierungsdiskurs ersetzt, in dessen Mittelpunkt mithin das Soziale stehen müsse – und nicht die Moderne.[8] Deren Fundamentalprinzipien (wie funktionale Differenzierung oder Rationalisierung) würden vielmehr durch den grundsätzlich entdifferenzierenden Globalisierungsprozess erodiert (vgl. Albrow 1998: 418, 424ff.). Für Robertson (1998: 196) ist Globalität „die allgemeine Bedingung, die die allgemeine Verbreitung ‚allgemeiner Modernität' erleichtert hat."

---

8 Albrows an Simmel (1992a) und Elias (1987) erinnernde Kritik verweist auf die Verselbständigung von Ordnungsbegriffen wie ‚Modernisierung' oder ‚Zweite Moderne': Anstatt sich konkreten sozialen Figurationen (Elias) oder Wechselwirkungen (Simmel) und deren Analyse zu widmen, wird das wissenschaftliche Interesse auf einen abstrakten Terminus gelenkt, dessen theoretische Implikationen den fachlichen Diskurs mehr und mehr zu dominieren drohen, während der konkrete soziale Wandel aus dem Blickfeld gerät.

4) Ambivalenzen und Paradoxa. Die vorangegangenen Ausführen machen deutlich: Globalisierung ist kein eindimensionales Phänomen und erst recht kein determinierter, determinierender Prozess. Im Gegenteil: Am nächsten kommt man ihr, wenn man – wie bei den anderen Modernisierungsprozessen – ihren ambivaloxen Charakter in den Blick nimmt. Denn das Resultat von Globalisierungsprozessen ist nicht automatisch immer mehr Verdichtung und Vernetzung, immer mehr globale Interdependenz und Annäherung. Robertson (1998) zufolge durchdringen sich globalisierende und de-globalisierende, homogenisierende und heterogenisierende Tendenzen gegenseitig (und gleichzeitig). Die Wandlung der Transport- und Kommunikationsformen transzendiert nach Meyrowitz (1998: 176ff.) unseren lokalen Horizont und konfrontiert uns via TV und Internet mit einem globalen „generalisierten Anderswo", das die Abhängigkeit unseres Selbstkonzepts von unserem jeweiligen Lebensmittelpunkt auf dem Globus löst. Unser Erleben werde gleichermaßen translokal homogenisiert (indem wir an überregionalen Ereignissen teilnehmen, als fänden sie vor unserer Haustür statt) und lokal fragmentiert (indem globale Ereignisse von regionalen Medien lokal verortet werden) (vgl. ebd.: 188). Demgegenüber und in Abgrenzung vom Globalisierungsmythos der ‚einen Weltgesellschaft' betont Kirby (1998) die lokalen Aspekte persönlicher Bindungen, Interaktionen und Meinungsbildung und das Lokale als lebensweltlich primäre „Arena", in der wir globale Ereignisse (via Medien) rezipieren und individuell verarbeiten. Globalität im Sinne des „global village", von permanenter Verdichtung und Verflechtung erweist sich bei genauerer Betrachtung als idealistische Konstruktion.

Glokalisierung. Zugespitzt ließe sich sagen: Globalisierung funktioniert gerade *nicht* global. Anstelle des einseitig homogenisierende Tendenzen betonenden Begriffs ‚Globalisierung', bietet sich zur Beschreibung der ambivaloxen, dialektischen Struktur von Globalisierungsprozessen daher der von Robertson (1992; 1998) geprägte Terminus *Glokalisierung* an. Globalisierung entpuppt sich in diesem Verständnis als Medaille mit zwei Seiten: Prozessen der Verdichtung und Vernetzung stehen Fragmentierungs- und Regionalisierungstendenzen gegenüber. So hat beispielsweise Zygmunt Bauman (1996: 659f.) darauf hingewiesen, dass im Sinne von Glokalisierung verstandene Globalisierungsprozesse zu einer globalen „Neustratifizierung“ und Neuverteilung von Privilegien führen, die die Welt in globalisierte und lokalisierte Teile polarisieren: Auf der einen Seite leben die vollmobilen, flexiblen, gut ausgebildeten und wohlhabenden Eliten (Bauman nennt sie „Touristen“), für die der Raum nur noch ein lästiges, aber jederzeit überwindbares Hindernis auf dem Weg zu Geschäftsterminen und Fernreisen darstellt und die niemals (genug) Zeit haben (vgl. Kapitel 6.3). Auf der anderen Seite – der Welt der Arbeitslosen und Globalisierungsverlierer (der „Vagabunden“) – gibt es davon bedrückend viel, während der Ort, an dem sie leben, für sie zur regelrechten Fessel wird (vgl. ebd.: 661f.; vgl. dazu auch Anders 1980: 215-231 bzw. Castells 2003: 431-525).

Reformulierung. Vor diesem Hintergrund können wir unsere anfängliche Definition von Globalisierung nun wie folgt reformulieren: Globalisierung ist ein *komplexer, ambivaloxer* und *dialektischer Transformationsprozess* mit historisch offenem Ende, der sowohl zu internationaler Verflechtung und Verdichtung (politisch, ökonomisch, gesellschaftlich-kulturell und raum zeitlich) führt, d.h. menschliches Handeln zunehmend in einem globalen Bezugsrahmen verortet, als auch zugleich neue Tendenzen in Richtung Fragmentierung, Lokalisierung, und De-Globalisierung hervorruft, was der hybride Begriff *Glokalisierung* treffend ausdruckt. Dem ambivaloxen Charakter von Globalisierung, spezieller: kultureller Globalisierung, bleiben wir auch im folgenden Abschnitt auf der Spur.

7.4 Homogenisierung, Fragmentierung – Hybridisierung!?

McDonaldisierung. Die Frage nach den Tendenzen von Globalisierungsprozessen gehört zu den „Brennpunkten“ soziologischer Globalisierungsdebatten (Dürrschmidt 2004: 104): Ist die globalisierte Welt vielfältiger, zerrissener oder doch eher einheitlicher geworden? Einer der prominentesten Vertreter der Homogenisierungstheorie in der Globalisierungsdebatte ist der amerikanische Soziologe George Ritzer, der mit seiner an Weber anknüpfenden These von der „McDonaldisierung" eine weltweite Debatte um die vereinheitlichenden Effekte eines US-amerikanisch dominierten Wirtschafts- und Lebensmodells entfachte (vgl. Ritzer 1998; Alfino/Caputo/Wynyard (Eds.) 1998 sowie ausführlich Kapitel 4.3). Homogenisierend auf Konsumvielfalt und (kulturelle) Produktion wirkt McDonaldisierung nach Ritzer/Stillman (2003: 53), insofern letztere „mit Effizienz, Vorhersagbarkeit, Kalkulierbarkeit und dem Einsatz einer von Menschen unabhängigen Technologie nicht in Einklang zu bringen ist." So zwinge beispielsweise *McDonald's* auch seine Zulieferfirmen dazu, sich zu McDonaldisieren. Aufgrund der hohen ökonomischen Rentabilität des Systems gegenüber nicht-McDonaldisierten Produktionsverfahren geht von ihm eine Art Sogwirkung aus, der sich selbst scheinbar McDonaldisierungsferne Bereiche wie Bildung und Wissenschaft nicht entziehen können. Unter ökonomischem Druck und angesichts einer gesellschaftlich weit verbreiteten „consumer culture" verwandelt sich sogar die Universität nach Ritzer tendenziell in eine „McUniversity" (vgl. Ritzer 1995: 99-103; 1998: 151-162): Mit Hilfe von „high tech" (Videokonferenzen, Internetvorlesungen etc.), „lean management", der Reduzierung von Durchfallquoten („grade inflation") und hübsch frisierten Campusgeländen mit Spaßfaktor (z.B. integriertem Kino oder Fitnesscenter) ködern die Universitäten der Zukunft zahlungskräftige Studierende, die zu umworbenen ‚Kunden' mutieren. Diese verlangen – analog zum Besuch eines Fast-Food-Restaurants – optimierte Kurse, einheitliche Lerninhalte und eine effiziente Berufsvorbereitung. Irrationale Produktivitätsanforderungen treiben das wissenschaftliche Personal zur Akkordarbeit an. ‚Publish or perish' lautet die Devise, die sich mittels computerbasierter Techniken (‚copy & paste') auch befolgen lässt, allerdings nicht selten zu sinnloser (Massen-)Produktion und fragwürdigen Verkürzungen oder Mehrfachverwertungen wissenschaftlicher Ergebnisse verführt (vgl. Ritzer 1998: 35-51).

Kulturelle Homogenisierung. Kurzum: Wo immer und, so muss man ergänzen, ganz gleich, in welcher Form oder Variante sie sich auch ausbreitet, McDonaldisierung bedroht individuelle, institutionelle und regionale Besonderheiten, um sie letztlich gegen ihr immer gleiches strukturelles und ideelles Einheitskonzept zu ersetzen: „Mit der kulturellen Rationalisierung droht [.] die in ihrer Traditionssubstanz entwertete Lebenswelt zu *verarmen*." (Habermas 1994: 41; Hervorh. i. Orig.) Als Teilprozess oder „Unterfall" von „Amerikanisierung" lähmt oder gar zerstört sie fremde Kulturen (z.B. in der kulturindustriellen Verarbeitung des Massentourismus) und alternative Entwicklungsprozesse (z.B. „Japanisierung") nachhaltig (vgl. Ritzer/Stillman 2003: 51). Daran, so Ritzer, können auch regionale Pluralisierungsbestrebungen nur wenig ändern. Denn sie zwingen McDonaldisierte Unternehmen, Behörden und Strukturen letztlich nur zu graduellen Anpassungen, was im Interesse der Profitsteigerung und des Effizienzkriteriums sogar positiv verstärkend wirkt. Auch die individuelle Verweigerungshaltung, von Ritzer (1995: 301ff.) in beinahe rührender Manier beispielhaft empfohlen, ist nicht viel mehr als der berühmte Tropfen auf den heißen Stein. Langfristig, so fürchtet Ritzer deshalb, „wird die isomorphe Kulturkonvergenz im Zeichen amerikanischen Geschmacks und amerikanischer Verfahren [.] einen negativen Einfluss auf das [regionale, die Verf.] kulturelle Erbe ausüben." (Ritzer/Stillman: 64f.)

Lokale Widerspenstigkeit. So überzeugend Ritzers Analyse auch klingen mag, dem vermeintlichen „Gesetz kultureller Globalisierung" (Beck 1997: 81), wonach kulturelle Symbole und Lebensformen zunehmend in einen globalen Konvergenzstrudel US-amerikanischer Provenienz geraten, ist häufig widersprochen worden. Globale Kultur wird regionalen Kulturen und Lebensstilen nicht einfach aufgeklebt, geschweige denn übergestülpt. Homogenisierungstheorien wie die McDonaldisierungsthese operieren mit einem einseitigen Globalisierungsverständnis. Wie bereits gezeigt, kann ‚Globalisierung' nämlich nie etwas anderes bedeuten als „an mehreren Orten zugleich, also *translokal*." (ebd.: 86; Hervorh. i. Orig.) Erfolgreiche Unternehmen trachten deshalb gerade nicht nach Homogenisierung, sondern vielmehr nach regionaler, lokaler Verortung ihrer Produkte und des mit ihnen transportierten Lebensstils.[9] Schließlich werden bestimmte Waren und Lebensstile, nur weil sie weltweit verfügbar sind, noch lange nicht überall gleich konsumiert und angeeignet. Der tatsächlichen Gleichförmigkeit globaler Symbole, Produkte und Ideen steht eine vielfältige, oft widerständige und höchst eigenwillige lokale Aneignungspraxis gegenüber (vgl. Eickelpasch/Rademacher 2004: 61ff.) So weisen Breidenbach/Zukrigl (1995: 15-20) darauf hin, dass Ritzers McDonaldisierungsthese sogar auf *McDonald's* selbst nur bedingt zutrifft: Ostasiatische Fast-Food-Konsumenten ignorieren beispielsweise das Gebot, ihre Big Macs schnell zu essen, Kinder machen stundenlang in *McDonald's*-Filialen Hausaufgaben und chinesische Geschäftsleute veranstalten dort sogar Besprechungen. In Indien ergänzt der „Hammel-Maharaja-Mac" die standardisierte Speisekarte, in Norwegen der „McLaks" (ein gegrilltes Lachssteaks mit Dillsauce und Vollkornbrot). Globale Fast-Food-Ketten scheinen das lokale Nahrungsangebot nicht einfach zu verdrängen, sondern lediglich zu ergänzen.

Hybridisierung. Zwar werden im Zuge kultureller Globalisierungsprozesse durchaus zahlreiche einheimische Lebensformen und kulturelle Praktiken verdrängt – was häufig sogar unwiderruflich der Fall ist (vgl. Wuketits 2003) –, doch geschieht dies Breidenbach/Zukrigl zufolge heute lediglich schneller als früher. Meist vermischen sich lokale Kulturen mit globalen Einflüssen zu einer Art „Kulturmelange" (z.B. in der Musikbranche), was man in diesem Zusammenhang als Hybridsierung bezeichnen kann.[10] Das zum größten Teil westlich geprägte internationale Referenzsystem der „Globalkultur" wird nach Hannerz (1998) als eine Art „Sinn-

---

[9] Unter einer konsequent ökonomischen Perspektive erweist sich McDonaldisierung langfristig sogar als schädliche Strategie: „Besonders der von Absatzkrisen geschüttelte Weltkapitalismus bedarf lokaler Vielfalt und Widersprüchlichkeit, um durch notwendige Produkt- und Marktinnovationen in der Weltkonkurrenz zu bestehen." (Beck 1997: 87)

[10] Zu einem anderen Verständnis von Hybridisierung vgl. die Ausführungen zu Bruno Latour in Kapitel 5.3.

pool" betrachtet, aus dem sich die unterschiedlichsten Regionen und Kulturen – in Abgrenzung und kreativer Aneignung, Eigenes und Fremdes vermischend – bedienen. In Abwandlung eines alten Brandt-Worts lässt sich deshalb sagen: Im globalen Labor der kulturellen Hybridisierung ‚wächst zusammen, was nicht zusammen gehört'. Mehr noch: Die Konfrontation mit kulturellen Homogenisierungsprozessen erweckt nicht selten erst das Bewusstsein für lange verschüttete Traditionen und Lebensstile zu neuem Leben. Dies geht sogar so weit, dass (vermeintlich) Traditionelles rekonstruiert und neu definiert, ja regelrecht erfunden wird, um es gegen die homogenisierende Globalkultur in Stellung zu bringen (z.B. wiederbelebte fernöstliche Entspannungstechniken oder Feng Shui in westlicher Variante) (vgl. Beck 1997: 87). Kurzum: „Aus der kulturellen Perspektive erweist sich Globalisierung als ein hochgradig dialektischer Prozess. Homogenisierung und Ausdifferenzierung, Konflikt und Kreolisierung, Globalisierung und Lokalisierung stellen keine einander ausschließende Entwicklungen dar, sondern bedingen sich gegenseitig." (Breidenbach/Zukrigl 1995: 31)[11]

Kampf der Kulturen. Die heftige Kritik, die Ritzers McDonaldisierungsthese und seine Verortung des Individuums und indigener Kulturen auf eher ohnmächtigen Positionen im McDonaldisierungsprozess hervorgerufen hat, macht deutlich, wie stark der Globalisierungsdiskurs aufgeladen ist. Identitätspolitische Grabenkämpfe und vorübergehend in Vergessenheit geratene Weltanschauungen sind ebenso Teil dieses Diskurses wie nüchterne empirische Untersuchungen. Kaum eine Globalisierungsthese hat in den letzten Jahren allerdings derart kontroverse Reaktionen provoziert wie Samuel Huntingtons (Schreckens-)Vision eines „Kampfs der Kulturen" (vgl. Huntington (Ed.) 1993). In seinem 1993 veröffentlichten Artikel „The Clash of Civilizations?" – und seitdem in

---

[11] Vgl. dazu auch die differenzierte Bewertung bei Schöb (2002: 126-133).

zahlreichen weiteren Publikationen[12] – verabschiedet der amerikanische Star-Politologe und Regierungsberater das Zeitalter des Kalten Krieges und behauptet, dass die neuen Konfliktlinien der Zukunft entlang der „Gräben" zwischen verschiedenen kulturellen Räumen bzw. „Hauptzivilisationen" verlaufen werden.[13] Zu diesen global interagierenden und konkurrierenden Hauptzivilisationen der Welt zählen nach Huntington die westliche, konfuzianische, japanische, islamische, hinduistische, slawisch-orthodoxe, lateinamerikanische und (möglicherweise) eine afrikanische. Sie geraten, so Huntington (ebd.: 25ff.), deshalb aneinander, weil *erstens* ihre sprachlichen, kulturellen und – vor allem – religiösen Differenzen fundamental sind;[14] weil *zweitens* die Welt als gemeinsamer Interaktionsrahmen kleiner wird und *drittens* der ökonomische Modernisierungsprozess in traditionalen Gesellschaften zu Freisetzungen und Identitätskrisen führt; *viertens*, weil der Westen als global dominierendes Paradigma das Bewusstsein für Differenzen schärft und zu Rückbindung und Indigenisierung führt; *fünftens* kulturelle Eigenheiten und Differenzen weniger wandelbar sind als politische oder ökonomische und *sechstens*, weil das Zivilisationsbewusstsein durch ökonomischen Regionalismus (Stichwort ‚NAFTA' oder ‚ASEAN') zusätzlich verstärkt wird. Der „Clash" erfolgt nach Huntington sowohl auf der Mikroebene zwischen benachbarten Völkern (Ethnien) als auch auf der Makroebene zwischen Staaten

---

[12] Das 1996 erschienene voluminöse Buch „Kampf der Kulturen" verzichtet allerdings bereits auf das Fragezeichen im Titel.

[13] Zivilisationen repräsentieren Huntington (1993: 24) zufolge die höchste Ebene kultureller Identität von Menschen, definiert durch gemeinsam geteilte Sprache, Geschichte, Religion, Sitten, Institutionen und Selbstidentifikation. Sie können sowohl eine große (China) als auch kleine Anzahl von Menschen (englischsprachige Karibik), mehrere Staaten (westliche Zivilisation, Arabische Welt) oder einen einzigen (Japan) umfassen.

[14] Huntington (2002: 16) spricht u.a. – allerdings ohne nähere Angaben – von „individualistischen", „egalitären", „kollektiven", „hierarchischen" Kulturen sowie „Schuld-" und „Schamkulturen".

unterschiedlicher Zivilisationen. Prominente Beispiele sind der Jugoslawien-Konflikt und die Golfkriege der letzten fünfzehn Jahre. Zu den großen Herauforderungen der Zukunft gehören für Huntington (2000: 6f.) vor allem die Identitätskrise der Nationalstaaten, die zu kulturellen bzw. ethnischen Separierungsbestrebungen führt (Beispiel Korsika, Flandern, Tschetschenien etc.),[15] sowie die damit eng zusammenhängende „Renaissance der Religionen" und religiös motivierten Fundamentalismen.

Der Westen gegen den Rest der Welt. In diesem Zuge gerät Huntington zufolge auch das Paradigma der westlichen Moderne, geprägt durch Werte wie Individualismus, Demokratie, Freiheit, Gleichheit etc., ins Wanken. Als attraktives Gesellschaftsmodell drohe es mehr und mehr zu „verblassen" (Huntington 1996: 117ff.). Überall auf der Welt kommt es nach Huntington zu Re-Traditionalisierung und kultureller Rückbindung. Dazu gehört, dass Modernisierungsprozesse nicht mehr zwangsläufig auch zu Verwestlichung (Homogenisierung) führen. Anders formuliert: Die ‚Nachzügler' verlassen den vorgegebenen Modernisierungspfad und entwerfen alternative Entwicklungskonzepte. ‚Der ‚Westen hingegen ist in Huntingtons Welt zunehmend isoliert – und bedroht. Hinter der plakativen Formel „the West versus the rest" (vgl. Huntington 1993: 39ff.) verbirgt sich das Konfliktszenario einer düsteren Zukunft: In ihr prallt die moderne westliche Welt auf wiedererstarkende islamisch-konfuzianische Weltmächte (die arabischen bzw. muslimisch geprägten Länder und China), die ihren politisch-gesellschaftlichen Aufstieg notfalls auch mit (atomarer) Waffengewalt erzwingen wollen und so einen Dritten Weltkrieg provozieren könnten (vgl. Huntington 1996: 514-524). In diesem Zusammenhang steht auch Huntingtons umstrittenes, aber immer

---

15 Huntington (2000: 10) propagiert gewissermaßen eine neue, kulturalistische Variante der „Domino-Theorie" der 1950er Jahre. Er befürchtet, regionale Fragmentierungsbestrebungen könnten sich zu „politischen Selbstläufern" ausweiten, die auf Nachbarländer oder sogar weltweit ‚abstrahlen'.

wieder bekräftigtes Zitat „Islam has bloody borders." (Huntington 1993: 35; vgl. auch Huntington 1996: 420f.) Dem Westen empfiehlt Huntington deshalb, nicht in Konflikte fremder Kulturen zu intervenieren („Prinzip der Enthaltung"), während die zweite Voraussetzung für Frieden in der multikulturellen, multipluralen und fragmentierten Welt das „Prinzip der Vermittlung" sei, „demzufolge Kernstaaten miteinander verhandeln, um Bruchlinienkriege zwischen Staaten oder Gruppen innerhalb ihrer jeweiligen Kultur einzudämmen oder zu beenden." (Huntington 1996: 522). Wenn uns ein „weltweites finsteres Mittelalter" (ebd.: 530) erspart bleiben soll, müssten die großen Zivilisationen außerdem lernen „to coexist with the others" (Huntington 1993: 49). Letztlich aber, so macht Huntington (2002: 20) Hoffnung, sei grundsätzlich keine Kultur „einschließlich des Islam" mit Demokratie unvereinbar, auch halte er selbst nichts von „kulturellem Determinismus".

Kritik. Ob man hingegen von Huntingtons Ansatz etwas halten kann, ist mehr als fraglich. Gut möglich, dass er sich im Sinne einer pseudo-sozialwissenschaftlichen self-fulfilling prophecy in der Wirklichkeit ‚bewährt'. Zu zahlreich jedoch sind die Antinomien und Ungereimtheiten, die Huntingtons allzu holzschnittartige, essentialistische These vom globalen Kulturkampf begleiten (vgl. Kevenhörster 2000; Menzel 1998; Senghaas 1997): Weder macht Huntington Angaben darüber, worin die Unterschiede zwischen den großen monolithischen Zivilisationsblöcken im Einzelnen bestehen und warum daraus zwangsläufig ein globales Konfliktpotenzial folgt, noch gibt es beispielsweise realpolitisch so etwas wie eine schlagkräftige islamisch-konfuzianische Achse.[16] Der islami-

[16] Zu Huntingtons Religionsverständnis merkt der Religionssoziologe Martin Riesebrodt (2000: 17 f.) an: „Welche Werte prägen eigentlich die sinische, japanische, hinduistische, islamische, westliche, orthodoxe, lateinamerikanische und afrikanische Zivilisation? Diese für das Buch [Huntington 1996; die Verf.] zentrale Frage wird nirgendwo wirklich beantwortet, es sei denn man akzeptiert die Etikettierung, daß die westliche Zivilisation ‚christlich', die islamische ‚muslimisch' und die sinische ‚konfuzianisch' sei, als Erklärung." Judentum und Budd-

sche Raum ist in sich politisch so stark fragmentiert und im Übrigen lange nicht so fundamentalistisch und gewaltbereit, wie Huntington suggeriert –, dass ein einheitliches Handeln auf absehbare Zeit unwahrscheinlich ist. Im Gegenteil: Die Zahl der innerkulturellen Konflikte und Kriege sowie der (militärischen) Allianzen zwischen fremden Kulturen ist viel zu groß, um ernsthaft von neuen Blockbildungsprozessen sprechen zu können.[17] Darüber hinaus steht Huntingtons Rede von der „Davos-Kultur“ in krassem Widerspruch zur eigenen Fragmentierungsthese des Kulturkampfs. Dass er noch dazu einerseits die klassisch griechischen Wurzeln ‚des Westens‘ hervorhebt, Griechenland als orthodoxe Kultur (genau wie die Türkei) jedoch am liebsten aus der EU verbannen würde, ohne von den orientalischen Wurzeln des Christentums Kenntnis zu nehmen, wirkt nachgerade absurd. Menzel (1998: 81f.) vermutet, dass sich hinter Huntingtons rigidem, antinomischem Kulturreduktionismus (Gesellschaft = Kultur = Religion = Konflikt) und den manichäischen Weltuntergangsszenarien die Absicht verbirgt, mit aller Macht ein (womöglich regierungspolitisch instrumentalisierbares?) neues Freund-Feind-Schema, ein neues Weltbild zu kreieren, wie der Untertitel seines Buches („The Remaking of World Order“) nahe legt.[18] Es empfiehlt sich daher, Huntingtons

---

hismus spielen in Huntingtons Überlegungen offensichtlich grundsätzlich keine Rolle.

[17] Huntingtons holzschnittartige Mantik beruht auf fundamentalen Fehleinschätzungen. Dazu gehört auch, dass er ‚den Islam‘ mit konfrontativen Ideologien von der Art des Sowjet-Kommunismus gleichsetzt. In der Realität der islamisch geprägten Welt lässt sich aber weder ‚der Islam‘ (schiitisch, sunnitisch, alewitisch?) oder gar ein idealtypischer ‚homo islamicus‘, noch eine grundsätzliche Gewaltbereitschaft finden (vgl. dazu R. Schulze 1994 bzw. Al-Azm 1993). Als Nagelprobe für Huntingtons Thesen dürfte sich wohl die politisch höchst umstrittenen Integrationsbemühungen der von Huntington (1993: 42) als „torn country“ bezeichneten Türkei in Richtung Europa erweisen.

[18] Umso erstaunlicher war es, dass Huntington die Terroranschläge des 11. September 2001 in einem Interview mit der ausdrücklich nicht als Zeichen des von ihm postulierten Kulturkampfs interpretierte. Statt-

Weltbild als (allerdings recht naives, essentialistisches) Konstrukt zu betrachten, genau so wie ‚den Westen' oder ‚das Christentum' auch, die als solches auf eine Jahrtausende alte Geschichte der Neu-, Fort- und Umschreibungen zurückblicken können.

FAZIT: Die beiden theoretischen Antipoden George Ritzer und Samuel Huntington stehen paradigmatisch für eine internationale Globalisierungsdebatte, die – auch in den sich ansonsten gern mit dem Label nüchterner Objektivität schmückenden Wissenschaften – heftige, emotional aufgeladene Kontroversen provoziert. Dabei sind wir von einer universalen Globalkultur (zum Glück) genau so weit entfernt wie wir es (hoffentlich) von Huntingtons fragmentierter Welt der „Bruchlinienkonflikte" bleiben. Um in einer überbordenden Flut wissenschaftlicher und essayistischer Äußerungen zum Thema nicht den Durchblick zu verlieren, sollte man sich zunächst vergegenwärtigen, dass die soziologische Globalisierungstheorie nach wie vor eine „theory in the making" (Dürrschmidt 2004: 9) ist. Mit der Vielfalt globalisierungstheoretischer Werkzeuge (Homogenisierung, Fragmentierung, Hybridisierung, Glokalisierung) lässt sich dann produktiv arbeiten, wenn man den ambivaloxen Charakter von (De-)Globalisierung, ihre dialektische Struktur und Ergebnisoffenheit im Hinterkopf behält. Als weltweiter Trend scheint Globalisierung kaum noch aufzuhalten. Zweifellos aber benötigt sie Kanäle und Schutzwälle. Das gilt für ‚den Westen' genau so wie für den Rest der Welt. Dass Globalisierung zu Globalität im Sinne Robertsons führt, d.h. zu einem neuen Bewusstsein von der Welt als einem in mehrfacher Hinsicht endlichen, gemeinsamen Wirtschafts- und Lebensraum, bedeutet noch lange nicht, dass wir uns auf dem Weg in die „Weltgesellschaft" (Beck) befinden.

---

dessen sah er darin einen „Angriff gemeiner Barbaren auf die [...] Zivilisation als solche." (Huntington 2001) Von einer derartigen übergeordneten Ebene – der ‚Zivilisation als solcher' – hatte Huntington bis dato nicht gesprochen.

Literatur:

- Beck, Ulrich (1997): Was ist Globalisierung? Frankfurt/M.
- Beck, Ulrich (Hrsg.) (1998): Perspektiven der Weltgesellschaft. Frankfurt/M.
- Dürrschmidt, Jörg (2002): Globalisierung. Bielefeld.
- Robertson, Roland (1992): Globalization. London.

Übungsfragen:

1. *Definition*: Was versteht man unter ‚Glokalisierung'?
2. *Wiedergabe*: Was ist der Unterschied zwischen ‚Globalisierung' und ‚Globalität'?
3. *Vergleich*: Stellen Sie Vor- und Nachteile von McDonaldisierungsprozessen gegenüber.
4. *Anwendung*: Erklären Sie die europaweite Einführung von B.A.- und M.A.-Studienabschlüssen globalisierungstheoretisch.

8 Ver- und Entgeschlechtlichung

Modernisierung geschlechtsneutral? Modernisierung erscheint auf den ersten Blick als geschlechtsneutraler Prozess: Differenzierung, Individualisierung, Rationalisierung, Domestizierung, all das betrifft Männer wie auch Frauen – aber in gleichem Maß? Im ersten Abschnitt dieses Kapitels skizzieren wir das Spannungsverhältnis von Theorien der Geschlechterverhältnisse und Modernisierungstheorien, bei denen nur erstere Prozesse der Ver- und Entgeschlechtlichung als treibende Modernisierungsfaktoren analysieren, während Modernisierungstheorien den Faktor Geschlecht bislang weitgehend ausgeblendet haben. Die beiden ‚Schulen' erscheinen zunächst wie Katz und Maus (Kapitel 8.1), bieten aber dennoch – das wollen wir herausarbeiten – Optionen für eine gendersensible Modernisierungstheorie. Dabei diskutieren wir vor allem individualisierungs- und differenzierungstheoretische Varianten (Kapitel 8.2), um sie mit neueren Ansätzen der Geschlechterforschung (Kapitel 8.3) wie auch der Gesellschaftstheorie (Kapitel 8.4) zu erweitern.

8.1 Theorien der Geschlechterverhältnisse und/versus Modernisierungstheorien

Spannungsverhältnis. Die in den 1970er-Jahren wurzelnde Frauenforschung hat eine Soziologie der Geschlechterverhältnisse[1] inspiriert, die den durchdringenden und prägenden Einfluss von Geschlecht auf das soziale Leben würdigt. Geschlecht ist damit eine Strukturkategorie zur Analyse des Sozialen. Außerdem entlarvt eine solche Forschung Geschlechterverhältnisse als kulturell

---

[1] Unter Geschlechterverhältnis ist die Art und Weise zu verstehen, wie Beziehungen zwischen Männern und Frauen in bestimmten historischen Konstellationen gesellschaftlich organisiert und institutionalisiert sind (vgl. Becker-Schmidt/Knapp 1995: 7).

und sozial überformt. Danach steht alles, was als ‚natürlich' erscheint, unter ‚Bedingtheitsvorbehalt' und ist zu hinterfragen: Dass aus der Gebärfähigkeit von Frauen gesellschaftliche Formen der Kleinfamilie und der Zwangsheterosexualität abgeleitet werden, ist keineswegs zwangsläufig, sondern bereits schon ein Effekt bestehender Machtstrukturen. Schließlich analysiert die Soziologie der Geschlechterverhältnisse gesellschaftliche Phänomene (wie etwa der Professionalisierung, der Dienstleistungsarbeit in der Tourismusbranche oder der Transsexualität) – das ist die komplementäre Seite der Strukturkategorie Geschlecht – unter der Perspektive, wie über diese Phänomene auch Geschlecht hergestellt wird, wie Geschlecht dabei mehr oder weniger relevant (gemacht) wird, wie, mit anderen Worten, Phänomene ver- oder entgeschlechtlicht werden. Tenor: Geschlechterverhältnisse sind historisch entstanden, sozial hergestellt und damit auch veränderbar. Dies aufzuzeigen ist Ziel von Geschlechterforschung oder – wie sie im akademischen Betrieb heißen – der Gender Studies. Bei (feministischen) Theorien der Geschlechterverhältnisse einerseits und Modernisierungstheorien andererseits handelt es sich vor diesem Hintergrund in dreierlei Hinsicht um gegenläufige Strömungen (vgl. Aulenbacher 2001: 189f; Oechsle/Geissler 2004):

- *Affirmation:* Erstens kritisieren Theorien der Geschlechterverhältnisse den *affirmativen Grundzug in der Reflexion der Moderne*. Gemeint ist damit das idealtypische „modernisierungstheoretische Grundmodell" (Kößler 1998: 108), das Modernisierung als evolutionären, fortschrittsorientierten und scheinbar universalen Prozess zeichnet. Darüber hinaus führe es implizit (und manchmal auch explizit) eine ‚westliche' Überlegenheitsannahme mit sich und sei damit alles andere als universal.

- *Androzentrismus:* Zweitens hält die Geschlechterforschung den zugrunde liegenden *Androzentrismus* von Modernisierungstheorien für problematisch, der die Leistungen und Beiträge von Frauen für Modernisierungsprozesse und ‚-fortschritte' negiere. Ausgeblendet bleibe etwa, dass (spät-)modernen Gesellschaften eine von der Soziologie nicht thematisierte Geschlechterordnung zugrunde liege, die Frauen auf das Dunkle, Irrationale und ‚Unzivilisierte' verweise. So fanden vor allem in der klassischen Moderne nur die kulturellen Leistungen von Männern ihre Würdigung; was Frauen taten, dachten und empfanden, galt als Ausdruck ihrer ‚Natur'. Und auch heute noch gibt es die Vorstellung einer ‚natürlichen Frau', deren Natürlichkeit in ihrer Gebärfähigkeit (mit dem Uterus als Zentralorgan) liegt. Eine solche Naturalisierung der Geschlechterunterschiede findet ihre konsequente Fortsetzung in einer Ontologisierung und Konstantsetzung der Geschlechterverhältnisse: ‚Der Mann' wird zum Menschen schlechthin generalisiert (Vorsicht also vor allen verallgemeinernden Bemerkungen wie ‚der Mensch': Wer ist tatsächlich gemeint?), Weiblichkeit wird mit naturwissenschaftlicher Unterfütterung zum Gegenpol von Männlichkeit und von Kultur erklärt. Still und leise wird damit ‚der Mann' zum Maßstab gesellschaftlicher Entwicklung und Zivilisation, von der Frauen ausgeschlossen sind. So funktioniert(e) nicht nur die Entwicklung der Familiensoziologie, sondern auch die Soziologie sozialer Ungleichheit: Maßstab ist immer Beruf und Einkommen des Mannes als Familienvorstand, die ökonomische Abhängigkeit von Frauen fällt damit unter den Tisch.[2] Es darf also nicht erstaunen, dass die Kategorie Geschlecht es noch nicht lange zur Dignität einer gesellschaftlichen Kategorie gebracht hat; noch nicht einmal in der Soziologie, die es eigentlich besser wissen sollte (vgl. Bublitz 1998: 60-65; Klein 1995: 191-193; Degele 2003a).

---

2 Dies gilt schließlich auch noch für die feministisch durchaus wertgeschätzte Theorie von Karl Marx, der Unterdrückungsverhältnisse aus dem Widerspruch von Kapital und Arbeit im Bereich der Produktion ableitete. Hausarbeit ist bei Marx reproduktive Arbeit, die nicht mit ökonomischen Kategorien erfasst werden kann. Weil sie keinen gesellschaftlichen Mehrwert produziert, kann sie konsequenterweise auch nicht enteignet und ausgebeutet werden – die entscheidende Unterdrückung bleibt damit die über ökonomische Klassen vermittelte.

- *(Re-)Traditionalisierung:* Drittens sind in Modernisierungsprozesse auch Prozesse der (Re-)Traditionalisierung konstitutiv eingelassen. Anthony Giddens (1996: 169-174) spricht hier zutreffend von einem Zwangscharakter der Moderne, der sich vor allem in einem traditionellen Verständnis der Geschlechterverhältnisse (männliche Öffentlichkeit vs. weibliche Häuslichkeit) niederschlägt: In einer Gesellschaft, in der Traditionen gründlicher denn je vernichtet worden sind, spielen Unsicherheit, Sucht und Abhängigkeit als Festhalten an vermeintlichen Sicherheiten (wie etwa traditionellen Geschlechterverhältnissen) eine immer prominentere Rolle (vgl. Giddens 1993: 82-89). Dabei – das macht das Traditionelle aus – setzen moderne Institutionen wie der Arbeitsmarkt, das Bildungssystem und das System sozialer Sicherung und Gesundheit unbezahlte Reproduktionsarbeit voraus (vgl. Kapitel 9.3). Die Versprechen universeller Gleichheit und Freiheit waren also nicht wirklich universell, sondern galten nur für Männer, was die Rede von einer „halbierten Moderne" (Beck 1986) rechtfertigt.

8.2 Reflexive Modernisierung versus Systemtheorie

Reflexive Modernisierung und institutionalisierte Reflexivität. Gleichwohl knüpfen gendersensible Gesellschafts- und Modernisierungstheorien bei einer konstruktiv intendierten Kritik zumeist an Ulrich Becks Konzept der „reflexiven Modernisierung" an (vgl. auch Kapitel 3.3 bzw. 5.3). Reflexivität bedeutet bei Beck *erstens*, dass externalisierte Modernisierungsfolgen reflexhaft auf den Modernisierungsprozess zurückschlagen und dessen Grundlagen fraglich werden lassen, *zweitens* meint er damit reflexiv im Sinne von selbstbezüglich (nämlich durch die Konfrontation mit Nebenfolgen) und *drittens*, dass solche Prozesse durch gesellschaftliche Reflexion zugänglich und rekonstruierbar sind. Etwas anders pointiert Anthony Giddens sein Konzept der „institutionalisierten Reflexivität". Bei ihm tritt Expertenwissen an die Stelle der Lenkung durch Tradition. Giddens beschreibt die Spezifika der Moderne *erstens* als Entkopplung von Raum und Zeit bzw. raumzeitliche

Abstandsvergrößerung (vgl. dazu auch Kapitel 7.3), bei der ein korrelierendes Verhältnis von ‚je – desto' aufgebrochen wird, *zweitens* als Entbettung sozialer Beziehungen durch abstrakte (Experten-)Systeme (Entbettung bedeutet dabei das „‚Herausheben' sozialer Beziehungen aus ortsgebundenen Interaktionszusammenhängen und ihre unbegrenzte Raum-Zeit-Spannen übergreifende Umstrukturierung"; Giddens 1995: 33) und *drittens* als Mobilisierung von Vertrauen als Voraussetzung, dass Wissen reflexiv angeeignet werden kann. Modernisierung ist in diesem Sinn mit einer Institutionalisierung des Zweifels verbunden.

Verunsicherung/Geschlecht/Ständegesellschaft. Beck und Giddens geht es in ihren Überlegungen zur „Zweiten Moderne" also auch um eine modernisierungs*kritische* Modernisierungstheorie (vgl. Aulenbacher 2001: 192-199). Diese verortet einen Epochenbruch innerhalb der Moderne und thematisiert deren immanente Ambivalenzen und Widersprüche (vgl. Oechsle/Geissler 2004: 198f), womit sie sich der geschlechtertheoretischen Kritik von Modernisierung als Affirmation bestehender Verhältnisse zu einem guten Teil entziehen. Becks und Giddens' Überlegungen führen also auch ein gutes Stück Rationalisierungs- und Institutionenkritik mit sich. So entfalten Beck und, noch stärker, Giddens ihre Thesen auch anhand des Rekurses auf sich verändernde Geschlechterverhältnisse und Lebenslaufmuster. Danach unterliegen Frauen einem „moderne[n] Ständeschicksal", weil sie qua Geburt aus zentralen Institutionen (wie z.B. Chefetagen) faktisch ausgeschlossen sind. Und: Die Gleichstellung sei „*nicht in institutionellen Strukturen zu schaffen, die die Ungleichstellung von Männern und Frauen voraussetzen.*" (Beck 1986: 181; Hervorh. i. Orig.). Das hört sich geschlechtertheoretisch avanciert an, vernachlässigt aber dennoch Ungleichheiten und leidet an milieuspezifischen Überverallgemeinerungen.

Kritik Modernisierungstheorie. So kritisierte Ursula Beer (1992) bereits vor mehr als einem Dutzend Jahren an Becks Konzeption der Geschlechterverhältnisse, dass er die geschlechtlich segregierte Versorgungsökonomie als ökonomisches Fundament des Markts vernachlässige. Beck habe nach wie vor die Norm der männlichen Erwerbsarbeit im Kopf. Beispielsweise beziehe er das Problem der vollmobilen Single-Gesellschaft mit den damit verbundenen Flexibilitätszwängen folgerichtig auf die notwendige Ausweitung von Kinderbetreuung etc., eine gesellschaftliche Lösung für die Erbringung relevanter (Reproduktions-)Arbeit indes ist bei Beck nicht vorgesehen. Aus der Perspektive einer modernisierungstheoretisch angeregten Geschlechtertheorie trifft Beck also eine ähnliche Kritik, wie sie Nancy Fraser an Jürgen Habermas geübt hat (vgl. Kapitel 9.3): Die Startheoretiker der Moderne vernachlässigen den geschlechtlich strukturieren Subtext, der Modernisierungsprozessen zugrunde liegt. Ist es bei Habermas das Verhältnis von Produktion und Reproduktion einerseits und zwischen Öffentlichkeit und Privatheit andererseits, bekommt Beck die Relationen zwischen gesellschaftlichen Bereichen wie etwa das Macht- und Statusgefälle zwischen der Erwerbssphäre und der privaten Reproduktion nicht in den Griff (vgl. Becker-Schmidt 2001). Der gesellschaftliche Organisationszusammenhang von Arbeit und Elternschaft bezeichnet damit einen Kernkomplex für die Analyse von Disparitäten zwischen den Geschlechtern, der ein hohes Beharrungsvermögen aufweist. Veränderungen müssen also auch bis zu diesen Verknüpfungen durchschlagen.

Modernisierungstheoretische Ansätze in der Frauen- und Geschlechterforschung. Trotz solcher Defizite setzen viele Studien aus der Geschlechterforschung an der Individualisierungsthese an: Elisabeth Beck-Gernsheim und Angelika Diezinger zu Individualisierungsprozessen in weiblichen Lebenszusammenhängen bzw. im Rahmen von Erwerbsintegration, Birgit Geissler und Mechthild Oechsle zur Lebensplanung junger Frauen und Karin Jurczyk zu patriarchaler Modernisierung im Rahmen alltäglicher Lebensführung. Bei der Analyse von Heiratsanzeigen schließlich erscheint die Moderne als Prozess der Entwicklung, Hegemonie und des schließlichen Zerfalls des bürgerlichen dualen Geschlechtermodells, ohne dass die Bedeutung der Geschlechterdifferenzen deshalb gänzlich verschwindet (vgl. Oechlse/Geissler 2004).

Systemtheorie als Alternative - Dethematisierung. Einen anderen Zugang wählen systemtheoretisch inspirierte Differenzierungstheoretikerinnen, die von einer abnehmenden Bedeutung von Geschlecht für Prozesse der Modernisierung ausgehen. Daran knüpft die gesellschaftstheoretische These der „Dethematisierung von Geschlecht" (Pasero 1995) an: Mit der Ablösung hierarchischer, repräsentativer durch funktionale Systeme sei die Geschlechterdifferenzierung sekundär und dysfunktional geworden. Es sei für das Justizsystem gleichgültig, ob ein Urteil von einem Mann oder einer Frau gesprochen werde, und ebenso mache es für die Firmenbilanz keinen Unterschied, ob ein Unternehmen von einem Mann oder einer Frau in den Bankrott getrieben werde. Weil die soziale Kommunikation indifferenter gegenüber psychischer Anwesenheit wird, müssen Individuen nicht mehr immer und überall als Geschlechtswesen in Erscheinung treten. Frauen und Männer haben Zugang zu allen funktionalen Subsystemen, figurieren nur noch als ‚Personen' mit eingeschränktem Verhaltensrepertoire (vgl. Pasero 1994: 276f., 286f.; Weinbach/Stichweh 2001: 34). Dieser Ansatz ist sicherlich als mit ‚klassischen' Modernisierungstheorien am kompatibelsten zu bewerten, weil er erstens von einer Umstellung der Bedeutung von Stand und Klasse auf gesellschaftliche Funktionen ausgeht (vgl. Kapitel 2) und zweitens die damit verbundenen Vorteile in den Vordergrund rückt. Damit teilt er den optimistischen Grundzug von Modernisierung – was geschlechtertheoretisch sicher nicht zum Mainstream zählt. Wie lauten die Argumente dafür und dagegen?

Gleichheitssemantik. Mit dem Übergang zur funktionalen Differenzierung als der primären Differenzierungsform der Gesellschaft spiele Geschlecht – so die These (vgl. Pasero 1995; Heintz 2001; Weinbach 2004) – für Modernisierungsprozesse keine prominente Rolle (mehr). Denn nun könne „die Unterscheidung von Männern und Frauen nicht mehr in einem asymmetrischen Sinn benutzt werden [...]. Die entsprechende Semantik muß ersetzt werden durch eine Semantik der Gleichheit." (Luhmann 1988: 47). Die Geschlechterforschung ist vor diesem Hintergrund mit einer vertrackten Mischung aus Gleichheitsanforderungen und Differenzbehauptungen konfrontiert (vgl. Pasero 1994; 1995; Weinbach/Stichweh 2001). Denn für das Geschlechterarrangement der Moderne ist nicht nur die Gleichheitssemantik der Aufklärung, sondern auch die Steigerung und Neuthematisierung der Geschlechterdifferenz kennzeichnend: Frauen werden als (gleichberechtigte) Menschen entdeckt, zugleich wird aber auch die ‚natürliche Ungleichheit der Geschlechter' über Wissens- und Denksysteme neu abgesichert (vgl. Pasero 1994: 273-276). Gleichheit und Differenz stehen damit in einem wechselseitigen Steigerungszusammenhang: Einerseits taucht eine erhöhte soziale Sensibilität für Gleichstellung zu einem Zeitpunkt auf, in dem Rechtsungleichheiten zwischen den Geschlechtern so weitgehend relativiert wurden wie nie zuvor. Andererseits gehen Gleichheitsforderungen mit Forderungen nach der Anerkennung von Ungleichheit einher, und Frauen werden weiterhin sozial ungleich in gesellschaftliche Teilsysteme inkludiert.[3]

Kritik. Letzteres ist auch der kritische Punkt der Diskussion (was wir im nächsten Abschnitt ausführen werden): Die luhmannianisch inspirierte Systemtheorie allgemein und speziell die Dethematisierungsthese haben mit zwei entscheidenden Defiziten zu kämpfen (Degele 2004b):

- *Semantik und Struktur:* Die systemtheoretische Vermischung von Semantik und Struktur hat mit der modernisierungstheoretischen Prämisse zu tun, dass die Zuweisung von Positionen und Rollen nach zugeschriebenen Kriterien mit den Funktionsprinzipien moderner Gesellschaften unvereinbar sind. Deshalb schließen systemtheoretisch inspirierte Arbeiten leicht „von der Norm der Gleichberechtigung auf faktische Gleichheit" (Heintz 2001: 15; vgl. auch Krüger 1999: 47) – was empirisch aber überhaupt nicht zutreffen muss und es auch häufig genug nicht tut. Ebenso wenig wird auch bei der Rede der „Dethematisie-

[3] Auch dieser Zusammenhang von Gleichheitssemantik und Ungleichheitsstruktur lässt sich im Kontext einer ambivalenten Dialektik von Modernisierung (vgl. Kapitel 1.3) verorten.

rung von Geschlecht" (Pasero 1995) und der „systemstrukturelle[n] Entbehrlichkeit der Geschlechterdifferenz" (Weinbach/Stichweh 2001: 30) klar, „ob es sich dabei ausschließlich um normative Präskriptionen oder auch um objektivierte Strukturzusammenhänge handeln soll, die Verhaltensspielräume einschränken." (Knapp 2001: 67) Mit einem solchen gesellschaftstheoretischen Zugang sind (Gleichheits-)Normen und (Macht-)Realitäten/Strukturen nicht trennscharf zu fassen. Die Systemtheorie differenziert bei der Analyse von Modernisierungsprozessen mit anderen Worten nur mangelhaft zwischen der Semantik der Gleichheit und der Struktur der Geschlechterverhältnisse.

- *Machtvakuum:* Das systemtheoretisch reduzierte Verständnis von Macht wird der Bedeutung asymmetrischer Geschlechterverhältnisse in Bezug auf Modernisierungsprozesse nicht gerecht. Ausgeblendet bleibt etwa, dass die unterschwelligen Mechanismen der Segregation des Arbeitsmarktes (wie etwa der ‚gläsernen Decke'[4] oder der männlich geprägten Seilschaften) Ungleichheit unsichtbar machen – womit die Systemtheorie hinter ihren Anspruch zurückfällt, gesellschaftliche Modernisierung mit mehr/größerer „Tiefenschärfe" zu beobachten (Pasero 1994: 282). Um die Dimension sozialer Ungleichheit einzufangen, ist vielmehr eine Erweiterung der Perspektive auf Geschlecht als Strukturkategorie erforderlich, die um eine macht- und akteurtheoretische Argumentation ergänzt wird: Wer wehrt sich aufgrund welcher Interessenlage gegen den Zutritt von Frauen zu bestimmten Berufen und Machtpositionen?

---

4 Damit ist gemeint, dass Frauen ab einer bestimmten Hierarchiestufe in Organisationen nicht mehr gefördert, unterstützt, an höhere Machtpositionen befördert oder gelassen werden, sondern im Gegenteil gegen männliche Seilschaften und etablierte Männerbündnisse nicht ankommen. Dabei handelt es sich keineswegs um explizit artikulierte Barrieren und Verbote, sondern um latente Diskriminierungsstrukturen – deshalb die Rede von der ‚gläsernen Decke'.

Der Grund für beide skizzierten Defizite ist die mangelhafte Berücksichtigung von Geschlechterverhältnissen als Machtverhältnisse, womit wir bei einem zentralen Topos der Soziologie und der Geschlechterforschung angelangt sind, nämlich Arbeit und Arbeitsteilung.

8.3 Arbeit(steilung), Macht und Professionalisierung

Erwerbs- und Familienarbeit. Im Gegensatz zu diesen optimistisch angelegten Diagnosen reflektieren soziologische Theorien feministischer Couleur die Konstitution der Gesellschaft aus der Perspektive problematischer, und d.h. asymmetrischer Geschlechterverhältnisse. Dabei haben sich zwei Phasen der Theorieentwicklung herausgebildet (als Überblick vgl. Gottschall 2000; Becker-Schmidt/Knapp 2000; Degele 2003b). Ältere Arbeiten, die Theorien sozialer Ungleichheit nahe stehen, rekonstruieren Geschlecht als Strukturkategorie. Neuere Ansätze sind dagegen konstruktivistisch motiviert und kreisen um Fragen der Modi und Bedeutung bei der Klassifikation von Geschlecht (und damit verbundener Ungleichheiten). In der ersten Perspektive lässt sich aufgrund der Erwerbszentriertheit der Ungleichheitssoziologie soziale Ungleichheit zwischen den Geschlechtern nur so weit erfassen, „wie sie sich in Differenzen von Bildung, Beruf, Einkommen und daran geknüpfter Anerkennung ausdrückt." (Gottschall 2000: 13) Die private Hausarbeit hat sich dabei aus der gemeinsamen bäuerlichen Überlebensarbeit herausgebildet und erst allmählich (über Standesgrenzen hinweg) zur Hausfrauenarbeit ausdifferenziert. Mit dem Übergang zur bürgerlichen Gesellschaft wurde die Trennung von Erwerbs- und Familienarbeit festgeschrieben, woran sich die Herausbildung polarer „Geschlechtscharaktere" knüpfte (vgl. Bock/Duden 1977; Kontos/Walser 1979). Letztere wurde dazu verwendet, „die mit den physiologischen korrespondierend gedachten psychologischen Geschlechtsmerkmale zu bezeichnen" (Hausen 1976: 363) und diente der ideologischen Absicherung der patriarchalen Herrschaft. Strukturelle Ungleichheit war damit sozial und kulturell verfestigt und legitimiert: Männer tun anderes als Frauen und Männerarbeit ist höher bewertet.

Arbeitsformen und -verhältnisse. Die Analyse von Arbeitsformen und -verhältnissen ist damit eine Schlüsselkategorie für die Erklärung sozialer Macht- und Herrschaftsverhältnisse. So erstaunt es auch nicht, dass die ersten feministischen Studien zur Frauenerwerbsarbeit sich mit dem Dilemma des „weiblichen Lebenszusammenhangs" (Prokop 1976) und der „doppelten Vergesellschaftung" (Becker-Schmidt 1987) auseinander setzten. Diesen Überlegungen zufolge ist der weibliche Lebenszusammenhang durch die Verantwortung für die weibliche Reproduktionsarbeit bestimmt, und zwar unabhängig vom Grad der Integration in den Erwerbsbereich. Ebenso erzeugen widersprüchliche Erfahrungen in Beruf und Familie doppelte, ambivalente Orientierungen in Bezug auf beide Arbeitsformen und Lebensbereiche. Mit der Erforschung des weiblichen Lebenszusammenhangs und der Entdeckung des Mechanismus der doppelten Vergesellschaftung war die Voraussetzung geschaffen, Geschlecht als Strukturkategorie zu begreifen, d.h. als Ursache sozialer Ungleichheit, die sich nicht auf andere Ursachen reduzieren lässt. Die gesellschaftliche Differenzierung von Geschlechtern ist von vertikaler oder stratifikatorischer Differenzierung somit nicht zu lösen, Modernisierung ist inhärent mit Geschlechterdifferenzierung oder mit – wie wir es nennen – Vergeschlechtlichung verbunden.

Arbeit und Arbeitsteilung. Nicht nur die Verbindung zum Thema Arbeit und Arbeitsteilung liegt damit auf der Hand: Galt bei Durkheim (mit seinen Überlegungen zur Teilung der Arbeit als ursprünglicher Fassung der Ordnungsproblematik) „die geschlechtliche Differenzierung als Modell der Arbeitsteilung und der Herstellung sozialer Integration überhaupt, so kehren die heute in der Geschlechterforschung dominierenden konstruktivistischen Ansätze den Zusammenhang um: Hier wird Arbeitsteilung als eine zentrale Möglichkeit angesehen, Zweigeschlechtlichkeit zu symbolisieren; sie ist insofern in modernen Gesellschaften nicht geschlechtsspezifisch, sondern geschlechtskonstituierend." (Gottschall 2000:

333) In diesem Sinn ist Geschlechterdifferenzierung – das ist die modernisierungstheoretische Pointe – eine Ressource, die für Modernisierungsprozesse funktional genutzt wird: Arbeitsteilung schafft (konstruiert) Geschlecht. Die konstruktivistische Antwort bei der Frage nach der Reproduktion von Geschlechterungleichheit basiert dabei auf der These der Gleichursprünglichkeit von Differenzbildung und Hierarchisierung. Was ist damit gemeint?

Gleichursprünglichkeit von Differenzbildung und Hierarchisierung. Die Gleichursprünglichkeit von Differenzbildung und Hierarchisierung wurzelt nicht zuletzt in der Segregation weiblicher und männlicher Arbeits- und Berufsrealitäten, wo Frauenarbeitsplätze geringer qualifiziert und bezahlt sind, weniger Aufstiegschancen bieten und weniger gesellschaftliches Prestige genießen. Segregierte Berufe sind solche, bei denen der Anteil des anderen Geschlechts unter 30 Prozent liegt (vgl. Heintz u.a. 1997: 16). So verwundert es kaum jemanden, dass 1989 etwa 67 Prozent der Frauen in nur zehn Berufsgruppen tätig waren; die meisten Frauen arbeiteten in Verwaltungs- und Büroberufen (als Sekretärinnen), als ‚Warenkaufleute' (Verkäuferinnen) und in Gesundheitsberufen (als Krankenschwestern und Sprechstundenhilfen) (vgl. Klein 1995: 1995: 210). Weibliche und männliche Arbeits- und Berufsrealitäten sind – das ist hier die entscheidende Beobachtung – in hohem Maße segregiert, und dabei bleibt die Trennung männlicher und weiblicher Bereiche nach wie vor stabil (vgl. Heintz u.a. 1997; Knapp 1993). Jede Arbeit ‚hat' also ein bestimmtes Geschlecht (vgl. Wetterer 1995) und spiegelt das gesamtgesellschaftliche Kräfteverhältnis der Geschlechter recht genau wider. Sozialstrukturelle Verfestigungen solcher Ungleichheiten werden etwa daran deutlich, dass nur eine von fünf Top-Führungskräften weiblich ist[5], im europäischen Vergleich bildet Deutschland mit einem Anteil von gerade einmal sechs Prozent Professorinnen das traurige Schlusslicht (vgl. Färber u.a. 2004: 20). Umgekehrt gilt:

---

[5] Vgl. Mikrozensus 2004, URL: http://www.destatis.de/presse/deutsch/pm2005/p1370024.htm; Zugriff: 15.07.05).

„Je randständiger ein Aufgabenbereich, je weniger Aufstiegsmöglichkeiten es gibt und je weniger einflußreich eine gesellschaftliche Gruppe ist, umso größer ist die Wahrscheinlichkeit, daß Frauen in diesen Feldern vertreten sind." (Bublitz 1998: 72) Als Kehrseite der Integration von Frauen in den Erwerbsbereich seit den 1970er-Jahren ist also festzuhalten, dass diese vor allem durch eine an Segregation geknüpfte Festschreibung hierarchischer Geschlechterverhältnisse erreicht wurde (vgl. Gottschall 1995: 125ff).

Macht und Klassifikation. Eine immer wiederkehrende Beobachtung ist dabei die, dass ‚männliche' Eigenschaften wie „Objektivität, Rationalität und Vertrautheit mit den Mechanismen der Macht und Dominanz diejenigen sind, die am wahrscheinlichsten mit materiellem Erfolg assoziiert werden." (Crompton 1995: 144) Entsprechend gilt es die Frage zu beantworten, wieso „sich Zweigeschlechtlichkeit als Strukturierungsprinzip von Arbeitsmarkt und Beruf historisch durchhält und durch alle Beteiligten immer wieder mit ‚Sinn' und Legitimität ausgestattet wird." (Gottschall 1998: 79) Als Antwort wurden in den 80er- und 90er-Jahren Ansätze entwickelt, die den Zusammenhang von Macht, Hierarchie und Differenz nicht nur auf einer sozialstrukturellen, sondern auch auf einer symbolischen Ebene verorteten und in die Perspektive der Konstruktion von Geschlecht stellten. Dabei lassen sich einige Faktoren unterscheiden, welche die Stellung von Frauen in der Arbeitswelt vor allem auf der symbolischen Ebene beeinflussen:

- Von zentraler Bedeutung ist die *Inhaltsunabhängigkeit der Geschlechtszuschreibung von Berufen*. D. h., dass verschiedene Aspekte ein- und derselben Tätigkeit selektiv hervorgehoben werden können, wodurch Berufe fast beliebig zu typisch ‚männlichen' oder ‚weiblichen' werden (vgl. Cockburn 1985). Wichtiger als der jeweilige Inhalt der Arbeit ist „die in der prinzipiell dualistischen Form der Geschlechterstereotype verankerte Qualität, Distanzen und Dominanzverhältnisse anzuzeigen, die sich mit unterschiedlichen ‚Inhalten' verknüpfen können." (Knapp 1993: 31) Je nachdem, ob Männer oder Frauen beim Röntgen assistieren oder Immobilien makeln, dominiert die Zuschreibung von ‚technisch' und ‚durchsetzungsfähig' oder eben ‚empathisch' und ‚kundenorientiert'.[6] Instrumentalisiert wird also die Logik binärer Klassifikationen, die die inhaltliche Variabilität für die Legitimation und Aufrechterhaltung bestehender Machtverhältnisse nutzt. Anders formuliert: Auch wenn die Inhalte bei geschlechtsspezifischen Gebieten wechseln, bleibt die geschlechtshierarchische Positionierung in der Regel unangetastet.

- Weiter werden Fähigkeiten und Kompetenzen von Frauen geleugnet oder *abgewertet*. Ein Beispiel dafür ist die ästhetisierte bildliche Darstellung und umgangssprachliche Benennung weiblicher Führungskräfte als „Mädels aus dem Management." (Hofbauer/Pastner 2000) Diese Verkindlichung wertet qualifizierte Leistungen von Frauen um und ab, indem die Referenzen der Anerkennung für Arbeit gewechselt werden: Es geht nicht mehr um Leistung, sondern um Geschlechtlichkeit und damit in Verbindung gebrachte Stereotype. Eine Abwertung ist auch zu beobachten, wenn EDV-Fachfrauen qua Geschlecht als Sekretärinnen wahrgenommen und abqualifiziert werden. Eine Netzwerkspezialistin etwa signalisiert in ihrer Kleidungswahl, dass sie nicht in die untergeordnete Frauen- bzw. Sekretärinnenrolle

---

6 Die Beliebigkeit der Inhalte, welche ‚die' Differenz ausmacht, darf natürlich nicht als solche in Erscheinung treten. Und ob Sekretariatstätigkeiten oder die Arbeit des Setzens als ‚männlich' oder ‚weiblich' definiert werden, ist historisch sehr variabel: Vor hundert Jahren etwa gab es durchgehend männliche Sekretäre, die eine prestigeträchtige Tätigkeit ausübten. Solche Prozesse sind mit einem Strukturwandel der Frauenarbeit zwischen 1880 und 1980 eng verknüpft (vgl. Willms-Herget 1985): Frauen dringen zum einen in Berufe vor, wenn sie für Männer hinsichtlich Einkommen und Aufstiegsmöglichkeiten an Attraktivität verloren haben bzw. verlieren. Zum anderen stehen ihnen Berufe in expandierenden Bereichen offen, solange noch nicht genug ausreichend qualifizierte Männer zur Verfügung stehen. Bei der Zuordnung von Geschlecht und Arbeit ist Verweiblichung also mit Statusverlust, Vermännlichung dagegen mit Statusgewinn verbunden (vgl. Bischoff 2005).

gedrängt zu werden wünscht: „... dann habe ich einen roten Blazer an oder was weiß ich, damit mir nicht einer sagt, ich soll ihm bitte den Kaffee bringen oder etwas Ähnliches." (Degele 2004a: 160)

- Die (männliche) Arbeitswelt betrachtet Frauen auch häufig als *Eindringlinge*. Das gilt umgekehrt weit weniger, wie es etwa Studien zu männlichen Krankenschwestern belegen (vgl. Heintz u.a. 1997; Williams 1989). Ein männliches Interesse an ‚weiblichen' Berufen sorgt vielmehr für eine Aufwertung der damit verbundenen Tätigkeiten: Aus der Putzfrau wird ein Gebäudereiniger, aus der Friseuse ein Hairstylist.

- Ferner agieren viele *Männer in Seilschaften*, verstehen sich aufs Kungeln und nutzen die Vorteile von Mentorenschaften – männliche Arbeitszusammenhänge sind stärker paternalistisch geprägt. Weil Vorgesetzte ihre Mitarbeiterinnen und Mitarbeiter, ihre Nachfolgerinnen und Nachfolger oft nach einem Ähnlichkeitsprinzip fördern (vgl. Krais 2000), fallen Frauen bei den männlichen Chefs häufiger durch die Beförderungsmaschen. Ebenso sind Männer in Führungspositionen gegengeschlechtlicher Berufe wie der Krankenpflege nie unterrepräsentiert, eher im Gegenteil. Als Folge reproduzieren sie meist die bestehenden Verhältnisse und sichern ihre Macht und Privilegien.

- Die ideologische Funktion der Segregation der Geschlechter bei der Arbeit besteht schließlich darin, den *Ausbeutungscharakter der Arbeitsverhältnisse* zu verschleiern. Denn sie macht es leichter, die gleiche Bezahlung von Frauen zu verhindern. Dazu ein Beispiel aus der französischen Druckindustrie (in Krais 1993: 237-243): Ein Vorhang trennt männliche und weibliche Arbeitsplätze. Die Terminals der Männer sind mit einem Kabel mit dem Zentralcomputer verbunden, die der Frauen nicht. Die gleiche Arbeit der Frauen gilt als weniger qualifiziert und wird schlechter bezahlt. Mit dem Wegfallen formaler Grenzen wird die Separierung der Geschlechter somit in zunehmendem Maß über symbolische Mittel hergestellt.

Hinter diesen Beobachtungen stehen zwei Thesen: Erstens bleibt die Hierarchie zwischen Männern und Frauen auch bei wechselnden Anteilen der Geschlechter konstant, zweitens treten Differenz und Hierarchie in den Geschlechterverhältnissen gleichursprünglich in Erscheinung. Das kann man modernisierungstheoretisch rekonstruieren und systemtheoretisch formulieren: „Wenn das Männliche jeweils als dominant gesetzt wird, unabhängig davon, was den Inhalt der Männlichkeit ausmacht, dann ist es hilfreich, Männlichkeit als Code im Sinne einer systemtheoretisch argumentierenden Machttheorie aufzufassen." (Teubner 1995: 259) Männlichkeit als Code ist nicht mit einer Inhaltskategorie gleichzusetzen, sondern mit einer symbolischen Positionskategorie, deren Inhaltlichkeit einzig aus der Abgrenzung zur Weiblichkeit erfolgt: Männer und Frauen – auf dieses basale gesellschaftliche Ordnungsprinzip bzw. Gleichheitstabu laufen die Überlegungen hinaus – müssen unterscheidbar sein, egal wodurch und wie.

Dominanzthese. Eine Erklärung dafür liefert die machttheoretisch angelegte Dominanzthese.[7] Sie geht davon aus, dass die Definitions- und Zuweisungsmuster männlicher und weiblicher Arbeit entlang gesellschaftlicher Hierarchien und Wertschätzungen – also von Macht – vollzogen werden. Wenn Männer die Unterschiede zu Frauen in Arbeitszusammenhängen stärker betonen als Frauen die zu Männern, und Abweichungen innerhalb der eigenen Geschlechtsgruppe härter ahnden, geht es vor allem um traditionelle Privilegien und Besitzstände. Die Geschlechtertrennung dient dann der Aufrechterhaltung männlicher Dominanz.[8]

---

[7] Vgl. dazu Heintz u.a. 1997; Knapp 1995; Kreissl 2000; Teubner 1992; Wetterer 2002.

[8] Eine aktive Grenzsetzung wird erst dann nötig, wenn die Differenz nicht mehr von vornherein gewährleistet ist. Hier gibt es im strengen Sinn keine geschlechtsneutralen Berufe, weil der jeweilige Kontext immer spezifische Vorzeichen setzt: Wo eine berufliche Segregation fehlt (wie etwa in der Sachbearbeitung von Versicherungen), wird sie durch eine private Rollenteilung kompensiert. So lebten die bei Heintz u.a.

Professionalisierung. Das lässt sich historisch dort gut veranschaulichen, wo der Zusammenhang von Arbeit, Geschlecht und Macht auch mit Prozessen der Professionalisierung – ebenfalls ein Modernisierungsmerkmal im Zusammenhang mit Differenzierung – verknüpft ist. Professionalisierung bezeichnet die kulturelle Profilierung und Verselbständigung von Berufspositionen, die sich durch privilegierte Zuständigkeiten in Bezug auf Zugangs-, Qualifikations- und Kontrollchancen auszeichnen und deshalb ein ausgeprägtes Sozialprestige genießen (vgl. Abbott 1988: 1-7). „Professionalisierungsprozesse (...) knüpfen nicht nur an vorgefundene ‚Frauenbilder' an, sondern geben diesen (oder ganz neuen) Frauenbildern, indem sie Frauen definitiv und faktisch ausgrenzen, einen ‚wirklichen' Gehalt, machen sie für einen Ausschnitt gesellschaftlicher Wirklichkeit real und damit für weitere Prozesse der Vergeschlechtlichung und für deren Legitimation bezugsfähig." (Wetterer 1992: 32)

Medizin. Professionalisierungsprozesse und das Gleichheitstabu sind untrennbar miteinander verbunden. Dass Männer und Frauen tun können, was sie wollen, solange es nur verschieden erscheint und in Hierarchien überführt werden kann, wird bei ärztlichen Berufen und juristischen Tätigkeiten besonders deutlich (vgl. Abbott 1988; Wetterer 2002: 242). Dort hat der Einzug von Frauen

---

(1997: 39) untersuchten Sachbearbeiterinnen und Sachbearbeiter in großer Mehrheit in sehr traditionellen privaten Beziehungsformen mit den entsprechenden Arbeitsteilungen. Darüber hinaus sind Mechanismen der Ab- und Ausgrenzung zwischen Männern und Frauen unter anderem informelle Arbeitsteilung, sexuelle Belästigung, Bildung von geschlechtshomogenen Allianzen oder das Vertreten traditioneller Geschlechterideologien. Ein Problem dieser Erklärung besteht freilich darin, dass sie Männer tendenziell als gesellschaftliches Kollektivsubjekt begreift. Die Dominanzthese sollte deshalb empirisch falsifizierbar bleiben und nicht als unhinterfragbare Prämisse in die wissenschaftliche Argumentation eingeführt werden. Auf der empirischen Ebene stützen zahlreiche Untersuchungen diese These: Überwiegend Männer betonen Differenzen dort, wo es formal keinen Unterschied mehr gibt (vgl. dazu Hall 1993; Leidner 1993; Williams 1989).

viel männlichen Widerstand nach sich gezogen. Bei diesen Professionalisierungen ging es sowohl um die Durchsetzung kollektiver Interessen wie auch um die interaktive Herstellung der Geschlechtszugehörigkeit von Personen. Ergebnis war die Etablierung und Institutionalisierung dauerhafter Formen einer gleichzeitig innerberuflichen wie auch geschlechterdifferenzierenden Arbeitsteilung. Die mit Statusdifferenzen einhergehende Differenzierung innerhalb ärztlicher Berufe ist dabei – funktional betrachtet – als Antwort auf ein Problem zu begreifen, „das für die Professionen spätestens in dem Moment virulent wurde, in dem die Frauen Zugang zu ihnen erhielten" (Wetterer 1999: 237): 1899 durften Frauen in Deutschland erstmals das medizinische Staatsexamen ablegen – gegen den Widerstand der Ärzte, die um einen Prestigeverlust ihrer Profession fürchteten. Bei der Forderung nach der Inklusion von Ärztinnen in das Medizinsystem gab es zwei Argumente, die in Öffentlichkeit und Ministerialbürokratie Unterstützung fanden. Zum einen war dies – Stichwort Gleichheitspostulat – der Verweis darauf, dass Frauen im Ausland (wie an der Eidgenössischen Technischen Hochschule Zürich) ein Medizinstudium schon erfolgreich absolviert hatten. Zum anderen war der gesundheitspolitische Notstand zu beklagen, dass sich viele Frauen aus Schamgefühl weigerten, männliche Ärzte aufzusuchen (vgl. Wetterer 2002: 419-421). Frauen seien hier aus ‚sittlicher Sicht' besser geeignet, Frauen zu behandeln. Dieses Argument der „weiblichen Ärzte für Frauen" zog am besten, womit der weibliche Zuständigkeitsbereich von Anfang an eingeschränkt war: Frauen mussten sich mit dem zufrieden geben, was ihnen von den Männern überlassen wurde, nämlich der Beratung und Behandlung von Frauen und Kindern (vor allem der mittellosen Stände). Hierbei handelt es sich um machtpolitisch motivierte Prozesse der Abgrenzung und damit um vertikal organisierte Ausschließungen, die mit einer Monopolisierung ökonomischer und sozialer Chancen verbunden sind (vgl. Abbott 1998: 98-126). Werden Zugangschancen von Frauen zum Arztberuf in dieser Weise mit einer verschärften Naturalisierung erkauft, ist auch das kein eindeutiger Modernisierungsgewinn, sondern Effekt der ambivaloxen Dialektik der Moderne (vgl. Kapitel 1.3).

Geschlechtskonstituierende Arbeitsteilung. Geschlechtertheoretisch reformuliert Angelika Wetterer (1999) dies zutreffend als „ausschließende Integration“ bzw. „marginalisierte Integration“: „Weibliche Ärzte für Frauen“ sind ein Präzedenzfall für die Geschlechterkonstruktion im Medium professionsinterner Arbeitsteilung, indem sie eine geschlechtskonstituierende Arbeitsteilung markieren: Weil Frauen andere Patienten und Patientinnen behandelten, hatten sie es auch mit anderen Krankheitsbildern zu tun – die wenigen Ärztinnen wurden Anfang des Jahrhunderts von den Männern tatsächlich zu ‚anderen Ärzten als ihre Kollegen‘ gemacht, indem sie über ihre Geschlechtszugehörigkeit definiert und damit „versämtlicht“ wurden (bei Ärzten dagegen fand eine Individualisierung über ihre Expertise statt). Die Ärzteschaft hielt sich die Frauen weitgehend vom Leibe, indem sie ihr Eindringen für eine professionsinterne Arbeitsteilung mit entsprechender Hierarchiebildung nutzte. Das Konzept der „weiblichen Ärzte für Frauen“ war also deshalb so erfolgreich, weil es eine intraberufliche Arbeitsteilung ermöglichte, die die Zuständigkeit der Ärztinnen für die Behandlung von Frauen und Kindern in berufliche Spezialisierungen übersetzte (Wetterer 2002: 382).

8.4 Perspektiven

Defizite von Modernisierungstheorien. Wie wir gezeigt haben, scheitern klassische Modernisierungstheorien am Phänomen der Ver- und Entgeschlechtlichung als modernisierungsrelevantem Faktor, weil sie die Bedeutung einer geschlechts*konstituierenden* Arbeitsteilung, von Macht und, daran geknüpft, von Geschlechterungleichheiten als konstitutive Merkmale der Gesellschaftsformation ausblenden. Dies beginnen etablierte Gesellschaftstheorien erst zögernd zur Kenntnis zu nehmen. Beispiele dafür sind Anthony Giddens und Manuel Castells, die im Wandel begriffene Geschlechterverhältnisse im Hinblick auf den Umbau der Gesellschaft und ihre demokratietheoretischen Implikationen diskutieren, sowie Sylvia Walby und Nancy Fraser, die den Aspekt der Generationen und der Globalisierung mit ins Spiel bringen.

Giddens: Sexualität, Intimität und Demokratie. Giddens unterscheidet mit traditionalem Verhalten, reflexivem Selbstentwurf und Sucht (im Sinne von Zwangshandlungen) drei Modi der Handlungsorientierung in modernen Gesellschaften, von denen er den positiv bewerteten reflexiven Selbstentwurf über ein Konzept der „reinen Beziehung" konkretisiert. Bei reinen Beziehungen wird die Beziehung um ihrer selbst willen eingegangen, und nicht aufgrund traditioneller Bindungen oder funktionaler Erfordernisse (zu den damit verbundenen Ideologien und Romantisierungen vgl. Illouz 2003). Diese typisch moderne Beziehungsform erklärt das Aushandeln und die Konsensfindung zum zentralen Bestandteil von Intimbeziehungen. Intimität (als ein umfassender Rahmen von Sexualität) impliziert dabei „eine durchgreifende Demokratisierung der zwischenmenschlichen Sphäre in einer Weise, die durchaus mit Demokratie in der öffentlichen Sphäre vereinbar ist." (Giddens 1993: 11) Als Bedingungen für die Entstehung von Intimität nennt Giddens auf struktureller Ebene Gleichberechtigung, in psychischer Hinsicht die gelingende Konstruktion eines kohärenten reflexiven Selbstentwurfs und in lebensweltlich-sozialer Hinsicht die Fähigkeit zur emotionalen Kommunikation mit anderen. Der Wandel der Intimität ist damit nicht auf Geschlecht und Identität beschränkt, sondern strukturiert das persönliche Leben im Sinn einer neuen Alltagsethik mit einem demokratisierenden Potenzial. Dabei knüpft Giddens' Entwurf große Hoffungen an selbstbewusst gewordene Frauen, die neue Entwürfe egalitärer Partnerschaften einklagen. Hoffnungen deshalb, weil diese Modelle den Kern eines wenn nicht herrschaftsfreien, so doch herrschaftsreduzierten Miteinanders ausmachen, womit demokratisierende Elemente gesellschaftlichen Wandels auf der Mikroebene von Intimbeziehungen entstehen und von dort aus bis auf die Makroebene ausstrahlen. Positiv ist bei diesem Entwurf ebenfalls zu bewerten, dass Giddens sexuelle Verhältnisse und Geschlechterverhältnisse als Kern einer Gesellschaftstheorie zugrunde legt, somit Macht zu berücksichtigen in der Lage ist und auch eine Verbindung von Mikro- und Makroebene in Angriff nimmt.

Kritik. Problematisch bleibt dabei freilich der kognitive Bias in Giddens' Entwurf: Er konzipiert sein Demokratie- und Intimitätsmodell analog, es geht um das Aushandeln von Rechten und Pflichten, Autonomie und sexuelle Identität werden immer mehr eine Sache des Lebensstils. Wie aber lassen sich Sexualität und unbewusste Prozesse in ein auf Vertragsbeziehungen basierendes Aushandlungsmodell integrieren? Bei Giddens projektiven Überlegungen – das ist kritisch festzuhalten – fließen *erstens* Beschreibung und Normen ineinander, *zweitens* fehlen Makrostrukturdaten, *drittens* wird Zweigeschlechtlichkeit als Strukturprinzip und als leitende Denkkategorie überhaupt nicht thematisiert und *viertens* bleiben heterosexuelle Paarbeziehungen das Kernmodell einer tendenziell elitären und letztlich doch traditionellen Beziehungskultur.

Castells: Arbeit und Wandel der Geschlechterverhältnisse. Eine ähnlich fundamentale Bedeutung für gesellschaftlichen Wandel wie Giddens misst Manuel Castells (2003) dem Wandel der Geschlechterverhältnisse zu. Diesen lokalisiert er in einer Transformation der Arbeit (Der massenhafte Einbezug von Frauen untergrabe trotz der damit einhergehenden geschlechtlichen Segmentierung des Arbeitsmarkts die Legitimität der männlichen Herrschaft.) sowie in einem gewachsenen Selbstbewusstsein von Frauen, das sich auf alle anderen gesellschaftlichen Bereiche auswirke. In seinem gesellschaftstheoretischen Entwurf zur Netzwerkgesellschaft konzipiert er den Zusammenhang von Makrostruktur einerseits und Identität und Geschlechterverhältnissen andererseits in der Weise, „dass Familien den grundlegenden Sozialisationsmechanismus ausmachen und dass Sexualität etwas mit Persönlichkeit zu tun hat. Das ist die Art und Weise, wie die Wechselwirkung zwischen strukturellem Wandel und sozialen Bewegungen – also zwischen der Netzwerkgesellschaft und der Macht der Identität – uns verändert." (ebd.: 151) Castells geht hier sogar noch einen Schritt weiter und setzt seine Hoffnungen auf sexuelle Befreiungsbewegungen gegen „sexuelle Repression und Zwangsheterosexualität." (ebd.: 236) Gleichwohl problematisiert er Geschlechterverhältnisse nicht als integralen Bestandteil seiner Gesellschaftstheorie. Im ersten Band seiner Trilogie zur informationellen Gesellschaft etwa spielt Geschlecht überhaupt keine Rolle. Und bis zu einer Kritik der Zweigeschlechtlichkeit als gesellschaftlichem Ordnungsprinzip wagt sich Castells auch nicht vor. Wohl aber berücksichtigt er in der Welt der Arbeit Ambivalenzen, die mit dem Einbezug von Frauen in die Erwerbstätigkeit verbunden sind (Kompatibilität mit der Netzwerklogik und Verlängerung geschlechtlicher Arbeitsteilung einerseits und Partizipationspotenzial andererseits); und auf der Ebene der (familialen) Interaktion diagnostiziert er einen substanziellen Niedergang traditioneller Formen der patriarchalen Familie (auch wenn dies nicht hinreichend empirisch abgefedert ist): „Wenn die patriarchale Familie fällt, wird langsam aber sicher das ganze System des Patriarchalismus und damit die Gesamtheit unseres Lebens transformiert.“ (ebd.: 149)

Walby: Generationen und Globalisierung. Castells federt seine Überlegungen durch Beobachtungen ab, die in der Geschlechterforschung in den letzten Jahren zunehmend Berücksichtigung erfahren haben: Die Ungleichheiten zwischen Frauen und Männern nehmen aufgrund des steigenden Qualifikationsniveaus von Frauen tendenziell ab, Ungleichheiten zwischen Frauen dagegen bestehen vor allem hinsichtlich der Generationen. So geht die britische Geschlechter- und Gesellschaftstheoretikerin Sylvia Walby (1997), wie auch Giddens und Castells, von einem fundamentalen Wandel der Geschlechterverhältnisse aus, der durch die Faktoren Bildung, Beschäftigung sowie politische Repräsentation der Interessen von Frauen bedingt sei. Als Gründe identifiziert sie die erste Frauenbewegung, die Nachfrage nach Arbeitskräften und den Zugang von Frauen zu Bildung (vgl. ebd.: 1). Ihre entscheidende, und über die Analysen von Giddens und Castells hinausgehende Beobachtung indes liegt in der Diagnose der zunehmenden Diversität von Frauen, die nicht nur durch Klasse und Ethnizität, sondern auch durch Generationenunterschiede große Bedeutung erlange. Unterschiede zwischen den Generationen bleiben und werden nach Walby vor allem in zweierlei Hinsicht wirksam: zum einen beim Wandel von einer privaten zu einer öffentlichen Form des Patriarchats (als eines Systems sozialer Strukturen und Praktiken, wo Männer Frauen dominieren, unterdrücken und ausbeuten), zum anderen beim Übergang von einem häuslichen zu einem eher öffentlichen „Genderregime" (als eines Systems verschränkter vergeschlechtlichter Strukturen). Diese Wandlungsprozesse treffen Frauen in unterschiedlicher Weise, und das hat in zunehmendem Maß mit Bildung, Qualifikation und Ökonomie zu tun. Damit sind wir im größeren Rahmen von Globalisierungsprozessen und -folgen angelangt, was für die Analyse von genderisierten Modernisierungsprozessen eine immer wichtigere Rolle spielt.

Fraser: Feminismus und Globalisierung. Vor allem damit setzt sich die amerikanische Philosophin und Geschlechtertheoretikerin Nancy Fraser (2005) auseinander (vgl. auch Kapitel 9.3). Sie diagnostiziert eine Sackgasse in der (vor allem US-)feministischen Diskussion, die es verpasst habe, durch Globalisierungsprozesse aufgeworfene Fragen der sozialen Verteilung und Gerechtigkeit ins Zentrum zu stellen. Zwar habe die jüngste Geschlechterforschung und auch die verbliebene Frauenbewegung das Prinzip des Wohlfahrtsstaats von Klasse auf Geschlecht ausdehnen wollen, ihr Augenmerk aber doch auf kulturelle Differenzen und Veränderung statt auf soziale Gleichheit gerichtet. Damit habe die von Gesellschaftstheoretikern von Habermas bis Giddens und Castells zum gesellschaftsverändernden Motor stilisierte Frauenbewegung zugelassen, dass sich ökonomische Hierarchien auch zwischen Frauen verschärften. Schließlich habe es der Feminismus versäumt, auf aktuelle politische Debatten offensiv zu reagieren. So bedrohe die US-amerikanische neoliberale Ordnung, und nicht etwa Abtreibungen oder ‚Homo-Ehen', wegen der damit verbundenen zunehmenden Verarmung die Familien. Hinter solchen Defiziten – das ist unsere Vermutung – stehen auch gesellschaftstheoretische Defizite: Sich modernisierende Gesellschaften produzieren Unsicherheiten und damit einhergehende Sicherheitsbedürfnisse, die ein Einfallstor für schwarz-weiß gestrickte Antworten und Versprechen sind. In diese Richtung gehen auch Frasers Überlegungen, wenn sie den US-amerikanischen Evangelikalismus als Antwort auf eine solche „Unsicherheitsgesellschaft" begreift: „Vielleicht muss man auf Michel Foucault zurückgreifen, um zu verstehen, was hier vorgeht:

Evangelikalismus ist eine Technik der Selbstsorge, die dem Neoliberalismus besonders entspricht, weil er ständig Unsicherheit produziert. Dieses Angebot nehmen viele Frauen aus den ArbeiterInnenschichten gerne an, denn es verleiht ihrem Leben einen Sinn." (Fraser 2005: 5) In dieser Problematik laufen viele Fäden zusammen: die im Zuge von Modernisierungsprozessen produzierten und von den Individuen zu bewältigenden Unsicherheiten (Differenzierung und Individualisierung), Phänomene der räumlichen und zeitlichen Verdichtung (Beschleunigung und Globalisierung) wie auch Fragen der adäquaten Repräsentation im Sinne der Prioritätensetzung bei der Gestaltung von Integration – sei es als Institutionenkritik oder auch als Durchsetzung der Einrichtungen, „die jedem und jeder BürgerIn eine gleichwertige politische Stimme garantieren." (ebd.: 5) Dies theoretisch zu integrieren und daraus kohärente politische Forderungen abzuleiten, das ist eine zentrale Herausforderung der gegenwärtigen geschlechtertheoretischen Debatte.

Perspektiven. Damit lassen sich einige Aufgaben und Schwierigkeiten für eine zu entwickelnde gendersensible Modernisierungs- und Gesellschaftstheorie formulieren: Ver- und Entgeschlechtlichung sind integrale Bestandteile von Modernisierungsprozessen, und dies gilt es theoretisch einzuholen. Dafür ist dreierlei erforderlich. Die *erste* Aufgabe besteht darin, die bislang isolierten Stränge der Geschlechter- und Gesellschaftstheorie enger miteinander zu verzahnen, und das betrifft vor allem das ‚Herz' von Gesellschaftstheorien und -diagnosen, nämlich die Bedeutung von Arbeit, Beschäftigung und auch Technik für den gesellschaftlichen Wandel. Dafür müssten sich diese beiden ‚Disziplinen' einander deutlicher annähern, wofür es zwar Anzeichen gibt, von einem Trend kann freilich keineswegs die Rede sein. *Zweitens* bedarf es für eine gendersensible Gesellschaftsanalyse einer Präzisierung, in welcher Weise Naturalisierungen stattfinden, wer und was in welcher Weise von Prozessen der Ver- und Entgeschlechtlichung betroffen ist, wie mit Verunsicherungen hinsichtlich des Wandels von Geschlechterverhältnissen umzugehen ist und wer und was wodurch (auch durch welche Begriffe) repräsentiert wird (vgl. dazu Wetterer 2003). *Drittens* schließlich schlagen Kontingenzen bei der Verortung von Geschlecht auch analytisch bis zur Theoriebildung durch, wenn es darum geht, wie verschiedene Bedingungsfaktoren wie Geschlecht, Klasse/Milieu, Ethnizität, Region und etwa Generation miteinander verknüpft sind und ob und wie hier kausale Zusammenhänge konstruiert werden können. Damit dürften Modernisierungstheorie und Geschlechterforschung noch einige Zeit beschäftigt sein.

FAZIT: Hierarchisch strukturierte Geschlechterverhältnisse sind tief in gesellschaftliche Modernisierungsprozesse eingelagert, eine geschlechterfreie Konzeption von Moderne gibt es nicht. Auch und vor allem die ‚Mastertheorien' der Modernisierungsdiskussion, nämlich die Theorie reflexiver Modernisierung und die Systemtheorie, haben dies bislang nur unzureichend berücksichtigt, geschweige denn theoretisiert. Darauf hat vor allem die feministisch inspirierte Soziologie der Geschlechterverhältnisse hingewiesen. Beispiele dafür bieten historische Untersuchungen zur familialen und gesellschaftlichen Arbeitsteilung sowie von Professionalisierung. Gerade (aber nicht nur) hier macht sich die vor allem in der Systemtheorie gepflegte Ausblendung von Akteurkonstellationen, Macht und Interessen besonders störend bemerkbar. Weder die Theorie reflexiver Modernisierung noch die Theorie funktionaler Differenzierung sind hier in der Lage, Arbeitsteilung, Verberuflichung und Professionalisierung als geschlechts*konstituierende* Modernisierungsmechanismen angemessen zu analysieren.

Das allerdings ist den neueren modernisierungstheoretischen Ansätzen im Kontext von Giddens, Castells, Walby und Fraser auch noch nicht gelungen. Umgekehrt fehlt dem geschlechtertheoretisch avancierten historischen Dominanzansatz Wetterers eine gesellschaftstheoretische Rahmung und Abfederung. Gleichwohl deuten sich dabei Möglichkeiten eines konstruktiven Dialogs an, der auch Perspektiven für eine breiter angelegte Modernisierungstheorie bietet, als es der klassische Kanon bislang vorsieht.

Literatur:

- Degele, Nina (2004): Differenzierung und Ungleichheit: eine geschlechtertheoretische Perspektive. In: Thomas Schwinn (Hrsg.): Differenzierung und soziale Ungleichheit. Frankfurt, 271-398.
- Oechsle, Mechthild/Birgit Geissler (2004): Modernisierungstheorien: Anregungspotenziale für die Frauen- und Geschlechterforschung. In: Ruth Becker/Beate Kortendiek (Hrsg.): Handbuch Frauen- und Geschlechterforschung. Wiesbaden, 196-203.
- Wetterer, Angelika (2002): Arbeitsteilung und Geschlechterkonstruktion. Konstanz.
- Wetterer, Angelika (2003): Rhetorische Modernisierung: Das Verschwinden der Ungleichheit aus dem zeitgenössischen Differenzwissen. In: Gudrun-Axeli Knapp/Angelika Wetterer (Hrsg.): Achsen der Differenz. Münster, 286-319.

Übungsfragen:

1. *Definition*: Was ist mit Ver- und Entgeschlechtlichung gemeint?
2. *Wiedergabe*: Mit welchen Argumenten kritisieren feministische Theorien der Geschlechterverhältnisse klassische Modernisierungstheorien?
3. *Vergleich*: Welche Vor- und Nachteile für eine gendersensible Gesellschaftstheorie bieten individualisierungs-, system- und machttheoretische Ansätze?
4. *Anwendung*: Wie lässt sich der geringe Anteil von Frauen in der Professorenschaft und ihr hoher Anteil in Pflegeberufen modernisierungstheoretisch erklären?

9 Integration

9.1 Begriff und Überblick

Mediation als integrierende Systemdifferenzierung. Mit der Mediation hat sich ein Berufsbild zwischen Anwältin, Berater und Moderatorin herausgebildet. Idee ist dabei, gerichtliche Auseinandersetzungen zu vermeiden, indem Konfliktparteien – seien es Beziehungspartner oder Arbeitgeberin und Arbeitnehmer – miteinander statt übereinander reden. In drei bis sieben Sitzungen geht es darum, Positionen zu klären, Streitpunkte aufzudecken und Lösungsmöglichkeiten zu entwickeln. Voraussetzung dabei: Die Parteien wollen tatsächlich eine Einigung, und sie sind auch in der Lage, ihre Interessen selbstbestimmt zu vertreten. Das scheint sich finanziell zu rechnen. In den USA wird von einer Erfolgsquote von 80 Prozent berichtet, in Deutschland von 60 Prozent (Mobil 06/2002: 40f.). Darüber hinaus entlastet dies die Justiz erheblich: In Bayern, Baden-Württemberg, Hessen und Nordrhein-Westfalen sind außergerichtliche Schlichtungen bei einem Streitwert unter 750 Euro obligatorisch, die Verfahren werden dann unterbrochen und einer Mediatorin übergeben.

Vom Beispiel zu Integration. Dieses Beispiel verdeutlicht zweierlei: *Erstens* werden auf diese Weise Konflikte ‚verlebensweltlicht', d.h. von einem juristischen in einen außerjuristischen Zusammenhang der Beteiligten übergeben. Dies findet *zweitens* dennoch auf einer verrechtlichenden Ebene statt. Denn es ist das politisch-juristische System, das nicht für die spezifische Problemlösung, wohl aber für das Verfahren der Problemlösung verantwortlich gemacht wird. Dies geschieht in einer Weise, dass Menschen im Alltagsleben ihre Probleme selbst lösen sollen. Es geht also um Übergriffe und Verlagerungen von einem gesellschaftlichen Teilbereich in vormals nicht rechtlich regulierte Bereiche. Noch allgemeiner: Thema ist das Zusammenspiel unterschiedlicher gesellschaftlicher Rationalitäten bzw. Logiken; also die andere Seite dessen, was Differenzierung und Rationalisierung als Motoren gesellschaftlicher Modernisierung nach sich ziehen: die Abkopplung gesellschaftlicher Teilsysteme bis hin zu deren wechselseitigen Ignoranz. Um die Möglichkeit bzw. Unmöglichkeit der Integration differenzierter Bereiche, das zentrale Steuerungs- und Kontrollproblem moderner Gesellschaften, geht es in diesem Kapitel. Wir wollen dieser Frage nachgehen, indem wir in einem ersten Schritt Integration als die ‚andere Seite“ von Differenzierung und Rationalisierung darstellen (Kapitel 9.2), um dann anhand Habermas' Überlegungen zur Entkopplung von System und Lebenswelt ein alternatives Konzept zur Integrationsproblematik (Kapitel 9.3) und schließlich einige weiterführende Überlegungen vorzustellen (Kapitel 9.4).

9.2 Integration und Differenzierung/Rationalisierung

Definition. Integration ist ein vor allem über systemische Zusammenhänge definierter Begriff, eine Zusammenfügung von Teilen (Individuen oder sozialen Einheiten) zu einem irgendwie harmonisierenden Ganzen (vgl. E. Shils in: Peters 1993: 129-133), eine qualitativ bestimmte Form von Ordnung oder Strukturiertheit oder gemeinsamer Sinnbildung (vgl. Willke 1978). Zur Präzisierung greifen wir auf die Erträge des Differenzierungs- und Rationalisierungskapitels zurück: Differenzierung beruht auf der Einführung neuartiger Unterscheidungen, genauer: sinnhafter Spezialisierungen im Sinne einer Verengung, Intensivierung und Abkopplung von Zusatzgesichtspunkten (vgl. Mayntz 1988: 19). Neue Unterscheidungen kann man nach außen als Ausdifferenzierung und nach innen als Strukturierung erfassen (vgl. Hondrich 1982: 25-32). Neben den Dimensionen der Regelung, des Raumes und der Zeit sind es vor allem Leistungssteigerung und Größenzunahme, welche in den Theoriekonstruktionen der Klassiker einen bedeutenden Stellenwert erfahren haben. Max Weber läutete im Zusammenhang mit seiner Rationalisierungsthese eine Theorietradition ein, welche die Ausdifferenzierung und Verselbständigung gesellschaftlicher Wertsphären oder Teilsysteme zum Motor gesellschaftlicher Modernisierung erklärt. In dieser Perspektive differenziert sich Gesellschaft funktional in Teilsysteme, die Kommunikation bzw. Anschlusshandlungen unter beschränkenden Bedingungen produzieren. Solche beschränkenden Bedingungen sind, wie bereits dargelegt (vgl. Kapitel 2), die je eigenen Logiken: In der Wirtschaft geht es darum, Geld zu verdienen, in der Politik, Entscheidungen durchzusetzen und Macht zu erhalten, in der Wissenschaft, wahre Aussagen zu produzieren. Entsprechend ist für die Entscheidung darüber, ob wissenschaftliche Aussagen wahr oder falsch sind, ausschließlich die Wissenschaft zuständig, und nicht Religion oder Staat. Als Folge steigern die Teilsysteme ihre Leistungsfähigkeit und werden effizienter, können aber auch andere Teilsysteme mit dort unlösbaren Folgen belasten. Arbeitslosigkeit und ökologische Belastungen sind die deutlichsten ‚Nebenfolgen', die das Wirtschaftssystem neben einem allgemein gestiegenen Lebensstandard nach sich zieht und damit eine *desintegrierende Wirkung* entfaltet. Die Dynamik der Teilsystembildung und der sinnhaften Spezialisierung bis hin zur Verselbständigung macht somit den Kern der Differenzierungs- wie auch Rationalisierungsdiskussion aus.

Krisen. Marx begründete die mit Modernisierungsprozessen verbundenen Grenzen bzw. Fehlentwicklungen noch systemintern. Seiner Prognose zufolge würde das kapitalistische Wirtschaftssystem an seiner immanenten Widersprüchlichkeit zugrunde gehen. Heute dagegen stehen externe Grenzen im Vordergrund: Desintegrative Wirkungen der Funktionsbedienung entstehen nicht im jeweiligen System, sondern in seiner Umwelt. Dabei kann man zwei Arten von Problemen unterscheiden: *Erstens* produzieren Teilsysteme Leistungen nicht in der erforderlichen Quantität oder Qualität. Beispielsweise produziert das Erziehungssystem zu wenig Naturwissenschaftler oder Technikerinnen – und alle jammern über den gefährdeten Wirtschaftsstandort Deutschland. *Zweitens* bereiten Teilsysteme aber auch ‚negative Externalitäten'. Das ist der Fall, wenn die Wirtschaft etwa Arbeitslosigkeit und Müll produziert oder wenn Gesundheit zu viel Geld kostet. Das hat nun nichts mit Systemstörungen zu tun, im Gegenteil: Die Deutsche Bank operiert betriebswirtschaftlich rational, wenn sie Menschen entlässt, statt Arbeit auf mehrere Schultern zu verteilen. Ebenso das

Gesundheitssystem, wenn es für das darin beschäftigte Personal gar nicht genug Kranke, zu Operierende und zu Versorgende geben kann. Kurz gesagt: Das Wirtschaftssystem bearbeitet Inputs hinsichtlich seiner Möglichkeit, diese in Zahlungen übersetzen zu lassen, das politische System ‚scannt' seine Umwelt hinsichtlich des Machterhalts und der -erweiterung, das System Wissenschaft nimmt Informationen unter der Perspektive ‚wahr' und ‚falsch' wahr. Dies führt uns zu einer zentralen Einsicht: Nicht die Fehlfunktionen, sondern die *Effizienz* der Systeme sind das eigentliche Problem von Modernisierung!

Wie ist Integration möglich? Wenn Modernisierung also weh tut (vgl. Kapitel 1.1), und wenn die damit verbundene „neue Unübersichtlichkeit" (Habermas) viel mit Überforderung, Temposteigerung und Verselbständigung zu tun hat, wie ist dann überhaupt noch so etwas wie gesellschaftliche Integration (verstanden als funktionale Verbundenheit von Teilen) möglich? Luhmann definiert Integration als „Vermeidung des Umstands, daß die Operationen eines Teilsystems in einem anderen Teilsystem zu unlösbaren Problemen führen." (Luhmann 1977: 242) Integration, also die Koordination von Aktivitäten und Prozessen unter dem Aspekt des Gelingens, ist dann ein notwendiges Korrelat jeglicher Differenzierungsdebatten und läuft als problematische Seite von Differenzierung im Sinne der ambivaloxen Dialektik der Moderne (vgl. Kapitel 1.3) immer mit. Luhmann erklärt das von Weber herauspräparierte Moment der Verselbständigung sogar zum grundlegenden Definitionskriterium für funktionale Differenzierung und fasst (System-)Integration als (wechselseitige) Einschränkung der Freiheitsgrade und (historisch) bewegliche Justierung von Teilsystemen: „Formen der Differenzierung sind nach all dem Formen der Integration der Gesellschaft." Das mache sich evolutionär als reduzierter Koordinationsaufwand bezahlt und erledige Fragen des drohenden Auseinanderfallens von Rationalitäten oder Systemlogiken: „[F]ürs Überleben genügt Evolution." (Luhmann 1984: 645) Fazit: Wenn jedes Teilsystem betriebsblind nach seiner eigenen Logik operiert, ist es schließlich nur konsequent, Fragen der Integration als Koordination aus der Theorie geradezu herauszudefinieren oder Prozessen der Ko-Evolution zu überlassen. Differenzierung, eine neuartige sinnhafte Spezialisierung, ist damit ein Automatismus, der sich selbst erklärt; und die Suche nach gesellschaftlich relevanten Strukturen oder Prozessen, die das Ganze nicht auseinander fallen lassen, ist schließlich überflüssig geworden.

Inklusion statt Integration. Kein Zufall also, dass in der Systemtheorie das Inklusionskonzept die Frage der Integration ersetzt und nach dem Zugriff von Kommunikation auf Personen als Funktions- bzw. Rollenträger fragt. Inklusion ist die Form, „deren Innenseite (Inklusion) als Chance der sozialen Berücksichtigung von Personen bezeichnet ist und deren Außenseite unbezeichnet bleibt." (Luhmann 1997: 620f.) Gemeint ist damit, dass Personen im Sinne von Rollenträgern Plätze zugeordnet werden. Im Zuge der funktionalen Differenzierung stehen den Individuen immer mehr Wechselmöglichkeiten zur Verfügung, man ist Teilnehmer in verschiedenen Funktionssystemen (vgl. Simmels Kreuzung sozialer Kreise bzw. Kapitel 3.2): Individualität ist Exklusion, die Nicht-Zugehörigkeit zu Teilsystemen macht diese erst aus. Luhmanns Diagnose lautet nun, dass die Gesellschaft nicht an Desintegration, sondern an einer Überintegration leidet (vgl. ebd.: 618), was er auf die autopoietische Eigendynamik der Teilsysteme zurückführt: Die Gesellschaft gewinnt mit der Autopoiesis ihrer Funktionssysteme eine hohe Stabilität, ist aber durch sich selbst extrem irritierbar. Die Inklusion folgt damit einer anderen Logik als die Integration, nämlich der gleichzeitigen Zugehörigkeit zu verschiedenen Teilsystemen als Multiinklusion vs. der eindeutigen Zuordnung und Einordnung.

Differenzierung und Integration sind aufeinander verwiesen. Mit dieser ‚abgeklärten' Erklärung muss man sich nicht zufrieden geben. Integration lässt sich nicht auf eine Differenzierungsfolge reduzieren, Integration schiebt Differenzierungsprozesse auch an. Fortschreitende funktionale Differenzierung und Integration, das hat Neil Smelser (1959) bereits vor knapp einem halben Jahrhundert in seiner Analyse zur Ausdifferenzierung von Familie, Industrie und Schule im England des 19. Jahrhunderts gezeigt, sind konstitutiv aufeinander verwiesen. Smelsers Differenzierungsmodell zufolge erzeugt soziale Differenzierung Folgeprobleme, welche die Operationsweise des Systems gefährden können. Eine Reaktion darauf ist die Ausdifferenzierung neuer systemischer Prozesse, welche diese Probleme bearbeiten. Integration ist ein solcher Prozess, der sich als spezielle Aufgabe ausdifferenziert hat. Umgekehrt produziert auch Integration differenziertere Strukturen, z.B. Gewerkschaften, politische Parteien, „and a mushrooming state apparatus." (Smelser 1968: 41) Die zentrale Bedeutung solcher „integration-agencies" liegt in ihrer Geburtshilfe für die Herausbildung des demokratischen Wohlfahrtsstaats, und entsprechend verortet Smelser ihre Entstehung auf der systemischen Ebene gesellschaftlicher Systeme und Institutionen. Dass und wie Formen der Systemdifferenzierung systemintegrierend wirksam werden, wird beispielsweise bei der Herausbildung und Entfaltung des Wohlfahrtsstaats deutlich (vgl. Kaufmann 1997; Marshall 1992). Nach dem Gewinn bürgerlicher Rechte im 18. Jahrhundert und politischer Rechte im 19. Jahrhundert bringen die seit dem Ende des 19. Jahrhunderts gegen die Standardrisiken des Einkommensverlustes errichteten sozialen Sicherungssysteme einen typischen Differenzierungseffekt demokratischer Gesellschaften zum Ausdruck. Politische Maßnahmen der Einkommenssicherung, Bildung und Gesundheit setzen einen doppelten Mechanismus in Gang: Einerseits können nun neue gesellschaftliche Probleme identifiziert und bearbeitet werden. Andererseits werden mit der Inklusion von Konsumenten in das Wirtschaftssystem, von Patientinnen in das Gesundheitssystem und von Wählerinnen in das politische System Ansprüche artikulierbar und freigesetzt, welche einer expansiven Dynamik der jeweiligen Teilsysteme zuarbeiten. Als Konsequenz treibt sich der Wohlfahrtsstaat an den Rand der Überforderung (vgl. Schimank 1998; Kaufmann 1997). Und ob die dabei ausdifferenzierten neuen systemischen Strukturen ausreichen, die gemeinsam mit den Lösungen produzierten Probleme in einem globalen Kontext angemessen bearbeiten zu können, ist fraglich. Es muss also andere Antworten auf Fragen der Integration geben.

9.3 Habermas: Integration als Bewältigung von Differenzierungs- und Rationalisierungsfolgen

Ziel einer „einigermaßen sensiblen" Gegenwartsdiagnose. Mit den Möglichkeiten der Bewältigung von Differenzierungs- und Rationalisierungsfolgen hinsichtlich der Integrationsfähigkeit der Gesellschaft hat sich besonders der 1929 geborene Jürgen Habermas auseinander gesetzt. Er verfolgt das Ziel einer Zeitdiagnose, die widersprüchliche Tendenzen von Modernisierung zu erfassen imstande ist: „Eine Gesellschaftstheorie, die der geschichtsphilosophischen Selbstgewißheit entsagt hat, ohne den kritischen Anspruch aufzugeben, kann ihre politische Rolle nur darin sehen, mit einigermaßen sensiblen Gesellschaftsdiagnosen die Aufmerksamkeit für die wesentlichen Ambivalenzen der zeitgeschichtlichen Situation zu schärfen." (Habermas 1986: 391) Noch mehr interessiert sich Habermas (1992) für die Frage, in welchem Maß und durch welche Mechanismen moderne, funktional differenzierte und kulturell pluralisierte Gesellschaften (systemisch und vor allem sozial) integriert sind. Das ist immer auch eine normative Frage – nicht umsonst steht Habermas in der Tradition der Kritischen Theorie, deren Pessimismus er allerdings überwinden will – „[E]s ist wirklich etwas besser geworden", so sein Fazit (Habermas 1985b: 203).

Biografie. Jürgen Habermas habilitierte sich nach seiner Dissertation in Philosophie 1961 mit einer Arbeit über den „Strukturwandel der Öffentlichkeit" – einem Thema, dem er treu geblieben ist. Nach Professuren in Heidelberg und Frankfurt galt und gilt er mit seiner Verbindung von philosophischer Analyse und Gesellschaftstheorie sowie dem Versuch, die normativen Maßstäbe der Kritik wissenschaftlich auszuweisen, noch immer als *der* heutige Vertreter der Frankfurter Schule bzw. *der* Repräsentant der Kritischen Theorie. Den größten Einfluss auf die sozialphilosophische und gesellschaftstheoretische Diskussion übten seine 1968 erschienene Arbeit „Erkenntnis und Interesse", der 1971 als Habermas-Luhmann-Debatte inszenierte Streit über „Sozialtechnologie oder Aufklärung?" und die 1981 publizierten zwei Bände zur „Theorie des kommunikativen Handelns“ aus. Habermas’ Methode ist die Rekonstruktion, sein Material sind Theorien. Habermas’ Theoriebautechnik besteht mit anderen Worten darin, Theorien wie etwa Marx‘ historischen Materialismus auseinander zu nehmen und wieder neu zusammenzusetzen.

Rekurs auf Weber. Geht es Habermas um eine zutreffende Gesellschaftsdiagnose, setzt er dazu rekonstruktiv bei Webervgl. an (Habermas 1981/I: 205-365).

- *Erstens* begreift er im Anschluss an Webers *Bürokratisierungsthese* Modernisierung als Doppelprozess von Selbständigkeit und Verselbständigung. Dabei ist die moderne Organisation das Musterbeispiel selbstgesteuerter sozialer Systeme. Denn dort entstehen formal organisierte Handlungsbereiche, die nicht mehr über Verständigung, also direkte Interaktion, integriert werden. Damit sind Autonomiegewinne verbunden, aber auch Tendenzen einer Dehumanisierung der Gesellschaft. Ein Beispiel dafür ist die unpersönlich gewordene Beziehung zwischen Organisationen und Individuen (Antrag zur Beantragung eines Antragsformulars...), wo Verordnungen und Vorschriften ohne Ansehen der Person exekutiert werden – durch die Maschen fallen dann die einzelnen Schicksale.

- *Zweitens* knüpft Habermas an Webers Gedanken der Rationalisierung der Lebenswelt an. Dabei nimmt er allerdings eine entscheidende Modifikation vor, er unterscheidet nämlich zwischen *kultureller* und *gesellschaftlicher Rationalisierung*. Damit ist gemeint, dass sich formal organisierte Handlungsbereiche von lebensweltlichen Kontexten erst ablösen können, nachdem die symbolischen Strukturen der Lebenswelt selbst hinreichend ausdifferenziert worden sind. Man kann auch sagen: Kulturelle Rationalisierung geht der gesellschaftlichen voraus. Konkret: Eine Rationalisierung des medizinischen Systems und des Gesundheitswesens beispielsweise ist erst auf einem kulturellen Hintergrund möglich, der Krankheiten wie AIDS nicht als gottgewollte Bestrafung betrachtet, sondern als empirisch-naturwissenschaftlich beschreib- und behandelbares Phänomen.

Modernisierungsprozesse sind damit immer als doppelte zu denken: Unter dem Aspekt der kulturellen Rationalisierung der Lebenswelt differenzieren sich Wissenschaft, Kunst und Moral als eigenständige Wertsphären heraus und setzen Menschen aus tradierten, vor allem religiösen Normen, Werten und Deutungsmustern frei. Gesellschaftliche bzw. systemische Modernisierung dagegen fasst Habermas viel enger. Er meint damit die fortschreitende funktionale Differenzierung als Ausbildung einer marktregulierten Ökonomie und eines sich durch Steuern finanzierenden Staates, der über ein physisches Gewaltmonopol verfügt. Dabei findet eine partielle Umstellung von kommunikativ strukturierter Sozialintegration (Kinder werden nicht mehr zu Hause oder gar nicht unterrichtet, sondern in der Schule.) auf funktionale Systemintegration (mit Schulen, Altenheimen, Krankenhäusern etc. bilden sich staatlich institutionalisierte Fürsorgeeinrichtungen heraus, deren Funktionen vormals in Familie oder Kirche lokalisiert waren.) – mit den entsprechenden Effizienz- und damit Modernisierungsgewinnen. Diese beiden Integrationsmodi muss man deutlich unterscheiden. Systemintegrative Leistungen können Sozialintegration nicht ersetzen: „Geld und Macht können Solidarität und Sinn weder kaufen noch erzwingen." (Habermas 1985a: 421; vgl. auch Habermas 1992: 427) Integration kann nur gewährleistet werden durch „ein Gewebe kommunikativer Handlungen, die nur im Lichte kultureller Überlieferungen gelingen können – und nicht etwa systemischer Mechanismen." (Habermas 1981/II: 223) Man kann das auch plakativ ausdrücken: Söldner gewinnen keinen Krieg. Der letzte unhintergehbare Bezugspunkt der Integration bleibt damit die sprachlich-symbolisch strukturierte Lebenswelt.

- *Drittens* setzt sich Habermas kritisch mit Webers Zeitdiagnose auseinander, die einen Freiheits- und Autonomieverlust vor allem als Umschlag von Wert- in Zweckrationalität begreift. Habermas unterscheidet stattdessen *Entkopplung* und *Kolonialisierung*: Rationalisierung ist der Prozess der wachsenden Autonomie und Entkopplung von Handlungssphären, der durch die religiös-intellektuelle Rationalisierung ausgelöst wurde. Während bei Weber bereits die Ausdifferenzierung der einzelnen Sphären schon Unvereinbarkeiten und Konflikte hervorruft, ist es bei Habermas erst die ungleichgewichtige Rationalisierung, also die Verselbständigung der beiden Wertsphären Ökonomie und Staat/Politik auf Kosten anderer, die desintegrativ wirkt. Das bezeichnet Habermas als „Kolonialisierung der Lebenswelt".

System und Lebenswelt. Die These der Kolonialisierung ist eingebettet in den für Habermas so zentralen Zusammenhang von System und Lebenswelt. Zentral, weil Habermas ihn als analytischen Bezugspunkt für die Bestimmung gesellschaftlicher Konfliktlinien und Gefährdungen begreift (vgl. Habermas 1981/II: 229-294). Habermas behauptet, dass sich moderne Gesellschaften durch eine Trennung der wirtschaftlichen Selbsterhaltung (materielle Reproduktionssphäre) einerseits und der so genannten „Lebenswelt" (symbolische Reproduktionssphäre) andererseits auszeichnen. In Letzterer befinden sich Werte, Glaubensgrundsätze, kulturelle Gemeinsamkeiten, aber auch Institutionen wie die Familie, die für die Erziehung neuer Gesellschaftsmitglieder hauptverantwortlich ist. Die Lebenswelt ist kommunikativ strukturiert, die beteiligten Subjekte teilen einen nicht weiter hinterfragten gemeinsamen Hintergrund von Selbstverständlichkeiten, der Sicherheit, Stabilität und die Basis für diskursive Prozesse der Auseinandersetzung schafft. Die wirtschaftliche Selbsterhaltung der Gesellschaft umfasst Wirtschaft und Staat bzw. Recht, was Habermas unter dem Begriff System zusammenfasst. Auch hier gilt, was wir in den modernisierungstheoretischen Überlegungen zu Differenzierung und Rationalisierung dargelegt haben: Die Arbeitsteilung in zwei Bereiche macht das gesellschaftliche Ganze effizienter. Damit bilden sich in der Moderne nach Habermas zugleich zwei verschiedene Handlungszusammenhänge aus, die nach unterschiedlichen Regeln bzw. Logiken funktionieren: Zweckbestimmte Handlungen dominieren im Wirtschaftsleben und der Politik (Man kauft, was in finanzieller Hinsicht den größten Nutzen bringt; Politikerinnen entscheiden vor allem danach, was ihren Machtbereich erweitert.). In der Lebenswelt und der gesellschaftlichen Öffentlichkeit herrschen andere Regeln, das Handeln von Freundinnen, Eltern, Kindern und mündigen Staatsbürgern orientiert sich an gemeinsamen Werten, Traditionen und dem, womit möglichst viele übereinstimmen.

Vermittlung. Verlaufen die Grenzen von System und Lebenswelt „zwischen den Subsystemen der Wirtschaft und der bürokratisierten Staatsverwaltung einerseits, der (von Familie, Nachbarschaft, freien Assoziationen getragenen) privaten Lebenssphären sowie der Öffentlichkeit (der Privatleute und Staatsbürger) andererseits" (Habermas 1981/II: 458), werden beide über Austauschbeziehungen (Geld oder Macht) vermittelt: Während Geld und Macht das Zusammenleben in Wirtschaft und Politik regeln, spielen in der Lebenswelt und in der gesellschaftlichen Öffentlichkeit Prozesse der Konsensfindung und der Erzielung von Übereinstimmung eine entscheidende Rolle. „Entkoppelt wird die Lebenswelt allein von den mediengesteuerten Subsystemen, natürlich nicht von systemintegrativen Mechanismen überhaupt." (Habermas 1986: 387) Ähnlich wie sich gesellschaftliche Teilsysteme voneinander lösen können (vgl. Kapitel 2), ist dies auch bei System (Staat und Ökonomie) und Lebenswelt (Familie und Öffentlichkeit) möglich. Diese Gegenüberstellung kann man nun noch einmal unterscheiden, nämlich mit dem Begriffspaar öffentlich/privat: Als privat gelten das Wirtschaftssystem (Systembereich) und die Familie (Lebensweltbereich). Während Letztere der Wirtschaft neue Arbeitskraft (und Konsumentinnen) zuführt, erhält die Familie (bzw. dasjenige – meist männliche – Familienmitglied, das einer abhängigen Beschäftigung nachgeht) im Ausgleich dafür Lohnzahlungen. Als öffentlich bezeichnet Habermas den Staat (Systembereich) und die gesellschaftliche Öffentlichkeit (Lebensweltbereich), zwischen denen sich Austauschprozesse im Medium der Macht abspielen, beispielsweise in Form von Wahlen oder sozialen Transferleistungen.

Kolonialisierung als Problem. Problematisch ist für Habermas nun nicht die Tatsache, dass System und Lebenswelt nach unterschiedlichen Regeln funktionieren und sich voneinander differenzieren, sondern der Moment, in dem die monetären und administrativen Steuerungsmechanismen in die Lebenswelt eindringen – „wie Kolonialherren in eine Stammesgesellschaft.“ (Habermas 1981/II: 522) Genau dann spricht Habermas von Kolonialisierung (vgl. Abbildung 1).

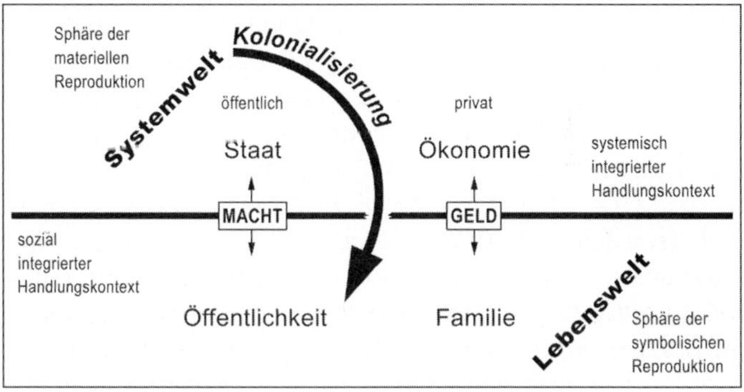

Abbildung 1: System und Lebenswelt.

Das ist der Fall, wenn die Zerstörung traditionaler Lebensformen (also der Lebenswelt) nicht mehr durch die effektivere Erfüllung gesamtgesellschaftlicher Funktionen ausgeglichen werden kann. Ein Beispiel dafür sind Kostenersparnisse durch die Einrichtung virtueller Büros, wo Mitarbeiterinnen keinen festen Arbeitsplatz mehr vorfinden, sondern ihre Unterlagen im Rollcontainer an einen gerade freien Schreibtisch schieben. Das spart Platz und Miete, aber wenn die Angestellten keine Motivation für ihre Arbeit mehr aufbringen, weil sie kein Familienfoto an die Wand hängen können, weil sie nicht wissen, wer der nächste Schreibtischnachbar sein wird und ob sie zur gewohnten Zeit ein Schwätzchen halten können, werden solche Gewinne rasch wieder aufgefressen. Denn, anders als die materielle Reproduktion der Lebenswelt, kann, so Habermas' These, die symbolische Reproduktion nicht ohne pathologische Nebenfolgen auf die Grundlage systemischer Integration umgestellt werden. Die entscheidende Gedankenfigur bei Habermas besteht also darin, dass nicht die Ausdifferenzierung von System und Lebenswelt brisant ist, sondern das Übergreifen systemischer Imperative auf die Lebenswelt. Die Ausdifferenzierung per se bringt Rationalitäts- und Effizienzgewinne, die nicht mehr hintergehbar sind.

Grenzen zwischen Entkopplung und Kolonialisierung. Wo greifen nun Systeme in unzulässiger Weise in die Autonomie von Individuen und in bislang nicht regulierte Zusammenhänge ein? Die Grenzen zwischen Entkopplung und Kolonialisierung markieren Monetarisierung und Bürokratisierung: Sie „scheinen die Grenzen der Normalität zu überschreiten, sobald sie die eigensinnig strukturierten Zufuhren aus der Lebenswelt instrumentalisieren." (ebd.: 477) Habermas spricht hier auch von Verdinglichung, was Webers Rede der Entzauberung entspricht. Damit ist die Reduktion eines Handelns, das erst durch Sinngebung und normative Rechtfertigung zur Geltung kommt, auf sein zweckrationales Element gemeint, also eine Umkehrung von Zweck und Mittel. Die Aufgabe der Gesellschaftsanalyse besteht vor diesem Hintergrund darin, Umschlagpunkte zu bestimmen, an denen gesellschaftliche Modernisierungsprozesse in eindimensionale und lebensweltlich dysfunktionale systemische Rationalisierungsdynamiken münden. Beispiele dafür sind ein wohlfahrtsstaatlich legitimierter Reglementierungs- und Kontrollapparat, dessen verdinglichende Gewalt bis in die feinsten Verästelungen der Alltagskommunikation reicht: Eltern oder Kinder, die sich gegenseitig vor Gericht zerren, statt sich innerhalb der Familie zu einigen, auch Urlaubsgäste, die Reiseveranstalter wegen des behinderten Zimmernachbarn auf Schadenersatz verklagen, amerikanische Verbraucher, die amerikanische Gerichte dafür instrumentalisieren, von *McDonald's* abhängige (und gesundheitlich geschädigte) Fastfood-Esser vor ihren ‚eigenen Exzessen' zu schützen. Eine Kolonialisierung ist auch zu beobachten, wenn „die elitäre Abspaltung der Expertenkulturen von den Zusammenhängen kommunikativen Handelns" (ebd.: 488) zu deren kultureller Verarmung führt, wenn also die Distanz zwischen institutionalisierten Expertendiskursen in Wissenschaft, Kunst und Moral und der Alltagspraxis so groß wird, dass nur noch auf der Grundlage wirklichkeitsferner Gutachten und Expertisen über Maßnahmen gegen BSE oder über die Bestimmung des Todes eines Menschen entschieden wird.

Unzureichende Berücksichtigung von Geschlecht. Aus einer Geschlechterperspektive sind diese Erklärungen ergänzungsbedürftig. Denn – so die Kritik Nancy Frasers – durch die strikte Trennung von öffentlicher und privater bzw. systemischer und lebensweltlicher Sphäre blende Habermas vollkommen aus, dass beispielsweise die Ehe sehr wohl auch ein Raum ökonomischer Austauschprozesse und repressiver Machtverhältnisse ist – und nicht nur der heimelige Ort kommunikativ erzeugter Einigkeit (vgl. Fraser 1994: 182f.). Einfacher ausgedrückt: Wer das Geld nach Hause bringt, bestimmt, was auf den Tisch kommt. Die strikte Trennung der nur scheinbar nach grundverschiedenen Handlungsmustern und mittels grundverschiedener Medien funktionierenden Sphären läuft auf eine Ablehnung staatlich organisierter und geregelter Kinderaufzucht und damit auf eine Rechtfertigung der Rolle der Frau als unbezahlter Erziehungsarbeiterin hinaus. Da die Frau bzw. Mutter – als Teil der Familie – quasi ‚naturwüchsig' für die Erziehung der Nachkommen zuständig ist, muss jede Auslagerung der Erziehungsarbeit, jede Neubewertung nach ökonomischen, systemischen Maßstäben für Habermas im Sinne der Kolonialisierungs-Theorie ‚pathologisch' erscheinen und ist daher strikt abzulehnen: Wenn der Staat sich für die Erziehung der Kinder verantwortlich fühlt, greift er – nach Habermas verbotenerweise! – in lebensweltliche Zusammenhänge ein, er drängt sich in eine Rolle, die ihm als Bestandteil der Systemsphäre nicht zusteht. Für Habermas ist die Entkopplung von System und Lebenswelt zwar einerseits produktiv, nämlich dann, wenn sich die Familie nicht um die schulische Erziehung der Kinder kümmern muss und sie ihre Kräfte auf emotionale, künstlerische, spielerische oder ähnliche Belange konzentrieren kann. Andererseits aber kann sich die zunächst produktive Entkopplung in eine „innere Kolonialisierung" der Lebenswelt verwandeln, wenn systemische Prozesse der Wirtschaft und des Staates sich nicht auf ‚ihre' Bereiche beschränken, sondern in das lebensweltlich strukturierte Geschehen regulierend und normierend eingreifen wollen. Ein weiteres Beispiel für einen derartigen Übergriff ist die gesetzliche Regulierung des Vertriebs von Pornografie. Auch hier definiert der Staat, was als anstößig und sittenwidrig gilt und vor wessen Einfluss die Einzelnen zu schützen seien. Damit versachlicht und verdinglicht der Staat menschliche Verhältnisse. Ähnlich werden Kranke zu – ausschließlich im Hinblick auf eine organische Fehlfunktion wahrgenommenen – Nummern im rundum verwalteten Krankenhaussystem, Menschen zu Konsumenten oder zu „Ich-Agenturen" (vgl. dazu auch Kapitel 5.4) – in ihren Manifestationen von Ambivalenzen, Paradoxien und möglichen Umschlagpunkten allesamt Beispiele für die ambivaloxe Dialektik von Modernisierungsprozessen.

Falsche Dichotomie. Der Vorteil der Habermas'schen Unterscheidung besteht also darin, dass man – abhängig vom jeweils eigenen normativen Standpunkt – sehr genau ‚Gewinne' und ‚Kosten' von Modernisierungsprozessen in den Blick bekommt. Gleichzeitig muss eine solche Theorie aber auch die grundlegende Bedeutung von Geschlecht berücksichtigen: Geschlecht bzw. Geschlechtsidentität ist für Fraser *das* Verbindungsstück bzw. Austauschmedium schlechthin zwischen allen Lebensbereichen, „ein Grundelement des sozialen Bindemittels, das sie alle zusammenhält." (ebd.: 195)[1] Statt wie Habermas sozial und systemisch intergriertes Handeln gesellschaftlichen Systemen bzw. der Lebenswelt zuzuordnen und dichotomisch gegenüberzustellen (was empirisch schlicht nicht haltbar ist), unterscheidet Fraser sozial integriertes als kommunikativ erzeugtes Handeln (das explizit dialogisch ist) und normativ gesichertes Handeln (das über vorreflexiven Konsens geregelt ist). Damit gewinnt sie einen Maßstab, die moderne Kleinfamilie mit männlichem Vorstand einer kritischen Analyse zu unterziehen. Letztere ist nämlich eher normativ abgesichert als kommunikativ zustande gekommen: „Ungenügend betont wird jedoch, daß Handlungen, die von einem normativ gesicherten Konsens in der Klein-

---

[1] Unberücksichtigt lassen wir hier, dass Nancy Fraser die Kategorie ‚Geschlecht' klassisch auf Männer und Frauen reduziert – Transgender oder Intersexuelle finden in diesem Modell keine Berücksichtigung.

familie mit männlichem Vorstand koordiniert werden, durch Macht regulierte Handlungen sind.“ (ebd.: 184) Macht lässt sich also nicht auf bürokratische Zusammenhänge einschränken, sinnvoller wäre an dieser Stelle eine Unterscheidung von Machttypen (z.B. häuslich-patriarchal vs. bürokratisch-patriarchal) statt von Integrationstypen.

Mehr Geschlechtersensibilität! Frasers Fazit: Habermas versteht nicht, „wie der kapitalistische Arbeitsplatz mit der modernen beschränkten Kleinfamilie mit männlichem Haushaltsvorstand verknüpft ist.“ (ebd.: 194). Er wiederholt statt problematisiert, so Frasers Vorwurf, die institutionelle Hauptstütze der Frauenunterordnung, „nämlich die im Geschlechterverhältnis gründende Trennung sowohl der männlichen Öffentlichkeit als auch der staatlich regulierten Ökonomie mit ihrer geschlechterspezifisch segmentierten Erwerbsarbeit und sozialen Sicherung auf der einen Seite vom privatisierten weiblichen Kinderaufziehen auf der anderen.“ (ebd.: 211) Die programmatische Idee der Entkolonialisierung geht an den feministischen Schlüsselfragen vorbei. Die männliche Herrschaft ist dem klassischen Kapitalismus intrinsisch statt bloß zufällig, sie ist nicht ein vormoderner Rest, sondern durch und durch modern. Als Konsequenz ergibt sich daraus, dass eine kritische Gesellschaftstheorie geschlechtersensitive Kategorien benötigt (vgl. dazu vor allem Kapitel 4.2 bzw. 8.4). Damit legt Fraser den Finger auf die Wunde eines androzentrischen Typus von Gesellschaftstheorie, der auch vor augenscheinlich ‚progressiven‘ Konzepten wie dem von Habermas nicht Halt macht.

9.4 Von positiver zu negativer Integration

Prozedurale Dissensregulierung. Noch immer nicht zufriedenstellend beantwortet ist die Frage, wie denn Integration überhaupt zu fassen sein könnte. Habermas schwebt dazu ein prozedurales Modell gesellschaftlicher Integration vor, bei dem die Lebenswelt als Ressource gesellschaftlicher Verständigung und als Platzhalter für ein heute noch mögliches gesamtgesellschaftliches Bewusstsein fungiert (vgl. Habermas 1981/II: 230). Denn nur über Lebenswelt und politisch agile Öffentlichkeiten seien gesellschaftliche Arenen zu initiieren, die ein sensibles Bewusstsein für die gesellschaftlichen Folgewirkungen teilsystemischer Operationsweisen entwickeln. Dafür stehen bei Habermas vor allem soziale Bewegungen, die, wie etwa *Greenpeace*, Ökonomie und Politik als sensible Seismografen zu irritieren vermögen. Integration ist dabei nicht mehr positiv, d.h. durch spezifische, substanziell bestimmbare Werte definierbar – wofür etwa die Debatte um die „deutsche Leitkultur“ als Beispiel dienen möge. Habermas plädiert vielmehr für eine prozedurale Dissensregulierung auf der formalen Ebene der Verfahrensweisen. Das entspricht einem *negativen* Integrationsbegriff. Denn die Lebenswelt umreißt dabei ein Grenzbewusstsein, das nicht bestimmt, wo Gesellschaft hinzugehen hat, sondern was zu vermeiden ist: „Ziel ist nicht mehr schlechthin die ‚Aufhebung‘ eines kapitalistisch verselbständigten Wirtschafts- und eines bürokratisch verselbständigten Herrschaftssystems, sondern die demokratische Eindämmung der kolonialisierenden Übergriffe der Systemimperative auf lebensweltliche Bereiche.“ (Habermas 1990: 36). Ziel der Dissensregulierung ist dabei eine normative Gleichheit der Bürgerinnen und Bürger bei Beibehaltung subkultureller Eigenheiten. Habermas (1992: 142) fordert dabei Prinzipien einer Diskursethik, die auf der Grundlage eines differenzempfindlichen Universalismus Formen einer prozeduralen Integration umreißen. Dabei unterscheidet Habermas drei Integrationsmodi moderner Gesellschaften, nämlich Zivilgesellschaft, Öffentlichkeit und Rechtsstaat (vgl. Habermas 1992; Heming 2000: 66-70):

- *Rechtsstaat:* Die zentrale Integrationsinstanz sieht Habermas noch immer im Rechtsstaat: Er schaffe Solidarität, Rechts-, bzw. Erwartungssicherheit, darüber hinaus auch Recht als Mittler zwischen System und Lebenswelt. In seiner Schrift von 1992 geht Habermas über die noch eher skeptische Haltung in der knapp ein Dutzend Jahre älteren Theorie des kommunikativen Handelns hinaus, indem er im Rechtssystem nicht mehr die wesentliche Ursache der Bürokratisierung lebensweltlicher Strukturen und Handlungszusammenhänge sieht, sondern vielmehr ein Medium gesellschaftlicher Integration (vgl. Habermas

1992: 61-78). Daran knüpft er die Forderung, dass das Recht für lebensweltlich formulierte Impulse und Krisenwahrnehmungen sensibel bleiben muss.

- *Zivilgesellschaft:* Neben dem Rechtsstaat konzipiert Habermas die aus Institutionen und sozialen Bewegungen bestehende Zivilgesellschaft als Mittlerin zwischen Lebenswelt und dem politischen System: „Die Zivilgesellschaft setzt sich aus jenen mehr oder weniger spontan entstandenen Vereinigungen, Organisationen und Bewegungen zusammen, welche die Resonanz, die die gesellschaftlichen Problemlagen in den privaten Lebensbereichen finden, aufnehmen, kondensieren und lautverstärkend an die politische Öffentlichkeit weiterleiten. Den Kern der Zivilgesellschaft bildet ein Assoziationswesen, das problemlösende Diskurse zu Fragen allgemeinen Interesses im Rahmen veranstalteter Öffentlichkeiten institutionalisiert." (ebd.: 443f.) Die Zivilgesellschaft soll mit anderen Worten eine Verbindung zwischen System und Lebenswelt herstellen.

- *Öffentlichkeit:* Die Öffentlichkeit als „Arena für die Wahrnehmung, Identifizierung und Behandlung gesamtgesellschaftlicher Probleme" (ebd.: 365) operiert als zivilgesellschaftlicher Kristallisationskern zur Artikulation und Bewusstmachung gesellschaftlich notwendigen Handlungs- und Gestaltungsbedarfs. Dieser unvermeidliche und notwendige gesellschaftliche Verständigungsmechanismus lässt sich nicht als Institution oder Organisation, sondern als ein „Netzwerk für die Kommunikation von Inhalten und Stellungnahmen, also von *Meinungen* beschreiben; dabei werden die Kommunikationsflüsse so gefiltert und synthetisiert, daß sie sich zur themenspezifisch gebündelten *öffentlichen* Meinung verdichten." (ebd.; Hervorh. i. Orig.) Korrekterweise müsste man hier dennoch von Öffentlichkeiten im Plural sprechen, denn diese sind thematisch, organisatorisch und institutionell so weit differenziert, dass sie auch auf verschiedene Medien und Kommunikationsformen zurückgreifen (müssen). Gleichwohl läuft auch hier die Reproduktion als sozial integrierter Zusammenhang über kommunikatives Handeln.

An diese Überlegungen knüpft Habermas drei (recht abstrakt formulierte) Hoffnungen (vgl. Heming 2000: 72), wie auf Differenzierung und Entkopplung basierende Modernisierungsgewinne beizubehalten seien, aber dennoch auf eine „Aussöhnung" zwischen System und Lebenswelt nicht verzichtet werden müsse. Dabei handelt es sich *erstens* um ein funktionierendes Zusammenspiel von privater und öffentlicher Autonomie einer selbstbewussten Bürgerschaft und einer dadurch zum Ausdruck kommenden Zivilgesellschaft, *zweitens* um deliberative (beratschlagende) Strukturen, die auf einem engen Austausch zwischen politisch-administrativen Mechanismen und der öffentlichen Meinungsbildung beruhen und diese fördern, sowie *drittens* um rechtlich regulierte Rückbindungen der einzelnen Funktionssysteme an eine gesellschaftspolitische Verantwortung.

Kontextsteuerung. Diese Antworten stammen aus einem kommunikations- bzw. handlungstheoretischen Kontext, der ein Gegenmodell zu systemtheoretischen Konzepten der Systemintegration darstellt: Habermas hofft darauf, dass die Teilrationalitäten positiv durch die kommunikativen Rationalitäten integriert werden können. Systemtheoretische Parallelen gibt es dennoch. So plädiert etwa Helmut Willke (1989: 69f.) für eine prozedurale Rationalität, die sich sicht mehr inhaltlich, sondern nur noch als Verfahrensrationalität herstellen lässt. Dabei geht er von einem Wettstreit der Teilrationalitäten aus, was nicht zum Konsens, sondern zu kontrolliertem Dissens als gesellschaftlichem Strukturprinzip führt. Daran knüpft er den Integrationsmodus der Kontextsteuerung, „die reflexive, dezentrale Steuerung der Kontextbedingungen aller Teilsysteme und selbstreferentielle Selbststeuerung jedes einzelnen Teilsystems." (ebd.: 58) Die Pole der Lenkung sind also dezentrale Kontextsteuerung und Selbststeuerung der Teilsysteme, was sich mit dem Konzept der Kontextsteuerung theoretisch erfassen lässt, das zwischen Über- und Untersteuerung oszilliert (vgl. Degele 1997). Dies erfordert die Integrationsfähigkeit von Heterogenität, denn die Dominanz eines Subsystems als Modell der Systemrationalität führt zur Irrationalität des Ganzen. Dieses Konzept der Kontextsteuerung zur Herstellung von Integration geht über Luhmanns ko-evolutionäres Prinzip des ‚Durchwurstelns' hinaus: Bedingungen des Zusammenspiels aller Teile müssen als Kontextregeln für jeden einzelnen Teil gelten. Die Rahmenbedingungen sollen die Teilbereiche dazu veranlassen, nicht nur eigenfunktional zu wirken, sondern sich selbst im Kontext anderer Teilsysteme zu steuern.

Konflikt/Desintegration. Zu einer ähnlichen Konsequenz der Negativbestimmung kommt Wilhelm Heitmeyer (1997) in seinen konflikttheoretischen Überlegungen zur Integrations- und Desintegrationsdynamik: Mit den Integrationschancen von Individuen wachsen die Desintegrationsgefahren, Diskontinuitäten sind zur Regel geworden. Als Folge wird Konflikt zu einer „Form des Umgangs mit Differenzen und Widersprüchen, in denen Gegensätze nicht aufgelöst, sondern vielmehr prozessiert werden." (ebd.: 62) Es geht um die Bewältigung/das Management von Konflikten statt um Überwindung. Nicht zuletzt deshalb darf man Integration nicht mit Stabilität gleichsetzen. Stattdessen kann man positive und negative Dimensionen von Integration und Stabilität unterscheiden und kreuztabellieren. Der zuverlässigste Indikator für Desintegration ist noch immer Gewalt. Und – das ist eine klassische Einsicht der Soziologie abweichenden Verhaltens – jede Gesellschaft braucht zur eigenen Stabilität Gruppen, die gerade nicht integriert sind (vgl. ebd.: 31).

Individuen als Integrationsagenturen. Einen subjektorientierten Zugang zur diskutierten Problematik wählen Ansätze, die Individuen als „Integrationsagenturen" bestimmen, die verloren gegangene gesellschaftliche Integrationsmechanismen teilweise kompensieren (vgl. Pongratz/Voß 2003; Degele 1999; vgl. dazu auch Kapitel 3.3 und 6.4). Verlieren nämlich gesellschaftliche Strukturen an Bindungskraft, setzt Gesellschaft Individuen frei. Diese können heute beispielsweise durchaus darauf verzichten, traditionelle Integrationsleistungen wie etwa Heirat, Berufswahl gemäß der Elternwünsche etc. zu erbringen. Damit entfallen spezifische Integrationsanforderungen, die an eine traditionelle Form der Lebensführung geknüpft waren. Damit ist natürlich nicht gesagt, dass nun anfallende individuelle Integrationsleistungen allesamt vormals bei der Gesellschaft anhängig gewesen wären. Auch verwandeln sich überwundene Herkunftsbindungen nicht plötzlich in soziale Ungebundenheit. Was vielmehr entsteht, sind soziale Zwänge, nämlich zu Abstimmung, Koordination und Konsens. Gleichzeitig müssen sich Individuen auf den verschiedensten Ebenen mit Problemen auseinander setzen, die Gesellschaft nicht mehr lösen kann oder lösen will: Dass die Öffnungszeiten von Ämtern und Arbeitszeiten nur ungenügend aufeinander abgestimmt und Kindergärten nicht mit öffentlichen Verkehrsmitteln erreichbar sind; dass nicht nur Freiberuflerinnen, sondern auch Angestellte in zunehmendem Maß als Unternehmer ihrer eigenen Arbeitskraft auftreten (vgl. Pongratz/Voß 2003); dass im Zuge medizinischer Spezialisierung, gesundheitspolitischer Prävention und Aufklärung die Einzelnen für ihre Krankheiten, Krankheitsvorsorge und Gesunderhaltung selbst verantwortlich gemacht werden (vgl. Degele 1998) – mit solchen Differenzierungsfolgen sind nun Individuen konfrontiert und sehen sich Integrationszumutungen ausgesetzt, Unterschiedliches funktional zu verbinden. In exakt diesem Sinn wälzt Gesellschaft Integration ab, wird sie aber nicht los: „Man könnte sagen, daß soziale Systeme das Problem ihrer Integration durch funktionale Differenzierung in jeden einzelnen hineinverlagern: Jeder muß sehen, wie er religiöse, wirtschaftliche, familiale etc. Anforderungen ausgleicht.“ (Hondrich 1987: 293) Man kann diesen Gedanken noch weiter treiben: Nur weil Individuen angesichts gegenwärtiger gesellschaftlicher Umbrüche in der Lage sind, spezifische Integrationsleistungen zu erbringen, kann sich Gesellschaft weiter differenzieren bzw. modernisieren (vgl. Degele 1999). Individuelle Differenzierungs- und Integrationsleistungen werden gesellschaftlich wirksam, indem sie Gesellschaft entlasten und neue Strukturbildungen in Gang setzen – z.B. in der Entstehung neuer Berufsbilder wie dem der eingangs erwähnten Mediation, das zwischen Anwältin und Moderator angesiedelt ist.

FAZIT: Integration, das sollte deutlich geworden sein, ist eine, wenn nicht *die* zentrale Kehrseite der ambivaloxen Dialektik von Differenzierung und Rationalisierung. Während in einer systemtheoretischen Perspektive die Integrationsproblematik als ein „Justieren der Teilsysteme“ Prozessen der (Ko-)Evolution überantwortet und damit als grundlegendes Problem aus der Theorie herausdefiniert wird, nehmen handlungstheoretische bzw. komplementäre Konzepte wie das von Habermas die Bruchstellen und Konfliktlinien zwischen System und Lebenswelt in den Blick. Problematisch ist dabei nicht die Effizienzsteigerung, die mit der Ausdifferenzierung der Systeme Wirtschaft und Politik verbunden ist, wie auch die daran geknüpfte Entkopplung der Systeme aus ihrem lebensweltlichen Fundus; keineswegs geht es Habermas um eine Rücknahme von Modernisierungsgewinnen im Sinne einer Entdifferenzierung. Bedrohlich ist vielmehr ein Übergreifen systemisch integrierter Funktionsbereiche auf die sozial integrierte Lebenswelt (Kolonialisierung). Daraus folgt nun nicht die Forderung, den Regulierungsgürtel enger zu schnüren, sondern im Gegenteil eine Einigung über die Verfahren herbeizuführen und zu institutionalisieren, *wie* gesellschaftliche Konflikte im Sinne einer Verhandlungsmoral zu regulieren seien. Dass dies zu steigenden Anforderung an die Einzelnen als Integrationsagenturen führt, ist nicht nur wahrscheinlich, sondern – hier schließt sich der Kreis zum Zwillingspaar der Differenzierung und Individualisierung – ein funktionales Erfordernis von Modernisierungsprozessen. Etwas anderes bleibt als kritisches Fazit dieses letzten Modernisierungsfaktors zurück: Trotz allem legt Habermas seinen so fortschrittlich sich gerierenden Überlegungen implizit eine naturalisierende Konzeption von Geschlechterverhältnissen zugrunde. Das ist nicht nur schade, sondern offenbart auch eine androzentrische Verengung in einer Theorie, die mit dem Anspruch der kritischen Durchleuchtung gesellschaftlicher Verhältnisse und von Emanzipation auftritt. Auch hier zeigt sich, in welcher Weise Theorien mit blinden Flecken geschlagen sind und einer externen Korrektur bedürfen.

Literatur:

- Degele, Nina (1999): Soziale Differenzierung: eine subjektorientierte Perspektive. In: Zeitschrift für Soziologie 28, 345-364.
- Fraser, Nancy (1994): Widerspenstige Praktiken. Frankfurt/M.
- Habermas, Jürgen (1981): Theorie des kommunikativen Handelns. Frankfurt/M (vor allem Band 2: 173-181, 229-293, 470-488).
- Habermas, Jürgen (1992): Faktizität und Geltung. Frankfurt/M.

Übungsfragen:

1. *Definition*: Was bedeutet Inklusion in Abgrenzung zu Integration?
2. *Wiedergabe*: In welchem Verhältnis stehen die Entkopplung der Wertsphären und die Kolonialisierung der Lebenswelt?
3. *Vergleich*: An welchen Punkten unterscheiden sich die Überlegungen Habermas' und Frasers hinsichtlich des Zusammenhangs von System und Lebenswelt?
4. *Anwendung*: Welchen Gewinn bringt ein ‚Antidiskriminierungsgesetz', welche Kosten sind damit verbunden?

10 ‚Homo-Ehe'

Ausgangsfrage: *Handelt es sich bei der so genannten ‚Homo-Ehe' unter modernisierungstheoretischer Perspektive um einen gesellschaftlichen Fort- oder Rückschritt (oder etwas ganz anderes)?*

Seit dem 1. August 2001 dürfen sich – nach dem Lebenspartnerschaftsgesetz (*LpartG*; Vgl. Bundesgesetzblatt Nr. 9, Teil 1, G5702) – auch gleichgeschlechtliche Paare amtlich ‚verpartnern' lassen. Das eheähnliche Institut[1] räumt heiratswilligen gleichgeschlechtlichen Paaren unter anderem Rechte auf einen gemeinsamen Partnerschaftsnamen, gesetzliche Unterhaltsregelungen, ein Aufenthaltsrecht für Nicht-Deutsche Partner und das gemeinsame Sorgerecht für in der Partnerschaft lebende Kinder ein. Politisch umstrittene Knackpunkte wie das Adoptionsrecht oder die Gewährung steuerlicher Vorteile wurden vom Rechtsausschuss des Deutschen Bundestages aus dem Gesetzentwurf zunächst ausgekoppelt, da sie der Zustimmung des Bundesrates bedürfen. Sie sollten in einem Ergänzungsgesetz (*LpartErgG*) später beschlossen werden, was im Bundesrat allerdings gescheitert ist. Auch wenn die ‚Homo-Ehe' nach dem Gesetz also keine wirkliche Ehe und damit Gleichstellung zu heterosexuellen Privilegien ist, feiern sie viele als Erfolg: Endlich wird das gesellschaftliche Idealbild heterosexueller Glückseligkeit wenigstens ein gutes Stück weit auf alternative Lebensweisen übertragen, so die Ansicht der Befürworterinnen. Glaubt man ihnen, ist nun endlich die Zeit rechtlich bewilligter Diskriminierung zumindest schwul-lesbischer Minderheiten abgelaufen, und es scheint so, als wüchse die gesellschaftliche Akzeptanz und Toleranz alternativer Lebens- und Liebesverhältnisse mit jeder weiteren amtlich besiegelten ‚Homo-Ehe'. Doch scheiden sich bei diesem Thema nach wie vor die Geister. Der Widerstand gegen die schrittweise Gleichstellung homosexueller Paare mit verheirateten Heterosexuellen kommt aus unterschiedlichsten Be-

---

[1] In Wirklichkeit handelt es sich bei dem *LpartG* um ein sogenanntes Aliud, ein Rechtsinstitut „unterhalb der Ehe" (Hark 2000: 85).

reichen der Gesellschaft. Moralische, theologische, politische oder juristische Bedenken kreuzen sich mit der Forderung nach Entdiskriminierung und Gleichbehandlung. In den Augen der Gegner ist die ‚Homo-Ehe' ein „Schlag gegen die verfassungsrechtlich geschützte Ehe" (Bartholomäus Kalb, MdB/CSU), ihre Befürworter fordern „gleiche Pflichten, aber auch gleiche Rechte" (Volker Beck, MdB/Grüne) (vgl. Badische Zeitung, 26.01.05: 6).

Unter einer modernisierungstheoretischen Perspektive spielen moralische Überzeugungen oder rechtliche Erwägungen jedoch eine untergeordnete Rolle. Hier interessiert allein die Frage, wie sich die ‚Homo-Ehe' als Modernisierungsphänomen beschreiben und bewerten lässt[2]: Aus der Sicht des Staates wird die homosexuelle Partnerschaft durch die ‚Homo-Ehe' gesellschaftspolitisch und steuerrechtlich handhabbar. Der Staat hat die menschliche Liebe in seine Sprache (des Rechts, der Gesetzestexte und Verordnungen) übersetzt. Er hat damit – in den Worten Jürgen Habermas' – ein Stück Lebenswelt kolonialisiert.

Nach Habermas (1981) zeichnen sich moderne Gesellschaften durch eine Trennung von wirtschaftlicher Selbsterhaltung (materielle Reproduktionssphäre) und staatlicher, juristischer Verwaltung einerseits und der so genannten Lebenswelt (symbolischer Reproduktionssphäre) andererseits aus (vgl. ausführlich Kapitel 9.3). Damit bilden sich in der Moderne nach Habermas zwei verschiedene Handlungszusammenhänge aus, die nach unterschiedlichen Regeln bzw. Logiken funktionieren: Zweckbestimmte Handlungen prägen das Wirtschaftsleben und die Politik. In der Lebenswelt und der gesellschaftlichen Öffentlichkeit orientiert sich das Handeln der Menschen an gemeinsamen Werten, Traditionen und dem, womit möglichst viele übereinstimmen. Während Geld

---

[2] Vgl. dazu auch Hoffmann/Klimke 2004, die den Kampf um die Legalisierung einer ‚Homo-Ehe' aus modernisierungstheoretischer Sicht (und mit Goffman) als, theatralische Inszenierung beschreiben, deren letzter Akt mit der juristischen Institutionalisierung abgeschlossen zu sein scheint.

und Macht das Zusammenleben in Wirtschaft und Politik regeln, spielen in der Lebenswelt und in der gesellschaftlichen Öffentlichkeit Prozesse der Konsensfindung eine entscheidende Rolle. In der gesellschaftlichen Praxis sind System (Staat und Ökonomie) und Lebenswelt (Familie und Öffentlichkeit) vielfältig voneinander entkoppelt – was nach Habermas auch sinnvoll, ja sogar effizient ist. Umgekehrt, wenn systemische Prozesse der Wirtschaft und des Staates sich nicht auf ‚ihre‘ Bereich beschränken, sondern in das lebensweltlich strukturierte Geschehen regulierend und normierend eingreifen wollen, spricht Habermas von einer unsachgemäßen und schädlichen „inneren Kolonialisierung“ der Lebenswelt. Dies ist auch bei der ‚Homo-Ehe‘ der Fall, weshalb man sie in modernisierungstheoretischer Perspektive als Rückschritt bezeichnen kann.

Man kann die Kolonialisierungs-Perspektive aber auch umdrehen und sich fragen, inwieweit die Lebenswelt bzw. ein Teil von ihr (z.B. die Gruppe der Homo-Ehe-Befürworterinnen) mit gezielter politischer Einflussnahme nun umgekehrt den Staat zu kolonialisieren versucht, indem sie ihn beispielsweise zu neuen Gesetzentwürfen anregt. Sie richtet gewissermaßen eine ‚Kolonialisierungsanforderung‘ an den Staat. *In puncto* ‚Homo-Ehe‘ liegt dieser ‚Kolonialisierungsanforderung‘ jedoch ein fundamentaler Irrtum zugrunde: Das Recht auf Eheschließung bzw. amtlich besiegelte ‚Verpartnerung‘ beseitigt nicht die grundsätzliche Diskriminierung außerehelicher Lebens- und Liebesformen, indem es auf eine stigmatisierte gesellschaftliche Gruppe (in diesem Fall Homosexuelle) ausgeweitet wird – ganz im Gegenteil: „Wer [...] argumentiert, dass das Recht auf Eheschließung Lesben und Schwule endlich aus der Ecke der Parias holen wird, übersieht – oder ist willens es zu ignorieren – wie dieses Recht eine Politik der Beschämung anderer Weisen, Sexualität und Intimität zu leben, möglicherweise verstärkt.“ (Hark 2000: 84) Die Forderung nach der ‚Homo-Ehe‘ zielt also gerade nicht auf die rechtliche Absicherung und gesellschaftliche Integration alternativer Lebensformen, sondern auf die Fortschreibung traditioneller, exklusiver und heterosexuell normierter Paarungsmuster ab. Damit haben die Befürworter der ‚Homo-Ehe‘, wie der Grünen-Politiker Volker Beck oder der *LSVD* (Lesben-

und Schwulenverband Deutschland e.V.), gewissermaßen eine Strategie der ‚doppelten Kolonialisierung' betrieben: Sie orientierten sich (wahrscheinlich unbewusst) an der heterosexuellen Partnerschaftsnorm der Lebenswelt. Mit ihren Forderungen nach der ‚Homo-Ehe' bestärkten sie dann das administrative System (Staat) in seiner Funktion als Instrument der Legitimierung ausschließlich heterosexueller Partnerschaften.[3]

Jetzt, wo die ‚Homo-Ehe' ein Gesetz geworden ist, verschiebt sich – ganz im Sinne der ambivaloxen Dialektik der Moderne (vgl. Kapitel 1.3) – der Radius der Ausgrenzung und Normierung über schwul/lesbische Verpartnerungswillige weiter hinaus auf alle anderen, alternativen nicht-verpartnerungswilligen Lebensformen. Menschen, die das zweigeschlechtliche Ordnungssystem durch ihren persönlichen Lebensentwurf in Frage stellen, bewusst körperliche Eindeutigkeiten vermeiden und verwerfen (z.B. so genannte Transgender; vgl. Prosser 1997) werden damit doppelt ausgegrenzt. Als nicht ‚normal' Heterosexuelle und als nicht ‚natürliche' Männer oder Frauen. Aus modernisierungstheoretischer Sicht führen Idee und Praxis der ‚Homo-Ehe' also eher zu einer Verfestigung der bestehenden traditionellen Geschlechterordnung. Ledig-

[3] Vielleicht glaubten die Apologeten der ‚Homo-Ehe', es handele sich bei eingetragenen Lebenspartnerschaften um eine reine Privatveranstaltung zweier Liebender, die mit staatlicher Regulierung von Sexualität und Intimität nichts zu tun habe, letztlich aber doch ‚irgendwie' abgesichert werden müsse. Auf der anderen Seite hat sich der Staat mit der ‚Homo-Ehe' selbst ein Schnippchen geschlagen: Durch eine am 1. Januar 2005 in Kraft getretene gesetzliche ‚Nachbesserung' zur ‚Homo-Ehe' erhält im Todesfall eines Partners/einer Partnerin der/die Hinterbliebene – wie in der traditionellen Ehe – nun auch eine Witwenrente aus der gesetzlichen Rentenversicherung. Da das Gesetz für eine eingetragene Lebenspartnerschaft jedoch nur das gleiche Geschlecht, nicht aber eine homosexuelle Orientierung vorschreibt, lassen sich neuerdings auch Menschen verpartnern, die sich eindeutig nicht als homosexuell definieren. Besonders allein stehende, ältere Frauen greifen auf den legalen Trick zurück, der sie zusätzlich zur – meist kargen – Rente finanziell absichert (vgl. Badische Zeitung, 15.01.05: 1).

lich die sich als homosexuell bezeichnenden Paare werden in den privilegierten Status der heterosexuellen Norm aufgenommen. Die ‚Homo-Ehe‘ sortiert das gesellschaftliche Personal nun nicht mehr nur ausschließlich entlang des Unterschieds zwischen Männern und Frauen, sondern auch entlang soziosexueller Orientierungen und Identitäten. Gleichzeitig wird die Aufrechterhaltung in heiratswillige und verpartnerungsresistente Zeitgenossen fortgeführt. Der Bereich des Normalen dehnt sich weiter aus, der Handlungsspielraum von nicht in diese Schemata passende Menschen schrumpft (vgl. dazu auch Kapitel 5.4). Die Kolonialisierung des Staates durch die Anforderung der ‚Homo-Ehe‘-Befürworter hat sich damit auf die Lebenswelt zurückgewendet. Dadurch wurde im Endeffekt die Strukturierung bzw. prinzipielle Diskriminierung vielfältiger Lebens- und Liebesformen nach heterosexuellem Muster weiter ausgebaut: Ein gutes Paar ist nur ein verheiratetes Paar.

Fazit: Die ‚Homo-Ehe‘ ist letztlich für alle alternativen Lebens- und Liebesformen jenseits der traditionellen Ehe ein gesellschaftspolitischer Rückschritt. Demgegenüber wäre eine grundlegende Auseinandersetzung über die Bedeutung der Ehe (auch der ‚Homo-Ehe‘), ihre Funktion und ihr Forbestand in der Spätmoderne notwendig – gerade heute: wo das Bedürfnis nach heilen Familienverhältnissen und traditionellen, staatlich abgesicherten und privilegierten Partnerschaftsformen umso stärker zunimmt, je mehr Ehen nach traditionellem Muster scheitern (vgl. Kapitel 3.3). Doch die Arena vielfältiger Diskussionen und Debatten über den Sinn und die Zukunft der Ehe, der rechtlichen Absicherung und des Abbaus der Diskriminierung alternativer Partnerschaftsformen befindet sich – hier ist Habermas voll zuzustimmen – in erster Linie im Bereich der Lebenswelt, im erweiterten öffentlichen Raum (und nicht in den Hinterzimmern parteipolitischer Gremien). Nur hier kann debattiert und entschieden werden, ob die Gesellschaft und insbesondere die davon Betroffenen eine ‚Homo-Ehe‘ überhaupt wollen, inwiefern sie mit den Werten der westlich oder auch christlich geprägten Moderne vereinbar ist, welche Form von Absicherung der Staat generell für Menschen, die in Partnerschaften leben, leisten kann und soll. Verrechtlichung oder, mit Habermas: Kolonialisierung der Lebenswelt kann, wenn überhaupt, nur der zweite Schritt sein.

11 ‚11. September 2001'

Ausgangsfrage: *Inwiefern handelt es sich bei den Anschlägen vom 11. September 2001 auf das World Trade Center und das Pentagon um Formen des Terrorismus, die im Kontext von Modernisierungsprozessen zu erklären sind?*

Die Terroranschläge des 11. September 2001 galten nicht nur dem US-amerikanischen Gebaren als einziger verbliebener Weltmacht. Gemeint war auch das westliche Verständnis von Moderne schlechthin, gegen das sich fundamentalistische Bewegungen zur Wehr setzen. Der Begriff des Fundamentalismus hat in den späten 1970ern Eingang in die politische Alltagsrhetorik gefunden. „Fundamentalismus ist eine politische Ideologie des 20. Jahrhunderts mit ethisch-politischem Anspruch. Er kombiniert auf kennzeichnend pragmatische Weise Elemente der späten Moderne mit Rückgriffen auf dogmatisierte Bestände vormoderner Traditionen, um missliebige *Grundlagen* und *Folgen der Kultur der Moderne* auf *moderne Weise* und *mit modernen Mitteln* wirkungsvoll bekämpfen zu können." (Meyer 1998: 50; Hervorh. i. Orig.) Zentral dabei ist die Ablehnung der Trennung zwischen Religion und Politik (Die Theokratie gilt als ideale Herrschaftsform, bei der die Religion direkten Einfluss auf politische Entscheidungen hat.) sowie die Zurückweisung der Weltsicht der kulturellen Moderne. Fundamentalismen als Ordnungsvorstellung sind damit unvereinbar mit einem säkularisierten System (vgl. Tibi 2000: 7, 29).[1]

Fundamentalistische Bewegungen entwickeln sich in modernen, pluralistischen und säkularen Gesellschaften, in denen kulturelle Gewissheiten und traditionelle Gemeinschaften verdrängt oder in

---

[1] Ergänzt man diese Perspektive mit der modernisierungskritischen Sicht Bruno Latours (1998), sind in Differenzierungsprozesse gegenläufige Prozesse der Entdifferenzierung geradezu zwangsläufig eingebaut. Dann erscheinen patriarchale Ordnungsprinzipien (als Gemeinsamkeit nahezu aller Fundamentalismen vom Christentum bis zum Islam) als Gegenbewegung zu erfolgreichen Emanzipationsbestrebungen hinsichtlich der Geschlechterverhältnisse.

Frage gestellt worden sind. Während der Traditionalismus auf die Konservierung überkommener Glaubens- und Lebensformen inklusive der damit verbundenen Autoritätsverhältnisse zielt, teilt der Fundamentalismus mit anderen modernen politischen Ideologien den Anspruch auf aktive Gestaltung bis hin zur revolutionären Umformung der gesamten Gesellschaft. Der Kern des Fundamentalismus ist damit nicht religiös, sondern politisch. Er ist sogar antitraditional – was sich etwa in der Aneignung moderner Technik und der Logistik der Anschläge vom 11. September gezeigt hat. Das gilt auch für die personelle Zusammensetzung, denn Fundamentalisten (Fundamentalistinnen treten deutlich seltener in Erscheinung) stammen häufig aus gebildeten Familien und haben einen naturwissenschaftlich-technischen Hintergrund (vgl. Bielefeldt/Heitmeyer 1998: 16) – wie auch einige der Drahtzieher der Ereignisse des 11. September.

All dies rechtfertigt im Anschluss an Habermas die Rede von einer halben Moderne (vgl. Tibi 2000: 15f., 49, 165-170). Denn die kulturelle Moderne ist nicht zuletzt definiert durch Subjektivität und die Fähigkeit des Menschen, über sein eigenes Schicksal zu bestimmen. Subjektivität meint dabei Individualismus, das Recht der Kritik und Autonomie des Handelns. Traditionelle Tugenden des Islam wie etwa Demut, Gehorsam, Dankbarkeit und Geduld geraten damit in einen grundlegenden Konflikt mit den westlichen Werten des *homo oeconomicus*, nämlich Konkurrenzdenken, Freiheit und Egoismus. Kann schließlich alles „der Reflexion unterzogen werden“ (Tibi 2001: 101), kommt mit dem fundamentalistischen Aufstand gegen Säkularität eine Defensiv-Kultur zum Ausdruck: Die moderne Welt basiert auf Zweifel (Wissenschaft und Technik), im Fundamentalismus hingegen kommt die Sehnsucht nach Sicherheit zum Ausdruck. Die Moderne bringt mit ihren Bedingungen der Freiheit und Selbstbestimmung den Fundamentalismus als Möglichkeit damit geradezu zwangsläufig hervor. Denn mit den normativen Bedingungen gehen Risiken des Sinnverlusts einher, und mit der unentwegten Nötigung zur Selbstprüfung ist die Moderne notwendig ambivalox (vgl. Kapitel 1.3). Das sind klassisch individualisierungstheoretische Argumentationsmuster, die religiösen Fundamentalismus (als notwendigen, aber nicht hinreichenden Hintergrund für die Ereignisse des 11. September) nicht aus der Dogmatik einer bestimmten Religion ableiten, sondern als eine moderne Reaktion auf die Risiken und Verunsicherungen der Moderne, wie Orientierungslosigkeit und Sinnverlust, deuten. Fundamentalismus ist damit der ‚moderne‘ Versuch, „die vielfältigen Ambivalenzen der Moderne gleichsam gewaltsam [...] aufzulösen.“ (Bielefeldt/Heitmeyer 1998: 17)

Verwendet man für eine Erklärung der Anschläge vom 11. September nun Max Webers und im Anschluss daran George Ritzers Überlegungen zu Rationalisierung, bekommt man ihre hochgradig zielorientierte und zweckrationale Planung und Durchführung in den Blick. Rationalisierung bedeutet, „durch planmäßiges, zweckgerichtetes, rechenhaftes, wissenschaftliches Vorgehen Vergeudung von Kraft, Material und Zeit zu minimieren und so den Ertrag zu optimieren.“ (Aulenbacher/Siegel 1993: 73) Dies findet sich nicht zuletzt in einer „Anleitung zum Massenmord“ wieder, die sich auf das im höchsten Maße rationale Vorgehen der Anschläge anwenden lässt: „Die Attentäter von New York und Washington gingen exakt nach einer Dienstanweisung vor: Am Abend vor der Tat mussten sie ihre Körper parfümieren, am Morgen beten und die Waffen prüfen – und dann ein Massaker verüben.“ (DER SPIEGEL, Nr. 40/2001: 30). Ritzer (1995) konkretisiert in seinen Beobachtungen zur McDonaldisierung der Gesellschaft (womit er Webers Begriff der Bürokratisierung ablöst) davon einige Merkmale, die mit mehr Planungssicherheit verbunden sind: *Effizienz*, *Kalkulierbarkeit*, *Vorhersagbarkeit* und *Kontrolle*:

- *Effizienz*: Mit der Wahl des World Trade Centers als einem Symbol des amerikanischen Kapitalismus in der Finanzmetropole New York wurde das ökonomische und auch kulturelle Herz der westlichen Moderne getroffen. Das erreichte die für die Anschläge verantwortliche Terror-Organisation *Al-Qaida*, indem die Ereignisse tatsächlich live in die ganze Welt übertragen wurden – das mediale Interesse und damit die Effizienz des Unterfangens hätten nicht größer sein können.

- *Kalkulierbarkeit*: Das Attentat hatte ein quantifizierbares Ziel: möglichst viele (amerikanische) Tote. Auch darin waren die Attentäter auf erschreckende Weise erfolgreich.

- *Vorhersagbarkeit*: Nicht nur der Ablauf selbst war vorhersagbar, sondern auch die Folgen: Die US-amerikanische Politik und die Medien suchten nach Schuldigen im fundamentalistischen Umfeld, riefen einen Krieg der Kulturen aus und heizten damit ein öffentliches Interesse an, das auf andere Weise kaum hätte hergestellt werden können.

- *Kontrolle:* Die Vorbereitung, der Ablauf und die Durchführung der Anschläge waren durch ein hohes Maß an Kontrolle gekennzeichnet. Für die aufwändige Logistik bediente sich *Al-Qaida* moderner Technik (wie etwa digitaler Informations- und Kommunikationsmedien). Einzelne Beteiligte erwarben notwendige Kompetenzen (wie etwa die Befähigung, ein Flugzeug steuern zu können, oder ein mit westlichen Vorstellungen und Erwartungen kompatibles Aussehen und Verhalten). Technik spielte eine maßgebliche Rolle: Vier hochmoderne Flugzeuge in der Hand von 19 Terroristen genügten für die verheerenden Auswirkungen.

Bei diesen Charakteristika wird deutlich, dass Mechanismen des als spezifisch okzidental bezeichneten Rationalismus sehr wohl übertragbar sind auf einen islamischen Fundamentalismus, der in seinem kulturellen Wertemuster vor allem traditional geprägt ist. Das mag man als ein trauriges Beispiel für eine globale Angleichung oder vielleicht sogar Homogenisierung der Kulturen werten: Antimoderne ziehen gegen Moderne mit deren eigenen Waffen zu Feld. In diesem Sinn lassen sich die Anschläge des 11. September *auch* als Reaktion auf Globalisierungsprozesse speziell und die Moderne allgemein verstehen, die der westliche Kapitalismus in Gang gesetzt hat und damit die islamische Welt in ihrem Selbstverständnis bedroht. Der Kapitalismus erscheint als egoistischer Auswuchs einer verantwortungslosen Profitorientierung, die sich weder um das Gemeinwohl schert, noch ihrer kolonialen Gesinnung entsagt – eine fundamentale Differenz im Wertemuster. Weiter gilt das muslimisch geprägte Verständnis von Geschlechterverhältnissen als unvereinbar mit westlichen Vorstellungen von Freiheit (die auf diese Weise bekräftigt und tendenziell einer Kritik entzogen werden): Das Kopftuch bzw. der Schleier sind das Symbol für die Unterdrückung von Frauen schlechthin (ohne dass damit freilich die Schrittlänge und Bewegungsfreiheit einschränkende Stöckelschuhe in einer solchermaßen ‚frauenfreundlich‘ motivierten Kritik Berücksichtigung fänden).

Aus einer differenzierungstheoretischen Perspektive schließlich spielen bei der Ausdifferenzierung von Funktionssystemen beispielsweise die Massenmedien eine wichtige Rolle für ein Verständnis der Attentate des 11. September. Denn „was wir über unsere Gesellschaft, ja über die Welt, in der wir leben, wissen, wissen wir durch die Massenmedien.“ (Luhmann 1996: 9) Angestoßen durch die Verbreitung von Vervielfältigungs- und Verbreitungsmedien entsteht mit den Massenmedien ein operativ geschlossenes System, das nach der Maßgabe der Produktion von Information (und nicht Wahrheit) operiert. Zu Massenmedien gehören Zeitungen, Zeitschriften, Bücher, Rundfunk, Fernsehen und inzwischen auch das Internet; alles Medien, für deren Funktionieren keine Interaktion unter Anwesenden erforderlich ist. Das betrifft selbstverständlich auch die Anschläge des 11. September. Ohne Massenmedien wären die Anschläge aus Sicht der Attentäter nicht sinnvoll gewesen – hätten sie doch kein globales Publikum gefunden. Indem sie bewusst als Medienereignis inszeniert waren, erfüllen sie nicht nur Luhmanns Kriterien für Informationen, sondern machen die Massenmedien zur notwendigen Voraussetzung für Form und Inhalt des terroristischen Angriffs.

12 Fitness-Studios

Ausgangsfrage: *Inwiefern sind Fitness-Studios prototypische Modernisierungsphänomene?*

Zu Beginn des 20. Jahrhunderts entwickelt sich in den westlich geprägten Gesellschaften ein neues Körperideal: Dynamische, durchtrainierte und für Hochleistungssportarten optimierte, männlich konnotierte ‚Körper-Maschinen' werden zum somatischen Leitbild der rationalisierten, durchtechnisierten und beschleunigten Moderne: „In der Fabrik wie im Stadion basteln Geschwindigkeitstechniker an der Maschine Mensch, die sie nach dem Prinzip der Verbesserung, Steigerung und Optimierung einer Grundüberholung unterwerfen. Akkord und Rekord sind ihr Ziel." (Borscheid 2004: 191; vgl. auch Langer 2003) Der Körperkult der 1920er- und 30er-Jahre gipfelt in der nationalsozialistischen Apotheose des ‚gesunden Volkskörpers', propagandistisch inszeniert in Leni Riefenstahls Olympia-Filmen (gedreht 1936); grausam exekutiert in den Massenschlachten des Weltkriegs und der antisemitisch-völkischen NS-Ideologie.

Heute ist der – schlanke, straffe, durchgeformte, ja sogar manipulierte – Körper wieder mehr denn je en vogue. In Fitness-Studios und Wellnesszentren, die ihr Schmuddel-Image aus den 1970er-Jahren (‚Mucki-Bude') längst abgelegt haben und wie Pilze aus dem Boden schießen, leisten rund um den Globus Millionen harte Körperarbeit, frei nach dem muskelphilosophischen Motto: ‚no pain, no gain'.[1] Die Trainingsideologie des Sports und der Kult des Somatischen werden in der kommerziellen Werbung global überhöht (vgl. Fromm 2001: 166). Die „Sportwerdung des Pop" macht aus dem Musikgeschäft insbesondere für seine weiblichen Prota-

---

[1] Ironischerweise plagen sich heutzutage immer mehr Menschen ausgerechnet an den chromglitzernden Kraft-Maschinen der Fitness-Branche, wo beinahe jede physische Anstrengung in der realen Arbeits- und Lebenswelt überflüssig geworden ist – durch den Einsatz von Maschinen (vgl. Langer 2003: 97 bzw. Anders 1981: 71-78, 101-107). Ein klarer Fall von ambivaloxer Dialektik (vgl. Kapitel 1.3)!

gonistinnen ein „mörderisches Rennen“, in dem es – „sexuell übercodiert“ und nicht ohne ein erhebliches physisches wie psychisches Gesundheitsrisiko – stets um den vollen Körpereinsatz geht (vgl. Peitz 2003). Der bloße Körper (vom Leib ganz zu schweigen) ist in der Spätmoderne zu einem funktionalen Bestandteil individueller Identitätspolitik geworden. Gesellschaftliche Strukturen schreiben sich in den Körper ein (vgl. Degele 2004a: 90f.). Im Zuge dieser Entwicklung bildet sich sogar so etwas wie eine globale Körper-Ästhetik (bezogen auf Körpermaße, Gesichtszüge etc.) heraus. Eine regelrechte Autodomestizierungsmanie, nicht selten hart an oder über der Grenze zu Masochismus und Selbstverstümmelung (Piercing, Tätowierung, Schönheitsoperationen, Bulimie), grassiert in nahezu allen Schichten der Bevölkerung und sämtliche Geschlechter übergreifend – garniert mit ideologischen Überformungen und Sublimierungen: „Nur wenn sich der Mensch [...] lebenslang durchs Fitness-Martyrium quält und sich möglichst auch noch der Retusche durch die plastische Chirurgie aussetzt, ist er im dritten Jahrtausend angekommen.“ (Knöfel 2003: 141; vgl. auch Langer 2003 bzw. Kapitel 5.4, 8 und 13)

Fitness-Studios bieten sich zur modernisierungstheoretischen Analyse gleich in mehrfacher Hinsicht an: Die Optimierung bzw. *Domestizierung* des körperlichen (Kraft- und Ausdauer-)Potenzials ist dabei nur ein Aspekt – in der Diktion von Horkheimer und Adorno (2003: 266) ein autoaggressiver Akt praktizierter Hassliebe gegenüber dem eigenen Körper, der „als Unterlegenes, Versklavtes noch einmal verhöhnt und gestoßen und zugleich als das Verbotene, Verdinglichte, Entfremdete begehrt [wird].“ Aber auch ein Akt inkorporierter Biopolitik: Als moralisch gut werden in der säkularisierten Spätmoderne, der eine kollektiv verbindliche Werteorientierung abhanden gekommen ist, nämlich zunehmend diejenigen angesehen, die gesund leben (nicht rauchen oder trinken) und ihre Gesundheit präventiv, aktiv erhalten und fördern (z.B. eben durch Fitness-Training). Die moderne, gouvernantenhafte Form der Gesundheitspolitik des in Wirtschafts- und Sozialfragen mehr und mehr überforderten Staates macht Gesundheit zugleich zu einem weiten Feld staatlicher Regulierungsmaßnahmen (Rauchverbote,

Vorsorgeuntersuchungen etc.) und vor allem zu einer Sache der Eigenverantwortung. Die Integrationsagentur Individuum ist selbst dafür verantwortlich, das Abgleiten in gesundheitliche Risikogruppen und damit ein die ganze Gesellschaft schädigendes Ansteigen der Gesundheitskassenbeiträge zu verhindern (vgl. Weingarten 2005: 11f. bzw. Kapitel 3.3). Pointiert formuliert: Wer nicht selbst gegen den drohenden Bandscheibenvorfall antrainiert, darf auch nicht auf beitragsfinanzierte Kurmaßnahmen hoffen. Wer dick und bewegungsfaul ist oder schlichtweg keine Lust hat, sich den manipulativen Körpertechniken einer selbstreferentiellen Schönheitsideologie – schön ist, was wohl geformt aus dem Fitness- oder Wellness-Studio kommt – zu unterwerfen, gilt wahlweise als beratungsresistent, unvernünftig oder gar bedauernswert (vgl. dazu auch Degele 2004a: 26f., 124f.). Unter differenzierungstheoretischer Perspektive ermöglichen die zahlreichen hoch spezialisierten Maschinen und Ausdauergeräte (Fahrräder, Rudermaschinen, Laufbänder etc.) ein jede einzelne Körperpartie ansprechendes Training (*Effizienz*). Das Training ist aber auch deshalb effizient, weil man parallel dazu – auf dem Ergometer – einen Film ansehen, Vokabeln lernen oder ein Buch lesen kann (vgl. Ritzer 1995: 88). Fitness-Studios mit Bar-Bereich, Kommunikations- und Wellnesszonen eignen sich darüber hinaus als Begegnungsstätte zur Kontakt- und Beziehungsanbahnung, aber auch zur Regeneration. Kraft, Ausdauer, soziale Kontakte, Erfrischung und Erholung – alles unter einem Dach (*Entdifferenzierung*).

In den letzten Jahren spezialisieren sich, vom allgemeinen Trend zugleich abgesetzt und von ihm profitierend, immer mehr Fitness-Studios auf gezieltes ‚Gesundheitstraining'. Vor allem Frauen und ältere Menschen gehören zum Kundenstamm dieser Unternehmen. Gerade letztere wollen nicht im Schatten testosterongesättigter Muskelgebirge und neben ‚aufgebrezelten' Teenagern auf dem Laufband schwitzen, sondern unter ihresgleichen die von jahrelanger Büroarbeit lädierten Rückenmuskeln stärken. Der Schweizer Ex-Profi-Boxer, Trainer und Bestellerautor Werner Kieser bietet für diese Kundengruppe ein maßgeschneidertes Angebot (*Differenzierung/Individualisierung*): Kein Sauna- und Poolbereich, keine

Elektrolytgetränke und Powerdrinks, keine Aerobic-Kurse, nur „Krafttraining. Dazu Wasser trinken. Danach duschen. Bumms. Aus." (Kieser 2003) Kieser, der sich selbst gern als „Europas führenden Produzenten von Magermasse" (d.h. Muskel- und Knochensubstanz) bezeichnet, hat ein nach ihm benanntes Trainingskonzept entwickelt, das in mehr als 130 Studios in mehreren europäischen Ländern im Franchise-System expandiert. Die Firmenzentrale in Zürich vergibt die Lizenz zur industriellen Muskelproduktion und liefert die nötigen Kraftmaschinen aus eigener Herstellung gleich mit. Sogar die Duschen, futuristisch anmutende Metallzylinder, sind von Kieser selbst entworfen (vgl. Kieser 1999: 25-30). Ähnlich wie *McDonald's*-Filialen sind alle *Kieser*-Betriebe identisch eingerichtet und strukturiert und bieten den über 220.000 Kundinnen und Kunden, die mit ihrer Mitgliedskarte in sämtlichen Betrieben europaweit trainieren können (*Globalisierung*), überall dasselbe Programm. Viele Studios sind bewusst in ehemaligen Fabrikhallen untergebracht oder verströmen zumindest einen vergleichbaren, nüchternen, ja regelrecht spartanischen Charme. Laufbänder oder Fahrräder sucht man vergeblich, weil Ausdauertraining Kieser (2004b) zufolge an der frischen Luft stattfinden sollte, zumal es dort umsonst zu haben sei. Das Personal, so genannte Instruktoren in seriöser Einheitskleidung (dunkelblaue lange Hosen, Oberhemd oder Bluse), erstellt die Trainingspläne und kontrolliert die Durchführung. Auf einem Trainingsplan – pro Person und Programm sind maximal zehn von insgesamt über 40 Kräftigungsübungen vorgesehen – wird jeder Trainingsfortschritt unter Angabe des Gewichts und/oder der benötigten Ausführungszeit genau notiert.

Das *Kieser*-System ist damit geradezu ein Parade-Beispiel für das, was Ritzer im Anschluss an Weber mit McDonaldisierung bezeichnet hat. Wer ‚kiesern' geht, bekommt *Effizienz* pur: spezifisch gesundheitsorientiertes Krafttraining mit limitiertem Geräteparcours nach strengen zeitlichen Vorgaben (Kieser: „Reduktion auf das Tatsächliche"). *Kieser*-Betriebe erfüllen zudem die Kriterien der *Kalkulierbarkeit* und *Vorhersehbarkeit*: Mehr oder weniger international identische Preise (für ein oder zwei Jahre Training), identische Geräte und Einrichtungsgegenstände, gleiche Trainingsabläufe, gleiches Trainingskonzept, zentral geschultes Personal, das eine distanzierte, zurückhaltende Höflichkeit an den Tag legt und jede Kumpelhaftigkeit vermeidet. Keine musikalische Hintergrundtapete, keine Fernseher und kein ‚Schicki-Micki-Publikum' (vgl. Kieser 1999: „Krafttraining jenseits von Sport und Show"). Auch der Aspekt der *Kontrolle* ist gegeben: Der Kunde „hat nicht die Freiheit zu sagen, was er braucht. Denn das weiß er gar nicht." (Kieser 2004a: 26) Stattdessen muss er sich streng an das *Kieser*-Trainingskonzept und seinen für ihn zusammengestellten Trainingsplan halten. Tatsächlich *individuell* abgewandelte und eingerichtete Trainingspläne – mehr Maschinen, alternative Trainingsmethoden (Zirkeltraining, mehrere Wiederholungen etc.) – sind nicht vorgesehen. Sie würden allerdings in einem derart konformierenden Gesamtrahmen auch schnell auffallen (*Entindividualisierung/panoptisches Prinzip*). Wer längere Zeit fehlt, erhält ein höfliches Aufforderungsschreiben, Gründe für das Fernbleiben zu nennen oder vielleicht ein neues „Kontrolltraining" zu vereinbaren. Doch auch die Franchisenehmer und das Personal sind im *Kieser*-Kosmos fest eingebunden: „Die Freiheit [der Franchisenehmer; die Verf.] besteht darin, dass sie die ganze Kraft der Betreuung ihrer Kunden widmen können. [...] Sie können [.] sofort loslegen" (Kieser 2004a: 27) – sofern sie sich an das streng funktionale Gesamtkonzept (vgl. ebd.: 26) und die Kleidervorschriften halten. Die Kehrseite dieses Konzepts ergibt sich aus seinen Vorteilen und ist teilweise mit ihnen identisch: Anonymität (‚Anmachen' ist verpönt), Fabrikatmosphäre, Technisierung, Reduktion der Leiblichkeit auf Funktionalität (das Trainig soll „keinen Spaß bieten"; vgl. Kieser 2004b). Aus gesellschaftskritischem Blickwinkel liefert Kieser zwar ein funktional maßgeschneidertes, an der Zielgruppe gebildeter Mittelschichten orientiertes Angebot. An den Wurzeln der ‚Volkskrankheit' Rückenschmerzen rüttelt es freilich ebenso wenig wie die weitläufige Psychotherapie-Szene. Es behandelt lediglich Symptome, allerdings mit Erfolg. Paradoxerweise jedoch mit denselben Mitteln und Konzepten, die – im Arbeits- und Privatleben – vermutlich zu den Mitverursachern von chronischen

Rückenschmerzen und Verspannungen gehören. Zweifellos hat der philosophisch interessierte Konzernchef also recht, wenn er sagt: „Ich habe immerhin erreicht, dass einige tausend Menschen keine Rückenschmerzen mehr haben. Das ist schon etwas, aber die Gesellschaftsordnung ist damit nicht besser geworden.“ (Kieser 2004a: 26)

13 Schönheitsoperationen

Ausgangsfrage: *Schönheitsoperationen sind kein neues Phänomen, erleben aber derzeit einen medial inszenierten Boom. Wie lässt sich die aktuelle Diskussion um Schönheitsoperationen aus einer modernisierungstheoretisch begründeten Perspektive deuten – ohne dabei die Bedeutung von Geschlecht zu vernachlässigen?*

Im Fernsehen werden live Schönheitsoperationen durchgeführt, zum Botox-Spritzen geht man in der Mittagspause, und in Berlin hat kürzlich ein Showroom für Schönheitsmedizin eröffnet. Schönheitsoperationen boomen, sind ‚hip' und ‚modern'. In den USA stieg die Zahl der Schönheitsoperationen von zwei Millionen im Jahr 1997 auf achteinhalb Millionen 2001. Im gleichen Jahre waren es in Deutschland 300.000, für deutsche Verhältnisse ein Rekord (DER SPIEGEL, Nr. 41/2002: 212-228; BMGS 2005). In den USA wurden 1996 elf Prozent der Schönheitsoperationen an Männern durchgeführt, 89 Prozent an Frauen (vgl. Morgan 2003: 35f.), im letzten Jahr kletterte der Anteil von Männern bei plastischen Operationen bereits auf rund 20 Prozent (vgl. Riedle 2003: 58). Seit den 1990er-Jahren ist vor allem das Lifting gesellschaftsfähig geworden und im Zuge eines globalen medizinischen Tourismus haben Ärzte neue Einnahmequellen entdeckt: Zum einen gaukelt die Medizin eine fast unbegrenzte und risikoarme Manipulierbarkeit des Aussehens vor – und wenn es bei anderen funktioniert, warum dann nicht auch bei mir? Nun sollte man sich freilich davor hüten, die Konjunktur von Schönheitsoperationen auf den Wunsch nach gutem Aussehen zu reduzieren. Boomfördernde Faktoren sind vielmehr *erstens* technische Machbarkeit in der Medizin, *zweitens* die finanziellen Möglichkeiten, sich diese auch leisten zu können, *drittens* die Existenz von als schön empfundenen Meinungsführerinnen bzw. Prominenten, die über Medienmacht verfügen, *viertens* der moderne Machbarkeitsglauben, nämlich dass sich über den Körper auch Identität manipulieren lässt und *fünftens* eine gesellschaftliche Konkurrenzsituation, in der beispielsweise die fachliche Qualifikation bei einer Bewerbung um einen Arbeitsplatz nicht mehr ausreicht (weil es zu viele gut qualifizierte Bewerberinnen und Bewerber gibt) und deshalb die äußere Erscheinung eine immer wichtigere Rolle spielt.

Modernisierungstheoretisch lässt sich das Phänomen Schönheitsoperationen aus mehreren Perspektiven deuten: Das auf professionelle Fettabsaugung spezialisierte „Lipozentrum Dresden" (http://www.lipozentrum-dresden.de; Zugriff: 29.05.05) (*Differenzierung*) beispielsweise wirbt auf seiner Website mit perfekt gestylten Körpern, deren Individualität als Ergebnis freier Entscheidung optimal zum Ausdruck kommen soll (*Individualisierung*), die sich dafür aber folgenreichen Disziplinierungsmaßnahmen unterziehen müssen (*Domestizierung*); Weitere Werbeargumente sind die mögliche Arbeits- und Gesellschaftsfähigkeit nach 1-3 Tagen, die Anonymität des Eingriffs sowie die Unsichtbarkeit von Narben – die damit verbundene Abhängigkeit von Medizin und Technik wird allerdings nicht thematisiert (*Rationalisierung*). Weiter sind Schönheitsoperationen schon längst zu einer globalen Angelegenheit geworden. Denn zum einen haben westliche Schönheitsideale dazu geführt, dass bei Schönheitsoperationen in Japan im Vergleich zu europäischen Ländern und den USA sehr viel häufiger Augenoperationen, Nasenvergrößerungen und Beinverlängerungen gefragt sind. Zum anderen locken die Möglichkeit eines unbemerkten Eingriffs (Die Operation wird mit einem Urlaub verbunden.) und niedrigere Preise (2.500 € für ein Facelifting in Tschechien vs. 6.500 € in Deutschland; vgl. Deutsche Gesellschaft für Ästhetisch-Plastische Chirurgie, URL: http://www.dgaepc.de/goldenereregeln.pdf; Zugriff: 28.05.05).

Wird der Einbau von Technik in den Körper (wie etwa bei Brustimplantaten aus Silikon) verselbstverständlicht, setzen sich neue Standards durch, die eine gesellschaftliche Konkurrenzspirale weiter in die Höhe treiben. Denn wenn gutes Aussehen mehr Gehalt und bessere Karrierechancen bringt (vgl. Degele 2004a: 14), sind Körper und Aussehen in Zeiten sozialer Abkühlung zu ‚Bioaktien' mit Wertsteigerungspotenzial geworden – was es im steigenden Konkurrenzkampf auszunutzen gilt. Nicht nur an der eigenen Biografie (mit den entsprechenden kognitiven Kompetenzen) wird gebastelt, sondern zunehmend auch am Körper. Schönheitsoperationen sind eine drastische Form der Schönheitsarbeit, die mit dem Wunsch nach Normalsein (in Form einer Normiertheit, die individuell erscheint), Anerkanntwerden und Konkurrenzfähigkeit in einem härter werdenden Wettbewerb um gesellschaftlichen Status und Prestige zu tun hat. Und wenn der Schönheitschirurg etwa ‚gepfuscht' hat, das Ergebnis nicht auf Akzeptanz stößt oder zu gesundheitlichen Problemen führt, ist aus der Bastel- eben eine Bruchbiographie geworden (vgl. Beck/Beck-Gernsheim 1994: 13 bzw. Kapitel 3.3).

Wie sieht es um die Bedeutung von Geschlecht aus? War vor 30 Jahren gerade einmal jeder achte Mann mit seinem Aussehen unzufrieden, ist es jetzt fast schon jeder zweite, und in der Schönheitschirurgie sind inzwischen (wieder) 20 Prozent der Klienten Männer (Vor einem Jahrhundert war die Mehrzahl der vor allem vom Krieg gezeichneten Patienten bei Schönheitsoperationen männlich). Während bei Männern beruflicher Druck im Vordergrund stünde, trachteten Frauen darüber hinaus danach, mit Schönheitsoperationen ihre Identität zu verändern – häufig mit Blick auf potenzielle Partner (vgl. Morgan 2003: 169-171). Man könnte daraus den Schluss ziehen, Frauen seien häufiger in pathologischer Weise an gesellschaftliche Schönheitsideale angepasst und sähen sich mit einem weit strengeren Blick (auf isolierte Körperteile statt den Gesamteindruck) als Männer – wofür auch Symptome wie Essstörungen sprechen.

Dennoch ist der Kult um Schönheitsoperation (wie auch um Schönheit) nicht allein eine Sache von Frauen – schon historisch nicht. Denn im klassischen Griechenland galt beispielsweise der Männerkörper als attraktiver, ‚adonisch' heißt schön. Schönheit als Frauensache ist eine moderne Zuschreibung, und auch das gilt nur mit Einschränkungen. Bis zum frühen 18. Jahrhundert etwa war die Geschlechterdifferenzierung in der Mode weniger wichtig als die Differenzierung nach Klasse (vgl. Entwistle 2000: 180). Gleiches gilt für die Auffassung von Geschlechtscharakteren. Erst im Lauf des 18. Jahrhunderts fand mit der Entstehung der bürgerlich-kapitalistischen Gesellschaft eine Verschiebung des Geschlechterverständnisses hin zu einer fundamentalen Differenz statt (vgl. Kapitel 8): Die Trennung von Erwerbs- und Familienarbeit wurde mit dem Übergang zur bürgerlichen Gesellschaft festgeschrieben, woran sich die Herausbildung polarer „Geschlechtscharaktere" knüpfte. Letztere wurde dazu verwendet, „die mit den physiologischen korrespondierend gedachten psychologischen Geschlechtsmerkmale zu bezeichnen" (Hausen 1976: 363) und dienten der ideologischen Absicherung der patriarchalen Herrschaft.

Auf diese Weise wurde strukturelle Ungleichheit sozial und kulturell verfestigt und legitimiert: Männer tun anderes als Frauen und männliche Tätigkeiten sind höher bewertet. Man könnte die Erfindung der Geschlechterdichotomie in der Moderne auch als prophylaktische Abwehr weiblichen Emanzipationsbestrebens deuten. Denn in dem Moment, wo Frauen nach gesellschaftlicher Macht drängen, stehen ihnen Ideologien im Weg. Das war nicht nur nach der Aufklärung und vor einem Jahrhundert so. Was etwa herrschende Schönheitsideale angeht, wurden Frauen gerade dann dünner und unsichtbarer, als die zweite Frauenbewegung nach gesellschaftlicher Macht griff – ein materieller Gewinn (durch Emanzipationserfolge) steht einem mehr als symbolischen Zwangskorsett gegenüber: Frauen schrumpften phänotypisch (vgl. Posch 1999).[1] So dominierte in den 50er- und 60er-Jahren zwar noch die ‚Busenmanie', seitdem aber nahm das durchschnittliche

[1] Geschlechterdichotomien sind also wirkungsmächtige gesellschaftliche Konstruktionen bzw. Ideologien, die sehr viel rigider konzipiert sind als die ihnen zugrunde liegende Biologie. Die biologischen Fakten des Sexualdimorphismus lassen sich nämlich nicht umstandslos in eine soziokulturelle Dichotomie übersetzen, im Gegenteil. Die verschiedenen Ebenen der Differenzierung der Geschlechter (chromosomal, gonadal, hormonal, morphologisch) verweisen vielmehr auf ein biologisches Kontinuum statt auf einen Dimorphismus (vgl. Fausto-Sterling 2002). Es sind also vor allem geistes- und sozialwissenschaftliche, politische und philosophische Diskurse, die die Zweigeschlechtlichkeit sozial herstellen – und das gilt im Zuge der technischen Manipulierbarkeit des Körpers umso mehr.

Gewicht von Fotomodellen ab. Schöne Frauen wurden knochiger und magerer, gleichzeitig legte die durchschnittliche Amerikanerin an Gewicht zu – begleitet von Versuchen, diesem mit Diäten beizukommen. Die Standards für weibliche Schönheit – jung, schlank, sexy – sind stärker kulturell normiert als die Standards für männliche Schönheit und für die einzelnen Frauen schwerer zu erreichen – was sich etwa in der noch höheren Nachfrage nach Schönheitsoperationen bei Frauen niederschlägt. Schließlich ist die äußere Erscheinung pluralistisch geworden, Manipulationen des Körpers sind heute ein Akt der Freiheit: auszuprobieren, was möglich ist. Insofern handelt es sich modernisierungstheoretisch gesehen um eine ironische Gerechtigkeit, wenn die Schönheitswelle mit allen damit verbundenen Zwängen inzwischen auch Männer erfasst hat.

Literatur

Abbott, Andrew (1988): The System of Professions. An Essay on the Division of Expert Labor. Chicago/London: The University of Chicago Press.

Achtner, Wolfgang/Stefan **Kunz**/Thomas **Walter** (1998): Dimensionen der Zeit. Die Zeitstrukturen Gottes, der Welt und des Menschen. Darmstadt: WBG.

Aertsen, Jan A. (Hrsg.) (1996): Individuum und Individualität im Mittelalter. Berlin/New York: de Gruyter. (Miscellanea mediaevalia, Bd. 24)

Al-Azm, Sadik J. (1993): Unbehagen in der Moderne. Aufklärung im Islam, hrsg. v. Kai-Henning Gerlach. Frankfurt/M.: Fischer.

Albrow, Martin (1996): The Global Age: State and Society beyond Modernity. Cambridge: Polity Press.

Albrow, Martin (1998): Auf dem Weg zu einer globalen Gesellschaft? In: Ulrich Beck (Hrsg.): Perspektiven der Weltgesellschaft. Frankfurt/M.: Suhrkamp, 411-434.

Alexander, Jeffrey C./Paul **Colomy** (Hrsg.) (1990): Differentiation Theory and Social Change. Comparative and Historical Perspectives. New York: Columbia University Press.

Alfino, Mark/John S. **Caputo**/Robin **Wynyard** (Eds.) (1998): McDonaldization Revisited. Critical Essays on Consumer Culture. New York: Praeger.

Anders, Günther (1930): Die Weltfremdheit des Menschen. Unveröffentlichtes Typoscript. Wien: Günther Anders Archiv (unter Günther Stern).

Anders, Günther (1980) [1956]: Die Antiquiertheit des Menschen, Bd. I: Über die Seele im Zeitalter der zweiten industriellen Revolution, durch ein Vorwort erw. 5. Aufl. München: Beck.

Anders, Günther (1981) [1980]: Die Antiquiertheit des Menschen, Bd. II: Über die Zerstörung des Lebens im Zeitalter der dritten industriellen Revolution, 2., unveränd. Aufl. München: Beck.

Anders, Günther (1982): Ketzereien. München: Beck.

Anders, Günther (1994) [1970]: Der Blick vom Mond. Reflexionen über Weltraumflüge, 2. Aufl., München: Beck.

Anders, Günther (2002) [1964]: Wir Eichmannsöhne. Offener Brief an Klaus Eichmann, 3. Aufl., München: Beck.

Appadurai, Arjun (1996): Modernity at Large: Cultural Dimensions of Globalization. Minneapolis: University of Minnesota Press.

Arendt, Hannah (2002) [1960]: Vita Activa oder Vom tätigen Leben. München: Piper.

Aristoteles (1985) [ca. 335-323 v. Chr.]: Nikomachische Ethik. Auf der Grundlage der Übersetzung von Eugen Rolfes hrsg. v. Günther Bien, 4., durchges. Aufl. Hamburg: Meiner.

Atlas der Globalisierung, hrsg. von Le Monde diplomatique, 1. Aufl. Berlin: taz Verlags- und Vertriebs GmbH 2003.

Aulenbacher, Brigitte (2001): Die ‚zweite Moderne', ein herrenloses Konstrukt – Reichweite und Grenzen modernisierungstheoretischer Zeitdiagnosen. In. Gudrun-Axeli Knapp/Angelika Wetterer (Hrsg.): Soziale Verortung der Geschlechter. Gesellschaftstheorie und feministische Kritik. Münster: Westfälisches Dampfboot, 188-224.

Aulenbacher, Brigitte/Tilla **Siegel** (1993): Industrielle Entwicklung, soziale Differenzierung, Reorganisation des Geschlechterverhältnisses. In: Petra Frerichs/Margareta Steinrücke (Hrsg.): Soziale Ungleichheit und Geschlechterverhältnisse. Opladen: Leske + Budrich, 65-98.

Bacon, Francis (1990) [1620]: Neues Organon. Teilband 1. Lateinisch – deutsch, hrsg. v. Wolfgang Krohn. Hamburg: Meiner.

Bächli, Andreas/Andreas **Graeser** (2000): Grundbegriffe der antiken Philosophie. Ein Lexikon. Stuttgart: Reclam.

Baraldi, Claudio/Giancarlo **Corsi**/Elena **Esposito** (1997): GLU – Glossar zu Niklas Luhmanns Theorie sozialer Systeme. Frankfurt/M.: Suhrkamp.

Bauman, Zygmunt (1989): Modernity and the Holocaust. Cambridge: Polity Press.

Bauman, Zygmunt (1996): Glokalisierung oder Was für die einen Globalisierung, ist für die anderen Lokalisierung. In: Das Argument, Jg. 38, Nr. 217, 653-664.

Baumgart, Ralf/Volker **Eichener** (1991): Norbert Elias zur Einführung, 1. Aufl. Hamburg: Junius.

Beck, Ulrich (1986): Risikogesellschaft. Auf dem Weg in eine andere Moderne. Frankfurt/M.: Suhrkamp.

Beck, Ulrich (1996): Das Zeitalter der Nebenfolgen und die Politisierung der Moderne. In: Ulrich Beck/Anthony Giddens/Scott Lash: Reflexive Modernisierung. Eine Kontroverse. Frankfurt/M.: Suhrkamp, 19-112.

Beck, Ulrich (1997): Was ist Globalisierung? Irrtümer des Globalismus – Antworten auf Globalisierung, 3. Aufl. Frankfurt/M.: Suhrkamp.

Beck, Ulrich (Hrsg.) (1998a): Perspektiven der Weltgesellschaft. Frankfurt/M.: Suhrkamp.

Beck, Ulrich (Hrsg.) (1998b): Politik der Globalisierung. Frankfurt/M.: Suhrkamp.

Beck, Ulrich (2002): Individualisierung. In: Günter Endruweit/Gisela Trommsdorff (Hrsg.): Wörterbuch der Soziologie, 2., völlig neubearb. u. erw. Aufl. Stuttgart: Lucius & Lucius (UTB), 227-229.

Beck, Ulrich (2005): Schmerzliche Erfahrung. In: Süddeutsche Zeitung, Nr. 244, 20. Oktober, 13.

Beck, Ulrich/Elisabeth **Beck-Gernsheim** (1990): Das ganz normale Chaos der Liebe. Frankfurt/M.: Suhrkamp.

Beck, Ulrich/Elisabeth **Beck-Gernsheim** (Hrsg.) (1994): Riskante Freiheiten. Individualisierung in modernen Gesellschaften. Frankfurt/M.: Suhrkamp.

Beck, Ulrich/Elisabeth **Beck-Gernsheim** (1994): Individualisierung in modernen Gesellschaften – Perspektiven einer subjektorientierten Soziologie. In: Dies. (Hrsg.): Riskante Freiheiten. Individualisierung in modernen Gesellschaften. Frankfurt/M.: Suhrkamp, 10-39.

Beck, Ulrich/Wilhelm **Vossenkuhl**/Ulf Erdmann **Ziegler** (1995): Eigenes Leben. Ausflüge in die unbekannte Gesellschaft, in der wir leben. Mit Fotos von Timm Rautert. München: Beck.

Beck, Ulrich/Wolfgang **Bonß** (Hrsg.) (2001): Die Modernisierung der Moderne. Frankfurt/M.: Suhrkamp.

Beck, Ulrich/Wolfgang **Bonß**/Christoph **Lau** (2001): Theorie reflexiver Modernisierung – Fragestellungen, Hypothesen, Forschungsprogramme. In: Ulrich Beck/Wolfgang Bonß (Hrsg.): Die Modernisierung der Moderne. Frankfurt/M.: Suhrkamp, 11-59.

Beck, Ulrich/Anthony **Giddens**/Scott **Lash** (1996): Reflexive Modernisierung. Eine Kontroverse. Frankfurt/M.: Suhrkamp.

Beck, Ulrich/Christoph **Lau** (Hrsg.) (2004): Entgrenzung und Entscheidung. Was ist neu an der Theorie reflexiver Modernisierung? Frankfurt/M.: Suhrkamp.

Becker-Schmidt, Regina (1987): Die doppelte Vergesellschaftung – die doppelte Unterdrückung. In: Lilo Unterkirchner/Ina Wagner (Hrsg.): Die andere Hälfte der Gesellschaft. Besonderheiten der Frauenforschung in den Sozialwissenschaften. Österreichischer Soziologentag 1985. Wien: Österreichischer Gewerkschaftsbund, 10-25.

Becker-Schmidt, Regina (2001): Was mit Macht getrennt wird, gehört gesellschaftlich zusammen. Zur Dialektik von Umverteilung und Anerkennung in Phänomenen sozialer Ungleichstellung. In: Gudrun-Axeli Knapp/Angelika Wetterer (Hrsg.): Soziale Verortung der Geschlechter. Gesellschaftstheorie und feministische Kritik. Münster: Westfälisches Dampfboot, 91-131.

Becker-Schmidt, Regina/Gudrun-Axeli **Knapp** (1995): Einleitung. In: Dies. (Hrsg.): Das Geschlechterverhältnis als Gegenstand der Sozialwissenschaften. Frankfurt/M.: Campus, 7-18.

Becker-Schmidt, Regina/Gudrun-Axeli **Knapp** (2000): Feministische Theorien zur Einführung. Hamburg: Junius.

Beer, Ursula (1992): Das Geschlechterverhältnis in der ‚Risikogesellschaft'. In: Feministische Studien 10, 99-112.

Behrens, Roger (2004): Postmoderne. Hamburg: eva.

Bendix, Reinhard (1969): Modernisierung in internationaler Perspektive. In: Wolfgang Zapf (Hrsg.): Theorien des sozialen Wandels. Köln/Berlin: Kiepenheuer & Witsch, 505-512.

Berger, Johannes (1996): Was behauptet die Modernisierungstheorie wirklich – und was wird ihr bloß unterstellt? In: Leviathan 26, Heft 1, 45-62.

Berger, Peter L./Thomas **Luckmann** (1969): Die gesellschaftliche Konstruktion der Wirklichkeit. Eine Theorie der Wissenssoziologie. Frankfurt/M.: Fischer.

Berger, Peter L./Thomas **Luckmann** (1995): Modernität, Pluralismus und Sinnkrise. Gütersloh: Verlag Bertelsmann Stiftung.

Beyer, Susanne/Jana **Hensel** (2004): Die romantische Utopie. In: DER SPIEGEL, Nr. 2, 12. Januar, 126-128.

Bielefeldt, Heiner/Wilhelm **Heitmeyer** (1998): Einleitung: Politisierte Religion in der Moderne. In: Heiner Bielefeldt/Wilhelm Heitmeyer (Hrsg.): Politisierte Religion. Frankfurt/M.: Suhrkamp, 11-33.

Bischoff, Sonja (2005): Wer führt in (die) Zukunft? Männer und Frauen der Wirtschaft in Führungspositionen in Deutschland. Bielefeld: W. Bertelsmann.

Bock, Gisela/Barbara **Duden** (1977): Arbeit aus Liebe - Liebe als Arbeit. Zur Entstehung der Hausarbeit im Kapitalismus. In: Frauen in Wissenschaft. Berlin: Krin-Verlag, 118-199.

Bogner, Arthur (1991): Die Theorie des Zivilisationsprozesses als Modernisierungstheorie. In: Helmut Kuzmics/Ingo Mörth (Hrsg.): Der unendliche Prozess der Zivilisation. Zur Kultursoziologie der Moderne nach Norbert Elias. Frankfurt/M.: Campus, 33-58.

Bohn, Cornelia/Alois **Hahn** (2000): Michel Foucault: Surveiller et punir. Naissance de la prison. In: Dirk Kaesler/Ludgera Vogt (Hrsg.): Hauptwerke der Soziologie. Stuttgart: Kröner, 123-127.

Bologh, Roslyn Wallach (1987): Marx, Weber, and Masculine Theorizing: A Feminist Analysis. In: Norbert Wiley (Ed.): The Marx-Weber-Debate. Beverly Hills/CA: Sage, 145-168.

Boockmann, Hartmut (1988): Einführung in die Geschichte des Mittelalters, 4., durchges. Aufl. München: Beck.

Borscheid, Peter (2004): Das Tempo-Virus. Eine Kulturgeschichte der Beschleunigung. Frankfurt/M.: Campus.

Brasser, Martin (Hrsg.) (1999): Person. Philosophische Texte von der Antike bis zur Gegenwart. Stuttgart: Reclam.

Braun, Hans (1989): Helmut Schelskys Konzept der ‚nivellierten Mittelstandsgesellschaft' und die Bundesrepublik der 50er Jahre. In: Archiv für Sozialgeschichte, hrsg. v. d. Friedrich-Ebert-Stiftung in Verbindung mit dem Institut für Sozialgeschichte Braunschweig, XXIX. Bd.. Bonn: Dietz, 199-223.

Breidenbach, Joana/Ina **Zukrigl** (1995): Im Prisma des Lokalen. Die Dynamik der kulturellen Globalisierung. In: Transit 17, Sommer 1995, Frankfurt/M.: Verlag Neue Kritik, 12-32.

Breidenbach, Joana/Ina **Zukrigl** (2000): Tanz der Kulturen. Kulturelle Identität in einer globalisierten Welt. Reinbek bei Hamburg: Rowohlt.

Bröckling, Ulrich (2003): Das demokratisierte Panopticon. Subjektivierung und Kontrolle im 360°-Feedback. In: Axel Honneth (Hrsg.): Michel Foucault – Zwischenbilanz einer Rezeption/Frankfurter Foucault-Konferenz 2001. Frankfurt/M.: Suhrkamp, 77-93.

Brüsemeister, Thomas (2000): Die Gesellschaft als organisierte Erwartungs-Enttäuschungssprirale – George Ritzers These der McDonaldisierung. In: Uwe Schimank/Ute Volkmann (Hrsg.): Soziologische Gegenwartsdiagnosen I. Opladen: Leske + Budrich (UTB), 275-289.

Bublitz, Hannelore (1998): Geschlecht. In: Hermann Korte/Bernhard Schäfers (Hrsg.): Einführung in die Hauptbegriffe der Soziologie, 4. verb. u. aktual. Aufl. Opladen: Leske + Budrich, 59-79.

Bundesgesetzblatt Nr. 9, Teil 1, G5702, ausgegeben zu Bonn am 22. Februar 2001.

Bundesministerium für Gesundheit und Soziale Sicherung (BMGS) (2005): Spieglein, Spieglein an der Wand... Zur Diskussion um den Schönheitswahn. Berlin: BMGS-Reihe 03.

Bundeszentrale für politische Bildung (Hrsg.) (2000): Sozialer Wandel in Deutschland. Informationen zur politischen Bildung Nr. 269.

Burckhardt, Jacob (1860): Die Cultur der Renaissance in Italien. Ein Versuch. Basel: Schweighauser.

Burke, Peter (1998): Individuality and Biography in the Renaissance. In: Enno Rudolph (Hrsg.): Die Renaissance und die Entdeckung des Individuums in der Kunst. Die Renaissance als erste Aufklärung II. Tübingen: Mohr Siebeck, 65-78. (Religion und Aufklärung, Bd. 2)

Burzahn, Nicole (2004): Soziale Ungleichheit. Eine Einführung in die zentralen Theorien. Wiesbaden: VS Verlag.

Büschemann, Karl-Heinz (2004): Wenn Vertrautes verschwindet. In: Süddeutsche Zeitung, Nr. 299, 24./25./26. Dezember, 19.

Castells, Manuel (2003): Die Macht der Identität. Das Informationszeitalter, Teil 2. Opladen: Leske + Budrich (UTB).

Cockburn, Cynthia (1985): Machinery of Dominance: Women, Men and Technical Know-how. London: Pluto Press.

Craemer-Ruegenberg, Ingrid (1993): Das Naturverständnis von Aristoteles. In: Lothar Schäfer/Elisabeth Ströker (Hrsg.): Naturauffassungen in Philosophie, Wissenschaft, Technik. Band I: Antike und Mittelalter. Freiburg: Alber, 85-106.

Crompton, Rosemary (1995): Geschlecht, soziale Schichtung und Arbeit. In: L. Christof Armbruster/Ursula Müller/Marlene Stein-Hilbers (Hrsg.): Neue Horizonte? Sozialwissenschaftliche Forschung über Geschlechter und Geschlechterverhältnisse. Opladen: Leske + Budrich, 135-155.

Dahrendorf, Ralf (1998): Anmerkungen zur Globalisierung. In: Ulrich Beck (Hrsg.): Perspektiven der Weltgesellschaft. Frankfurt/M.: Suhrkamp, 41-54.

Degele, Nina (1997): Zur Steuerung komplexer Systeme – eine soziokybernetische Reflexion. In: Soziale Systeme 3, 81-99.

Degele, Nina (1998): Professionelle Alternativmedizin? Die Homöopathie zwischen Anpassung und Ausstieg. In: Sociologia Internationalis 36, 189-218.

Degele, Nina (1999): Soziale Differenzierung: Eine subjektorientierte Perspektive. In: Zeitschrift für Soziologie, Jg. 28, Heft 5, Oktober 1999, 345-364.

Degele, Nina (2000): Homöopathie heute: im Trend der Zeit oder die wahre Mauer, die nicht umkippt im Sturm? In: Allgemeine Homöopathische Zeitschrift 243, 58-64.

Degele, Nina (2002): Einführung in die Techniksoziologie. München: Fink (UTB).

Degele, Nina (2003a): Happy together: Soziologie und Gender Studies als paradigmatische Verunsicherungswissenschaften. In: Soziale Welt, Jg. 54, Heft 1, 9-29.

Degele, Nina (2003b): Mutti spült, Papa arbeitet. Zur Soziologie von Arbeit und Geschlecht. In: Freiburger FrauenStudien 13, 175-194.

Degele, Nina (2004a): Sich schön machen. Zur Soziologie von Geschlecht und Schönheitshandeln. Wiesbaden: VS Verlag.

Degele, Nina (2004b): Differenzierung und Ungleichheit: eine geschlechtertheoretische Perspektive. In: Thomas Schwinn (Hrsg.): Differenzierung und soziale Ungleichheit. Die zwei Soziologien und ihre Verbindung. Frankfurt/M.: Humanities Online, 271-398.

Descartes, René (1992) [1641]: Meditationes de prima philosophia. Lateinisch – deutsch, hrsg. v. Lüder Gäbe, 3. Aufl. Hamburg: Meiner.

Diner, Dan (Hrsg.) (1988): Zivilisationsbruch. Denken nach Auschwitz. Frankfurt/M.: Fischer.

Duerr, Hans-Peter (1988): Der Mythos vom Zivilisationsprozeß, Bd. 1: Nacktheit und Scham. Frankfurt/M.: Suhrkamp.

Dreyer, Wilfried (1995): Gesellschaft, Kultur und Individuum. Zur Grundlegung der Soziologie bei Georg Simmel. In: Felicitas Dörr-Backes/Ludwig Nieder (Eds.): Georg Simmel between Modernity and Postmodernity. Georg Simmel zwischen Moderne und Postmoderne. Würzburg: Königshausen & Neumann, 59-103.

Dries, Christian (2004a): Technik als Subjekt der Geschichte? Technik- und Gesellschaftsphilosophie bei Günther Anders. Darstellung und Kritik. Freiburg: Freiburger Dokumentenserver, URL: http://freidok.ub.uni-freiburg.de/volltexte/1382/.

Dries, Christian (2004b): Nur Sklaven arbeiten wirklich. In: sciencegarden.de, Januar, URL: http://www.sciencegarden.de/berichte/200401/sklaven/sklaven.php.

Dries, Christian (2005): Die beschleunigte Angst. Skizze eines Forschungsprogramms. Wettbewerbsbeitrag zum Deutschen Studienpreis 2002/03. Freiburg: Freiburger Dokumentenserver (i.E.).

Dülmen, Richard van (1988): Protestantismus und Kapitalismus. Max Webers These im Licht der neueren Sozialgeschichte. In: Christian Gneuss/Jürgen Jocka (Hrsg.): Max Weber. Ein Symposium. München: dtv, 88-101.

Dülmen, Richard van (1996): Norbert Elias und der Prozeß der Zivilisation. Die Zivilisationstheorie im Lichte historischer Forschung. In: Karl-Siegbert Rehberg (Hrsg.): Norbert Elias und die Menschenwissenschaften. Studien zu Entstehung und Wirkungsgeschichte seines Werkes. Frankfurt/M.: Suhrkamp, 264-274.

Dülmen, Richard van (2001): Einleitung. In: Ders. (Hrsg.): Die Entdeckung des Ich. Die Geschichte der Individualisierung vom Mittelalter bis zur Gegenwart. Köln: Böhlau, 1-7.

Durkheim, Emile (1988) [1893]: Über soziale Arbeitsteilung. Frankfurt/M.: Suhrkamp.

Dürrschmidt, Jörg (2004): Globalisierung, 2., unveränd. Aufl. Bielefeld: transcript.

Ehrenberg, Alain (2004): Das erschöpfte Selbst. Depression und Gesellschaft in der Gegenwart. Frankfurt/M.: Campus.

Eickelpasch, Rolf/Claudia **Rademacher** (2004): Identität. Bielefeld: transcript.

Elias, Norbert (1969): Die höfische Gesellschaft. Untersuchungen zur Soziologie des Königtums und der höfischen Aristokratie. Mit einer Einleitung: Soziologie und Geschichtswissenschaft. Neuwied/Berlin: Luchterhand.

Elias, Norbert (1983): Engagement und Distanzierung, hrsg. u. übers. v. Michael Schröter. Frankfurt/M.: Suhrkamp.

Elias, Norbert (1987): Die Gesellschaft der Individuen. Frankfurt/M.: Suhrkamp.

Elias, Norbert (1988): Über die Zeit. Frankfurt/M.: Suhrkamp.

Elias, Norbert (1989): Studien über die Deutschen. Machtkämpfe und Habitusentwicklung im 19. und 20. Jahrhundert, hrsg. v. Michael Schröter. Frankfurt/M.: Suhrkamp.

Elias, Norbert (1997a) [1939]: Über den Prozeß der Zivilisation. Soziogenetische und psychogenetische Untersuchungen. Erster Band: Wandlungen des Verhaltens in den weltlichen Oberschichten des Abendlandes. Frankfurt/M.: Suhrkamp.

Elias, Norbert (1997b) [1939]: Über den Prozeß der Zivilisation. Soziogenetische und psychogenetische Untersuchungen. Zweiter Band: Wandlungen der Gesellschaft. Entwurf zu einer Theorie der Zivilisation. Frankfurt/M.: Suhrkamp.

Elias, Norbert (2000): Zivilisation. In: Bernhard Schäfers (Hrsg.): Grundbegriffe der Soziologie, 6. Aufl. Opladen: Leske + Budrich (UTB), 445-449.

Entwistle, Joanne (2000): The Fashioned Body. Fashion, Dress and Modern Social Theory. Cambridge/UK: Polity Press.

Evers, Adalbert/Helga **Nowotny** (1987): Über den Umgang mit Unsicherheit. Die Entdeckung der Gestaltbarkeit von Gesellschaft. Frankfurt/M.: Suhrkamp.

Fausto-Sterling, Anne (2002): Sich mit Dualismen duellieren. In: Ursula Pasero/Anja Gottburgsen (2002): Wie natürlich ist Geschlecht? Wiesbaden: WDV, 17-64.

Färber, Christine/Karolin **Babbe-Voßbeck**/Jochen **Geppert**/Stefanie **Marggraf**/Susanne **Römer** (2004): Perspektiven deutscher Wissenschaftlerinnen in der EU Forschungsförderung. Studie im Auftrag der Kontaktstelle ‚Frauen in der EU-Forschung' im EU Büro des BMBF. Bonn: Kontaktstelle des EU Büros des BMBF, URL: http://www.eubuero.de/arbeits-bereiche/fraueneuforschung/Links/Download/dat_/fil_561 (Zugriff: 15.07.05).

Fink-Eitel, Hinrich (1992): Foucault zur Einführung, 2., unveränd. Aufl. Hamburg: Junius.

Fischer, Peter (2004): Philosophie der Technik. Eine Einführung. München: Fink (UTB).

Foucault, Michel (1976): Von den Martern zu den Zellen. In: Ders.: Mikrophysik der Macht. Über Strafjustiz, Psychiatrie und Medizin. Berlin: Merve, 48-53.

Foucault, Michel (1977) [1975]: Überwachen und Strafen. Die Geburt des Gefängnisses, übers. v. Walter Seitter. Frankfurt/M.: Suhrkamp.

Fraser, Nancy (1994) Widerspenstige Praktiken. Macht, Diskurs, Geschlecht. Frankfurt/M.: Suhrkamp.

Fraser, Nancy (2005) Frauen, denkt ökonomisch! In: taz, Nr. 7633, 07. April., 4f.

Freud, Sigmund (1989a): Studienausgabe, Bd. 6: Hysterie und Angst, hrsg. v. Alexander Mitscherlich, Angela Richards und James Strachey, 7. Aufl. Frankfurt/M.: Fischer.

Freud, Sigmund (1989b) [1930]: Das Unbehagen in der Kultur. In: Studienausgabe, Bd. 9: Fragen der Gesellschaft, Ursprünge der Religion, hrsg. v. Alexander Mitscherlich, Angela Richards und James Strachey, 5. Aufl. Frankfurt/M.: Fischer, 191-270.

Frisby, David F. (1984): Georg Simmels Theorie der Moderne. In: Heinz-Jürgen Dahme/Otthein Rammstedt (Hrsg.): Georg Simmel und die Moderne. Neue Interpretationen und Materialien. Frankfurt/M.: Suhrkamp, 9-79.

Fromm, Susanne (2001): Max Horkheimer/Theodor W. Adorno: Dialektik der Aufklärung. Philosophische Fragmente. In: Ekkehard Martens/Eckhard Nordhofen/Joachim Siebert (Hrsg.): Philosophische Meisterstücke II. Stuttgart: Reclam, 162-167.

Gehlen, Arnold (1957): Die Seele im technischen Zeitalter. Sozialpsychologische Probleme in der industriellen Gesellschaft. Reinbek bei Hamburg: Rowohlt.

Gehlen, Arnold (1962) [1940]: Der Mensch. Seine Natur und seine Stellung in der Welt, 7., durchges. Aufl. Frankfurt/M.: Athenäum.

Geißler, Karlheinz A. (1997): Zeit: „Verweile doch, du bist so schön!“, 2. Aufl. Weinheim/Berlin: Quadriga.

Geißler, Karlheinz A. (2000): Vom Tempo der Welt – am Ende der Uhrzeit, 3. Aufl. Freiburg: Herder.

Geißler, Karlheinz A. (2004): Grenzenlose Zeiten. In: Aus Politik und Zeitgeschichte, B31-32/2004, 7-12.

Giddens, Anthony (1993): Sexualität, Liebe und Erotik in modernen Gesellschaften. Frankfurt/M.: Fischer.

Giddens, Anthony (1995): Die Konsequenzen der Moderne. Frankfurt/M.: Suhrkamp.

Giddens, Anthony (1996): Leben in einer posttraditionalen Gesellschaft. In: Ulrich Beck/Anthony Giddens/Scott Lash (Hrsg.): Reflexive Modernisierung. Eine Kontroverse. Frankfurt/M.: Suhrkamp, 113-194.

Gilcher-Holtey, Ingrid (1988): Max Weber und die Frauen. In: Christian Gneuss/Jürgen Jocka (Hrsg.): Max Weber. Ein Symposium. München: dtv, 142-154.

Goetz, Hans-Werner (1987): Leben im Mittelalter vom 7. bis zum 13. Jahrhundert, 3., unver. Aufl. München: Beck.

Gottschall, Karin (1998): Doing Gender While Doing Work? Erkenntnispotentiale konstruktivistischer Perspektiven. In: Birgit Geissler/Friederike Maier/Birgit Pfau-Effinger (Hrsg.): FrauenArbeitsMarkt. Berlin: Edition Sigma, 63-94.

Gottschall, Karin (2000): Soziale Ungleichheit und Geschlecht. Kontinuitäten und Brüche, Sackgassen und Erkenntnispotentiale im deutschen soziologischen Diskurs. Opladen: Leske + Budrich.

Görg, Christoph (2004): Globalisierung. In: Ulrich Bröckling/Susanne Krasmann/Thomas Lemke (Hrsg.): Glossar der Gegenwart, Frankfurt/M.: Suhrkamp, 105-110.

Gronemeyer, Marianne (1996): Das Leben als letzte Gelegenheit. Sicherheitsbedürfnisse und Zeitknappheit, 2., unveränd. Aufl. Darmstadt: WBG.

Gross, Peter (1994): Die Multioptionsgesellschaft. Frankfurt/M.: Suhrkamp.

Gumbrecht, Hans Ulrich (1978): Modern, Modernität, Moderne. In: Geschichtliche Grundbegriffe. Historisches Lexikon zur politisch-sozialen Sprache in Deutschland, Bd. 4 (Mi-Pre), hrsg. v. Otto Brunner, Werner Conze und Reinhart Koselleck. Stuttgart: Klett-Cotta, 93-131.

Habermas, Jürgen (1981): Theorie des kommunikativen Handelns, 2 Bände. Frankfurt/M.: Suhrkamp.

Habermas, Jürgen (1985a): Der philosophische Diskurs der Moderne. 12 Vorlesungen. Frankfurt/M.: Suhrkamp.

Habermas, Jürgen (1985b): Die neue Unübersichtlichkeit. Kleine politische Schriften V. Frankfurt/M.: Suhrkamp.

Habermas, Jürgen (1986): Entgegnung. In: Axel Honneth/Hans Joas (Hrsg.): Kommunikatives Handeln. Beiträge zu Jürgen Habermas' Theorie des kommunikativen Handelns. Frankfurt/M.: Suhrkamp, 327-406f.

Habermas, Jürgen (1990) [1961]: Strukturwandel der Öffentlichkeit. Neuausgabe. Frankfurt/M.: Suhrkamp.

Habermas, Jürgen (1992) Faktizität und Geltung. Beiträge zur Diskurstheorie des Rechts und des demokratischen Rechtsstaats. Frankfurt/M.: Suhrkamp.

Habermas, Jürgen (1994) [1980]: Die Moderne – ein unvollendetes Projekt. In: Ders.: Die Moderne – ein unvollendetes Projekt. Philosophisch-politische Aufsätze, 3. Aufl., Leipzig: Reclam, 32-54.

Hagner, Michael (2003): Wissenschaftsforschung und Naturpolitik. Rezension zu Bruno Latour: Das Parlament der Dinge. In: Deutsche Zeitschrift für Philosophie, Jg. 51, H. 3, 519-521.

Hall, Elaine J. (1993): Waitering/Waitressing: Engendering the Work of Table Servers. In: Gender & Society 7, 329-346.

Hannerz, Ulf (1998): Transnational Connections: Culture, People, Places. London: Routledge.

Hardt, Michael/Antonio **Negri** (2002): Empire. Die neue Weltordnung. Aus dem Englischen von Thomas Atzert und Andreas Wirthensohn. Frankfurt/M.: Campus.

Hardt, Michael/Antonio **Negri** (2004): Multitude. Krieg und Demokratie im Empire. Frankfurt/M.: Campus.

Hark, Sabine (2000): „Vor dem Gesetz": Kämpfe um die Homo-Ehe. BRD und USA. In: Freiburger FrauenStudien 6, Heft 1, 81-98.

Harvey, David (1989): The Condition of Postmodernity. An Inquiry into the Origins of Cultural Change. Oxford: Blackwell.

Hausen, Karin (1976): Die Polarisierung der ‚Geschlechtscharaktere' - eine Spiegelung der Dissoziation von Erwerbs- und Familienleben. In: Werner Conze (Hrsg.): Sozialgeschichte der Familie in der Neuzeit Europas. Neue Forschungen. Stuttgart: Klett, 363-393.

Heintz, Bettina (2001): Geschlecht als (Un-)Ordnungsprinzip. In: Bettina Heintz (Hrsg.): Geschlechtersoziologie. Kölner Zeitschrift für Soziologie und Sozialpsychologie, Sonderheft 41. Opladen, 9-29.

Heintz, Bettina/Eva **Nadai**/Regula **Fischer**/Hannes **Ummel** (1997): Ungleich unter Gleichen. Studien zur geschlechtsspezifischen Segregation des Arbeitsmarktes. Frankfurt/M.: Campus.

Heitmeyer, Wilhelm (1997): Gibt es eine Radikalisierung des Integrationsproblems? In: Ders. (Hrsg.): Was hält die Gesellschaft zusammen? Bundesrepublik Deutschland: Auf dem Weg von der Konsens- zur Konfliktgesellschaft, Bd. 2. Frankfurt/M.: Suhrkamp, 23-65.

Held, Martin/Karlheinz A. **Geißler** (Hrsg.) (1993): Ökologie der Zeit. Vom Finden der rechten Zeitmaße. Stuttgart: Hirzel.

Helle, Horst Jürgen (2001): Georg Simmel. Einführung in seine Theorie und Methode. München/Wien: Oldenbourg.

Heming, Ralf (2000): Systemdynamiken, Lebenswelt und Zivilgesellschaft – Zeitdiagnostische Aspekte der Gesellschaftstheorie von Jürgen Habermas. In: Uwe Schimank/Ute Volkmann (Hrsg.): Soziologische Gegenwartsdiagnosen I. Opladen: Leske + Budrich (UTB), 57-74.

Heuwinkel, Ludwig (2004): Zeitprobleme in der Beschleunigungsgesellschaft. In: Aus Politik und Zeitgeschichte, B31-32, 33-38.

Hilberg, Raul (1982): Die Vernichtung der europäischen Juden. Die Gesamtgeschichte des Holocaust. Berlin: Olle und Wolter.

Hillebrandt, Frank (1997): Disziplinargesellschaft. In: Georg Kneer/Armin Nassehi/Markus Schroer (Hrsg.): Soziologische Gesellschaftsbegriffe. Konzepte moderner Zeitdiagnosen. München: Fink (UTB), 101-126.

Hillmann, Karl-Heinz (1994): Wörterbuch der Soziologie, 4., überarb. u. erg. Aufl. Stuttgart: Reclam.

Hitzler, Ronald/Anne **Honer** (1994): Bastelexistenz. Über subjektive Konsequenzen der Individualisierung. In: Ulrich Beck/Elisabeth Beck-Gernsheim (Hrsg.): Riskante Freiheiten. Individualisierung in modernen Gesellschaften. Frankfurt/M.: Suhrkamp, 307-315.

Hobsbawm, Eric (1962): Europäische Revolutionen. München: Kindler.

Hofbauer, Johanna/Ulli **Pastner** (2000): Der diskrete Charme der Diskriminierung. Ästhetisierung von Frauenarbeit als unscheinbare Form der Missachtung. In: Ursula Holtgrewe/Stephan Voswinkel/Gabriele Wagner (Hrsg.): Anerkennung und Arbeit. Konstanz: UVK, 219-246.

Hoffmann, Rainer/Daniela **Klimke** (2004): Die gleichgeschlechtliche Lebenspartnerschaft als Bühnenstück in der politischen Arena. In: Soziale Welt, Jg. 54, Heft 2, 201-216.

Hondrich, Karl Otto (1982): Sozialer Wandel als Differenzierung. In: Ders. (Hrsg.): Soziale Differenzierung. Langzeitanalysen zum Wandel von Politik, Arbeit und Familie. Frankfurt/M.: Campus, 11-71.

Hondrich, Karl Otto (1987): Die andere Seite sozialer Differenzierung. In: Hans Haferkamp/Michael Schmid (Hrsg.): Sinn, Kommunikation und soziale Differenzierung. Beiträge zu Luhmanns Theorie sozialer Systeme. Frankfurt/M.: Suhrkamp, 275-303.

Hondrich, Karl Otto (1996): Lassen sich soziale Beziehungen modernisieren? In: Leviathan 26, Heft 1, 28-44.

Hondrich, Karl Otto (2004): Liebe in den Zeiten der Weltgesellschaft. Frankfurt/M.: Suhrkamp.

Horkheimer, Max/Theodor W. **Adorno** (2003) [1944]: Dialektik der Aufklärung. Philosophische Fragmente. In: Theodor W. Adorno. Gesammelte Schriften, Bd. 3, hrsg. v. Rolf Tiedemann. Frankfurt/M.: Suhrkamp.

Huntington, Samuel P. (1993): The Clash of Civilizations? In: Foreign Affairs, Summer 1993, Vol. 72, No. 3, 22-49.

Huntington, Samuel P. (Ed.) (1993): The Clash of Civilization? The Debate. New York: Council on Foreign Affairs.

Huntington, Samuel P. (1996): Kampf der Kulturen. Die Neugestaltung der Weltpolitik im 21. Jahrhundert. München/Wien: Europa Verlag.

Huntington, Samuel P. (2000): Die Weltordnung im dritten Jahrtausend. In: Die politische Meinung, Jg. 45, Nr. 363, 5-10.

Huntington, Samuel P. (2001): „Nein, kein Kampf der Kulturen". Interview in: DIE ZEIT, Sonderausgabe Nr. 39, 17.09.2001.

Huntington, Samuel P. (2002): Auf dem Weg zu einer globalen Kultur? In: Die Politische Meinung, Jg. 47, Nr. 395, 15-21.

Illouz, Eva (2003) [1997]: Der Konsum der Romantik. Liebe und die kulturellen Widersprüche des Kapitalismus. Frankfurt/M.: Campus.

Imbusch, Peter (2005): Moderne und Gewalt. Zivilisationstheoretische Perspektiven auf das 20. Jahrhundert. Wiesbaden: VS Verlag.

Isenmann, Eberhard (1988): Die deutsche Stadt im Spätmittelalter 1250-1500. Stadtgestalt, Recht, Stadtregiment, Kirche, Gesellschaft, Wirtschaft. Stuttgart: Ulmer (UTB).

Jonas, Hans (1979): Das Prinzip Verantwortung. Versuch einer Ethik für die technologische Zivilisation. Frankfurt/M.: Insel.

Jonas, Hans (1985): Technik, Medizin und Ethik. Zur Praxis des Prinzips Verantwortung. Frankfurt/M.: Insel.

Jung, Werner (1990): Georg Simmel zur Einführung. Hamburg: Junius.

Junge, Matthias (2002): Individualisierung. Frankfurt/M.: Campus.

Jürgens, Kerstin/Karsten **Reinecke** (1998): Zwischen Volks- und Kinderwagen. Auswirkungen der 28,8-Stunden-Woche bei der VW AG auf die familiale Lebensführung von Industriearbeitern. Berlin: edition sigma.

Kaesler, Dirk (1979): Einführung in das Studium Max Webers. München: Beck.

Kalberg, Stephen (1981): Max Webers Typen der Rationalität: Grundsteine für die Analyse von Rationalisierungsprozessen in der Geschichte. In: Walter M. Sprondel/Constans Seyfarth (Hrsg.): Max Weber und die Rationalisierung sozialen Handelns. Stuttgart: Enke, 9-38.

Kandal, Terry R. (1988): The Woman Question in Classical Sociological Theory. Miami: Florida International University Press, 126-156.

Kather, Regine (1994): Naturphilosophie im Wandel der Zeiten. In: Dies.: Der Mensch – Kind der Natur oder des Geistes? Wege zu einer ganzheitlichen Sicht der Natur. Würzburg: Ergon, 15-36.

Kather, Regine (2003): Was ist Leben? Philosophische Positionen und Perspektiven. Darmstadt: WBG.

Karneth, Rainer (1991): Anthropo-Biologie und Biologie. Biologische Kategorien bei Arnold Gehlen – im Licht der Biologie, insbesondere der vergleichenden Verhaltensforschung der Lorenz-Schule. Würzburg: Ergon.

Kasten, Hartmut (2001): Wie die Zeit vergeht. Unser Zeitbewusstsein in Alltag und Lebenslauf. Darmstadt: WBG.

Kaufmann, Franz-Xaver (1973): Sicherheit als soziologisches und sozialpolitisches Problem. Untersuchungen zu einer Wertidee hochdifferenzierter Gesellschaften, 2., umgearb. Aufl. Stuttgart: Enke.

Kaufmann, Franz-Xaver (1997): Geht es mit der Integrationsfunktion des Sozialstaats zu Ende? In: Stefan Hradil (Hrsg.): Differenz und Integration. Die Zukunft moderner Gesellschaften. Frankfurt/M.: Campus, 135-153.

Kemper, Peter/Ulrich **Sonnenschein** (Hrsg.) (2002): Globalisierung im Alltag. Frankfurt/M.: Suhrkamp.

Kemper, Peter/Ulrich **Sonnenschein** (Hrsg.) (2003): Glück und Globalisierung. Alltag in Zeiten der Weltgesellschaft. Frankfurt/M.: Suhrkamp.

Keupp, Heiner (1994): Ambivalenzen postmoderner Identität. In: Ulrich Beck/Elisabeth Beck Gernsheim (Hrsg.): Riskante Freiheiten. Individualisierung in modernen Gesellschaften. Frankfurt/M.: Suhrkamp, 336-350.

Kevenhörster, Paul (2000): Kampf der Kulturen oder multikulturelle Welt? In: Die politische Meinung, Jg. 45, Nr. 370, 5-14.

Kieser, Werner (1999): Die Seele der Muskeln. Krafttraining jenseits von Sport und Show, 8. Aufl. Zürich/Düsseldorf: Walter.

Kieser, Werner (2003): Werner Kieser über Reduktion. Interview mit Alexander Gorkow. In: Süddeutsche Zeitung, 06./07. Dezember.

Kieser, Werner (2004a): „Freiheit kann man sich nur nehmen". Ein Gespräch mit Werner Kieser. In: ProFirma, Oktober, 24-27.

Kieser, Werner (2004b): Wir wollen keinen Spaß bieten. NGZ-Gespräch mit dem Schweizer Werner Kieser. In: NGZ-Online, 15.10.04, URL: http://www.ngz-online.de/ ngz/news/specials/ ngz-gespraeche/2004-1015/kieser.html (Zugriff: 01.06.05).

Kirby, Andrew (1998): Wider die Ortlosigkeit. In: Ulrich Beck (Hrsg.): Perspektiven der Weltgesellschaft. Frankfurt/M.: Suhrkamp, 168-175.

Kiss, Gabor (1989): Evolution soziologischer Grundbegriffe. Stuttgart: Enke.

Klein, Uta (1995): Das Geschlechterverhältnis und die Soziologie. In: Georg Kneer/Klaus Kraemer/Armin Nassehi (Hrsg.): Soziologie – Zugänge zur Gesellschaft, Bd. 2: Spezielle Soziologien. Münster: LIT, 191-223.

Klein, Thomas (1999): Pluralisierung versus Umstrukturierung am Beispiel partnerschaftlicher Lebensformen. In: Kölner Zeitschrift für Soziologie und Sozialpsychologie, Jg. 51, Heft 3, 469-490.

Knapp, Gudrun-Axeli (1993): Segregation in Bewegung: Einige Überlegungen zum ‚Gendering' von Arbeit und Arbeitsvermögen. In: Karin Hausen/Gertraude Krell (Hrsg.): Frauenerwerbsarbeit. Forschungen zu Geschichte und Gegenwart. München: Hampp, 25-46.

Knapp, Gudrun-Axeli (2001): Grundlagenkritik und stille Post. Zur Debatte um einen Bedeutungsverlust der Kategorie ‚Geschlecht'. In: Bettina Heintz (Hrsg.): Geschlechtersoziologie. Kölner Zeitschrift für Soziologie und Sozialpsychologie, Sonderheft 41. Opladen, 53-74.

Kneer, Georg (1996): Rationalisierung, Disziplinierung und Differenzierung. Zum Zusammenhang von Sozialtheorie und Zeitdiagnose bei Jürgen Habermas, Michel Foucault und Niklas Luhmann. Opladen: WDV.

Kneer, Georg/Armin **Nassehi** (1993): Niklas Luhmanns Theorie sozialer Systeme. München: Fink (UTB), 95-110.

Kneer, Georg/Armin **Nassehi**/Markus **Schroer** (Hrsg.) (1997): Soziologische Gesellschaftsbegriffe. Konzepte moderner Zeitdiagnosen. München: Fink (UTB).

Knöbl, Wolfgang (2001): Spielräume der Modernisierung. Das Ende der Eindeutigkeit. Weilerswist: Velbrück.

Knöfel, Ulrike (2003): Exzesse des Körperwahns. In: DER SPIEGEL, Nr. 23, 02. Juni, 140ff.

Kocka, Jürgen (1998): Nach dem Ende des Sonderwegs. Zur Tragfähigkeit eines Konzepts. In: Arnd Bauerkämper/Martin Sabrow/Bernd Stöver (Hrsg.): Doppelte Zeitgeschichte. Deutsch-deutsche Beziehungen 1945-1990, Bonn: Dietz, S. 364-375.

Koller, Christine (2004): Trend zum Teilzeit-Freund. In: Focus, Nr. 52, 20. Dezember, 104-106.

Köllmann, Wolfgang (1977): Zur Bevölkerungsentwicklung der Neuzeit. In: Reinhart Koselleck (Hrsg.): Studien zum Beginn der modernen Welt. Stuttgart: Klett-Cotta, 68-77.

Kontos, Silvia/Karin **Walser** (1979): Weil nur zählt, was Geld einbringt. Probleme der Hausfrauenarbeit. Gelnhausen: Burckhardthaus-Laetare.

Korte, Hermann (2004): Einführung in die Geschichte der Soziologie, 7., erw. Aufl. Opladen: Leske + Budrich (UTB).

Koselleck, Reinhart (1977): ‚Neuzeit'. Zur Semantik moderner Bewegungsbegriffe. In: Ders. (Hrsg.): Studien zum Beginn der modernen Welt. Stuttgart: Klett-Cotta, 264-299.

Koselleck, Reinhart (2003a) [1976]: Gibt es eine Beschleunigung der Geschichte? In: Ders.: Zeitschichten. Studien zur Historik. Frankfurt/M.: Suhrkamp, 150-176.

Koselleck, Reinhart (2003b) [1989]: Wie neu ist die Neuzeit?. In: Ders.: Zeitschichten. Studien zur Historik. Frankfurt/M.: Suhrkamp, 225-239.

Kößler, Reinhart (1998): Entwicklung. Münster: Westfälisches Dampfboot.

Krais, Beate (1993): Geschlechterverhältnis und symbolische Gewalt. In: Gunter Gebauer/Christoph Wulf (Hrsg.): Praxis und Ästhetik. Neue Perspektiven im Denken Pierre Bourdieus. Frankfurt/M.: Suhrkamp, 208-250.

Krais, Beate (2000): Das soziale Feld Wissenschaft und die Geschlechterverhältnisse. In: Dies. (Hrsg.): Wissenschaftskultur und Geschlechterforschung. Über die verborgenen Mechanismen männlicher Dominanz in der akademischen Welt. Frankfurt/M.: Campus, 31-54.

Kramer, Rolf (2000): Phänomen Zeit. Versuch einer wissenschaftlichen und ethischen Bilanz. Berlin: Duncker & Humblot (Erfahrung und Denken. Schriften zur Förderung der Beziehungen zwischen Philosophie und Einzelwissenschaften, Bd. 84).

Kreissl, Reinhard (2000): Die ewige Zweite. Warum die Macht den Frauen immer eine Nasenlänge voraus ist. München: Droemer.

Kropp, Cordula (2002): ‚Natur.' Soziologische Konzepte – politische Konsequenzen. Opladen: Leske + Budrich.

Kröncke, Gerd (2004): Auf den Boulevards der Melancholie. In: Süddeutsche Zeitung, Nr. 254, 02. November, 3.

Krücken, Georg (1994): Risikosoziologie. Stand und Perspektiven der sozialwissenschaftlichen Risikoforschung. In: Werner Rammert/Gotthard Bechmann (Hrsg.): Technik und Gesellschaft. Jahrbuch 7. Frankfurt/M.: Campus, 207-225.

Krüger, Helga (1999): Geschlecht – eine schwierige Kategorie. Methodisch-methodologische Fragen der ‚gender'-Sensibilität in der Forschung. In: Ayla Neusel/Angelika Wetterer (Hrsg.): Vielfältige Verschiedenheiten. Geschlechterverhältnisse in Studium, Hochschule und Beruf. Frankfurt/M.: Campus, 35-60.

Küstenmacher, Werner Tiki/Lothar J. **Seiwert** (2003): Simplify your life. Einfacher und glücklicher leben, 10. Aufl. Frankfurt/M.: Campus.

Ladenthin, Volker (2005): Der Familie geht es besser als je zuvor. In: Süddeutsche Zeitung, Nr. 3, 05./06. Januar, 2.

Langer, Renate (2003): Stahl statt Pudding. Bodybuilding als Weg zu Kraft, Schönheit und Erfolg. In: Gerda E. Moser (Hrsg.): Fit & Fun-Kultur – zwischen Leistung und Freude. Kulturwissenschaftliche Perspektiven. Münster: LIT, 81-102.

Latour, Bruno (1991): Technology is Society Made Durable. In: John Law (Ed.): A Sociology of Monsters. Essays on Power, Technology and Domination, London/New York: Routledge, 103-131.

Latour, Bruno (1997): Ein neuer Empirismus, ein neuer Realismus. Ein Gespräch mit Gustav Roßler. In: Mittelweg 36, H. 1, 40-52.

Latour, Bruno (1998) [1991]: Wir sind nie modern gewesen. Versuch einer symmetrischen Anthropologie. Aus dem Französischen von Gustav Roßler. Frankfurt/M.: Fischer.

Latour, Bruno (2000): Die Kühe haben das Wort. Gene, Tiermehl und andere Mitbürger. Interview in: DIE ZEIT, Nr. 49, 30. November, 67.

Latour, Bruno (2001a) [1999]: Das Parlament der Dinge. Für eine politische Ökologie. Aus dem Französischen von Gustav Roßler. Frankfurt/M.: Suhrkamp.

Latour, Bruno (2001b): Eine Soziologie ohne Objekt? Anmerkungen zur Interobjektivität. In: Berliner Journal für Soziologie, Bd. 11. Heft 1, 237-252.

Lavagno, Christian (2003): Rekonstruktion der Moderne. Eine Studie zu Habermas und Foucault. Münster: LIT.

Leggewie, Claus (2003): Die Globalisierung und ihre Gegner. München: Beck.

Leidner, Robin (1993): Fast food, Fast talk: Service Work and the Routinization of Everyday Lifc. Berkeley/Los Angeles: University of California Press.

Lemke, Thomas (2001): Max Weber, Norbert Elias und Michel Foucault über Macht und Subjektivierung. In: Berliner Journal für Soziologie, Bd. 11, Heft 1, 77-95.

Lerner, David/James S. **Coleman**/Ronald P. **Dore** (1968) : Modernization. In: International Encyclopedia of the Social Sciences, Vol. 10, ed. by David L. Sills. New York: The Macmillan Company & The Free Press, 386-409.

Levine, Robert (1998): Eine Landkarte der Zeit. Wie Kulturen mit Zeit umgehen. Aus dem Amerikanischen von Christa Broermann und Karin Schuler. München: Piper.

Lichtblau, Klaus (1992): Eros und Kultur. Zur Geschlechterproblematik in der Deutschen Soziologie der Jahrhundertwende. In: Klaus Lichtblau/Ilona Ostner (Hrsg.): Feministische Vernunftkritik. Frankfurt/M.: Campus, 189-219.

Liessmann, Konrad Paul (2000): Im Schweiße deines Angesichts. Zum Begriff der Arbeit in den anthropologischen Konzepten der Moderne. In: Ulrich Beck (Hrsg.): Die Zukunft von Arbeit und Demokratie. Frankfurt/M.: Suhrkamp, 85-107.

Linder, Staffan B. (1971): Das Linder-Axiom oder Warum wir keine Zeit mehr haben. Gütersloh: Bertelsmann.

Loo, Hans van der/Willem **van Reijen** (1997): Modernisierung. Projekt und Paradox, 2., aktual. Aufl. München: dtv.

Luhmann, Niklas (1970): Soziologische Aufklärung, Bd. 1. Opladen: WDV.

Luhmann, Niklas (1977): Funktion der Religion, 1. Aufl. Frankfurt/M.: Suhrkamp.

Luhmann, Niklas (1980): Talcott Parsons – Zur Zukunft eines Theorieprogramms. In: Zeitschrift für Soziologie, Jg. 9, Heft 1, 5-17.

Luhmann, Niklas (1984): Soziale Systeme. Frankfurt/M.: Suhrkamp.

Luhmann, Niklas (1986): Ökologische Kommunikation. Opladen: WDV.

Luhmann, Niklas (1988): Frauen, Männer und George Spencer Brown. In: Zeitschrift für Soziologie, Jg. 17, Heft 1, 47-71.

Luhmann, Niklas (1994) [1968]: Die Knappheit der Zeit und die Vordringlichkeit des Befristeten. In: Ders.: Politische Planung. Aufsätze zur Soziologie von Politik und Verwaltung, 4. Aufl. Opladen: WDV, 143-164.

Luhmann, Niklas (1996): Die Realität der Massenmedien, 2. Aufl. Opladen: WDV.

Luhmann, Niklas (1997): Die Gesellschaft der Gesellschaft. Frankfurt/M.: Suhrkamp.

Lübbe, Hermann (1992): Im Zug der Zeit. Verkürzter Aufenthalt in der Gegenwart. Berlin/Heidelberg/New York: Springer.

Lübbe, Hermann (1998): Gegenwartsschrumpfung. In: Klaus Backhaus/Holger Bonus (Hrsg.): Die Beschleunigungsfalle oder der Triumph der Schildkröte, 3., erw. Aufl. Stuttgart: Schäffer-Poeschel, 263-293.

Mainzer, Klaus (2002): Zeit. Von der Urzeit zur Computerzeit, 4. Aufl. München: Beck.

Marshall, Thomas H. (1992) [1949]: Staatsbürgerrechte und soziale Klassen. In: Ders. Bürgerrechte und soziale Klassen. Zur Soziologie des Wohlfahrtsstaats. Frankfurt/M.: Campus, 33-94.

Marx, Karl (1988a): Zur Kritik der Hegelschen Rechtsphilosophie. Einleitung. In: MEW, Bd. 1, 15. Aufl. Berlin: Dietz, 378-391.

Marx, Karl (1988b) [1894]: Das Kapital. Kritik der politischen Ökonomie. Dritter Band. Buch III: Der Gesamtprozeß der kapitalistischen Produktion, hrsg. v. Friedrich Engels, MEW, Bd. 25, 14. Aufl. Berlin: Dietz.

Marx, Karl (1990) [1844]: Ökonomisch-philosophische Manuskripte. In: MEW, Bd. 40, 2. Aufl. Berlin: Dietz, 465-588.

Marx, Karl (1998) [1890]: Das Kapital. Kritik der politischen Ökonomie. Erster Band. Buch I: Der Produktionsprozeß des Kapitals, durchges. u. hrsg. v. Friedrich Engels, MEW, Bd. 23, 19. Aufl. Berlin: Dietz.

Marx, Karl/Friedrich **Engels** (1990a) [1845/46]: Die Deutsche Ideologie. In: MEW, Bd. 3, 9. Aufl. Berlin: Dietz, 13-530.

Marx, Karl/Friedrich **Engels** (1990b) [1848]: Manifest der Kommunistischen Partei. In: MEW, Bd. 4, 11. Aufl. Berlin: Dietz, 459-493.

Mayntz, Renate (1988): Funktionelle Teilsysteme in der Theorie sozialer Differenzierung. In: Renate Mayntz/Bernd Bosewitz/Uwe Schimank/Rudolf Stichweh (Hrsg.): Differenzierung und Verselbständigung. Zur Entwicklung gesellschaftlicher Teilsysteme. Frankfurt/M: Campus, 11-44.

McLuhan, Marshall (1964): Understanding Media. The Extensions of Man. London: Routledge. (Dt.: Die magischen Kanäle)

Meadows, Donella H./Dennis L. **Meadows**/Jørgen **Randers**/William W. **Behrens** III (1972): The Limits to Growth. A Report for the Club of Rome's Project on the Predicament of Mankind. New York: Universe Books.

Meier-Knoll, Alfred (1995): Chronobiologie. Zeitstrukturen des Lebens. München: Beck.

Menzel, Ulrich (1998): Globalisierung versus Fragmentierung. Frankfurt/M.: Suhrkamp.

Meyer, Thomas (1998): Die Politisierung kultureller Differenz. Fundamentalismus, Kultur und Politik. In: Heiner Bielefeldt/Wilhelm Heitmeyer (Hrsg.): Politisierte Religion. Frankfurt/M.: Suhrkamp, 37-66.

Meyrowitz, Joshua (1998): Das generalisierte Anderswo. In: Ulrich Beck (Hrsg.): Perspektiven der Weltgesellschaft. Frankfurt/M.: Suhrkamp, 176-191.

Mooser, Josef (1998): Abschied von der ‚Proletarität'. Sozialstruktur und Lage der Arbeiterschaft in der Bundesrepublik in historischer Perspektive. In: Axel Schildt/Arnold Sywottek (Hrsg.): Modernisierung im Wiederaufbau. Die westdeutsche Gesellschaft der 50er Jahre. Studienausgabe. Bonn: Dietz, 362-376.

Morgan, Kathryn Pauly (2003): Women and the Knife. Cosmetic Surgery and the Colonization of Women's Bodies. In: Rose Weitz (Ed.): The Politics of Women's Bodies. Sexuality, Appearance, and Behavior. Oxford: Oxford University Press, 164-183.

Muchembled, Robert (1990): Die Erfindung des modernen Menschen. Gefühlsdifferenzierung und kollektive Verhaltensweisen im Zeitalter des Absolutismus. Aus dem Französischen von Peter Kamp. Reinbek bei Hamburg: Rowohlt.

Müller, Klaus (2002): Globalisierung. Frankfurt/M.: Campus.

Münch, Richard (1998): Globale Dynamik, lokale Lebenswelten. Der schwierige Weg in die Weltgesellschaft, 2. Aufl. Frankfurt/M.: Suhrkamp.

Münch, Richard (2002): Soziologische Theorie, Bd. 1: Grundlegung durch die Klassiker. Frankfurt/M.: Campus.

Nave-Herz, Rosemarie (1998): Die These über den ‚Zerfall der Familie'. In: Jürgen Friedrichs/M. Rainer Lepsius/Karl Ulrich Mayer (Hrsg.): Die Diagnosefähigkeit der Soziologie. Kölner Zeitschrift für Soziologie und Sozialpsychologie, Sonderheft 38. Opladen, 286-315.

Nassehi, Armin (2001): Moderne Gesellschaft. In: Georg Kneer/Armin Nassehi/Markus Schroer (Hrsg.): Klassische Gesellschaftsbegriffe der Soziologie. München: Fink (UTB), 208-245.

Neckel, Sighard (2004): Erfolg. In: Ulrich Bröckling/Susanne Krasmann/Thomas Lemke (Hrsg.): Glossar der Gegenwart. Frankfurt/M.: Suhrkamp, 63-70.

Nedelmann, Birgitta (1999): Georg Simmel (1858-1918). In: Dirk Kaesler (Hrsg.): Klassiker der Soziologie. Von August Comte bis Norbert Elias, Bd. 1. München: Beck.

Obermayer, Bastian (2005): Ein Hundeleben. In: Süddeutsche Zeitung Magazin, No. 26, 01. Juli, 18-21.

Oechsle, Mechthild/Birgit **Geissler** (2004): Modernisierungstheorien: Anregungspotenziale für die Frauen und Geschlechterforschung. In: Ruth Becker/Beate Kortendiek (Hrsg.): Handbuch Frauen- und Geschlechterforschung. Theorie, Methoden, Empirie. Wiesbaden: VS Verlag, 196-203.

Ohlig, Karl-Heinz (2001): Christentum – Kirche – Individuum, in: Richard van Dülmen (Hrsg.): Die Entdeckung des Ich. Die Geschichte der Individualisierung vom Mittelalter bis zur Gegenwart. Köln: Böhlau, 11-40.

Osterhammel, Jürgen/Niels P. **Petersson** (2004): Geschichte der Globalisierung. Dimensionen, Prozesse, Epochen, 2., durchges. Aufl. München: Beck.

Parsons, Talcott (1971): Das System moderner Gesellschaften. München: Juventa.

Parsons, Talcott (1969): Evolutionäre Universalien der Gesellschaft. In: Wolfgang Zapf (Hrsg.): Theorien des sozialen Wandels. Köln/Berlin: Kiepenheuer & Witsch, 55-74.

Parsons, Talcott (1976): Sozialsysteme. In: Stefan Jensen (Hrsg.): Talcott Parsons: Zur Theorie sozialer Systeme. Opladen: WDV, 275-318.

Pasero, Ursula (1994): Geschlechterforschung revisited: Konstruktivistische und systemtheoretische Perspektiven. In: Theresa Wobbe/Gesa Lindemann (Hrsg.): Denkachsen. Zur theoretischen und institutionellen Rede vom Geschlecht. Frankfurt/M.: Suhrkamp, 264-296.

Pasero, Ursula (1995): Dethematisierung von Geschlecht. In: Ursula Pasero/Friederike Braun (Hrsg.): Konstruktion von Geschlecht. Pfaffenweiler: Centaurus, 50-66.

Peitz, Dirk (2003): Strass in der Manege. In: Süddeutsche Zeitung, Nr. 252, 03. November, 13.

Peters, Bernhard (1993): Die Integration moderner Gesellschaften. Frankfurt/M.: Suhrkamp.

Polanyi, Karl (1997): The Great Transformation. Politische und ökonomische Ursprünge von Gesellschaften und Wirtschaftssystemen. Frankfurt/M.: Suhrkamp.

Pongratz, Hans./G. Günter **Voß** (2003): Arbeitskraftunternehmer. Erwerbsorientierungen in entgrenzten Arbeitsformen, 2. Aufl. Berlin: edition sigma.

Posch, Waltraud (1999): Körper machen Leute. Der Kult um die Schönheit. Frankfurt/M.: Campus.

Prinz, Friedrich (2004): Europäische Grundlagen deutscher Geschichte (4.-8. Jahrhundert). In: Gebhardt. Handbuch der deutschen Geschichte, Bd. 1, hrsg. v. Alfred Haverkamp, 10., völlig neu bearb. Aufl. Stuttgart: Klett-Cotta, 147-616.

Prokop, Ulrike (1979): Weiblicher Lebenszusammenhang. Von der Beschränktheit der Strategien und der Unangemessenheit der Wünsche. Frankfurt/M.: Suhrkamp.

Prosser, Jay (1997) Transgender. In: Andy Medhurst/Sally R. Munt (Eds.): Lesbian and Gay Studies. A Critical Introduction. London/Washington: Cassell, 309-326.

Radkau, Joachim (1993): Technik, Tempo und nationale Nervosität. Die Jahrhundertwende als Zäsur im Zeiterleben. In: Martin Held/Karlheinz A. Geißler (Hrsg.): Ökologie der Zeit. Vom Finden der rechten Zeitmaße. Stuttgart: Hirzel, 151-168.

Radkau, Joachim (1998): ‚Wirtschaftswunder' ohne technologische Innovation? Technische Modernität in den 50er Jahren. In: Axel Schildt/Arnold Sywottek (Hrsg.): Modernisierung im Wiederaufbau. Die westdeutsche Gesellschaft der 50er Jahre. Studienausgabe. Bonn: Dietz.

Reese-Schäfer, Walter (2001): Niklas Luhmann zur Einführung, 4. Aufl. Hamburg: Junius.

Reheis, Fritz (1998): Die Kreativität der Langsamkeit. Neuer Wohlstand durch Entschleunigung, 2., überarb. u. erg. Aufl. Darmstadt: WBG.

Reheis, Fritz (2003): Entschleunigung. Abschied vom Turbokapitalismus. München: Riemann.

Reinhard, Wolfgang (2001). Probleme deutscher Geschichte 1495-1806. Reichsreform und Reformation 1495-1555. Gebhardt. Handbuch der deutschen Geschichte, Bd. 9, hrsg. v. Wolfgang Reinhard, 10., völlig neu bearb. Aufl. Stuttgart: Klett-Cotta.

Reinhard, Wolfgang (2002): Geschichte der Staatsgewalt. Eine vergleichende Verfassungsgeschichte Europas von den Anfängen bis zur Gegenwart, 3., durchges. Aufl. München: Beck.

Reinhard, Wolfgang (2004): Lebensformen Europas. Eine historische Kulturanthropologie. München: Beck.

Reinhardt, Volker (2002): Jacob Burckhardt und die Erfindung der Renaissance. Ein Mythos und seine Geschichte. Akademievorträge, Heft

VIII, hrsg. v. d. Schweizerischen Akademie der Geistes- und Sozialwissenschaften. Bern.

Reinhold, Gerd (Hrsg.) (1997): Soziologie-Lexikon, 3., überarb. u. erw. Aufl., München: Oldenbourg.

Riedle, Gabriele (2003): Schönheits-Operationen. Kann der Mensch seine Natur korrigieren? In: Geo, Nr. 6, 57-60.

Riesebrodt, Martin (2000): Die Rückkehr der Religionen. Fundamentalismus und der ‚Kampf der Kulturen'. München: Beck.

Rinehart, Jane A. (1998): It May Be a Polar Night of Icy Darkness, but Feminists Are Building a Fire. In: Mark Alfino/John S. Caputo/Robin Wynyard (Eds.): McDonalization revisited. Critical Essays on Consumer Culture. New York: Praeger, 19-38.

Ritsert, Jürgen (1988): Gesellschaft. Einführung in den Grundbegriff der Soziologie. Frankfurt/M.: Campus.

Ritsert, Jürgen (2000): Gesellschaft. Ein unergründlicher Grundbegriff der Soziologie. Frankfurt/M.: Campus.

Ritsert, Jürgen (2001): Soziologie des Individuums. Eine Einführung. Darmstadt: WBG.

Ritzer, George (1983): The McDonaldization of Society. In: Journal of American Culture 6, 100-107.

Ritzer, George (1995): Die McDonaldisierung der Gesellschaft. Frankfurt/M.: Fischer.

Ritzer, George (1998): The McDonaldization Thesis. Explorations and Extensions. Thousand Oaks: Sage.

Ritzer, George/David **Walczak** (1988): Rationalization and the Deprofessionalization of Physicians. In: Social Forces 67, 1-22.

Ritzer, George/Todd **Stillman** (2003): McDonaldisierung, Amerikanisierung und Globalisierung: Eine vergleichende Analyse. In: Ulrich Beck/Natan Sznaider/Rainer Winter (Hrsg.): Globales Amerika? Die kulturellen Folgen der Globalisierung. Aus dem Englischen von Henning Thies. Bielefeld: transcript, 44-68.

Robertson, Roland (1992): Globalization. Social Theory and Global Culture. London: Sage.

Robertson, Roland (1998): Glokalisierung: Homogenität und Heterogenität in Raum und Zeit. In: Ulrich Beck (Hrsg.): Perspektiven der Weltgesellschaft. Frankfurt/M.: Suhrkamp, 192-220.

Robertson, Robert/Kathleen E. White (Ed.) (2003): Globalization. Critical Concepts in Sociology, 6 Vol. London: Routledge.

Rosa, Hartmut (1999): Bewegung und Beharrung. Überlegungen zu einer sozialen Theorie der Beschleunigung. In: Leviathan, Jg. 27, 386-414.

Rosa, Hartmut (2000): Gegenwartsschrumpfung, Raumvernichtung, Selbstauflösung? Vom Leben in der Beschleunigungsgesellschaft. In: Claus Urban und Joachim Engelhardt (Hrsg.): Wirklichkeit im Zeitalter ihres Verschwindens. Münster: LIT, 183-199.

Rosa, Hartmut (2001): Temporalstrukturen in der Spätmoderne: Vom Wunsch nach Beschleunigung und der Sehnsucht nach Langsamkeit. Ein Literaturüberblick in gesellschaftstheoretischer Absicht. In: Handlung, Kultur, Interpretation, Jg. 10, 353-381.

Rosa, Hartmut (2002): Zwischen Selbstthematisierungszwang und Artikulationsnot? Situative Identität als Fluchtpunkt von Individualisierung und Beschleunigung. In: Jürgen Straub, Joachim Renn (Hrsg.): Transitorische Identität. Der Prozesscharakter des modernen Selbst. Frakfurt/M.: Campus, 267-302.

Rosa, Hartmut (2003): Social Acceleration: Ethical and Political Consequences of a Desynchronized High-Speed-Society. In: Constellations, Jg. 10, Heft 1, 3-33.

Rosa, Hartmut (Hrsg.) (2004): fast forward – Essays zu Zeit und Beschleunigung. Standpunkte junger Forschung. Hamburg: edition Körber-Stiftung.

Rosa, Hartmut (2005): Soziale Beschleunigung. Die Veränderung der Zeitstrukturen in der Moderne. Frankfurt/M.: Suhrkamp (i. E.).

Rosenmayr, Leopold (1989): Soziologie und Natur. Plädoyer für eine Neuorientierung. In: Soziale Welt, Jg. 40, Heft 1/2, 12-28.

Rötzer, Florian (2005): Angestellte an der elektronischen Leine. In: Telepolis, 07. Juni,
URL: http://www.telepolis.de/r4/artikel/20/20265/1.html.

Rüschemeyer, Dietrich (1977): Structural Differentiation, Efficiency, and Power. In: American Journal of Sociology 83, 1-25.

Schäfer, Lothar (1999): Das Bacon-Projekt. Von der Erkenntnis, Nutzung und Schonung der Natur. Frankfurt/M.: Suhrkamp.

Schäfers, Bernhard (2002): Sozialstruktur und sozialer Wandel in Deutschland, 7., neu bearb. Aufl. Stuttgart: Lucius & Lucius (UTB).

Schäfers, Bernhard (Hrsg.) (2000): Grundbegriffe der Soziologie, 6. Aufl. Opladen: Leske + Budrich (UTB).

Schauenberg, Bernd (1998): Gegenstand und Methoden der Betriebswirtschaftslehre. In: Michael Bitz u.a. (Hrsg.): Vahlens Kompendium der Betriebswirtschaftslehre, Bd. 1, 4., völlig überarb. u. erw. Aufl. München: Vahlen, 1-56.

Schelsky, Helmut (1955): Wandlungen der deutschen Familie in der Gegenwart. Darstellung und Deutung einer empirisch-soziologischen Tatbestandsaufnahme. Stuttgart: Enke.

Scherr, Albert (2001): Individuum/Person. In: Bernhard Schäfers (Hrsg.): Grundbegriffe der Soziologie, 6. Aufl. Opladen: Leske + Budrich (UTB).

Schildt, Axel (1995): Moderne Zeiten. Freizeit, Massenmedien und ‚Zeitgeist' in der Bundesrepublik der 50er Jahre. Hamburg: Christians.

Schildt, Axel/Arnold **Sywottek** (Hrsg.) (1998): Modernisierung im Wiederaufbau. Die westdeutsche Gesellschaft der 50er Jahre. Studienausgabe. Bonn: Dietz.

Schimank, Uwe (1998): Funktionale Differenzierung und soziale Ungleichheit: die zwei Gesellschaftstheorien und ihre konflikttheoretische Verknüpfung. In: Hans-Joachim Giegel (Hrsg.): Konflikt in modernen Gesellschaften. Frankfurt/M.: Suhrkamp, 61-88.

Schimank, Uwe (2000a): Theorien gesellschaftlicher Differenzierung, 2. Aufl. Opladen: Leske + Budrich (UTB).

Schimank, Uwe (2000b): Die unmögliche Trennung von Natur und Gesellschaft – Bruno Latours Diagnose der Selbsttäuschung der Moderne. In: Uwe Schimank/Ute Volkmann (Hrsg.): Soziologische Gegenwartsdiagnosen I. Eine Bestandsaufnahme. Opladen: Leske + Budrich (UTB), 157-169.

Schluchter, Wolfgang (1988): Religion und Lebensführung, Bd 1: Studien zu Max Webers Kultur- und Werttheorie; Bd 2: Studien zu Max Webers Religions- und Herrschaftssoziologie. Frankfurt/M.: Suhrkamp.

Schneider, Ulrich Johannes (2004): Michel Foucault. Darmstadt: WBG.

Schöb, Martin (2002): Diskurse kultureller Globalisierung. Ein interdisziplinärer Vergleich angloamerikanischer, deutscher und indischer Positionen. Freiburg: Freiburger Dokumentenserver, URL: http://www.freidok.uni-freiburg.de/volltexte/728.

Schöneck, Nadine M. (2004): ‚Stets ein bisschen getrieben'. Die Zeitwahrnehmung meiner Mitmenschen im Fokus. In: Hartmut Rosa (Hrsg.): fast forward. Essays zu Zeit und Beschleunigung. Standpunkte junger Forschung. Hamburg: edition Körber-Stiftung, 29-46.

Schroer, Markus (1997): Individualisierte Gesellschaft. In: Georg Kneer/Armin Nassehi/Markus Schroer (Hrsg.); Soziologische Gesellschaftsbegriffe. Konzepte moderner Zeitdiagnosen. München: Fink (UTB), 157-183.

Schroer, Markus (2001a): Das Individuum der Gesellschaft. Synchrone und diachrone Theorieperspektiven. Frankfurt/M.: Suhrkamp.

Schroer, Markus (2001b): Das gefährdete, das gefährliche und das Risiko-Individuum. Drei Argumentationslinien in der Individualisierungstheorie. In: Berliner Journal für Soziologie, Bd. 11, Heft 1, 319-336.

Schulze, Reinhard (2002): Geschichte der islamischen Welt im 20. Jahrhundert, 1.Aufl. München: Beck.

Schulze, Winfried (2002): Einführung in die Neuere Geschichte, 4., völlig überarb. u. aktual. Aufl. Stuttgart: Ulmer (UTB).

Schwinn, Thomas (1999): Gibt es eine ‚Zweite Moderne'? Über den Umgang mit soziologischen Diagnosen. In: Soziale Welt, Jg. 50, Heft 4, 423-432.

Safranski, Rüdiger (2003): Wieviel Globalisierung verträgt der Mensch? München/Wien: Hanser.

Seiwert, Lothar J. (2000): Wenn Du es eilig hast, gehe langsam. Das neue Zeitmanagement in einer beschleunigten Welt, 5. Aufl. Frankfurt/M.: Campus.

Senghaas, Dieter (1997): Die fixe Idee vom Kampf der Kulturen. In: Blätter für deutsche und internationale Politik, Jg. 42, Nr. 2, 215-221.

Sennett, Richard (2000): Der flexible Mensch. Die Kultur des neuen Kapitalismus, 6. Aufl., Berlin: Siedler.

Simmel, Georg (1989a) [1888]: Bemerkungen zu socialethischen Problemen. In: Ders.: Aufsätze 1887-1890 (GA, Bd. 2). Frankfurt/M.: Suhrkamp, 20-36.

Simmel, Georg (1989b) [1890]: Über sociale Differenzierung. Sociologische und psychologische Untersuchungen. In: Ders.: Aufsätze 1887-1890 (GA, Bd. 2). Frankfurt/M.: Suhrkamp, 109-295.

Simmel, Georg (1989c) [1900]: Philosophie des Geldes, hrsg. v. David Frisby und Klaus Christian Köhnke (GA, Bd. 6). Frankfurt/M.: Suhrkamp.

Simmel, Georg (1992a) [1908]: Soziologie. Untersuchungen über die Formen der Vergesellschaftung (GA, Bd. 11). Frankfurt/M.: Suhrkamp.

Simmel, Georg (1992b) [1897]: Die Bedeutung des Geldes für das Tempo des modernen Lebens. In: Ders.: Aufsätze und Abhandlungen 1894-1900 (GA, Bd. 5). Frankfurt/M.: Suhrkamp, 215-234.

Simmel, Georg (1992c) [1900] Die Arbeitsteilung als Ursache für das Auseinandertreten der subjektiven und der objektiven Kultur. In: Schriften zur Soziologie, hrsg. von Heinz-Jürgen Dahme und Otthein Rammstedt. Frankfurt/M.: Suhrkamp, 95-128.

Simmel, Georg (1995) [1903]: Die Großstädte und das Geistesleben. In: Ders.: Aufsätze und Abhandlungen 1901-1908, Bd. 1 (GA, Bd. 7). Frankfurt/M.: Suhrkamp, 116-131.

Simmel, Georg (1996) [1918]: Der Begriff und die Tragödie der Kultur. In: Ders.: Hauptprobleme der Philosophie. Philosophische Kultur (GA, Bd. 14). Frankfurt/M.: Suhrkamp, 385-416.

Simms, Timothy (2004): Soziologie der Hybridisierung: Bruno Latour. In: Stephan Moebius/Lothar Peter (Hrsg.): Französische Soziologie der Gegenwart. Konstanz: UVK (UTB).

Sloterdijk, Peter (1989): Eurotaoismus. Zur Kritik der politischen Kinetik. Frankfurt/M.: Suhrkamp.

Sloterdijk, Peter (2005): Im Weltinnenraum des Kapitals. Für eine philosophische Theorie der Globalisierung. Frankfurt/M.: Suhrkamp.

Smelser, Neil (1959): Social Change in the Industrial Revolution. An Application of Theory to the Lancashire Cotton Industry 1770 – 1840. London: Routledge.

Smelser, Neil (1968): Mechanisms of Change and Adjustment to Change. In: Bert F. Hoselitz/Wilbert E. Moore (Eds.): Industrialization and Society. Paris/Den Haag/UNESCO: Mouton, 32-54.

Soros, George (1998): The Crisis of Global Capitalism. Open Society Endangered. New York: Public Affairs.

Spaemann, Robert (1973): Natur. In: Hermann Krings/Hans Michael Baumgartner/Christoph Wild (Hrsg.): Handbuch philosophischer Grundbegriffe, Bd. 4. München: Kösel, 956-969.

Spencer, Herbert (1857) Die Principien der Soziologie, Bd. 2, Teil 2: Die Inductionen der Sociologie (Kap. I.-V., IX., X), übersetzt nach der 3. verm. und verb. engl. Aufl. Stuttgart: Schweizerbart.

Spork, Peter (2004): Das Uhrwerk der Natur. Chronobiologie – Leben mit der Zeit. Reinbek bei Hamburg: Rowohlt.

Sterbling, Anton (1991): Modernisierung und soziologisches Denken. Analysen und Betrachtungen. Hamburg: Krämer.

Stiglitz, Joseph (2002): Die Schatten der Globalisierung. Aus dem Englischen von Thorsten Schmidt. Berlin: Siedler.

Straus, Florian/Renate **Höfer** (1997): Entwicklungslinien alltäglicher Identitätsarbeit. In: Heiner Keupp/Renate Höfer (Hrsg.): Identitätsarbeit heute. Klassische und aktuelle Perspektiven der Identitätsforschung. Frankfurt/M.: Suhrkamp, 270-309.

Swaan, Abram de (1991): Vom Befehlsprinzip zum Verhandlungsprinzip. Über neuere Verschiebungen im Gefühlshaushalt der Menschen. In: Helmut Kuzmics/Ingo Mörth (Hrsg.): Der unendliche Prozess der Zivilisation. Zur Kultursoziologie der Moderne nach Norbert Elias. Frankfurt/M.: Campus, 173-198.

Sydie, Rosalind Ann (1987): Natural Women, Cultured Men: A Feminist Perspective On Sociological Theory. New York: New York University Press.

Teubner, Ulrike (1995): Das Fiktionale der Geschlechterdifferenz. oder: Wie geschlechtsspezifisch ist die Kategorie Geschlecht? In: Angelika Wetterer (Hrsg.): Die soziale Konstruktion von Geschlecht in Professionalisierungsprozessen. Frankfurt/M.: Campus, 247-262.

Teusch, Ulrich (2004): Was ist Globalisierung? Ein Überblick. Darmstadt: WBG.

Thies, Christian (2000): Arnold Gehlen zur Einführung. Hamburg: Junius.

Tibi, Bassam (2000): Fundamentalismus im Islam. Eine Gefahr für den Weltfrieden? Darmstadt: WBG.

Tibi, Bassam (2001): Die neue Weltunordnung. Westliche Dominanz und islamischer Fundamentalismus. Düsseldorf: Econ.

Treibel, Annette (2004): Einführung in soziologische Theorien der Gegenwart, 6., überarb. u. aktual. Aufl. Wiesbaden: VS Verlag (UTB).

Virilio, Paul (1993): Revolutionen der Geschwindigkeit. Berlin: Merve Verlag.

Virilio, Paul (2001): Fluchtgeschwindigkeit. Essay, 3. Aufl. Frankfurt/M.: Fischer.

Walby, Sylvia (1997): Gender Transformations. London/New York: Routledge.

Wallerstein, Immanuel (1974): The Modern World System. Vol. 1: Capitalist Agriculture and the Origins of the European World-Economy in the Sixteenth Century. New York: Academic Press. (Vol. 2: 1980; Vol. 3: 1989)

Walther, Rudolf (1990): Arbeit – Ein begriffsgeschichtlicher Überblick von Aristoteles bis Ricardo. In: Helmut König/Bodo von Greiff/Helmut Schauer (Hrsg.): Sozialphilosophie der industriellen Arbeit. Opladen: WDV, 3-25.

Warnke, Martin (1998): Individualität als Argument. In: Enno Rudolph (Hrsg.): Die Renaissance und die Entdeckung des Individuums in der Kunst. Die Renaissance als erste Aufklärung II. Tübingen: Mohr Siebeck, 1-13. (Religion und Aufklärung, Bd. 2)

Weber, Max (1972) [1922]: Wirtschaft und Gesellschaft. Tübingen: Mohr.

Weber, Max (1978) Politische Schriften, 4. Aufl. Tübingen: Mohr.

Weber, Max (1980) [1920]: Gesammelte Aufsätze zur Religionssoziologie, Bd. 1. Tübingen: Mohr.

Weber, Max (1988a) [1904]: Die ‚Objektivität' sozialwissenschaftlicher und sozialpolitischer Erkenntnis. In: Ders.: Gesammelte Aufsätze zur Wissenschaftslehre, 7. Aufl. Tübingen: Mohr, 146-314 .

Weber, Max (1988b) [1907]: Analyse des Begriffs der ‚Regel'. In: Ders.: Gesammelte Aufsätze zur Wissenschaftslehre, 7. Aufl. Tübingen: Mohr, 322-359.

Weber, Max (1988c) [1918]: Der Sinn der ‚Wertfreiheit' der soziologischen und ökonomischen Wissenschaften. In: Ders.: Gesammelte Aufsätze zur Wissenschaftslehre, 7. Aufl. Tübingen: Mohr, 489-540.

Weber, Max (1988d) [1919]: Wissenschaft als Beruf. In: Ders.: Gesammelte Aufsätze zur Wissenschaftslehre, 7. Aufl. Tübingen: Mohr, 582-613.

Wehler, Hans-Ulrich (1975): Modernisierung und Geschichte. Göttingen: Vandenhoeck & Ruprecht.

Wehling, Peter (1992): Die Moderne als Sozialmythos. Zur Kritik sozialwissenschaftlicher Modernisierungstheorien. Frankfurt/M.: Campus.

Weinbach, Christine (2004): Systemtheorie und Gender. Das Geschlecht im Netz der Systeme. Wiesbaden: VS Verlag.

Weinbach, Christine/Rudolf **Stichweh** (2001): Die Geschlechterdifferenz in der funktional differenzierten Gesellschaft. In: Bettina Heintz (Hrsg.): Geschlechtersoziologie. Kölner Zeitschrift für Soziologie und Sozialpsychologie, Sonderheft 41. Opladen, 30-52.

Weingarten, Susanne (2005): Elftes Gebot: Du sollst nicht rauchen. In: Süddeutsche Zeitung Magazin, No. 19, 13. Mai, 8-13.

Weiss, Johannes (1992): Max Webers Grundlegung der Soziologie. München: Saur.

Wellershoff, Marianne (2000): Glücklicher zu zweit. In: DER SPIEGEL, Nr. 43, 23. Oktober, 300-316.

Welsch, Wolfgang (1991): Unsere postmoderne Moderne, 3., durchges. Aufl. Weinheim: VCA.

Wetterer, Angelika (1992): Profession und Geschlecht. Über die Marginalität von Frauen in hochqualifizierten Berufen. Frankfurt/M.: Campus.

Wetterer, Angelika (1995): Das Geschlecht (bei) der Arbeit. Zur Logik der Vergeschlechtlichung von Berufsarbeit. In: Ursula Pasero/Friederike Braun (Hrsg.): Konstruktion von Geschlecht. Pfaffenweiler: Centaurus, 199-223.

Wetterer, Angelika (1999): Ausschließende Integration – marginalisierte Integration: Geschlechterkonstruktionen in Professionalisierungsprozessen. In: Ayla Neusel/Angelika Wetterer (Hrsg.): Vielfältige Verschiedenheiten. Geschlechterverhältnisse in Studium, Hochschule und Beruf. Frankfurt/M.: Campus, 223-253.

Wetterer, Angelika (2002): Arbeitsteilung und Geschlechterkonstruktion. ‚Gender at Work' in theoretischer und historischer Perspektive. Konstanz: UVK.

Wetterer, Angelika (2003): Rhetorische Modernisierung: Das Verschwinden der Ungleichheit aus dem zeitgenössischen Differenzwissen. In: Gudrun-Axeli Knapp/Angelika Wetterer (Hrsg.): Achsen der Differenz. Gesellschaftstheorie und feministische Kritik II. Münster: Westfälisches Dampfboot, 286-319.

Wildt, Michael (1998): Privater Konsum in Westdeutschland in den 50er Jahren. In: Axel Schildt/Arnold Sywottek (Hrsg.): Modernisierung im Wiederaufbau. Die westdeutsche Gesellschaft der 50er Jahre. Studienausgabe. Bonn: Dietz, 275-289.

Willeke, Stefan/Thomas **Kleine-Brockhoff** (2000): Tut Modernisierung weh? In: Ulrich Beck (Hrsg.): Die Zukunft von Arbeit und Demokratie. Frankfurt/M.: Suhrkamp.

Williams, Christine (1989): Gender Differences at Work: Women and Men in Nontraditional Occupations. Berkeley/Los Angeles: University of California Press.

Willke, Helmut (1978): Zum Problem der Integration komplexer Sozialsysteme: Ein theoretisches Konzept. In: Kölner Zeitschrift für Soziologie und Sozialpsychologie, Jg. 30, Heft 2, 211-227.

Willke, Helmut (1989): Systemtheorie entwickelter Gesellschaften. Dynamik und Riskanz moderner gesellschaftlicher Selbstorganisation. Weinheim/München: Juventa.

Willms-Herget, Angelika (1985): Frauenarbeit. Zur Integration von Frauen in den Arbeitsmarkt. Frankfurt/M.: Campus.

Wohlrab-Sahr, Monika (1993): Biografische Unsicherheit. Formen weiblicher Identität in der ‚reflexiven Moderne': Das Beispiel der Zeitarbeiterinnen. Opladen: Leske + Budrich.

Wouters, Cas (1986a): Formalization and Informalization: Changing Tension Balances in Civilizing Processes. In: Theory, Culture & Society, Vol. 3, No. 2, 1-18.

Wouters, Cas (1986b): Informalisierung und Formalisierung der Geschlechterbezeihungen in den Niederlanden von 1930 bis 1985. In: Kölner Zeitschrift für Soziologie und Sozialpsychologie, Jg. 38, Heft 3, 510-528.

Wuketits, Franz M. (2003): ausgerottet – ausgestorben. Über den Untergang von Arten, Völkern und Sprachen. Stuttgart: Hirzel.

Zapf, Wolfgang (1990): Modernisierung und Modernisierungstheorien. In: Ders. (Hrsg.): Die Modernisierung moderner Gesellschaften. Verhandlungen des 25. Deutschen Soziologentages in Frankfurt am Main. Frankfurt/M.: Campus, 23-39.

Zapf, Wolfgang (2000): Entwicklung und Sozialstruktur moderner Gesellschaften. In: Hermann Korte/Bernhard Schäfers (Hrsg.): Einführung in die Hauptbegriffe der Soziologie, 5.Aufl. Opladen: Leske + Budrich (UTB), 237-251.

Zorn, Wolfgang (1977): Verdichtung und Beschleunigung des Verkehrs als Beitrag zur Entwicklung der ‚modernen Welt'. In: Reinhart Koselleck (Hrsg.): Studien zum Beginn der modernen Welt. Stuttgart: Klett-Cotta, 115-134.

Personenindex

UTB

pro Studium Soziologie